Gottes Treue über Israel · Andachten

Gottes Treue über Israel

366 Andachten
herausgegeben von
Manfred Kessel

johannis

Die Deutsche Bibliothek – CIP-Einheitsaufnahme

Gottes Treue über Israel : 366 Andachten / hrsg. von Manfred Kessel. -
Lahr/Schwarzwald : Johannis 2000
(Das besondere Buch ; 05115)
ISBN 3-501-01349-3

Das besondere Buch 05 115
Umschlagfoto: P. Santor

Gesamtherstellung:
St.-Johannis-Druckerei, Lahr/Schwarzwald
Printed in Germany 14144/2000

Herrn Prälat
Prof. Dr. Gerhard Maier,
Ulm

in herzlicher Dankbarkeit
gewidmet.

Daniel 12, 3
Maleachi 2, 7
Johannes 7, 38

Vorwort

In diesem Andachtsbuch verbinden sich zwei Anliegen: den Leser zur Stille und zum Lob Gottes zu führen und zugleich an Israels Stellung im göttlichen Heilsplan zu erinnern. Dass hier zwanzig Autoren zusammenwirken, verleiht diesem Andachtsbuch seine Lebendigkeit und vertieft seine Anliegen.

Heute sind wir erneut in Gefahr, Israel und das Gottesvolk des Neuen Bundes auseinander zu reißen. Man stellt es infrage, ob Israels Messias eine Heilsbedeutung für Israel, sein eigenes Volk, habe. Man bezweifelt es, ob die Erlösung am Kreuz auch für Israel gelte. Manche gehen so weit, die eigentliche Bedeutung Jesu auf die Völkerwelt außerhalb Israels zu beschränken. In dieser Situation ist das vorliegende Andachtsbuch eine wertvolle Hilfe. Es erinnert uns Christen an unsere geistliche Herkunft aus Israel. Es öffnet uns den Blick für die großen Linien der Gottesgeschichte mit Israel und der gesamten Menschheit. Und es heißt uns, dem Messias Jesus zu begegnen, der den Zaun zwischen Israel und den Völkern abgebrochen hat (Eph. 2, 14) und am Kreuz für beide starb.

Es wäre aber schade, wenn uns nur die „Gedanken“ dieses Buches ansprechen würden, wenn wir nur die lehrhaften Seiten auf uns wirken lassen würden. Als Andachtsbuch will dieses Buch vielmehr auch unser Herz anrühren, dass wir in aller Bruchstückhaftigkeit unseres Wissens (1. Kor. 13, 9) doch etwas von der Herrlichkeit Gottes und Jesu Christi erfassen und als tägliche Stärkung mit auf den Weg nehmen.

Ulm, im Frühjahr 2000 *Dr. Gerhard Maier, Prälat*

Hinweise des Herausgebers

Was ist der Inhalt der Andachten?

Gott erwählt sein Volk, führt es durch die Geschichte, sendet ihm Propheten, die seine Worte ihm sagen und von dem verheißenen Messias und seinem Reich reden. Israel wird zu einem Modell für Gottes Erziehung und zu einem sichtbaren Zeichen seiner Treue. Israel ist das Volk großer Erinnerungen und großer Zukunft (Leo Baeck, 1873-1956). Die Schuld und der Leidensweg dieses Volkes liegen offen. Israel ist ein Geheimnis (Röm. 11, 25). Der Herr vollendet es durch seine Wiederkunft. Dann wird Israel, aus dessen Mitte der Messias gekommen ist (Joh. 4, 22), zu ihm bekehrt sein und so zum Segen für die Völker werden. Anbetung diesem Herrn, dessen Gaben und Berufung unbereubar sind (Röm. 11, 29).

Der Segenswunsch für die Andachten

Sie mögen den stillen Umgang mit der Bibel fördern und zu dem hinleiten, der uns erlöst hat (Offb. 1, 5). Dabei können auch die zahlreichen Parallelstellen nachgeschlagen und die Liedverse am Schluss der Andachten gebetet werden. Sie möchten die Liebe zu Gottes erwähltem Volk (5. Mose 7, 7.8) vermehren und Einblicke in Gottes Heilsgeschichte geben. Und schließlich können die Andachten helfen, sich auf das Bibelgespräch im Hauskreis und zum Zeugnis in der Bibelstunde, insbesondere zum Thema Israel, vorzubereiten. Sie helfen auch, ganze biblische Bücher in ihrem Zusammenhang zu verstehen und Durchblicke zu gewinnen.

Der HERR segne Sie, lieber Leser, aus Zion! *Ps. 134, 3*

In besonderer Weise danke ich
meinem lieben Freund Manfred Kloft.
Er hat mir immer wieder Mut gemacht,
das Andachtsbuch zum Abschluss zu bringen.
Sein Rat war mir äußerst hilfreich.
Lukas 24, 15

Übersicht

Januar

1.	Von Gott geliebt	Manfred Kessel
2.–12.	Das Geheimnis Israel	Manfred Kessel
13.–31.	Messianische Weissagungen	Hansjörg Bräumer

Februar

1.–11.	Messianische Weissagungen	Hansjörg Bräumer
12.–29.	Israel unter Gottes Verheißung	Joachim Cochlovius

März

1.–12.	Israel unter Gottes Verheißung	Joachim Cochlovius
13.–16.	Gott handelt an Israel	Gero Cochlovius
17.–20.	Abraham	Volkhard Scheunemann
21.–31.	Mose in der Gegenwart Gottes	Helmuth Egelkraut

April

1.–7.	Mose in der Gegenwart Gottes	Helmuth Egelkraut
8.–30.	In Gottes Erziehung Für Gott erziehen	Otto Schaude

Mai

1.–7.	In Gottes Erziehung Für Gott erziehen	Otto Schaude
8.–20.	Aus dem Buch Josua	Martin Holland
21.–31.	Berge der Bibel	Helmut Sigle

Juni

1.	Berge der Bibel	Helmut Sigle
2.–16.	Aus dem 2. Samuelbuch	Erich Scheurer
17.–30.	Gott hat durch die Propheten geredet	Hartmut Schmid

Juli

1.–16.	Gott hat durch die Propheten geredet	Hartmut Schmid
17.	Elia in der Anfechtung	Manfred Kessel
18.–31.	Der Prophet Hosea	Martin Holland

August

1.–3.	Der Prophet Hosea	Martin Holland
4.–15.	Gott ist der Tröster seines Volkes (Jesaja)	Helmuth Egelkraut
16.–30.	Aus den Psalmen	Werner Hauser
31.	In Gott geborgen (Ps. 139)	Walter Schaal

September

1.–2.	In Gott geborgen (Ps. 139)	Walter Schaal
3.–22.	Der Prophet Jeremia	Paul Brendle
23.–30.	Leben und Prophetie Daniels	Wilfried Sturm

Oktober

1.–15.	Von Gott gehalten	Ernst Schrupp
16.–17.	Nehemia – ein Leben für Israel	Manfred Kessel
18.–29.	In Erwartung des Messias (Qumran)	Otto Betz
30.–31.	Jesus und Israel bei Lukas	Manfred Kloft

November

1.–13.	Jesus und Israel bei Lukas	Manfred Kloft
14.–17.	Die Herrlichkeit des Neuen Bundes	Volkhard Scheunemann
18.–27.	Der Herr kommt! (Endzeitreden Jesu)	Winfried Meißner
28.–30.	Das kommende Königreich Christi	Volkhard Scheunemann

Dezember

1.	Das kommende Königreich Christi	Volkhard Scheunemann
2.–31.	Die Vollendung der Wege Gottes mit Israel	Heiko Krimmer

Der HERR, dein Gott, sei gelobt. Dein Gott hat Israel lieb, auf dass er es ewiglich bestehen lasse. 2. Chronik 9, 8

Das Bekenntnis der Königin von Saba gegenüber Salomo erstaunt. Sie kommt aus der Heidenwelt, um sich in Israel Weisheit zu holen. Auch alle Könige auf Erden wollen das. (V. 23). Sie ehrt den Gott Israels. Damit ist eine Vorschattung auf die Zeit des messianischen Friedensreiches gegeben, wenn „... die Heiden zu deinem Lichte ziehen werden und die Könige zum Glanz, der über dir aufgeht" (Jes. 60, 3).

Auch der König selbst weist auf den kommenden König Jesus Christus hin. Salomo wird zweimal zum König gesalbt (1. Chr. 29, 22). Bei der ersten Salbung bestieg er noch nicht den Thron (1. Chr. 23, 1; 1. Kön. 1, 39). So ist es auch beim Herrn Jesus Christus. Er kam als Gesalbter. Erst bei seiner Wiederkunft wird er von ganz Israel als König geehrt werden.

Die Königin erkennt und bekennt, dass Gott Israel lieb hat. Die Liebe Gottes ist der Grund für die Erwählung Israels (5. Mose 7, 7.8; Jer. 31, 3). Israel ist das von Gott geliebte Volk!

Die Königin bringt ihre Geschenke und Kostbarkeiten zum König Salomo (V. 9), vgl. Haggai 2, 7: „Da sollen dann kommen aller Völker Kostbarkeiten." Diese Gaben stehen in keinem Verhältnis zu den Gaben des Königs (V. 12)!

Schon heute erkennen Gottes Kinder ihre Aufgabe an Israel, es mit materiellen und geistlichen Gütern zu segnen. Schon heute legen Kinder Gottes sich selbst und ihre Gaben dem König Jesus Christus hin. In Vers 24 lesen wir, dass die Könige jährlich ihre Geschenke brachten. Nach Sacharja 14, 16 wird dies sich auch im kommenden Königreich der Tausend Jahre ereignen.

Die Königin sprach vom Überdauern Israels. Das ist Gottes Wunder in der Völker- und Heilsgeschichte. Israel ist das einzige Volk mit einer Bestandsgarantie.

Herrscht nicht der Höchste überall? Sind aller Welten Ende,
die Himmel und der Erdenball, nicht Werke seiner Hände?
Doch hatte er an ihrer Pracht und Schönheit kein Gefallen;
das Kleinste hat er groß gemacht: sein Volk wählt er vor allen.
Jakob Friedrich Klemm

Was Gott verheißt, das kann er auch tun. Römer 4, 21

Israel hat einen dreifachen tragenden Grund
– das Sch'ma, das Bekenntnis Israels (5. Mose 6, 4–9);
– den Dekalog, die Zehn Gebote (2. Mose 20, 1–17);
– die Verheißungen (Röm. 9, 4)
(Otto Michel, 1903–1993)

Das Wort aus dem Römerbrief spricht von einer Zusage persönlicher Art an Abraham. Abraham kam nur durch, weil Gott die ihm gegebenen Verheißungen treu gehalten hat. Er hat mit Vertrauen geantwortet: „Abram (so hieß er damals noch) glaubte dem HERRN, und das rechnete er ihm zur Gerechtigkeit" (1. Mose 15, 6). Das Verb „aman" drückt hier Vertrauen in Gott, Zuversicht gegenüber seiner übernatürlichen rettenden Gnade, aus. Es weist hin auf ein von Abram tatsächlich gesprochenes „Amen".

Das Wort spricht auch von einer Zusage an Israel. Mit Abraham begann der Weg Gottes mit Israel. Israel besteht wegen der Verheißungen Gottes. „Israel gehören die Verheißungen" (Röm. 9, 4). Weil Gott fortgesetzt an seine Zusagen, die er durch die Väter seinem Volk gegeben hat, gedenkt und sie hält, lebt Israel. Paulus schließt den großen Abschnitt im Römerbrief (9–11), wo er vom Geheimnis Israel schreibt, mit dem bedeutsamen „Amen" (Röm. 11, 36). So ist eigentlich „Amen" sein letztes Wort im Blick auf Israel. So rätselvoll der Weg Israels sich auch zeigen mag, Gott kommt um seiner Verheißungen willen mit seinem Volk zum Ziel.

Römer 4, 21 schließt auch die der Gemeinde Jesu gegebenen Verheißungen ein: „Es sind uns die teuren und allergrößten Verheißungen geschenkt, damit ihr dadurch Anteil bekommt an der göttlichen Natur" (2. Petr. 1, 4). Mehrmals spricht der Apostel Petrus in diesem Brief von der Verheißung (Kap. 3, 4.9.13). Das göttliche Ziel ist, „dem Herrn Jesus gleich sein" und „ihn einmal sehen, wie er ist" (1. Joh. 3, 2; Röm. 8, 29). Auf dem Weg der Leiden erreichen wir – wie Israel – das Ziel. Gottes Zusage gilt.

Bleibend ist deine Treu, o Gott, mein Vater,
du kennst nicht Schatten, noch wechselt dein Licht.
Du bist derselbe, der du warst vor Zeiten,
an deiner Gnade es niemals gebricht.
Thomas O. Chisholm und Wolfgang Zorn

So spricht der HERR: Wenn ich jemals meinen Bund nicht hielte mit Tag und Nacht, so wollte ich auch verwerfen das Geschlecht Jakobs und Davids, meines Knechts. Jeremia 33, 25.26

Von einem dreifachen Bund lesen wir in den für das Verständnis der Wege Gottes mit Israel so wichtigen Kapiteln 31–33 des Propheten Jeremia:
- Der neue Bund (31, 31-34)
- Der Bund mit David (33, 21)
- Der Bund mit Tag und Nacht (33, 20.25; vgl. 31, 35.36)

Die Erinnerung an Gottes Bund mit Tag und Nacht dient zur Bestätigung seiner Treue gegenüber seinem Volk. Das ist eine tröstliche, wahrnehmbare, sichtbare Erinnerung. Es sind nicht Zufälligkeiten, wenn es Tag und Nacht wird, sondern ist das immer neue Auswirken eines Bundes Gottes.

Wenn die Nacht wieder kommt, beten wir zu unserm Herrn, der uns darin bewahren und durch den Schlaf zu segnen vermag (Ps. 4, 9). Und wenn es wieder Tag wird, erfüllt es sich erneut: „Da es aber jetzt Morgen war, stand Jesus am Ufer“ (Joh. 21, 4). Moses Gebet in 4. Mose 10, 35.36 beruhte auf dieser Ordnung.

Die heute noch andauernde Ordnung geht seiner Vollendung entgegen: „Und es wird keine Nacht mehr sein“ (Offb. 21, 25; vgl. Sach. 14, 7).

Das wird es nicht geben, dass wir an einem Morgen durch die Medien informiert werden, Israel existiere nicht mehr. Israels bleibende Erwählung wird uns durch die Ordnungen Gottes zur täglichen Gewissheit.

„Gott, der Herr, lässt sich hernieder, zu versichern, dass der unverbrüchliche Gnadenbund Gottes so gewiss bestehen werde wie sein Bund mit Tag und Nacht und mit den Ordnungen des Himmels und der Erde“ (Friedrich Mayer, 1881–1946).

Solang sein Bund mit Tag und Nacht,
die Ordnung mit der Erden
und mit des Himmels Lauf gemacht,
noch feste stehen werden,
so lang soll Gottes Gnadenbund
mit Auserwählten währen.
Nichts ist imstand, den festen Grund
der Gnade umzukehren.

Jakob Friedrich Klemm

Ich will nicht, Brüder, dass euch dieses Geheimnis unbekannt sei.
Römer 11, 25

Wenn der Apostel Paulus von einer wichtigen und herausragenden Wahrheit schreibt, dann gebraucht er eine bestimmte Formulierung: „Ich will, dass ihr wisst!" (Röm. 1, 13; 1. Kor. 10, 1; 12, 1; 2. Kor. 1, 8; Kol. 2, 1; 1. Thess. 4, 13). So auch hier.

Die Anrede „Brüder" will sagen, dass es alle angeht. Die ganze Gemeinde muss es wissen. Paulus wirbt in Rom um das Verständnis der Wege Gottes mit Israel.

Er spricht vom Geheimnis Israel. Als Geheimnis wird in der Bibel nicht eine Wahrheit bezeichnet, die schwer zu verstehen ist, sondern eine Wahrheit, die vormals noch nicht offenbart war, jetzt aber enthüllt wurde. Sie war vorher nicht bekannt, jetzt aber verkündigt. Mit dem Geheimnis werden uns Gottes verdeckte und verhüllte Pläne und Wege seiner Liebe gezeigt. Dem Unglauben bleibt das Geheimnis Israel ein Rätsel. „Geheimnisse sind himmlische Lehren, die dem Menschen ohne Gottes Entdeckung unbekannt bleiben" (Johann Albrecht Bengel, 1687–1752). Geheimnisse der Schrift wollen mit einem gläubigen, demütigen und gehorsamen Herzen erfasst und verstanden werden. In der Gotteskindschaft erfahren wir die Offenbarung der Geheimnisse Gottes (vgl. Kol. 1, 26).

Paulus trägt die ihm offenbarten Geheimnisse in die Gemeinden. Auch uns ist es aufgetragen, darüber nicht zu schweigen. „Dafür halte uns jedermann: für Diener Christi und Haushalter über Gottes Geheimnisse" (1. Kor. 4, 1).

Das Geheimnis Israel hat die Erwählung und Bundestreue Gottes zum Inhalt. Der Plan Gottes hat als Hauptaspekt die Erwählung (5. Mose 7, 7.8). Zum Geheimnis Israel gehört, dass das Heil aus den Juden kommt (Joh. 4, 22). Nach Römer 11, 25–27 macht das Geheimnis Israel den Zeitpunkt seiner Errettung aus.

Jauchzet, ihr Himmel, denn der HERR hat's getan! Jubelt, ihr Tiefen der Erde! Ihr Berge, frohlocket mit Jauchzen, der Wald und alle Bäume darin! Denn der HERR hat Jakob erlöst und ist herrlich in Israel. *Jes. 44, 23*

Ich will nicht, Brüder, dass euch dieses Geheimnis unbekannt sei, damit ihr euch nicht selbst für klug haltet: Verstockung ist einem Teil Israels widerfahren, so lange bis die Fülle der Heiden zum Heil gelangt ist. **Römer 11, 25**

Das Geheimnis Israel schließt auch Gottes Treue hinsichtlich der Verstockung seines Volkes ein.

Das Wort Verstockung kann auch mit Verhärtung und Versteinerung wiedergegeben werden.

Verstockung ist Gottes freie Entscheidung und sein aktives Werk.

Verstockung ist in der Schuld Israels begründet. Der Messias wird abgelehnt (Joh. 1, 11). Die Ablehnung fand ihren Höhepunkt in der Kreuzigung Jesu. Die nach der Kreuzigung bis zum Tempelbrand gewährte 40-jährige Gnadenzeit ließ Israel ungenützt verstreichen.

Verstockung ist die Zurückstellung Israels, damit Gott seine Gnade auch den Heiden erzeigen konnte. Paulus beschreibt das so: „Wenn ihr Fall Reichtum für die Welt ist und ihr Schade Reichtum für die Heiden ..." (Röm. 11, 12). In die Zeit der Verstockung Israels fällt die Sammlung der Gemeinde Jesu.

Verstockung ist nicht die endgültige Verwerfung Israels (Röm. 11, 1).

Verstockung führte Israel in die Diaspora. Und damit in viel Leid und Not.

Verstockung umfasst nie das ganze Volk. Ein Teil wurde schon in ihre Aufhebung genommen. Das sind die an Jesus gläubig gewordenen Juden.

Verstockung findet ein Ende, wenn die „Fülle der Heiden zum Heil gelangt ist". Gott kann erst mit Israel zum letzten Ziel kommen, wenn er mit der Gemeinde Jesu bei der Wiederkunft sein Ziel erreicht hat. Dann wird Israel bekehrt und zum Segensvolk auf Erden werden (vgl. Sach. 8, 23).

Drum kann nicht Friede werden,
bis deine Liebe siegt,
bis dieser Kreis der Erden
zu deinen Füßen liegt,
bis du im neuen Leben
die ausgesöhnte Welt
dem, der sie dir gegeben,
vors Angesicht gestellt.

Albert Knapp

Werdet ihr nun meiner Stimme gehorchen und meinen Bund halten, so sollt ihr mein Eigentum sein vor allen Völkern.
2. Mose 19, 5

Martin Schacke übersetzt: „Ihr sollt der Reichtum sein, den ich mir aufgehäuft habe, Reichtum, der ganz mir gehört." Die neutestamentlichen Gemeinde wird in 1. Petrus 2, 9: „Das Volk des Eigentums" genannt (vgl. Titus 2, 14). Israel ist Gottes Eigentumsvolk.
Gott nennt im Blick auf Israel ein vierfaches sein Eigen:

- Gott bezeichnet Israel als sein Volk (Jes. 40, 1; Jer. 31, 1). Israel ist für Gott nicht ein Volk, sondern sein Volk, das er aus allen Völkern erwählt hat. Israel hat eine Erwählung Gottes dem Volke nach. Diese Erwählung ist bleibend, unwiderruflich und unbereubar (Röm. 11, 29). Das von Gott Erwählte ruft den Hass und den Widerstand des Feindes und der Menschen hervor.
- Das Land Israel, Erez Israel, ist Gottes Land (Ps. 78, 54; Jes. 14, 2). Dieses Land ist seinem Umfang nach in den Abraham-Bund aufgenommen: „An dem Tage schloss der HERR einen Bund mit Abram und sprach: Deinen Nachkommen will ich dies Land geben, von dem Strom Ägyptens an bis an den großen Strom Euphrat" (1. Mose 15, 18). Unmittelbar nach seiner Gründung am 14. Mai 1948 wurde der junge Staat Israel von einer mehrfachen Übermacht arabischer Staaten angegriffen.
- Jerusalem ist Gottes geliebte Stadt (Offb. 20, 9; Ps. 48, 2). Jerusalem bleibt für die Juden unverzichtbares Eigentum. „Israel ist erwählt, an den Feuern zu wohnen", lesen wir im Talmud. Auch die Erwählung Jerusalems ruft die Feindschaft gegen die Juden auf den Plan.
- Israel hat eine weitere Erwählungstiefe; das ist der Tempelberg. Der Kampf um Jerusalem schließt auch den Tempelberg ein. Die Frage nach einem neuen Tempel hat sich Gott der Beantwortung vorbehalten (Sach. 6, 12; 2. Thess. 2, 4). Die Vollendung kennt keinen Tempel mehr (Offb. 21, 22; vgl. 1. Kor. 3, 16).

Und dein Volk sollen lauter Gerechte sein. Sie werden das Land ewiglich besitzen als der Spross meiner Pflanzung und als ein Werk meiner Hände mir zum Preise. *Jes. 60, 21*

Ihm, der uns liebt und uns erlöst hat von unsren Sünden mit seinem Blut und uns zu Königen und Priestern gemacht hat vor Gott, seinem Vater, ihm sei Ehre und Gewalt von Ewigkeit zu Ewigkeit! Amen. Offenbarung 1, 5.6

Dieser Lobpreis aus dem 1. Kapitel der Offenbarung verbindet uns mit Israel. Die Gemeinde Jesu betet schon jetzt Jesus als Gottessohn an, der sie mit seinem Blut erlöst hat. Israel wird am Ende der Tage, wenn es die Volkswiedergeburt nach Sacharja 12 erfahren hat, dem ewigen Gottessohn huldigen. Schon heute ist es eine Schar aus dem Bundesvolk Gottes, die in solcher Weise Jesus als ihren Messias lobt.

Anbetung zieht sich durch die ganze Bibel. Anbetung ist die höchste Steigerung des Lobes Gottes. Sie ist die Reflexion unsrer Gotteserkenntnis. Sie ist die Gottgemeinschaft im Namen Jesu. „In ihr wirft sich der Betende in Hingabe und Auslieferung seiner ganzen Existenz nieder vor Gott“ (Friedrich Hauß).

Abraham geht mit seinem Sohn Isaak nach Moria, um anzubeten (1. Mose 22, 5). Er bekommt Isaak wieder, den er schon in seinem Herzen geopfert hat.

Jesaja schaut die Anbetung des Herrn durch die Serafim (Jes. 6, 1–7). Cherubim werden in Kapitel 37, 16 genannt. Der Prophet erkennt zuerst seine Sünde und dann die seines Volkes. Die Reinigung durch die Kohle vom Altar ist ein schmerzlicher Prozess. Israel wird einmal als ganzes Volk gereinigt (Sach. 13, 1), um Gott zu dienen und den Sohn anzubeten.

Im Matthäus-Evangelium können wir die Anbetung Jesu erkennen. Kapitel 2, 2.8.11: Jesus wird als König; 8, 2: Jesus wird als Herr; 14, 33: Jesus wird als Sohn Gottes angebetet. Die Anbetung der Weisen weist auf das Kommen der Völker im Tausendjährigen Reich hin. So lehrt uns die Geschichte Israels und die Geschichte Jesu, was Anbetung heißt.

Anbetung dir, dem Lamme,
das unsre Sünden trug!
Dort an des Kreuzes Stamme
wardst du für uns ein Fluch,
Preis dir, dass du gegeben
in heißer Liebesglut,
für uns dein teures Leben
und dein Versöhnungsblut.
Julius Löwen

An dem Feigenbaum lernt ein Gleichnis: wenn seine Zweige jetzt saftig werden und Blätter treiben, so wisst ihr, dass der Sommer nahe ist. Ebenso auch: wenn ihr das alles seht, so wisst, dass er nahe vor der Tür ist. Matthäus 24, 32.33

Die alt- und neutestamentlichen Weissagungen bekunden deutlich: Am Ende der Geschichte will Gott sein Volk aus der Zerstreuung in sein Land sammeln. Wenn Gott die Diaspora seines Volkes aufhebt, dann stehen wir wieder an einem Knotenpunkt in seinem Heilsplan. Die Sammlung Israel ist die Erfüllung des Wortes Jesu: „Wenn die Zweige des Feigenbaumes (als Symbol für Israel) saftig werden ..."

In Jesaja 14, 2 lesen wir: „Und die Völker werden Israel nehmen und an seinen Ort bringen." Hier wird sogar von einer Mithilfe der Völker bei der Heimkehr seines Volkes gesprochen. Das ist in der jüngsten Geschichte schon geschehen. Beim Propheten Jesaja lesen wir weiter (43, 3.4): „Du bist in meinen Augen so wertgeachtet und auch herrlich und ich habe dich lieb. Ich gebe Menschen an deiner Statt und Völker für dein Leben." Gott ließ in der Geschichte große Reiche zerbrechen, damit Israel aus ihnen erlöst werde. Israel kehrte heim auf Grund längst gegebener Verheißungen und Weissagungen. In der Heimkehr der Juden ins Land der Väter erfüllt sich Gottes Versprechen. Weiter heißt es in Jesaja 43, 5–7, dass der HERR „... zum Norden sagt: Gib her! ..." Dem Befehlswort Gottes müssen sich die Völker beugen!

Durch Israels Rückkehr wurde jene heilsgeschichtliche Wende eingeleitet, welche die Weltgeschichte ihrem Abschluss entgegenführt. Israel ist der Zeiger an der Weltenuhr Gottes. Johann Heinrich Jung-Stilling (1740–1817) gehörte im Pietismus zu den Ersten, die Licht über das Rätsel Israel im Völkermeer empfingen: „Wenn Gott mit Israel beginnt, hört er mit den Nationen auf."

Das Handeln Gottes an seinem Volk kündet die Nähe der Wiederkunft Jesu an.

Was wir im Glauben hoffen, / wird endlich doch geschehn.
Bald stehn die Türen offen; / wir werden es noch sehn,
wie durch der Erden Breiten / sein Zepter siegreich zieht
und unser Aug von weitem / ihn herrlich kommen sieht.
Johann Christoph Blumhardt

Ich will euch, liebe Brüder, dieses Geheimnis nicht verhehlen, damit ihr euch nicht selbst für klug haltet: Verstockung ist einem Teil Israels widerfahren, so lange bis die Fülle der Heiden zum Heil gelangt ist. Römer 11, 25

In der Unterscheidung zwischen Israel und der Gemeinde Jesu zeigt sich das rechte Verständnis des Neuen Testaments und Kenntnis des Heilsplans Gottes.

Mit der Gemeinde Jesu hörte die seitherige Zweiteilung – Israel und die Völkerwelt – auf. Es kam zur Dreiteilung: Israel, die Nationen und die Gemeinde Jesu.

Israel und die Gemeinde haben eine Ähnlichkeit in ihrer Berufung, „eine Gleichheit in Verschiedenheit" (Otto Michel, 1903–1993), aber auch eine Berufung mit größten Unterschieden. Das zeigt sich besonders in einer irdischen (Israel) und einer himmlischen (Gemeinde) Berufung. Für Israel gilt Jeremia 31, 12–14; für die Gemeinde Jesu ist Epheser 1, 3 zu beachten. Dabei wird deutlich, dass Israel eine Erwählung durch Abraham (1. Mose 12, 1.3) in der Zeit hat. Die Gemeinde kennt und bekennt eine Erwählung vor aller Zeit.

Alle von Gott Erwählten tragen das Kennzeichen des Leidens. Im vergangenen Jahrhundert haben Israel und die Gemeinde Jesu die größte und schwerste Leidenszeit erlebt. Hier unterscheiden sie sich nicht!

Israel wartet auf den Messias und die Aufrichtung des von den Propheten geweissagten Friedensreiches auf Erden. Die Gemeinde Jesu rechnet mit der baldigen Wiederkunft des Herrn und ihrer Entrückung zu ihm, um bei ihm zu sein allezeit. Es ist der gleiche Herr, der für beide kommt. Auf ihm ruhen alle Hoffnungen. Wenn das Ziel, die Fülle der Heiden – ihre volle Zahl und ihre volle Reife – erreicht ist, wird Israel endlich und ganz gerettet werden. Dieser Augenblick deutet das Geheimnis Israel in unserer Stelle aus dem Römerbrief.

Komm, du Herzog der Gemeine!
Bundesengel, komm, vereine,
was getrennt auf Erden wallt!
Komm, dein Israel zu trösten;
lad' auch uns zu deinen Festen!
Amen, komm, Herr Jesu, bald!
Meta Heußer-Schweitzer

Umso fester haben wir das prophetische Wort, und ihr tut gut daran, dass ihr darauf achtet als auf ein Licht, das da scheint an einem dunklen Ort, bis der Tag anbreche und der Morgenstern aufgehe in euren Herzen. 2. Petrus 1, 19

Es gibt Momente in der Geschichte Israels, in denen wir in besonderer Weise nach einer biblischen Orientierung suchen.

- Das war der erste Zionistische Weltkongress vom 20. bis 31. August 1897 in Basel. Theodor Herzl (1860–1904) und William Hechler (1845–1931) waren die herausragenden Persönlichkeiten. Es ging ein Aufhorchen durch die Reihen derer, die sich mit dem prophetischen Wort der Bibel beschäftigten. Damals sagte Theodor Herzl: „Heute habe ich den Judenstaat gegründet, das werdet ihr in spätestens 50 Jahren sehen."
- Das war die Staatsgründung Israels am 14. Mai 1948 am Ende eines schmerzvollen Weges. Das jüdische Volk hatte eine Heimstätte. Das war ein heilsgeschichtliches Ereignis ersten Ranges.
- Das war die Einnahme Jerusalems am 6. Juni 1967. Israel konnte wieder an der Westmauer ungehindert beten. Jerusalem war eine ungeteilte Stadt!
- Das war der Yom-Kippur-Krieg 1973. Er wurde Israel aufgezwungen. Gott schenkte seinem Volk Sieg (vgl. 4. Mose 24, 18). Der hebräische Name für den Großen Versöhnungstag wurde in aller Welt bekannt.

Bei diesen Ereignissen – und den heutigen – müssen wir fragen: Wo stehen wir in der Heilsgeschichte Gottes? „Um den Abend wird es licht sein" (Sach. 14, 7)! Der Herr wird seinen Kindern Licht in sein prophetisches Wort geben. Wo das prophetische Wort der Heiligen Schrift versäumt wird zu studieren und zu verkündigen, gewinnt Irrlehre und Oberflächlichkeit an Raum. Aber: „Unerfüllte Weissagungen können im Voraus nie bis ins Einzelne erklärt werden" (Philipp Matthäus Hahn [1739–1790]).

Toben auch Stürme, der Herr kennt die Seinen,
nichts bleibt verborgen, was Jesus nicht sieht.
Bald wird sein Zeichen am Himmel erscheinen:
Christus wird siegen, was immer geschieht!
Guido Groeger

Ganz Israel wird gerettet werden, wie geschrieben steht (Jes. 59, 20; Jer. 31, 33): „Es wird kommen aus Zion der Erlöser, der abwenden wird alle Gottlosigkeit von Jakob. Und dies ist mein Bund mit ihnen, wenn ich ihre Sünden wegnehmen werde."

Römer 11, 26.27

Das Geheimnis Israel schließt seine endgültige Rettung ein. Die vom Apostel in Römer 1, 16 bezeugte rettende Kraft Gottes wird sich auch an Israel erweisen. Dieses Ziel steht noch aus.

Großes hat Gott schon an seinem Volk getan (vgl. Ps. 126, 2). Das sehen wir an dem Überdauern Israels im Niedergang der Völker. Gott ließ sein Volk auch im Holocaust oder der Schoa nicht untergehen. Das sehen wir in dem erneuten Exodus (Jer. 31, 8–12). Die heimgekehrten Juden ahnten ein Handeln Gottes. Sie gaben ihren Siedlungen Namen, die in der Übersetzung lauten: „Tor der Hoffnung", „Heimkehr nach Zion", „Eckstein" u. a. Das sehen wir in einer neuen Landnahme (Jer. 31, 27.28). Die Staatsgründung war von den Propheten geweissagt, von der Gemeinde Jesu geglaubt und von den Juden ersehnt worden. Das sehen wir in der Wiedergeburt der hebräischen Sprache. Die Sprache der Propheten wird heute von den Juden gebraucht, nicht nur in der Synagoge, sondern allgemein. Das sehen wir in dem zurückgekehrten Segen über dem Land. Gott ließ die Wüste erblühen. Das sehen wir an dem Vorhandensein von Juden, die schon jetzt an Jesus als dem Messias glauben und sich in seinem Namen versammeln.

Das große Ziel steht aber noch aus, das Schönste kommt noch: Ganz Israel wird gerettet werden. Die größte Verheißung Israels wird erfüllt. Warum? Paulus antwortet: „Es steht geschrieben!" Paulus hat diesen Ausdruck oft im Römerbrief gebraucht: 8, 36; 9, 13.33; 11, 8.26. Das erinnert an die Versuchungsgeschichte Jesu. Er argumentiert nicht mit seiner Meinung, sondern mit der Schrift. Er verbindet in geistgewirkter Weise zwei Schriftstellen miteinander. Das führt der „Erlöser aus Zion" – ein Name für den Messias – hinaus. Israel wird auf dem Weg des Glaubens gerettet (Sach. 12, 10).

Komm, Gekommener! *Johann Christoph Blumhardt*

Dein Volk ist mein Volk, und dein Gott ist mein Gott. Rut 1, 16

Das Buch Rut trägt auch prophetischen Charakter. Es hilft uns zum Verständnis Israels im Blick auf die Völker. Unser Vers ist das Bekenntnis der Liebe zu Israel. Rut, die aus der Völkerwelt kommt, sagt zu es zu Noomi, die zu Israel gehört. Rut ist sogar bereit, für ihre Schwiegermutter betteln zu gehen. Es gibt kein separates Handeln Gottes an Israels, ohne dass es auch in der Völkerwelt zu Bewegungen kommt (Luk. 21, 29). Wir sehen den Weg Israels in Bezug mit den Völkern im Buch Rut prophetisch vorgeschattet. 1. Im Weg Israels zu den Völkern. Elimelech und seine Frau mit ihren Söhnen Machlon und Kiljon ziehen von Bethlehem in das Land der Moabiter (1, 1.2). Es war eine Hungersnot, d.h. eine Gerichtszeit (5. Mose 4, 27). 2. Im Weg Israels unter den Völkern. Elimelechs Söhne nehmen moabitische Frauen – Rut und Orpa. Das Volk Gottes vermischt sich mit den Nationen. Das brachte viel Not. 3. Im Weg Israels für die Völker. Die Juden vermitteln den Nationen Gotteserkenntnis (Rut 1, 16.17). Israel schenkte uns die Bibel und aus ihm kam der Messias. 4. Im Weg Israels aus den Völkern. Noomi zieht wieder ins Land, weil sie vom Wirken Gottes hörte (Rut 1, 6). Gottes Wirken in Israel bewegte die Juden nach 1948 wieder heimzukehren. 5. Im Weg Israels mit den Völkern: „Also gingen die beiden miteinander“ (V. 19). Die Gemeinde Jesu aus den Völkern bekennt sich zu Israel wie Rut zu Noomi (vgl. Röm. 11, 17). Israel hat hier die besten Freunde.

Die in Rut 2, 23 erwähnten Gersten- und Weizenernten können so gedeutet werden: Der Weizen wird, im Gegensatz zur Gerste, am ersten gesät und zuletzt geerntet; d. h. Gott hat sich zuerst Israel zugewandt und muss auf die Ernte lange warten, während er sich den Völkern später zuwandte und in der Gemeinde Jesu bald ernten durfte.

Welch göttlich holdes Gnadenjahr
eröffnet sich der Erde!
Komm, komm, dass aller Völker Schar
durch dich gesegnet werde!
Dir weicht der Fluch, der Irrtum flieht,
Gerechtigkeit und Friede blüht.
Komm, höre laut von Hosiannajubel schallen!

Carl Bernhard Garve

Ich habe dich zum König über Israel gesalbt und habe dich aus Sauls Händen errettet. **2. Samuel 12, 7**

Der Gesalbte Jahwes – so heißt David (2. Sam. 19, 22). Der mit „Gesalbter Jahwes" Bezeichnete steht in einem exklusiven Verhältnis zu Gott. Gesalbter heißt im Hebräischen *Maschiach,* im Aramäischen *Meschicha.* Setzt man das letztere in die griechische Schrift um, so führt dies zu dem Begriff *Messias.* Das hebräische Wort *salben* heißt ins Griechische übersetzt *chrio.* So steht in der Übersetzung des Alten Testaments ins Griechische überall, wo von dem Gesalbten die Rede ist, *Christos.*

Das Alte Testament kennt keinen König, dem die Weltherrschaft verheißen und die Sohnschaft zugesprochen ist, als den König aus Davids Haus (2. Sam 7, 12.13; Ps. 89, 28). Der Psalm vom Sieg Gottes und seines Gesalbten (Ps. 2) feiert die Weltherrschaft des Königs, der einmal Sohn Davids, zum anderen Sohn Gottes ist. Es ist der Messiaskönig der Endzeit, auf den sich alle jüdische Hoffnung konzentriert. Dieser König ist Jesus, den David seinen Herrn nennt (Ps. 110, 1; Mark. 12, 35-37). „Der Weg des Alten Testamentes geht von Christus, dem Gesalbten, zu Jesus" (Franz Delitzsch, 1813–1890). Der Psalm von Gottes Gesalbtem (Ps. 2) gehört zu den „wichtigsten christologischen Dokumenten" (Franz Delitzsch). Die Einsetzung des Messias zum König auf Zion, dem heiligen Berg in Jerusalem, ist die letzte Antwort Gottes auf die Rebellion der Menschheit und ihrer Regenten (Ps. 2, 1.2). Dieser Messias hat nicht nur ein heilschaffendes, sondern auch ein richterliches Amt. Die Erlösung ist der Anfang, das Gericht das Ende seines Werkes. Jesus trägt das Friedens- und Eisenzepter, den Hirten- und den Gerichtsstab (Matth. 24, 51; 21, 44; Luk. 19, 27). Der Tag seiner Wiederkunft ist die Vollendung von Heil und Gericht (Offb. 6, 15–17). Der Lobgesang der Engel kann auch unser Gebet sein:

Das Lamm, das erwürget ist, ist würdig zu nehmen Kraft und Weisheit und Reichtum und Stärke und Ehre und Ruhm.

so in Händels Messias nach Offb. 5, 12

Nimm das Salböl, und gieß es auf seinen (des Hohepriesters) Kopf und salbe ihn. **2. Mose 29, 7**

Der Hohepriester Aaron ist der erste Gesalbte in der Geschichte des Alten Testaments. Der Hohepriester trug den Titel „der gesalbte Priester“ (vgl. 3. Mose 4, 5.16; 6, 15). Das über das Haupt gegossene Salböl ist ein Symbol für den Heiligen Geist. Durch seine Salbung wird der Hohepriester Organ und Vermittler des Heiligen Geistes. Für die Zeit seiner Ausübung des priesterlichen Dienstes steht er in einem besonderen Verhältnis zu Jahwe. Nach rabbinischer Auslegung gilt dies jedoch nur während seines Dienstes im Heiligtum. Im zivilen Leben gibt es keinen Unterschied zwischen dem Hohepriester und allen anderen Israeliten. Allein beim Gesalbten Jahwes, dem Messias, beinhaltet die Salbung ewige Gottessohnschaft und Gottunmittelbarkeit (Ps. 2).

Im Hebräerbrief ist das Heilshandeln des Sohnes Gottes und des Retters zusammengefasst in der Darstellung Jesu als Hohepriester. Jesus ist der barmherzige Versöhner und der Mittler vor Gott. Durch das Opfer seines Blutes hat es eine „ewige Erlösung erworben“ (Hebr. 9, 12). In Jesus, dem Messias, ist alles erfüllt, wozu im Alten Testament der Hohepriester gesalbt wurde. Jesus hat sich nicht selbst „die Ehre beigelegt, Hoherpriester zu werden, sondern der hat es getan, der zu ihm gesagt hat: ‚Du bist mein Sohn, heute habe ich dich gezeugt‘“ (Hebr. 5, 5). Wer vor Jesus steht mit dem Bekenntnis: „Du bist der Christus, der Messias“ (Matth. 16, 16), versteht die Aufforderung „Küsset den Sohn“ (Ps. 2, 12, nach der Übersetzung von Hermann Menge). Der Kuss, und zwar nicht der Mund-, sondern der Fußkuss, ist Ausdruck der Huldigung. Wenn die Sünderin dem Herrn Jesus die Füße küsst (Luk. 7, 36–50), so ist dies nicht eine sentimentale Geste, sondern das Bekenntnis: Du, Jesus, bist der Messias.

Gebe Gott, dass wir beten können:

Sind von Freunden wir verlassen und wir gehen ins Gebet,
o so ist uns Jesus alles: König, Priester und Prophet.
Joseph Medlicott Scriven, deutsch von Ernst Gebhardt

Der Geist Gottes des HERRN ruht auf mir, weil der HERR mich gesalbt hat, um den Unglücklichen frohe Botschaft zu bringen.
Jesaja 61, 1

Der gesalbte Prophet ist mit Gottes Geist begabt und zu einem Auftrag Gottes ermächtigt. Der Prophet hat ganz bestimmte, ihm von Gott übertragene Aufgaben auszuführen. Das alttestamentliche Wort für Prophet (hebräisch: *nabi*) kann am ehesten übersetzt werden mit „der mit einer Botschaft Betraute". Der Prophet ist ein von Gott Berufener. Er ist der von Gott mit Namen Genannte. So sind die Propheten zugleich die „Rufer" zu Gott und die „Verkündiger" seiner Botschaft.

Die Prophetie des Alten Testamentes kommt zu ihrem Abschluss mit Johannes dem Täufer (Matth. 11, 13). Von Jesus wird Johannes der „größte, der von einer Frau geboren ist" genannt. Er wusste sich als Wegbereiter des Messias. Er sprach von einem anderen, der nach ihm kommt (Luk. 7, 19). Er hörte bei der Taufe Jesu die Gottesstimme. Gott nannte Jesus „seinen geliebten Sohn" (Matth. 3, 17). Von Herodes gefangen gesetzt (vgl. Luk. 3, 20), kommt Johannes ins Zweifeln: Ist Jesus wirklich derjenige, der die große Scheidung bringen soll? Er verlangt von Jesus Klarheit und schickt seine Jünger zu ihm mit der Frage: „Bist du es, der da kommen soll?" (Luk. 7, 19).

Der Prophet ist ein Mensch. Wenn er die Botschaft verkündigt, würde er nie anderes sagen als das, was Gott ihm aufgetragen hat. In seinem persönlichen Leben aber kennt er Stunden der Entmutigung und der Schwäche (vgl. Elia, 1. Kön. 19, 3.4). Die Antwort Jesu ist eindeutig. Jesus ruft die Prophetie des Jesaja an und sagt, sie ist erfüllt (Matth. 11, 4.5; Jes. 35, 5.6; 61, 1).

Jesus ist kommen, Grund ewiger Freude;
A und O, Anfang und Ende steht da.
Gottheit und Menschheit vereinen sich beide;
Schöpfer, wie kommst du uns Menschen so nah!
Himmel und Erde, erzählet's den Heiden:
Jesus ist kommen, Grund ewiger Freuden.
Johann Ludwig Konrad Allendorf

Der HERR hat mich schon gehabt am Anfang seiner Wege, ehe er etwas schuf, von Anbeginn her. Sprüche 8, 22

Wie mit einem roten Faden ist das Alte Testament durchzogen von den Ankündigungen des Messias. Dabei wird der Begriff Messias selten direkt angewandt. Zum ersten Mal wird er im Lobgesang der Hanna genannt (1. Sam. 2, 10). Messianisch sind die Verheißungen immer dann, wenn sie vom letzten endgültigen Heil sprechen, von dem Heil, das Gott den von ihm geschaffenen Menschen bereitet hat. Alle Spuren des verheißenen Messias und Erlösers führen zu Jesus. Christus, der Gesalbte, „ist durch das Alte Testament im Kommen begriffen" (Franz Delitzsch, 1813–1890).

Von den im Alten Testament zugesagten Heilstaten, die die Zukunft bestimmen und abschließend erst nach der Vollendung der Zeit ihre Erfüllung finden, können zahlreiche Namen für den Messias erschlossen werden. Außer den Bezeichnungen König, Priester und Prophet werden im Folgenden beispielhaft weitere 40 Namen genannt, mit denen Jesus als Messias gekennzeichnet wird.

Jesus, der Messias, ist der Erstgeborene der Schöpfung.

Nach dem Zeugnis des Alten Testamentes ist die Weisheit kein Schöpfungswerk. Sie ist aus Gott geboren, sie war zugegen, als die Erde wurde. Gott bediente sich ihrer Vermittlung. Ihr liebster Wirkungskreis innerhalb des Schöpfungsganzen wurde die Erde und auf ihr die Menschheit (Spr. 8, 22–31). Dieses Selbstzeugnis entspricht dem, was Paulus von Jesus sagt: „Er ist sein Erstgeborener vor aller Schöpfung, denn in ihm ist alles geschaffen, was im Himmel und auf Erden ist … Er steht über allem, und das ganze Weltall hat in ihm Bestand" (Kol. 1, 15–17). Der Messias war der mit dem lebendigen Gott Handelnde an dem Tag, als das erste menschliche Leben auf dieser Welt geschaffen wurde. Durch ihn ist der erste und in Folge jeder einzelne Mensch geschaffen. Jedem seiner Geschöpfe gilt seine Liebe. Jesus, der Messias, ist die dem Menschen zugewandte Seite Gottes.

Dich will ich preisen, du ewge Liebe;
dich will ich loben, solang ich bin.
August Rische

Er wird dir [der Schlange] den Kopf zermalmen, und du schnappst ihm nach der Ferse. **1. Mose 3, 15**

Das Judentum erwartet den Sieg über die todbringende Schlange in den Tagen des Messias: „Es ist eine Heilung vom Fersenbiss der Schlange vorhanden am Ende der Tage, in den Tagen des Messias“ (palästinisches Targum – Bezeichnung für Thoravorlesung und Bibelübersetzung – zu 1. Mose 3, 15). Nach dem Zeugnis des Neuen Testamentes ist es Jesus, der die Werke des Teufels zerstört und über das Reich des Bösen triumphiert (1. Joh. 3, 8; Röm. 16, 20; Kol. 2, 15; Hebr. 2, 14). Das Wort zermalmen oder mit Füßen treten kommt im Alten Testament nur an dieser Stelle vor. Sprachgeschichtlichen Vergleichen zufolge hat es die Bedeutung von „überwältigen“.

Der, der die Schlange als das Symbol der Sünde und des Todes überwältigt, ist nicht gekennzeichnet als ein vom Mann Erzeugter, sondern als der von der Frau Geborene. Es ist Jesus, der Messias. Er, Jesus, wird zunächst wie von einem Fersenbiss tödlich getroffen. Er stirbt auf Golgatha. Tod und Hölle können ihn jedoch nicht halten (1. Kor. 15, 4). Jesus, der Messias, ist der Sieger über die Sünde und der Bezwinger des Todes.

Mit seinem Sieg über den Bösen hat Jesus den Schatten, der über der Gottebenbildlichkeit des Menschen lag, in helles Licht verwandelt. Wer Jesus als seinen persönlichen Herrn aufnimmt, dem verleiht Jesus eine unvergleichliche Würde. Wer auf der Seite des Siegers über Sünde und Tod steht, muss nicht mehr zu der alten Erbärmlichkeit zurückkehren. Er braucht auch in schweren Stunden nicht mehr unter seiner Würde zu leben.

Dass Jesus siegt, bleibt ewig ausgemacht,
sein wird die ganze Welt;
denn alles ist nach seines Todes Nacht
in seine Hand gestellt.
Nachdem am Kreuz er ausgerungen,
hat er zum Thron sich aufgeschwungen.
Ja, Jesus siegt!
Johann Christoph Blumhardt

Lamech zeugte einen Sohn, nannte ihn Noah und sagte: Dieser wird uns trösten über unserer Arbeit und der Mühsal unserer Hände durch den Acker, den Gott verflucht hatte.

1. Mose 5, 28.29

Mit der Namensgebung Noah bringt Lamech zum Ausdruck, dass mit Noah, der zehnten Generation von Adam an, die Zeit des Fluches zu einem trostvollen Abschluss kommt. Der Name Noah kann am ehesten übersetzt werden mit „Aufatmen", „Ruhe". Noah ist der Trostbringende. Dieser Trost ist eine Heilstat Gottes, der so genannte Regenbogenbund (1. Mose 9, 13). Der Regenbogen, den es von Beginn der Schöpfung an gab, bekommt durch den Bundesschluss Gottes mit Noah eine neue Bedeutung. Er ist das Unterpfand eines Bundesschlusses zwischen Gott und der Menschheit. Der Trost aus dem Bund Gottes erstreckt sich bis in die Endzeit. Noah steht am Anfang. Er ist der erste Tröster und als solcher ein Hinweis auf den als Tröster erwarteten Messias. Trost ist eines der Worte, das alles von Gott Erhoffte zusammenfasst. Jahwe ist der Tröster (Jes. 49, 13; 52, 9), und zu dem Beruf des Gottesknechtes gehört es, die Traurigen zu trösten (Jes. 61, 2). Für das Judentum ist der Tröster, der Menachem, einer der Hauptnamen des Messias.

Wenn Jesus sagt, „ich werde euch einen anderen Tröster senden" (Joh. 14, 16), sagt es damit, dass er selbst auch der Tröster ist. Jesus, der Messias, ist der Tröster.

Bei Jesus werden alle Mühseligen und Beladenen Ruhe finden für ihre Seele. Bei Jesu Wiederkunft werden alle Menschen zugleich einen mächtigen Regenbogen sehen. Es ist der Regenbogen um seinen ewigen Thron (Offb. 4, 3).

Wenn nach der Erde Leid, Arbeit und Pein
ich in die goldenen Gassen zieh ein,
wird nur das Schau'n meines Heilands allein
Grund meiner Freude und Anbetung sein.

Charles Hutchison Gabriel,
deutsch von Hedwig von Redern

In dir werden gesegnet werden alle Geschlechter der Erde.
1. Mose 12, 3

Diese Verheißung ergeht dreimal an Abraham (1. Mose 12, 3; 18, 18; 22, 18). Abraham, erwählt aus der Mitte des Volkes, wird Ausgangspunkt und Mittler des Heils für die gesamte Menschheit. Die Verheißung macht Abraham und seine Nachkommen zum Inhaber eines Gottessegens, der zum Besitz aller Völker werden soll. Der Same Abrahams ist Israel (Jes. 41, 8). Israel ist das Segensmittlervolk (Jes. 19, 24; Sach. 8, 13). Diese Verheißung vom Völkersegen wird sich erfüllen in dem König Messias. Von ihm heißt es: Sein Name besteht ewig, er dauert fort, solange die Sonne scheint. Mit diesem Namen wünscht man sich Segen, und alle Heidenvölker preisen ihn glücklich (vgl. Ps. 72, 17). Jüdische Ausleger leiten aus der Segensverheißung für Abraham den Anspruch auf Alleingültigkeit des jüdischen Glaubens ab. Sie übersehen dabei, dass der Weg Gottes mit Abraham nicht in einem exklusiven Bundesverhältnis endet. Gottes Verheißungen münden ein in die „universale Entschränkung des dem Abraham verheißenen Heils“ (Gerhard von Rad, 1901–1971). In Abraham werden alle Geschlechter der Erde gesegnet werden.

In seiner Bußpredigt im Tempel spricht Petrus die Juden an als die „Nachkommen Abrahams“, denen die Verheißung zuerst gilt (Apg. 3, 25.26). Paulus nennt den Messias den Samen Abrahams (Gal. 3, 7). Jesus, der Messias, ist der Segen der Völker.

In Jesus kommt die Segensmittlerschaft Abrahams zum Vollzug, ohne dass sie ein Ende hat. Der von Jesus, dem Messias, ausgehende Segen hat sich nicht ohne die Mitwirkung aus Israel – die Apostel sind aus Israel – über die Völkerwelt ausgegossen.

Jesu Name soll erstrahlen
weithin über Land und Meer.
Trost und Hoffnung gibt er allen,
rühmt ihn laut zu seiner Ehr!

David Welander,
deutsch von Carvasso Gauntlett

Ein junger Löwe ist Juda ... Von Juda weicht weder das Zepter noch der Herrscherstab, bis dass Schilo kommen wird, und ihm werden die Völker gehorchen. 1. Mose 49, 9.10

Beim Segen Jakobs gilt die Fülle der Segnungen seinem Sohn Josef (1. Mose 49, 22–26). Er bekommt das Erstgeburtsrecht und das damit verbundene doppelte Erbteil (1. Chr. 5, 1). Die heilsgeschichtliche Weltstellung aber überträgt Jakob seinem viertältesten Sohn Juda. Ihm spricht er die Führerschaft der Stämme seines Volkes zu, bis sich mit dem Kommen Schilos seine Stammesherrschaft erweitert. Juda wird der Königsstamm Israels. Seine Herrschaft wird kein Ende haben, bis Schilo kommt, das heißt, bis an seine Stelle „eine höhere weitere Herrschaftsform tritt“ (Claus Westermann). Dieser Kommende wird über Israel und die Völkerwelt herrschen.

Der aus dem Stamm Juda Erwartete ist der aus Juda hervorgehende Schilo. Der, der in Israel herrschen wird, geht aus Juda hervor. Er kommt aus Bethlehem, der Landschaft Efrata (Micha 5, 1). Dieser wird groß dastehen bis an das Ende der Erde (Micha 5, 3).

Der Talmud – neben der Bibel das Hauptwerk des Judentums – deutet Schilo, als einen der Namen des zukünftigen Messias. Von Jesus heißt es: „Es ist allen bekannt, dass er aus Juda hervorgegangen ist“ (Hebr. 7, 14). Jesus ist der unter dem geheimnisvollen Namen Schilo Erwartete. Am Ende der Zeiten, wenn alle Jesus sehen werden, wird aus dem Himmel die Stimme zu hören sein: „Siehe, es hat überwunden der Löwe, der da ist vom Geschlecht Juda“ (Offb. 5, 5). Jesus, der Messias, ist der Löwe aus Juda.

Jesus Christus herrscht als König,
alles wird ihm untertänig,
alles legt ihm Gott zu Fuß.
Aller Zunge soll bekennen,
Jesus sei der Herr zu nennen,
dem man Ehre geben muss.
Philipp Friedrich Hiller

Ich sehe ihn, doch nicht schon jetzt: ich schaue ihn, doch noch nicht in der Nähe. Es geht ein Stern aus Jakob auf, ein Herrscherstab erhebt sich aus Israel. 4. Mose 24, 17

Es war der Moabiterkönig Balak, der den Zauberer Bileam aus Angst vor den Israeliten in sein Reich rufen ließ. Bileam sollte Israel verfluchen. Der heidnische Zauberer jedoch wurde wider seine natürliche Neigung zum Propheten Jahwes. Gott selbst gewährte ihm einen Einblick in die Zukunft Israels. Er kommt aus der Völkerwelt und bringt ihre Sehnsucht zum Ausdruck.

Der Stern ist das Bild eines Herrschers von irdischer Abkunft und himmlischem Glanz. Er ist sowohl im Judentum als auch im Neuen Testament ein Kennzeichen des Messias. Heidnische Gelehrte aus dem babylonischen Raum folgen einem Stern, um dem neugeborenen König der Juden zu huldigen (Matth. 2, 2). Der Stern leitete sie nach Bethlehem. Jesus, der Messias, ist der Stern, der aus Jakob aufgeht. Am Ende der Zeiten sagt Jesus: „Ich bin der helle Morgenstern“ (Offb. 22, 16).

Der Herrscherstab ist wie der Stern das Bild eines königlichen Herrschers. In seiner Schau in den Himmel sieht Johannes eine Frau, die ein Kind zur Welt bringt, von dem es heißt: „Er wird alle Heiden mit einem eisernen Stab weiden“ (Offb. 12, 5). Jesus, der Messias, ist der Herrscherstab aus Israel.

Zu den Bildern, die einen königlichen Herrscher kennzeichnen, gehört auch das des Hornes. Horn ist das Bild von Stärke und Sieg, das in erster Linie als Kennzeichen der israelitisch-judäischen Könige vorkommt. In seinem Loblied spricht Zacharias das prophetische Wort: „Gott hat uns ein Horn des Heils aufgerichtet im Hause seines Knechtes David“ (Luk. 1, 69). Jesus, der Messias, ist das Horn des Heils.

Jakobs Stern ist aufgegangen,
stillt das sehnliche Verlangen,
bricht den Kopf der alten Schlangen
und zerstört der Höllen Reich.
Paul Gerhardt

Erkennt jetzt, dass ich alleine es bin und kein anderer Gott neben mir besteht! Ich töte und mache lebendig, ich verwunde und heile wieder, und niemand kann aus meiner Hand erretten.

5. Mose 32, 39

In seinem großen Rückblick bedenkt Mose in 5. Mose 32 die Geschichte Israels vom Anfang bis zum Ausgang: Auf Israels Schöpfung und gnadenreiche Bevorzugung (V.1–14) folgt Israels Undank und Abfall (V. 15–18). Die Reaktion Gottes ist sein Gericht (V. 19–24). So heißt es z.B.: „Ein Feuer ist durch meinen Zorn entbrannt und hat bis in die Tiefen des Totenreiches gelodert" (V. 22). Dann aber, wenn Israel bis an den Rand der Vernichtung gebracht ist, lässt es angesichts der Feinde die Ehre Gottes nicht zu, Israel völlig auszurotten (V. 35–43). Gott ist Israels Richter und Erbarmer. Das Gedenklied des Mose weist weit über seine Zeit hinaus. Es ist ein messianisches Lied.

Paulus greift diesen Geschichtsablauf auf (Röm. 9–11). Auch er spricht von der Erwählung und vom Abfall Israels sowie von Gottes Gericht und seinem Erbarmen. Das letzte Geheimnis der Wege Gottes mit seinem Volk fasst Paulus in die Worte: „Blindheit ist Israel zum Teil widerfahren, so lange bis die Fülle der Heiden eingegangen ist; danach wird das ganze Israel gerettet werden, wie geschrieben steht (Jes. 59, 20; Jer. 31, 33): ‚Es wird kommen aus Zion der Erlöser, der abwendet das gottlose Wesen von Jakob'" (Röm. 11, 25.26). Einmal werden Christen und Juden gemeinsam erkennen: Jesus, der Messias, ist der Richter (Offb. 20, 11–15) und Jesus, der Messias, ist der Erbarmer. Zu den großen im Talmud überlieferten Messiasnamen gehört *Chanina,* der Erbarmer.

Mir ist Erbarmung widerfahren,
Erbarmung, deren ich nicht wert;
das zähl ich zu dem Wunderbaren,
mein stolzes Herz hat's nie begehrt.
Nun weiß ich das und bin erfreut
und rühme die Barmherzigkeit.

Philipp Friedrich Hiller

Aus dem Stumpf Isais wird ein Zweig hervorgehen. Ein Spross aus seinem Wurzelstock wird Frucht tragen. Jesaja 11, 1

Zur Zeit des Propheten Jesaja glich das Königreich Davids einem Baumstumpf. Der Assyrerkönig Sanherib war bis vor die Tore Jerusalems gezogen. Die Botschaft Jesajas lautet: „Noch ist der Baumstumpf da. Ein Neutrieb, ein neuer Zweig des Könighauses David, wird die Geschichte bestimmen."

Der Messias wird in Bethlehem, der Stadt Davids, geboren. Einer seiner Namen lautet »neuer Zweig«, auf hebräisch »Nazarener« (von *neser).* Als Ortsbezeichnung kommt Nazareth im Alten Testament nicht vor. Es ist ein Flecken, der auch im Talmud, in dem eine Unzahl palästinischer Ortschaften genannt werden, totgeschwiegen wird. Für die Juden ist das Dorf Nazareth ein Ort ohne Zukunft, ein Städtchen, aus dem nie etwas Gutes kommen kann (vgl. Joh. 1, 46). Für Matthäus ist der Nazarener der nach seinem Wohnort benannte Messias. Er ist die Erfüllung des Prophetenwortes vom „neuen Zweig" (Matth. 2, 23). Der Nazarener ist der neue Zweig, der „Sohn Davids". Mit Jesus, dem Zweig aus dem Stumpf des Stammes Davids, beginnt eine neue Zeit. Jesus, der Messias, ist der Zweig aus dem Stamm Isais.

Jesus, der Messias, ist der Wurzelspross Davids. „Der Wurzelspross Davids hat überwunden" (Offb. 5, 5). Jesus, der Erhöhte, spricht: „Ich bin der Wurzelspross Davids" (Offb. 22, 16).

Es ist ein Ros entsprungen
aus einer Wurzel zart,
wie uns die Alten sungen,
von Jesse kam die Art
und hat ein Blümlein bracht
mitten im kalten Winter
wohl zu der halben Nacht.

Trier, 1587/88

Ich bin's, der in Zion einen Grundstein gelegt hat, einen erprobten Stein, einen kostbaren Eckstein, der felsenfest gegründet ist: Wer das glaubt, wird nicht zuschanden. Jesaja 28, 16

Jesaja spricht dieses Wort in der Zeit Hiskias (719–691 v. Chr.). Hiskia war entschlossen, all das, was in der Zeit seines Vorgängers Ahas falsch gemacht wurde, wieder gutzumachen. Ahas setzte seine Hoffnung auf die Großmächte der damaligen Zeit. Er trieb eine Allianzpolitik, die Jesaja aufs Äußerste kritisierte. Allen trügerischen Hoffnungen stellt Jesaja eine bessere entgegen: die einzig wahre Hoffnung liegt in dem in Zion von Gott selbst gelegten Grund- und Eckstein. Damit sagt Jesaja: Der Glaubende sucht keine Allianzen, denn er hat durch diesen Stand Grund, Stand und Heil. Der Grund- und Eckstein ist das Bild für den Messias. Sowohl Paulus als auch Petrus deuten diesen Eckstein auf Jesus. Beide bezeichnen sie ihn als Fels des Anstoßes, an dem Menschen zu Fall kommen können. Beide sagen aber auch, dass der, der sein Vertrauen auf diesen Felsen setzt, in Ewigkeit Bestand hat (Röm. 9, 33; 1. Petr. 2, 5–8).

Jesus, der Messias, ist der kostbare Grund- und Eckstein. Ein Mann, der das erlebte, war der greise Simeon. Er war ein Wartender. Er gehörte weder zu den Revolutionären (Zeloten), noch zu den Liberalen (Sadduzäern), noch zu den fanatisch Frommen (Pharisäern). Er lebte nicht nach rückwärts, er war ein Wartender nach vorne hin. Er trennte sich auch bei all den damaligen Missständen nicht vom Tempel. Er schloss sich nicht den Frommen von Qumran an oder gründete eine eigene Gemeinde. Als Wartender erlebte er es, wie Maria und Josef Jesus in den Tempel brachten. Er nahm Jesus auf den Arm und sprach: „Meine Augen haben deinen Heiland gesehen“ (Luk. 2, 30).

Ich habe nun den Grund gefunden,
der meinen Anker ewig hält;
wo anders als in Jesu Wunden?
Da lag er vor der Zeit der Welt,
der Grund, der unbeweglich steht,
wenn Erd und Himmel untergeht.
Johann Andreas Rothe

Seht, eine junge Frau ist schwanger, sie wird einen Sohn gebären, dem sie den Namen Immanuel geben wird. Jesaja 7, 14

Eine namenlose Frau wird Mutter. Den Begriff Jungfrau gibt es im Hebräischen nicht; das hier stehende Wort *almanah* kennzeichnet eine Frau, die bisher noch nicht Mutter geworden ist, und kann zu Recht mit Jungfrau übersetzt werden. Der Name des Sohnes, den sie zur Welt bringt, liegt fest: „Immanuel" – „Gott ist mit uns". Die Verheißung des Jesaja gilt zunächst dem König Ahas. Immanuel ist zugleich ein symbolischer Name. Immanuel ist nicht nur Hiskia, der Sohn des Ahas, sondern über ihn hinaus Jesus, der von der Jungfrau Maria geboren wird. Jesus ist der Sohn der Jungfrau.

Matthäus sieht das Wunder der Geburt Jesu als Erfüllung der Prophetie von Jesaja 7, 14 (Matth. 1, 2.23). Lukas berichtet ausführlich von der Zeugung Jesu durch den Heiligen Geist in Maria, der Jungfrau (Luk. 1, 26–38). Johannes fasst das Geheimnis der Jungfrauengeburt in die Worte: Er war nicht aus der Mischung zweier Menschen, auch nicht aus einem in der Menschennatur wirksamen Trieb, auch nicht aus dem Willensentschluss eines Mannes, sondern er war aus Gott gezeugt (vgl. Joh. 1, 13). Zu dem ratlosen Josef sprach der Bote Gottes: das von dir erwartete Kind stammt aus dem Heiligen Geist (Matth. 1, 20). Das hebräische Wort für Heiliger Geist *(ruach)* ist weiblich und bedeutet so viel wie „Atem". Es kann in direkter Parallele stehen zu Gottes Wort. So heisst das Gotteswort für Maria: Du sollst empfangen durch sein Wort. Jesus ist durch den Wortatem Gottes geschaffen. Der Jesusname „Immanuel" – „Gott ist mit uns" erhält seine letzte Erfahrung am Ende der Zeit, wenn es heißt: „Er wird bei ihnen wohnen" (Offb. 21, 3).

Süßer Immanuel, werd auch in mir nun geboren,
komm doch, mein Heiland,
denn ohne dich bin ich verloren!
Wohne in mir, mach mich ganz eines mit dir,
der du mich liebend erkoren.

Gerhard Tersteegen

Lasst mich kundtun den Ratschluss des HERRN! Er hat zu mir gesagt: Mein Sohn bist du; ich selbst habe dich heute gezeugt.

Psalm 2, 7

Psalm 2 wurde zum ersten Mal angestimmt in einer Zeit, in der der Thron Davids schwankte. Die gesamte Völkerwelt war in Aufruhr. Der Kampf der Völkerscharen galt Gott, dem HERRN, und dem in seinem Namen gesalbten König. Diesen nennt Gott seinen Sohn und sagt ihm: „Fordere von mir, so gebe ich dir die Heiden zum Erbe und dir zum Besitz die Enden der Erde" (V. 8). Diese Worte gehen weit über David hinaus. Die beinhalten eine der wichtigsten messianischen Verheißungen.

Für den Hohepriester zur Zeit Jesu war dies eine Selbstverständlichkeit. Er beschwor Jesus mit den Worten: „Bist du der Messias, der Sohn Gottes?" und dieser antwortete: „Ja, ich bin's!" (Matth. 26, 63.64). Jesus, der Messias, ist der Sohn Gottes. Sohn Gottes wurde Jesus von Gabriel genannt (Luk. 1, 35). Petrus bekannte sich zu Jesus mit den Worten: „Du bist der Messias, der Sohn des lebendigen Gottes" (Matth. 16, 16). Nathanael sagt: „Du bist Gottes Sohn, du bist der König von Israel" (Joh. 1, 49). Überwältigt von Jesu Sterben sprach der Hauptmann: „Dieser ist wirklich Gottes Sohn gewesen" (Matth. 27, 54). Das zentrale Bekenntnis von Paulus lautet: „Gott sandte seinen Sohn, geboren von einer Frau" (Gal. 4, 4). Der Schreiber des Hebräerbriefes stellt Jesus als den Sohn in die Mitte seiner Verkündigung (1, 2.8; 3, 6; 4, 14; 6, 6; 7, 3.28; 10, 29 u.a.).

Von Gottes Sohn zu sprechen oder von der Heiligen Dreieinigkeit, Gott Vater, Sohn und Heiliger Geist, bedeutet keinesfalls, dem Glauben an mehrere Götter das Wort zu reden. Gott kann nie in der Mehrzahl stehen. Gott ist einer (5. Mose 6, 4)! Der Eine und der Einzige aber ist nicht einsam. Er steht in untrennbarer Gemeinschaft mit Jesus, seinem Sohn, und mit dem schöpferischen Wortatem, dem Heiligen Geist.

Gottes Sohn ist kommen
uns allen zu Frommen
hier auf diese Erden
in armen Gebärden,
dass er uns von Sünde
freie und entbinde.
Böhmische Brüder, 1544

Es kam einer mit den Wolken des Himmels wie eines Menschen Sohn ... Diesem wurde Macht, Ehre und Herrschaft verliehen.
Daniel 7, 13.14

Daniel sieht den Kommenden in Menschengestalt. In seiner großen Schau erlebt und erfährt er, dass die Herrschaft dieses Menschensohnes sich auf alle Völker und Nationen erstreckt und dass sein Reich von ewiger Dauer sein wird (Dan. 7, 14).

In jüdischen Texten wird der Menschensohn gleichgesetzt mit dem Messias. Menschensohn ist ein messianischer Würdetitel.

Jesus bezeichnet sich selbst als Menschensohn (Matth. 8, 20; Mark. 13, 26; Luk. 12, 8; Joh. 3, 14). In den Evangelien ist mehr als 80-mal vom Menschensohn die Rede.

Jesus, der Messias, ist der Menschensohn. Im Profangriechischen ist der Titel Menschensohn unbekannt. Er ist die wörtliche Übersetzung der bei Daniel stehenden aramäischen Wendung *bar'änasch* und kann auch einfach übersetzt werden mit „Mensch". Jesus, der Messias, war eine kleine Zeit ganzer Mensch und damit niedriger als die Engel (Hebr. 2, 7). Durch sein Todesleiden wurde er gekrönt mit Preis und Ehre (Hebr. 2, 7–9). Der Auferstandene ist der Menschensohn mit königlicher Würde und richterlicher Vollmacht.

Paulus nennt Jesus „den letzten Adam" (1. Kor. 15, 45). Der erste Mensch, Adam, ist für Paulus das Vorbild (wörtlich: der *Typus*) des zukünftigen Adams (Röm. 5, 14). Anders gesagt, Christus, der Menschensohn, ist der Antityp Adams, das heißt, Adam und Christus verhalten sich wie die Hohlform *(Typus)* zu der aus ihr gebildeten Plastik *(Antitypus)*. So hat die durch Jesus gekommene Gnade eine viel größere Macht als die seit dem ersten Adam wirkende Übertretung (Röm. 5, 15.17).

Du treuer Heiland Jesu Christ,
dieweil die Zeit erfüllet ist,
die uns verkündet Daniel,
so komm, lieber Immanuel.
Erasmus Alber

Das Volk, das im Finstern wandelte, sah ein großes Licht. Ihnen, den Bewohnern des Todesschattens, erstrahlte ein Licht. ... Denn ein Kind wurde uns geboren, ein Sohn wurde uns geschenkt ... Seinen Namen nennt man: „Wunder“ ... Jesaja 9, 1.5

Die Verheißung des großen Lichtes erinnert an ein kosmisches Geschehen und an die frühe Zeit der Geschichte Israels. Es ist kein gewöhnliches Licht, das sich beim langsam aufdämmernden Morgen durchsetzt. Es ist ein großes, glänzendes, gleißendes Licht.

Als im Prozess der Weltschöpfung die Finsternis dominierte, sprach Gott: „Es werde Licht“ (1. Mose 1, 3). Schlagartig war das Dunkel, das Chaos, besiegt. Bei dem dreitägigen Grabesdunkel, das über Ägypten lag, war es in den Wohnungen der Kinder Israel licht (2. Mose 10, 23).

Hiskia, an dessen Geburt Jesaja zunächst dachte, besiegte den in sein Herrschaftsgebiet eingefallenen assyrischen König Sanherib. Durch den Untergang Sanheribs musste die Finsternis dem Licht weichen. Und doch blieb die eigentliche Verheißung des Propheten unerfüllt. Der angesagte Friede ohne Ende ließ auf sich warten, ebenso wie die Verwirklichung von „Recht und Gerechtigkeit von jetzt an für immer“ (Jes. 9, 6). So wartet der Jude immer noch auf die Geburt des verheißenen Kindes. Für den Christen ist Jesus das umfassende Licht, „das Licht der Welt“ (Joh. 9, 5). Jesus, der Messias, ist das Licht.

Jesu Geburt aus der Jungfrau Maria ist ein von Gott gewirktes Wunder. Deshalb heißt sein Name „Wunder“. Jesus, der Messias, ist das Wunder.

Jesus ist Gott von Gott. Gerade deshalb und nur deshalb kann dieses Kind etwas bewirken, was ich nicht kann und wozu mir auch kein Mensch verhelfen kann.

O Jesu Christe, wahres Licht,
erleuchte, die dich kennen nicht,
und bringe sie zu deiner Herd,
dass ihre Seel auch selig werd.
Johann Heermann

Seine weiteren Namen lauten: „Ratgeber“ und „Gott ist stark“.
Jesaja 9, 5

Die Namen des Kindes, das Jesaja verheißt, sind als Namen im eigentlichen Sinn zu verstehen. Danach heißt das verheißene Kind „der, der Rat gibt“ (hebräisch *jo éz*), und „Gott ist stark“ (hebräisch *`el gibór*).

Der Ratgeber ist der, der in komplizierten Situationen des Lebens den entscheidenden Rat zu geben weiß. Ratgeber ist im Alten Testament ein Ehrentitel für den, „der Pläne aufstellt“ (Ps. 20, 5; Micha 4, 9). Vom Messias sagt Jesaja: „Er ist ausgerüstet mit den sieben Geistern Gottes, dem Geist des HERRN, der Weisheit, der Einsicht, des Rates, der Kraft, der Erkenntnis und der Furcht des HERRN“ (Jes. 11, 2).

Johannes sah Jesus bei seinem Blick in den Himmel als den Erhöhten und Wiederkommenden, in Gestalt eines Lammes, ausgestattet mit den sieben Geistern Gottes. „Das Lamm hatte sieben Hörner und sieben Augen“ (Offb. 5, 6). Jesus, der Messias, ist der Ratgeber. Gott ist stark, ist wie alle seine anderen Namen, „eine wesenhafte Existenzbestimmung“ (Hans-Joachim Kraus) dessen, der diesen Namen trägt. Der Messias ist nicht stark und mächtig wie einer der Helden unter den Menschen. In ihm ist Gott, der Starke gegenwärtig. Die Herrschaft des Messias ist bestimmt durch die ihm von Gott geschenkte majestätische Stärke (Micha 5, 3).

Jesus ist der Träger des Messiasnamens „Gott ist stark“. Worin die Stärke des Messias besteht, sagt der Name Jesus. Er heißt übersetzt: „Gott ist stark, Gott ist Retter, Gott erlöst.“ Christen warten auf das Wiederkommen Jesu als ihren „großen Gott und Erretter Jesus Christus“ (vgl. Titus 2, 13; Phil. 3, 20).

Jesus ist kommen, der starke Erlöser,
bricht dem gewappneten Starken ins Haus,
sprenget des Feindes befestigte Schlösser,
führt die Gefangenen siegend heraus.
Fühlst du den Stärkeren, Satan, du Böser?
Jesus ist kommen, der starke Erlöser.
Johann Ludwig Konrad Allendorf

Weitere Namen des Messias lauten: „der Vater auf ewig“, „der Fürst des Friedens“. Jesaja 9, 5

„Vater auf ewig“ ist der Inbegriff uneingeschränkter Fürsorge. In diesem Sinn gilt Eljakim, dem Verwalter des königlichen Palastes zur Zeit Hiskias, die Zusage: er soll „den Bewohnern Jerusalems und dem Hause Judas ein Vater werden“ (Jes. 22, 21). Der Vater war für die Jerusalemer der, der für die Versorgung der Stadt und für ihr soziales Wohl verantwortlich war. Der Zusatz „auf ewig“ weist weit über die Zeit Hiskias hinaus. Jesus ist „der Vater, der Fürsorger, auf ewig“.

Gleichzeitig ist Jesus „der Fürst des Friedens“. Dieser Name ist schwer auf die Gegenwart zu übertragen. Jüdische Schriftausleger weisen darauf hin, dass sowohl Juden als auch Christen noch weit von der Verwirklichung dieser Verheißung entfernt sind. Die Kriege brechen nicht ab. Sie werden immer noch grausamer. Die Finsternis ist übermächtig auf Erden. Das Reich „des Fürsten des Friedens“ scheint ganz in einer Zukunft zu liegen, um die Gott allein weiß. Für den Propheten Jesaja ist das Kind mit dem Namen „Fürst des Friedens“ bereits geboren. Er sagt, „es ist uns geboren“, das heißt „es ist für uns da“. Von dem in Bethlehem Geborenen sagt Paulus: „Er ist unser Friede“ (Eph. 2, 14). Jesus, der Messias, ist „der Fürst des Friedens.“ Jesu Reich, das bei seiner Wiederkunft als Reich des Friedens vollendet wird, hat bereits begonnen. Schon jetzt können wir einander mit dem Namen des Friedefürsten segnen.

Der fünffache Messiasname, wie ihn Jesaja bezeugt, endet wie der dreifache aaronitische Segen mit der Zusage des Friedens: „Der HERR segne dich und behüte dich! Der HERR lasse sein Angesicht leuchten über dir und sei dir gnädig! Der HERR erhebe sein Angesicht auf dich und gebe dir Frieden!“ (4. Mose 6, 24–26).

Du Friedefürst, Herr Jesu Christ,
wahr' Mensch und wahrer Gott,
ein starker Nothelfer du bist
im Leben und im Tod.
Drum wir allein im Namen dein
zu deinem Vater schreien.
Jakob Ebert

Er war verachtet und gemieden von Menschen, ein Mann der Schmerzen und mit Leiden vertraut, wie einer, vor dem man das Angesicht verhüllt, sodass wir ihn für nichts ansahen.

Jesaja 53, 3

Für Mose Maimonides (1135–1204), eine bis heute unbestrittene Autorität des Judentums, ist der Messias in seinem Wirken vom Glück begleitet. Verlässt einen, der sich als Messias ausgibt, das Glück, so ist dies ein Beweis, dass er „nicht derjenige war, der uns nach der Verheißung gesandt werden sollte". Es gibt jedoch auch im Judentum Stimmen, die vom Leid des Messias sprechen. Rabbi Huna (*297) weist auf Jesaja 53 und sagt: ein Drittel der gesamten Leiden aller Zeiten fällt einst dem gesalbten König zu. Der leidende Gottesknecht ist zunächst Israel als Volk (Jes. 41, 8; 42, 19; 43, 10), dann der treue übrig gebliebene Rest aus „Jakob und Jeschurun" (Jes. 44, 2) und schließlich eine Einzelpersönlichkeit. Er ist der König mit überköniglicher Herrlichkeit (Jes. 49, 7; 52, 15). Er ist der zu den Heiden gesandte Prophet (Jes. 42, 6). Alle Züge der Einzelpersönlichkeit des leidenden Gottesknechtes finden in Jesus ihre Erfüllung. Pilatus ließ es zu, dass die römischen Soldaten Jesus zur Karikatur eines Königs machten. Er ließ den Gegeißelten mit seiner Dornenkrone dem Volk vorführen. Mit dem Finger zeigte er auf die Jammergestalt und sprach die Worte: „Das ist der Mensch!" oder anders übersetzt: „Seht, welch ein Mensch!" (Joh. 19, 5).

Jesus, der Messias, ist der leidende Gottesknecht. Er vereinte auf sich nicht nur ein Drittel aller Leiden, sondern alle Leiden dieser Welt. Er nahm alle Leiden auf sich!

Du großer Schmerzensmann,
vom Vater so geschlagen,
Herr Jesu, dir sei Dank
für alle deine Plagen:
für deine Seelenangst,
für deine Band und Not,
für deine Geißelung,
für deinen bittern Tod.

Adam Thebesius

Er war zerschlagen, infolge unserer Verschuldungen. Die Strafe war auf ihn gelegt zu unserem Frieden, durch seine Striemen ist uns Heilung zuteil geworden ... Der HERR hat unser aller Schuld auf ihn fallen lassen. Jesaja 53, 5.6

Der leidende Gottesknecht ist der wahre Stellvertreter. Was kein Mensch (Ps. 49, 8) – weder Mose noch Paulus – konnte, übernimmt der Messias. Mose war bereit, um seines Volkes willen aus dem Buch des Lebens vertilgt zu werden (2. Mose 32, 32). Paulus schreibt: „Ich habe gewünscht, verbannt zu sein für meine Brüder“ (Röm. 9, 3).

Jesus, der Messias, ist der wahre Stellvertreter.

Der Erste, dem das stellvertretende Leiden Jesu zugute kam, war einer der Verbrecher, die neben Jesus gekreuzigt wurden. Die Worte des einen waren Hohn und Spott: „Bist du nicht der Messias? Wenn du es bist, dann steig herab vom Kreuz. Hilf dir und uns.“ (Luk. 23, 39)

Diese Worte wurden in Abwandlung tausendfach in der Geschichte wiederholt. Der große Jude Mose Maimonides (1135–1204) spricht von Jesus als von „jenem Mann, der sich für den Gesalbten ausgab, aber in der Folge gerichtlich die Todesstrafe erhielt“. Er rechnet ihn zu den aufrührerischen Söhnen seines Volkes, die – wie es Daniel voraussagte – einem Irrtum verfallen waren (Dan. 11, 14) und dafür büßen mussten. Anders reagierte der zweite Verbrecher. Er sah in ihm den Messias, der unschuldig leidet. Er ahnte etwas von dem stellvertretenden Leiden des Messias und sprach deshalb die Bitte aus: „Denk auch an mich! Vergiss mich nicht, wenn du in dein Reich kommst!“ (Luk. 23, 42). Er hörte die Worte des stellvertretend Leidenden: „Heute wirst du mit mir im Paradies sein“ (Luk. 23, 43).

Ich, ich und meine Sünden,
die sich wie Körnlein finden
des Sandes an dem Meer,
die haben dir erreget
das Elend, das dich schläget,
und deiner schweren Marter Heer.
Paul Gerhardt

Sie schlugen mit dem Stock dem Herrscher Israels ins Gesicht.
Micha 4, 14

Im 9. Jahrhundert entstand eine jüdische Sammlung von Auslegungen, die so genannte *Pessikta* (= Abschnitt) *rabbati*, auch „die große Pessikta" genannt, in der die Leiden des Messias farbenreich ausgemalt werden. Der Messias wird beschrieben als der Ausgekerkerte, der Verspottete, der Gemarterte und der vom Tode Bedrohte. Gleichzeitig aber wird in diesen Auslegungen immer wieder betont, dass der Leidende der „vorweltliche Erlöser" ist. Er hatte sich bereits zur Zeit der Weltschöpfung bereit erklärt, alle Leiden auf sich zu nehmen, wenn nur die Geschlechter Israels, die lebenden wie die im Staube liegenden, der Vernichtung entgehen und das endzeitliche Heil erlangen.

Dieses Bild des Messias als des bis zum letzten Erniedrigten, zeichnet gleichsam den Leidensweg Jesu, seine Entehrung, Gefangenschaft und Geißelung vor. Jesus ist der Messias in tiefer Erniedrigung.

Die Niedrigkeit Jesu beginnt in Bethlehem, der kleinsten unter den Städten (Micha 5, 1). Doch die Herkunft des Herrschers, der aus Bethlehm hervorgeht, liegt in der Urzeit (Micha 5, 1). Bei Daniel (4, 14) finden wir die Bezeichnung für den Messias „Niedrigster der Menschen" (vgl. Phil. 2, 5–11). Es gibt keine Niedrigkeit, die der Messias, Jesus, nicht kennt. Es gibt auch keine Enttäuschung, die Jesus nicht durchlitten hätte. Jesus kennt die Enttäuschungen, die mein Leben überschatten. Enttäuschungen sind schwer zu verkraften. Sie wollen nicht aus dem Gedächtnis weichen. Sie sind ein Stück dunkler Vergangenheit. Eine Enttäuschung, das besagt bereits das Wort, ist das Ende einer Täuschung. Keiner hat tiefere Enttäuschungen erlebt als Jesus, und doch ist Jesus zugleich der Träger der Hoffnung. Zu ihm können wir mit den Worten der irischen Mönche beten:

Geh vor uns her auf dem Weg unseres Lebens. Komme du all unseren Nöten zuvor. Verhüte unser Fallen, und leite uns an unser Ziel.

Siehe, dein König kommt zu dir ... arm und reitet auf einem Esel.
Sacharja 9, 9

Der Messiaskönig reitet wie ein Armer in Jerusalem ein.

Im Judentum des 3. Jahrhundert war es Rabbi Jehoschua ben Levi, der die Armut des Messias verkündigte. In seinen Predigten erzählte er einmal folgendes Messiasgleichnis: „Eines Tages offenbarte mir der Prophet Elia den Aufenthaltsort des verborgenen lebenden Messias. Ich suchte ihn an den Pforten Roms auf. Dort saß er unter Armen, mit Geschwüren übersäten Kranken und verband ihre Wunden."

Als Jesus in Jerusalem eintritt, feierte ihn die Volksmenge als den gekommenen Messias. Sie rissen Zweige von den Bäumen, um ihm zuzuwinken. Ihre Kleider warfen sie vor ihm auf die Erde. Sie stimmtem das Messiaslied an: „Hosianna! Gelobt sei, der da kommt in dem Namen des Herrn!" (Mark. 11, 9). Sie waren in diesem Augenblick überzeugt: Dieser ist nicht ein Rabbi aus Nazareth.

Jesus, der Messias, ist der Arme. Sein Kommen ist das Kommen Gottes. Was war das für eine Erkenntnis! Und wie schnell kam die Wende. In Jerusalem angekommen, sagten sie nur noch: „Das ist Jesus, der Prophet aus Nazareth in Galiläa" (Matth. 21, 11). Von dieser Aussage, er ist ein großer Mensch, aber doch nur ein Mensch, war es nur noch ein kleiner Schritt bis zu dem Schrei: „Ans Kreuz mit ihm!" (Mark. 15, 13). Vorausgegangen war die Frage des Pilatus: „Was soll ich mit Jesus, dem angeblichen Messias, anfangen?" (Matth. 27, 22)

Die Frage, an der sich bis heute die Geister scheiden, lautet: Ist Jesus der Messias, der Gesalbte Gottes, oder ist er doch nur ein großer Mensch?

Er äußert sich all seiner G'walt,
wird niedrig und gering
und nimmt an eines Knechts Gestalt,
der Schöpfer aller Ding,
der Schöpfer aller Ding.

Nikolaus Herman

Als sie mir dreißig Silberstücke als meinen Lohn ausbezahlt hatten, gebot mir der HERR: Wirf ihn in den Tempelschatz, den kostbaren Preis, dessen ich von ihnen wert geachtet worden bin.
Sacharja 11, 12.13

Sacharja selbst muss durch sein Handeln darstellen, wie es dem Messias Gottes ergehen wird. Er weidet die Herde mit den beiden Stäben „Huld“ und „Zusammenhalt“. Er befreit das Volk von drei schlechten Hirten. Er selbst, der gute Hirte, wird zurückgestoßen. Als er seinen Lohn fordert, erhält er den Preis, den man für einen Sklaven bezahlte, dreißig Silberlinge (vgl. 2. Mose 21, 32). Gott selbst nennt sich den für dreißig Silberlinge Verkauften und befiehlt Sacharja, den Betrag in den Tempel zu werfen (Sach. 11, 4–13).

Der Hohe Rat zahlt für den Verrat Jesu nur den Preis für einen Sklaven, dreißig Silberlinge (Matth. 26, 14.15). Als Judas die Folgen seines Verrates erkannte, warf er die dreißig Silberlinge in den Tempel (Matth. 27, 3–5). Jesus, der Messias, ist der Verratene.

Judas war von Satan getrieben (Joh. 13, 2.27). Der Widersacher hatte nur eines im Sinn: die Erlösung der Welt durch Jesus zu verhindern. Seine Anstiftung zum Verrat wurde jedoch zu einem entscheidenden Schritt auf dem Weg Jesu zum Kreuz. Wie immer sich auch der Verräter von Urzeit an gegen den Messias stellte, er konnte die Erlösung nicht verhindern.

Vielleicht hoffte Judas, durch den Verrat Jesus so zu provozieren, dass er sich als der mächtige Befreier erwies.

Es ist nicht sicher, dass Judas so dachte. Gewiss ist, dass er die Tat bereute und den Verräterlohn zurückgab. Eines jedoch – und das war seine eigentliche Schuld – schaffte er nicht: zu Jesus, seinem Messias, zurückzukehren. Er wählte den Freitod.

Herzliebster Jesu, was hast du verbrochen,
dass man ein solch scharf Urteil hat gesprochen?
Was ist die Schuld, in was für Missetaten
bist du geraten?

Johann Heermann

Sie werden mich ansehen, den sie durchbohrt haben, und sie werden um ihn klagen, wie man klagt um ein einziges Kind.
Sacharja 12, 10

Zu der Zeit, in der Gott über die Bürger Jerusalems den Geist der Gnade und des Gebets – eigentlich den Geist des Gnadenflehens – ausgießen wird, werden alle auf den hinblicken, den sie durchbohrt haben (Sach. 12, 9.10). An jenem Tag wird ein Quellborn geöffnet werden, das heißt, es wird eine Quelle lebendigen Wassers fließen, die die Sünde und den Unrat abwäscht (Sach. 13, 1; 14, 8).

Als die Kriegsknechte sahen, dass Jesus am Kreuz gestorben war, öffneten sie seine Seite mit dem Speer, „und es kam Blut und Wasser heraus" (Joh. 19, 33.34).

Der wiederkommende Jesus, den alle ansehen werden, ist der durchbohrte Messias (Offb. 1, 7). Jesus, der Messias, ist der Durchbohrte. Jesus ist der in allen Zeiten leidende Messias.

In der jüdischen Textsammlung, die das Leiden des Messias beschreibt, in der so genannten *Pessikta rabbati* – sie wurde schon in der Andacht zum 2. Februar erwähnt – heißt es: „Unerschöpflich sind die Qualen, die er (der Messias) in jedem Zeitalter erdulden muss, gemäß den Sünden der einzelnen Geschlechter."

Jesus, der am Kreuz Durchbohrte, muss noch heute mit ansehen, wie die einen achtlos an ihm vorübergehen, wie andere über ihn spotten und wieder andere ihn mit Füßen treten. Jesus leidet darunter, dass zahllose Menschen seine Erlösung nicht annehmen. Blaise Pascal (1623–1662) fasst dies in die Worte: „Christus wacht noch immer in Gethsemane. Wer kann schlafen?"

Wohl dem, der unter dem Kreuz Jesu beten kann:

Ich will hier bei dir stehen,
verachte mich doch nicht;
von dir will ich nicht gehen,
wenn dir dein Herze bricht;
wenn dein Haupt wird erblassen
im letzten Todesstoß,
alsdann will ich dich fassen
in meinen Arm und Schoß.
Paul Gerhardt

Ich will David einen rechten Spross erwecken, und der Name, den man ihm beilegt, wird lauten: Der HERR unsere Gerechtigkeit.
Jeremia 23, 5.6

„Der HERR ist unsere Gerechtigkeit" – so heißt übersetzt der Name des Königs Zedekia. Er brach das Treuegelöbnis, das er Nebukadnezar abgelegt hatte. Nebukadnezar zieht gegen Jerusalem. Zedekia wird geblendet und in Ketten nach Babylon deportiert. Der Tempel geht wie der königliche Palast in Jerusalem in Flammen auf. Durch Jeremia verheißt Gott dem verzweifelten Volk einen rechtmäßigen Erben, einen „wahrhaften Spross" (Martin Buber, 1878–1965). Bis heute beten die glaubenden Juden im so genannten Achtzehngebet: „Den Spross Davids, deines Vertrauten, lass bald aufsprießen, und seine Kraft erhebe durch deine Hilfe." Für die Christen ist Jesus, der Messias, „der HERR unsere Gerechtigkeit."

Paulus schreibt: „Gottes Gerechtigkeit ist durch den Glauben an Jesus Christus für alle da und kommt an alle, die glauben" (Röm. 3, 22; vgl. V. 26).

Derselbe Prophet, der den Kommenden als „HERR unsere Gerechtigkeit" bezeichnet, ist der Künder der Bundeserneuerung (Jer. 31, 31–34). Dabei geht Jeremia, wenn er von dem kommenden Bund in neueren Tagen spricht (Jer. 31, 31), vom Sinaibund aus. Dieser Bund wurde gebrochen. Gott aber erneuerte ihn dadurch, dass er die Schuld vergibt und der Sünde nicht mehr gedenkt (Jer. 31, 34). Wenn Jesus spricht: „Dir sind deine Sünden vergeben" (Matth. 9, 2), dann tritt er als der Erneuerer des Bundes auf. Jesus, der Messias, ist der Erneuerer des Bundes. Jesus ist der „Mittler des neuen Bundes". Sein Tod ist geschehen zur Erlösung von den Übertretungen.

Jesus nimmt die Sünder an.
Saget doch dies Trostwort allen,
welche von der rechten Bahn
auf verkehrten Weg verfallen.
Hier ist, was sie retten kann:
Jesus nimmt die Sünde an.
Erdmann Neumeister

Der HERR, dein Gott, ist in deiner Mitte, ein Mächtiger, der Rettung schafft. Er hat seine große Freude an dir und erneuert seine Liebe. Zefanja 3, 17

Es sind kühne Worte, in denen Gott durch den Propheten Zefanja das Liebesverhältnis zu seiner Gemeinde der Zukunft beschreibt. „Er erneuert seine Liebe" heißt wörtlich übersetzt: „Er wird verstummen in seiner Liebe" (Franz Delitzsch, 1813–1890). Gott hat sich tief zu den Menschen herabgelassen und „verstummt" wie ein Mensch, der ganz in der Liebe versunken ist. Die Liebe Gottes ist keine wie auch immer bestimmte Gesinntheit des Wohlwollens, kein unmittelbar bestimmtes Gefühl wie die Liebe im Menschenherzen. Das Wort Liebe in Bezug auf Gott ist überhaupt kein Begriff, sondern ein Name, ein Name für das, was es nur einmal gibt: Gott wird Mensch! „Darin ist erschienen die Liebe Gottes, dass er uns einen eingeborenen Sohn gesandt hat" (1. Joh. 4, 9).

Jesus, der Messias, ist die Fleisch gewordene Liebe Gottes. Deshalb kann Jesus zu seinen Jüngern sagen: „Bleibt in meiner Liebe" (Joh. 15, 9).

Mit Jesus beginnt die Zeit der Vollendung der Königsherrschaft des Herrn (vgl. Obad. 21). Es ist die Zeit, in der der Geist auf alles Fleisch ausgegossen wird, die Zeit, in der alle gerettet werden, die den Namen des Herrn anrufen werden (Joel 3, 1–5).

Seine Botschaft vom Reich Gottes beginnt Jesus mit den Worten: „Erfüllt ist die Zeit" (Mark. 1, 15). Jesus ist der Erfüller der Zeit (vgl. Gal. 4, 4). Am ersten Pfingstfest erlebten die Jünger die Erfüllung der Joelweissagung (Apg. 2, 1–4) . Seitdem gilt: Jeder, der den Namen Jesus anrufen wird, ist gerettet.

Als die Welt verloren,
Christus ward geboren;
in das nächt'ge Dunkel
fällt ein strahlend Funkeln.
Und die Engel freudig singen,
unterm Himmel hört man's klingen:
Gloria, Gloria, Gloria in excelsis Deo!
Gustav Kucz nach einem Lied aus Polen

Aber ich weiß, dass mein Erlöser lebt. **Hiob 19, 25**

Mitten in seinem Leid nennt Hiob Gott mit dem Namen, der ihm von alters her kennzeichnet (Jes. 63, 16). Der Name „Erlöser" (hebräisch: *go'el*) hat im Alten Testament eine sechsfache Bedeutung:

– Der Erlöser ist der Ehrenretter
– Der Erlöser ist der Treuhändler
– Der Erlöser zahlt das Lösegeld
– Der Erlöser ist der Helfer im Rechtsstreit
– Der Erlöser ist der Sieger über den Tod
– Der Erlöser ist der Empfänger des Lösegelds

Von dem Erlöser, der loskauft und zugleich das Lösegeld entgegennimmt, ist im Alten Testament nur an einer Stelle die Rede: „Dann, wenn es niemanden mehr gibt, dem man das Lösegeld erstatten kann, soll man es dem HERRN geben" (4. Mose 5, 8). Der Löser, der den Loskauf tätigt und zugleich das Lösegeld entgegennimmt, kommt erst im Neuen Testament zur vollen Entfaltung: „Gott versöhnte in Christus die Welt mit ihm selber und rechnete ihnen ihre Sünden nicht zu" (2. Kor. 5, 19). Jesus, der Messias, ist der Erlöser. Gott zahlt mit dem Leben seines Sohnes und nimmt das Lösegeld an. Vor Gottes Thron tritt Jesus für uns ein und zahlt die Kaution (Röm. 8, 34).

Der Prophet Hesekiel nennt Jesus den von Gott bestellten Hirten: „Er ist mein Knecht David, der sie weiden und ihr Hirte werden wird" (Hes. 34, 23). Jesus, der Messias, ist der eine Hirte. Jesus ist der gute Hirte, der sein Leben für die Schafe gibt (Joh. 10, 11.14.15).

Jesu, meines Lebens Leben,
Jesu, meines Todes Tod,
der du dich für mich gegeben
in die tiefste Seelennot,
in das äußerste Verderben,
nur dass ich nicht möchte sterben:
tausend-, tausendmal sei dir,
liebster Jesu, Dank dafür.
Ernst Christoph Homburg

Gott der HERR wird den Tod verschlingen auf ewig, und er wird abwischen die Tränen von allen Angesichtern. Jesaja 25, 8

Gott gewährt seinem Propheten Jesaja einen Blick in die Zukunft. Es kommt ein Zeitpunkt, an dem der Tod ausgespielt hat und es keine Tränen mehr geben wird. Auf dem Berg Zion wird Jahwe König sein. Die, die auf seiner Seite stehen, sehen ihn wir einen strahlenden Lichtglanz (Jes. 24, 23). Auf die Bekehrung der Heiden antwortet Gott mit der Zusage der Teilnahme an seinem großen Gastmahl (Jes. 25, 6).

Diese Weissagung Jesajas ist das Kernstück dessen, was Johannes in seinem Blick in den Himmel sieht. Der Tod, der aufhört, ist der Tod überhaupt. Nach dem dreizehnten Glaubensartikel des im Judentum unangefochtenen Lehrers Mose Maimonides (1135–1204) wird der Tod mit allen seinen Begleitern, die Tränen verursachen, einmal für immer ausbleiben. Dies alles geschieht, wenn Jesu Auftrag vollendet ist (Offb. 20, 5). Jesus, der Messias, ist der Vollender.

Der Vollendung voraus geht der Sieg Jesu über den Antichristen. Der Antichrist ist der vermessene und unaufrichtige Weltherrscher, der dem Gesalbten Gottes, dem Messias, entgegentritt (Hab. 2, 4). Der Antichrist ist der närrische Hirte. Er kämpft gegen den Christus Gottes (Sach. 11, 15–17). Der Gottgesalbte und der Antichrist werden sich am Ende der Zeiten gegenüber stehen (2. Thess. 2, 8). Jesus, der Messias, ist der Bezwinger des Antichristen.

Der, der fest auf die Verheißung Gottes baut und treu an Jesus, dem Messias, hängt, wird gerettet. Er entgeht mitten durch das Gericht hindurch dem Tod und wird seines Glaubens leben (Hab. 2, 4; Röm. 1, 17; Gal. 3, 11; Hebr. 10, 38).

Fürstentümer und Gewalten,
Mächte, die die Thronwacht halten,
geben ihm die Herrlichkeit;
alle Herrschaft dort im Himmel,
hier im irdischen Getümmel
ist zu seinem Dienst bereit.
(Vgl. Offb. 5, 8–11)
Philipp Friedrich Hiller

Du bist so schön wie sonst kein Mensch auf Erden. Anmut ist ausgegossen auf deine Lippen, darum hat Gott dich gesegnet für immer. Dein Thron ist ein Gottesthron immer und ewig.

Psalm 45, 3.7

Das Hochzeitslied, das zunächst Joram (850–843 v. Chr.), dem Sohn Josafats, und seiner aus Tyrus stammenden Braut Atalja gilt, reicht weit über die geschichtliche Situation hinaus. Es spricht von dem vom Bräutigam ausgehenden unvergänglichen Segen (V. 3), von seinem Thron als Thron Gottes (V. 7) und von den Völkern, die ihn preisen immer und ewig (V. 18). Für jüdische Ausleger ist das Lied ein Bild für die geistliche Vermählung des Messias mit Israel und den sich Israel anschließenden Heidenvölkern. Jesus greift dieses Bild auf in seinem Gleichnis vom königlichen Hochzeitsmahl (Matth. 22, 2). In der Offenbarung werden die selig gepriesen, die zum Hochzeitsmahl des Lammes geladen sind (Offb. 19, 9). Jesus, der Messias, ist der Bräutigam auf ewig.

Wie bei jedem Hochzeitsmahl gibt es hier nur einen Bräutigam: Jesus. Die Braut aber ist nicht eine einzige, sondern die Gemeinde, das heißt jeder wahrhaft glaubende Christ.

Die Gemeinde lebt in der Gewissheit, dass der Wiederkommende, der Messias, nahe ist! Zu einem der ältesten Stücke im Gottesdienst gehört der Ruf: „Maranata“ (1. Kor. 16, 22), der zweifach übersetzt werden kann: „Unser Jesus kommt!“ und „Unser Herr, komm!“ Jesus, der Messias, ist der Nahe!

Die Offenbarung des Johannes endet mit den Worten: „Der Geist und die Braut sprechen: Komm!“ ... und Jesus sagt: „Ja, ich komme bald.“ Und alle rufen: „Amen, ja, komm, Herr Jesus!“ (Offb. 22, 17.20).

Wir sehnen uns, mit dir zu sein
bei deiner Hochzeitsfreude.
O Jesu, sieh wir harren dein,
geschmückt in deinem Kleide.
Wir schauen freudig himmelwärts,
und immer lauter ruft das Herz:
O komme bald, Herr Jesu,
o komme bald, Herr Jesu!

Dora Rappard

Der HERR wird König sein über die ganze Erde. An jenem Tag wird er, Jahwe, Einer sein und sein Name Einer. Sacharja 14, 9

Am Ziel der Heilsgeschichte, so lautet das Wort des Propheten Sacharja wörtlich übersetzt, ist Gott Einer und sein Name Einer! Da es Gott nie in der Mehrzahl gibt, so gibt es auch nur einen Namen Gottes. Als Mose Gott nach seinem Namen fragte, bekam er die Antwort: „Ich, der ich bin" (2. Mose 3, 14); anders übersetzt: „Ich werde da sein als der ich da sein werde" (Martin Buber, 1878–1965). Andere übersetzen: „Ich werde (für euch) da sein"; „Ich bin da bei euch". Dieser Name kommt keinem andern Wesen zu. Es ist der Name Gottes, von dem es heißt, er ist „groß unter den Heidenvölkern" (Mal. 1, 11). Die Zeit, in der es nur noch diesen einen Namen gibt, wird eingeleitet durch die Wiederkunft des Bußpredigers Elia (Mal. 3, 23; Mark. 9, 12).

Den einen Gottesnamen überträgt der Allmächtige auf Jesus, den Messias. In seinem Brief an die Philipper schreibt Paulus: „Gott hat Jesus den Namen verliehen, der über alle Namen ist" (Phil. 2, 9). Gott hat Jesus nicht einen Namen verliehen, sondern im Urtext heißt es ausdrücklich: Er hat ihm den Namen verliehen, das heißt seinen heiligen Gottesnamen.

Jesus, der Messias, ist der eine Name.

Alle Namen, die Gott dem Messias beilegte, sind nur Hilfskonstruktionen, um das Geheimnis des Messias zu verstehen.

Neben König, Priester und Prophet wurden beispielhaft weitere vierzig Messiasnamen in diesen Andachten seit 13. Januar genannt. Sie sind nichts anderes als die bildhafte Umschreibung des einen Gottesnamens: „Ich bin da für euch." Der Name, in dem Gott Mensch wird, ist vor der Geburt Jesu von Gott selbst festgelegt (Luk. 1, 31). Es ist der Name Jesus: „Gott ist Hilfe", „Gott ist Rettung". Jesus ist der eine Name Gottes.

Name über alle Namen, Jesus, kein' schöneren auf Erden gibt's, in keinem andern Namen ist Erlösung, nur in diesem Nam' ist Heil!
Allan Törnberg, aus dem Schwedischen

Ich will segnen, die dich segnen, und verfluchen, die dich verfluchen; und in dir sollen gesegnet werden alle Geschlechter auf Erden. 1. Mose 12, 3

Warum sollen die Völker den Gottessegen nicht direkt empfangen, sondern indirekt durch den vermittelnden Dienst des Volkes Israel? Die Antwort liegt im dreieinigen Wesen Gottes begründet. Jede Person der göttlichen Dreieinigkeit lebt aus der Liebe für die anderen. Dieses Wesen hat Gott seiner ganzen Schöpfung eingeprägt. Keine Blattader ist für sich selbst da, sondern für das Blatt. Das Blatt für den Zweig. Der Zweig für den Ast. Der Ast für den Baum. Ähnlich ist es bei uns Menschen. Wir tragen die Bestimmung mit uns, für Gott und für andere Menschen da zu sein. Gott segnet uns, damit wir für andere ein Segen sein können.

Nicht anders verwirklicht Gott seinen Heilsplan mit den Völkern. Er erwählt sich ein Volk, um durch dieses eine Volk alle Völker zu segnen. Wenn die Menschen doch verstünden, dass sie am auserwählten Volk Israel den Zugang zum Heil haben. So sagt es Jesus der Samariterin: „Das Heil kommt von den Juden" (Joh. 4, 22). Es gäbe kein Christentum ohne den Juden Jesus. Es gäbe keine christliche Mission ohne die jüdischen Apostel. Es gäbe keine Bibel ohne die von Gott bevollmächtigten jüdischen Autoren. Wie bitter und verhängnisvoll ist doch das alte Missverständnis, das sich durch die ganze Kirchengeschichte hindurch fortgepflanzt hat, dass Gott das Volk Israel verworfen habe. Nein, Paulus sagt es deutlich, dass ihre Untreue Gottes Treue nicht aufhebt (Röm. 3, 3). Die Welt darf also noch einen großen Segen von Gottes Eigentumsvolk erwarten!

Herr Jesus Christus, bitte vergib die Israel-Blindheit in der Christenheit. Öffne unsere Augen, dass wir deine Treue zu deinem auserwählten Volk erkennen.

Du sollst nicht mehr Jakob heißen, sondern Israel.

1. Mose 32, 29

Der geheimnisvolle Nachtkampf am Jabbok ist symbolträchtig für den ganzen weiteren Weg Gottes mit seinem Volk Israel, und zwar in zweifacher Hinsicht. Jakobs und damit Israels Hauptcharakterzug wird enthüllt, und Gott dokumentiert seine Herzenshaltung zu seinem Volk.

Jakob ringt in dieser Nachtstunde mit dem Gott seiner Väter, der sich ihm in den Weg stellt, um ihn zu demütigen und an seine Schuld zu erinnern. Er ist mit übermenschlichen Kräften ausgestattet, und er denkt nicht daran zu kapitulieren. Da muss Gott ihm schließlich einen Schlag versetzen, der seinem Trotz ein Ende setzt und ihn ganz nach unten führt, wo er nichts anderes mehr will als Gottes Segen. Damit ist Israels notvolles Verhältnis zu seinem Gott vorgeprägt. Dieses Volk, das so viele besondere Gaben empfangen hat, stellt sich immer wieder gegen Gott. So muss es immer wieder durch neue göttliche Strafen und Schläge hindurch, bis einst eine letzte Bedrängniszeit dem ein Ende macht. „Israel“, „Gottesstreiter“ ist so gesehen ein problematischer Ehrenname, der göttliche Spiegel einer besonderen Aufsässigkeit.

Gleichzeitig enthält der Name aber auch eine wunderbare Zusage. So wie Gottes Stimme dem überwundenen Jakob bei anbrechender Morgenröte den Sieg zugesprochen hat, so hat Gott sein Volk dort, wo es sich ganz auf ihn verließ, zu wunderbaren Siegen geführt. „Der Herr wird für euch streiten und ihr werdet still sein“ (2. Mose 14, 14). Das ist das schicksalsträchtige Lebensmotto dieses Volks geworden. Wo es ganz am Ende war und nichts anderes als Gottes Gnade suchte, wurde es von ihm wunderbar beschützt und geführt.

Israel, ich vergesse dich nicht! *Jes. 44, 21*

So kommt nun und lasst uns ihn töten. 1. Mose 37, 20

Wenige alttestamentliche Geschichten prägen sich so tief ein wie die Josefsgeschichte. Das merkwürdig-wunderbare Schicksal des bevorzugten und beneideten Sohnes, der von seinen eigenen Brüdern nach Ägypten verkauft wird und dort zu einem der mächtigsten Männer emporsteigt, ist aber nicht nur ein Zeugnis göttlicher Fürsorge für die Seinen, sondern bildet auch – in einer tieferen Perspektive gesehen – das Verhältnis Jesu zu seinem Volk Israel ab.

So wie Josef mit seinen Träumen die schließliche Anerkennung des Sohnes Gottes durch Israel weissagte, so bezeugte Jesus vor der Führung Israels, dass er auf den Wolken des Himmels wiederkommen wird. So wie Josef von seinen Brüdern verspottet, beinahe getötet und schließlich an die Ägypter verkauft wurde, so hat Israel, die Führer und das Volk, Jesus der Kreuzigung durch die Römer ausgeliefert. So wie Josef in der Fremde keine Rachegedanken kannte und nach Wegen suchte, seine Brüder zu innerer Umkehr zu führen, so denkt der erhöhte Christus mit Gedanken der Liebe an sein halsstarriges Volk. Und schließlich – so wie Josef den Tag kaum erwarten konnte, an dem er sich seinen Brüdern zu erkennen gab, so wartet der erhöhte Herr auf den großen Tag, an dem er sich seinem Volk zu erkennen gibt. Dann wird Israel „den Geist der Gnade und des Gebets“ empfangen, und sie werden zutiefst erschüttert werden über ihre abgrundtiefe Blindheit, in der sie ihren Heiland dem Kreuzigungstod übergeben hatten (Sach. 12, 10). Aber Jesus wird sie trösten und wird ihnen seine Vergebung und sein Heil schenken.

Ihr gedachtet es böse mit mir zu machen, aber Gott gedachte es gut zu machen. 1. Mose 50, 20

Ihr sollt mir ein Königreich von Priestern und ein heiliges Volk sein. 2. Mose 19, 6

Neben der Abrahamverheißung von 1. Mose 12, 1–3 ist die hier ausgesprochene Sinaiverheißung der zweite Schlüssel zum Verständnis des Weges, den der Gott Israels sein Auserwählungsvolk führt. Im Unterschied zu jener, die ohne jegliche Bedingung erteilt wurde, ist die Zusage vom Sinai allerdings an den Gehorsam gebunden. „Werdet ihr nun meiner Stimme gehorchen und meinen Bund halten, so sollt ihr mein Eigentum sein vor allen Völkern, denn die ganze Erde ist mein." (2. Mose 19, 5)

Dementsprechend ist die Erfüllung dieser Verheißungen. Der Abraham zugesagte Segen, den Israel allen Völkern bringen soll, ist in der Person und Sendung Jesu gegeben und erfüllt, unabhängig vom Gehorsam Israels. Die Verheißung der königlichen und heiligen Priesterschaft jedoch konnte von Gott angesichts der zahlreichen Verletzungen der Bundesschlüsse durch Israel noch nicht eingelöst werden. Aber Gott wäre nicht Gott, wenn er nicht Wege und Mittel fände, dieses sein höchstes Ziel mit seinem Volk doch noch zu erreichen. „Gottes Gaben und seine Berufung können ihn nicht reuen" (Röm. 11, 29). Und so baut er in seinen Heils- und Liebesplan eine Periode ein, in welcher er Israel wegen des Ungehorsams geistlich verstockt und ihm seine Gnade entzieht (Röm. 11, 7–10). Aber diese Zeit geht vorüber. Dann wird Christus als Israels Erlöser die Bühne der Weltgeschichte wieder betreten und diese uralte Sinaiverheißung erfüllen. Das treue Israel, das auch in den Nöten der letzten Bedrängniszeit auf ihn gewartet hat, wird dann eingesetzt werden zum Regierungs- und Priestervolk auf der neuen Erde.

Der Herr wird uns viel Gutes tun,
das Land wird Früchte geben,
und die in seinem Schoße ruhn,
die werden davon leben;
Gerechtigkeit wird dennoch stehn
und stets in vollem Schwange gehn
zur Ehre seines Namens.

Paul Gerhardt

Weil er euch geliebt hat. **5. Mose 7, 8**

Angenommen, in unserer Familie käme eines Tages eine Einladung aus dem Bundespräsidialamt zu einem großen Fest für Kinder und Jugendliche an, an dem aus jeder Familie ein Kind teilnehmen dürfte. Was würden wir tun? Wer von den Kindern kann unsere Familie am besten vertreten, wer hat die besten Manieren, wer kann am besten reden, wer ist auch im äußeren Erscheinungsbild am sehenswertesten? So ähnlich würden wohl die Gedanken sein.

Wenn Gott sich in unserer Welt vertreten lässt, dann macht er es ganz anders. Er sucht sich aus der Vielzahl der Menschen und Völker nicht das frömmste, und nicht das größte Volk aus, sondern das geringste, und das eigenwilligste. Mit diesem Volk, das er sich erwählt, mit Israel, ist wahrlich kein „großer Staat zu machen". Wie viel Liebe, Kraft und Geduld hat Gott schon in sein Volk investiert, und wie wenig Widerhall hat er doch bis jetzt gefunden! Wie schnell fiel es immer wieder von ihm ab. Schon drei Tage nach dem wunderbaren Durchzug durch das Schilfmeer war aller Segen vergessen, und das Volk begann am bitteren Wasser zu Mara zu „murren" (2. Mose 15, 24). Und wie lange mussten die von Gott gesandten Richter, Propheten und Könige arbeiten, bis es Gott wieder von ganzem Herzen suchte.

Woran liegt es, dass Gott dennoch ausgerechnet an diesem Volk festhält? Mose gibt hier die Antwort. Einzig seine Liebe ist es sowie die Treue zu den Zusagen, die er den Erzvätern gegeben hat. Er ist ein Gott, der es liebt, aus dem Nichts heraus seine Wunder zu tun. „Er ruft das, was nicht ist, dass es sei" (Röm. 4, 17). Er sucht sich für seinen großen Plan, die Völker zu segnen, das – menschlich gesprochen – ungeeignetste Volk heraus. Denn gerade so wird seine göttliche Macht am allerdeutlichsten.

Unser Vater im Himmel, wir preisen deine Liebe, die nicht das Liebenswerte sucht, sondern das Liebenswerte schafft.

Dein Haus und dein Königtum sollen beständig sein in Ewigkeit vor mir. **2. Samuel 7, 16**

In Ehrfurcht vor Gott will David einen Tempel bauen, um der Bundeslade eine würdige Heimstätte zu geben. Doch Nathan bekommt den göttlichen Auftrag, diesem Plan zu widersprechen. Gott zieht es vor, in einem Zelt zu wohnen. Diese verblüffende Antwort findet im Neuen Testament ihre Entsprechung. Dort beschreibt Johannes die Zeit der irdischen Wirksamkeit Jesu ebenfalls mit dem Bild des Zeltes. „Das Wort ward Fleisch und zeltete unter uns“ (Joh. 1, 14). Wie haben wir das zu verstehen? Auf dieser alten Erde, die von Sünde und Vergänglichkeit gezeichnet ist, kann der lebendige, heilige Gott keine feste, dauerhafte Wohnstätte haben. Diese Erde existiert „auf Abbruch“. Auch für seine Gemeinde, die eine „himmlische Staatsbürgerschaft“ hat (Phil. 3, 20), ist sie keine endgültige Heimat. „Wir warten auf einen neuen Himmel und eine neue Erde, wo Gottes Gerechtigkeit wohnen wird“ (2. Petr. 3, 13).

Doch David bekommt nicht nur die Kritik Gottes an seinen Tempelbauplänen zu hören, er empfängt auch eine großartige Verheißung. Sein Königtum soll ewigen Bestand haben. Bis heute wird diese berühmte Verheißung im Sinn einer besonderen und dauerhaften politischen Macht Israels in dieser Welt missverstanden. Doch ihr wahrer Sinn erschließt sich nur im Blick auf den wahren König auf dem Thron Davids, Jesus Christus. Diesem König gilt sie. Und sie erfüllt sich, wenn Christus zurückkommt auf unsere Erde als Richter der Lebenden und der Toten, wenn er den Satan binden wird und wenn er sein geliebtes Volk Israel als Regierungsvolk über die Völker in der neuen Welt Gottes einsetzt.

O Jesu, meine Wonne, komm bald und mach dich auf;
geh auf, ersehnte Sonne, und eile deinen Lauf.
O Jesu, mach ein Ende und führ uns aus dem Streit;
wir heben Haupt und Hände nach der Erlösungszeit.

Lorenz Lorenzen

Und ich will übrig lassen siebentausend in Israel, alle Knie die sich nicht gebeugt haben vor Baal. 1. Könige 19, 18

Als Ahab und Isebel im 9. Jahrhundert vor Christus im Nordreich Israel ihre gottlose Herrschaft ausübten, sah es so düster im Land aus, dass selbst ein von Gott so erleuchteter Prophet wie Elia keinerlei Glauben mehr im Volk wahrnahm. Doch Gott korrigiert ihn. Ein Rest ist vorhanden, der dem lebendigen Gott Israels und seinem Wort die Treue hält.

Nicht das Volksganze, sondern ein Rest bleibt Gott treu. Diese Tatsache lässt sich in der ganzen Geschichte des auserwählten Volkes beobachten. Die Mehrzahl wird lau, fällt vom Glauben ab und lässt sich verführen, doch der treue Rest gibt den Stab weiter. Jesaja nannte seinen Sohn „Schear-Jaschub", zu Deutsch „Ein Rest wird sich bekehren" (Jes. 7, 3). Mit dieser Zeichenhandlung trägt er in das Südreich Juda Hoffnung. Und so lautet dann auch seine Botschaft: „Wäre auch dein Volk, o Israel, wie Sand am Meer, so soll doch nur ein Rest in ihm bekehrt werden" (Jes. 10, 22). Solch ein Rest war immer da. Ob es Daniel und seine Freunde waren, die trotz der babylonischen Gehirnwäsche ihrem Gott die Treue hielten oder ob es die 120 waren, die nach Jesu Kreuzigung ihrem Herrn treu blieben (Apg. 1, 15). Gott selber trägt Fürsorge dafür, dass der Glaube in Israel nicht ausstirbt.

Dies gilt auch für die Zukunft. Auch wenn Israel noch in eine letzte Bedrängniszeit hineingerät, wenn ein falscher Messias alle Verführungskünste anwenden wird, ein heiliger Rest wird übrig bleiben, eine Überwinderschar. Sie werden dann ihre Augen emporheben und auf ihre Erlösung warten, besser auf ihren Erlöser, der vom Himmel herabkommen und sie als heilige Priester und Könige auf der neuen Erde einsetzen wird.

Herr Jesus Christus, bereite dein Volk Israel auf die kommenden Bedrängnisse vor und stehe ihm bei.

Als Haman sah, dass Mordechai nicht die Knie beugte noch vor ihm niederfiel, wurde er voll Grimm. Ester 3, 5

Das Buch Esther ähnelt inhaltlich den Berichten über das Ergehen Daniels am babylonischen und persischen Hof, wie sie im Danielbuch überliefert sind. Gott vermag denjenigen aus seinem Volk Israel in wunderbarer Weise beizustehen, die sich im Exil nicht vor den Götzen und Göttern dieser Weit beugen. Und Gott ist sogar in der Lage, Angehörige seines Volkes in höchste Würden und Ämter der Heiden zu bringen und sie dort im Segen wirken zu lassen.

Aber in tieferer Sicht zeigt das Estherbuch noch eine weitere, und zwar eine endgeschichtliche Dimension. Plötzlich gelangt im Perserreich die Figur des Haman zu maßgeblichem Einfluss. Der König befiehlt allen Großen im Reich, vor Haman niederzufallen. Der Jude Mordechai verweigert sich dieser Anordnung. Er geht nur vor dem lebendigen Gott Israels auf die Knie. Haman ist außer sich vor Zorn und ordnet die Vernichtung aller Juden im Perserreich an. Die Niedertracht und Maßlosigkeit dieses Plans lässt nicht nur an die Judenverfolgungen in unserem Jahrhundert denken, sondern auch an das biblische Zeugnis vom kommenden falschen Messias, der nach Daniel 7, 25 in der letzten Bedrängniszeit die Juden, die ihn nicht anbeten, „zerreiben" wird (so wörtlich). Doch so wie durch das mutige Auftreten der Königin Esther die Machenschaften Hamans durchkreuzt wurden, so wird auch der Vernichtungsfeldzug des falschen Messias im richtigen Augenblick gestoppt werden. Der wiederkommende Christus, der wahre Messias der Juden, wird ihn „mit dem Hauch seines Mundes" umbringen (2. Thess. 2, 8).

Zuletzt wird doch die Gnade siegen,
zuletzt wird auch der Hölle Macht
besiegt zu Jesu Füßen liegen,
der die Erlösung hat vollbracht.
Er stellt die Welt erneut ins Licht
vor seines Vaters Angesicht.

Theophil Brodersen

Ich aber habe meinen König eingesetzt auf meinem heiligen Berg Zion. Psalm 2, 6

Die beiden gewaltigen Psalmen 1 und 2 sind die Leitpsalmen und der Schlüssel zum gesamten Psalter. Der erste Psalm ruft in die Entscheidung aus der Gottlosigkeit zum Gehorsam unter Gottes Wort. Der zweite Psalm spricht vom Gerichtstag Gottes und der Neuschöpfung der Erde.

Um den 6. Vers richtig verstehen zu können, ist ein Blick auf den ganzen Psalm 2 nötig. Er spricht in eine hochdramatische weltpolitische Situation hinein. Die Völker der Welt haben sich verbündet gegen den Gott Israels und gegen Jesus Christus. Aus Daniel 7 und Offenbarung 13 wissen wir, dass es einen solchen Aufstand unter der Anführung des falschen Messias im endgeschichtlichen Geschehen geben wird. Die Antwort Gottes ist souverän. Sie besteht in göttlichem Lachen und Spott und in der Einsetzung seines Königs auf dem heiligen Berg Zion. Christus, denn niemand anders wird dieser König sein, empfängt dann die Völker zu seinem Erbe und Eigentum, und er wird sie auf der neuen Erde in göttlicher Vollmacht und Fürsorge regieren.

Vielen von uns ist nicht bewusst, dass wir mit den drei ersten Bitten des Vaterunsers diese großen Ereignisse von Gott erbitten. Erst dann, wenn Christus als unumschränkter König auf der neuen Erde regiert, wird nämlich Gottes Name auf Erden geheiligt, seine Herrschaft verwirklicht und sein Wille durchgesetzt werden.

Dann wird die arme Erde allen
ein Land voll Milch und Honig sein.
Das Kind zieht als ein König ein,
und Davids Thron wird niemals fallen.
J. W. Schulte Nordholt

Die aber des HERRN harren, werden das Land erben.

Psalm 37, 9

Die Gemeinde Jesu aus Juden und Heiden, die *ekklesia,* und das jetzt noch weithin unter geistlicher Blindheit stehende Volk Israel haben unterschiedliche Verheißungen für die Zukunft. Die Gemeinde, der geistliche Leib Christi, wird sich, wenn ihr Haupt zurückkommt und sie zu sich holt, geistlich mit ihm vereinigen. Alle, die zu Christus gehören, empfangen dann dafür einen unvergänglichen Herrlichkeitsleib. Israel hat eine andere Bestimmung. Das auserwählte Volk ist berufen, das „Land“ zu erben. Was ist damit gemeint?

Schon Abraham empfing von Gott mehrmals die Verheißung, dass seine Nachkommen das Land, in das Gott ihn geführt hatte, zu dauerhaftem Besitz bekommen sollten (1. Mose 12, 7; 13, 15; 15, 18; 17, 8). Der vielfältige Ungehorsam Israels vor, während und nach der Landnahme verhinderte jedoch die volle Erfüllung dieser Zusagen. Bis heute sind sie noch nicht erfüllt, trotz der Staatsgründung im Jahre 1948. Denn der ebenfalls mit der Landnahme verheißene dauerhafte Friede (Ps. 37, 11) ist noch nicht eingekehrt.

Doch die Zeit wird kommen, wo Israel in ungetrübter Freude in seinem Land wohnen wird (vgl. Micha 4, 4). Die alten Abrahamsverheißungen werden sich erfüllen. Wenn Christus kommt, wird er diejenigen von Israel, die auf ihn, den Herrn, geharrt haben, zu ewigen Erben des verheißenen Landes einsetzen.

Er lässt dich freundlich zu sich laden;
freue dich, Israel, seiner Gnaden!
Matthäus Appelles von Löwenstern

Rufe mich an in der Not, so will ich dich erretten, und du sollst mich preisen. **Psalm 50, 15**

Es gibt kein Volk, das durch größere Nöte gegangen ist als das Volk Israel. Die 400-jährige Unterdrückungszeit in Ägypten, die Not am Schilfmeer, als das ägyptische Heer die flüchtenden Juden verfolgte, der 38-jährige Zug durch den „Glutofen" der Wüste, die lange Feindschaft der kanaanäischen Völker, die Tragödie der Reichsteilung im Jahr 926 v. Chr., der Untergang des Nordreichs 722 v. Chr. und des Südreichs 586 v. Chr., das fast 2000-jährige Exil nach der Vertreibung durch die Römer im Jahr 70 n. Chr. mit seinem bedrückenden Ausgeliefertsein an den Hass der Völker. Und nach der biblischen Apokalyptik ist die Leidenskette noch nicht am Ende. Jesus spricht in seinen Endzeitreden von einer kurzen, aber besonders schlimmen Bedrängnis- und Verfolgungszeit, die noch über Israel kommen wird (Matth. 24, 4–28).

Aber all diese Not wird ein Ende haben. Wenn sie am schlimmsten ist, wird Israel nach göttlicher Hilfe rufen. Ein christusgläubiger Jude hat einmal gesagt, dass es dann so ähnlich wie am Schilfmeer sein wird. Rechts und links Berge, im Rücken die Feinde und vorn das Meer. Eine ausweglose Lage! Doch der Schrei nach Hilfe wird dann in der endgeschichtlichen Not nicht ohne Antwort bleiben. So wie Mose damals in Gottes Auftrag wunderbar geholfen hat, so wird ein zweiter Mose, Christus selbst, dann einschreiten und die Situation wenden. Ein von Herzen dankbarer Lobgesang seines erretteten Volkes wird ihm dann gewiss sein.

Drum preis und ehre seine Barmherzigkeit;
sein Lob vermehre, werteste Christenheit!
Uns soll hinfort kein Unfall schaden;
freue dich, Israel, seiner Gnaden!
Matthäus Apelles von Löwenstern

Von Zion wird Weisung ausgehen und des HERRN Wort von Jerusalem. Jesaja 2, 3

Im vollen Sinn wird sich diese wunderbare Verheißung erst in der neuen Welt Gottes verwirklichen, in „der letzten Zeit“, wie es in Jesaja 2, 2 heißt. Dann werden die Völker nach dem neuen Jerusalem pilgern und dort Eingang begehren, um den König Christus zu ehren und seinen Willen kennen zu lernen. „Zehn Männer aus allen Sprachen der Heiden“, so heißt es in Sacharja 8, 23, „werden einen jüdischen Mann beim Zipfel seines Gewandes ergreifen und sagen: Wir wollen mit euch gehen, denn wir hören, dass Gott mit euch ist.“ Dann wird vom Priester- und Königsvolk Israel eine Mission ausgeübt werden, die alle früheren missionarischen Bemühungen und Erfolge weit in den Schatten stellen wird. Satan ist dann 1000 Jahre gebunden und anschließend im Feuerpfuhl endgültig unschädlich gemacht. (Offb. 20, 2.10). Die diabolische Verführung der Menschheit hört auf. Der Mensch sucht dann aus eigenem Antrieb die Nähe und die Weisung des lebendigen Gottes, und er wird sie auf dem Zion empfangen.

Doch schon jetzt haben die Völker viel Gutes von Israel. Die Heilige Schrift ist fast ausnahmslos von Juden geschrieben. Die Apostel sowie Paulus waren Juden. Ohne ihren missionarischen Einsatz wäre das Evangelium nicht zu den Heiden durchgedrungen. Um wie viel mehr haben wir Grund, in treuer Fürbitte Gott zu bitten, sein Volk Israel zu beschützen und auf die großen Aufgaben der Zukunft vorzubereiten.

Gott Vater, lass zu deiner Ehr
dein Wort sich weit ausbreiten.
Hilf, Jesu, dass uns deine Lehr
erleuchten mög und leiten.
David Denicke

Verstocke das Herz dieses Volkes. **Jesaja 6, 10**

Das ist einer der merkwürdigsten Aufträge, die Gott je vergeben hat. Er beruft den Propheten Jesaja, reinigt seine Lippen und bevollmächtigt ihn zum Reden – um sein Volk Israel zu verstocken. Wer soll das verstehen?

Über Israel, Gottes „erstgeborenem Sohn" (2. Mose 4, 22), liegt eine tiefe Tragik. Dieses Volk muss die Bürde der Auserwählung tragen, ohne dass es durch den Heiligen Geist im Glauben an Jesus Christus vor Gott zurechtgebracht worden wäre. Und so kam es, wie es angesichts des menschlichen Egoismus kommen musste. Die Kennzeichen der Auserwählung, Gottes heiliges Gebot und die von Gott angeordnete Beschneidung, stiegen Israel zu Kopf. Anstatt zur Demut des Herzens zu finden, verfiel Gottes Volk dem geistlichen Hochmut, den Paulus in Römer 2, 17–29 so scharf kritisiert. „Du lehrst andere, aber dich selbst lehrst du nicht?" (Röm. 2, 21). Man könnte die innere Situation des Volkes Israel paradox formulieren: Überreich beschenkt mit der Gnade der Auserwählung, verfehlt Israel die Gnade, weil es sich der Gnade brüstet.

Wie soll Gott mit einem solchen Volk verfahren? Verwerfen kann er es nicht, weil er den Erzvätern geschworen hat, ihre Nachkommen zu segnen und zum Segen zu setzen (1. Mose 22, 17.18). Verwerfen will er es auch nicht, weil er es heiß und innig liebt (Jer. 31, 3). So wählt er den zunächst so merkwürdig erscheinenden Weg, sein geliebtes Volk solange für seine Botschaft zu verstocken und unempfindlich zu machen, bis es versteht, was Gnade ist: ein unverdientes Geschenk.

Den Demütigen gibt Gott Gnade. *1. Petr. 5, 5*

Die auf den Herrn harren, kriegen neue Kraft. Jesaja 40, 31

Unzählige Male wird in der Heiligen Schrift das Volk Israel zum Warten und Harren auf den Herrn aufgerufen (z.B. Ps. 27, 14; 40, 2; Jes. 40, 31). Schon Abraham wird als der große Wartende beschrieben: „Er wartete auf die Stadt, die einen festen Grund hat“ (Hebr. 11, 10). Jakob wartete auf Gottes Heil (1. Mose 49, 18). Viele Psalmen drücken das gleiche Warten aus. „Ich harre des HERRN, meine Seele harret, und ich hoffe auf sein Wort“ (Ps. 130, 5). Johannes der Täufer ist der große Wartende im Neuen Testament. „Bist du, der da kommen soll oder sollen wir auf einen anderen warten?“ (Matth. 11, 3). Nur ganz wenige von Israel erkannten damals, dass sich all ihr Warten in der Person Jesu erfüllt hatte. Die meisten gingen in ihrer geistlichen Verblendung an ihm vorüber und entledigten sich seiner.

So begann eine neue lange Wartephase für Gottes auserwähltes Volk. In vielen Gleichnissen ermahnt es Jesus eindrücklich zur Geduld und zur Hoffnung auf sein Kommen. „Lasst eure Lenden umgürtet sein und eure Lichter brennen und seid gleich den Menschen, die auf ihren Herrn warten!“ (Luk. 12, 35.36) Je weiter der Zeiger an Gottes Weltenuhr vorrückt und die Wiederkunft Jesu näher kommt, desto wichtiger wird für Israel das rechte Warten. Jesus hat deutlich genug gewarnt vor dem großen endgeschichtlichen Verführer (Joh. 5, 43). Wer aber auf den wahren Messias, auf Christus, wartet, der wird neue Kraft, göttliche Kraft empfangen, schon jetzt und dann, wenn er kommt, in überschwänglichem Maß. Dies gilt für Israel genauso wie für uns.

Wir warten deiner mit Geduld
in unsern Leidenstagen,
wir trösten uns, dass du die Schuld
am Kreuz hast abgetragen.
Philipp Friedrich Hiller

Wir aber hielten ihn für den, der geplagt und von Gott geschlagen und gemartert wäre. Jesaja 53, 4

Es gibt beim Propheten Sacharja eine erschütternde Weissagung, wo der wiederkommende Christus ankündigt, „den Geist der Gnade und des Gebets“ über das Haus Davids und die Bürger Jerusalems auszugießen. Und dann heißt es: „Sie werden mich ansehen, den sie durchbohrt haben“, und weiter, dass sie „um ihn klagen“ und „sich um ihn betrüben“ werden (Sach. 12, 10).

Nimmt man diese Prophetie ernst, führt sie zu einer ganz bewegenden endgeschichtlichen Szene. Die schwer bedrängte Schar derjenigen Juden, die ihre Knie vor dem falschen Messias nicht gebeugt haben, erkennen plötzlich in dem göttlichen Helfer und Retter, der ihnen aus dem Himmel entgegenkommt, denjenigen, den ihre Vorfahren dem Tod überantwortet haben. Eine herzzerreißende Klage bricht sich Bahn. „Mit welcher Blindheit waren wir doch geschlagen!“ In eine solche Szene fügen sich die bekannten Verse Jesaja 53, 2–9 nahtlos ein als Eigenanklage derjenigen Juden, die bei Jesu Wiederkunft durch den Heiligen Geist plötzlich die falschen Wege ihres Volkes erkennen und in tiefe Reue fallen. Das 53. Kapitel wird im Lichte der Sacharja-Prophetie zu einer geistgewirkten Vorwegnahme eines gewaltigen Reue und Bußgebets, das vom erretteten Israel an der Nahtstelle zwischen dem alten und neuen Äon gesprochen werden wird. „Wir gingen alle in die Irre wie Schafe“ (V. 6). Diese Erkenntnis wird dann zum Auslöser der großen göttlichen Vergebung werden, die Israel zuteil wird, und zum Beginn seiner großen Zeit als heiliges Gottesvolk auf der erneuerten Erde.

Herr Jesus Christus, wir preisen dich dafür, dass du deinem Volk Israel den Geist der Gnade und des Gebets geben wirst.

Sach. 12, 10

Ich will einen neuen Himmel und eine neue Erde schaffen.
Jesaja 65, 17

Diese Verheißung einer völligen Neuschöpfung von Himmel und Erde ist einzigartig im Alten Testament. Die Andeutungen über die Existenz auf der neuen Erde in den nachfolgenden Versen sind überaus gewaltig. Die Bilder haben eine ganz verblüffende Ähnlichkeit mit der Schau des Sehers von Patmos im letzten Buch der Bibel im 21. und 22. Kapitel. Besonders folgende Übereinstimmungen fallen auf:

- Jerusalem wird der Mittelpunkt der neuen Erde sein
- Jerusalem wird die prächtig geschmückte Hauptstadt sein
- Christus wird dort als König seines Volkes Israel wohnen und es mit kompletter Fürsorge umgeben
- Israel wird keine Feinde mehr haben und im Frieden leben
- der Tod wird seinen Schrecken verlieren
- Israel wird eine ewige Existenz haben
- die Völker werden in Jerusalem die Herrlichkeit Christi suchen und finden

Wir gehen gewiss nicht fehl, wenn wir aus diesen deutlichen Entsprechungen den Schluss ziehen, dass das geistlich erneuerte Volk Israel das dominierende Volk auf Erden sein wird. Frieden und Freude werden dort herrschen. Und die Völker werden aus eigenem Antrieb nach Jerusalem kommen, um Christus zu verehren. Israel wird dann aus dem eigenen Erleben mit Gott dessen wunderbare Treue und Liebe vollmächtig bezeugen.

Allen Völkern gilt das Heil;
in die Gnade eingeschlossen,
sind sie Jesu Erb und Teil,
der für sie sein Blut vergossen.
Jesus siegt und reißt gewiss
alles aus der Finsternis.
Theophil Brodersen

Blase diese Getöteten an, dass sie wieder lebendig werden!
Hesekiel 37, 9

Das weltgeschichtliche Schicksal des Volkes Israel ist zum Verzweifeln. Von Gott auserwählt und trotzdem geistlich verstockt. Von den Völkern beneidet und verfolgt. Im endgeschichtlichen Gefälle vom antichristlichen Weltbeherrscher, vom falschen Messias verführt und „zerrieben“ (Dan. 7, 25). Wer nur diese äußeren Fakten sieht, wird zu der Schlussfolgerung gedrängt, dass dieses Volk auf der Bühne der Weltgeschichte ein Versager war und bleibt und einst zur völligen Bedeutungslosigkeit herabsinken wird.

Aber dieser Eindruck täuscht. Gott hält die Geschicke seines auserwählten Volkes fest in der Hand. Er bestimmt Völker, sein Volk zu bedrängen und zu demütigen. Aber wo sie ihren eigenen Hass an Israel auslassen, lässt er sie das katastrophal büßen. Er wird auch die verführerische Gestalt des falschen Messias zulassen. Ja, er lässt in der letzten großen Bedrängniszeit sogar zu, dass sich der Hass der Welt auf sein Volk noch einmal bis hin zu Verfolgung und Mord steigert (Matth. 24, 9). Doch selbst dann ist Gott mit seinen Möglichkeiten noch nicht am Ende. So wie er seinen Sohn Jesus aus dem Grab geholt und mit einer neuen Leiblichkeit ausgestattet hat, so kann er auch die getöteten Märtyrer seines Volkes zu neuem Leben auferstehen lassen. Der Prophet Hesekiel scheint diesen gewaltigen Neuschöpfungsakt Gottes in seinem berühmten 37. Kapitel zu schauen. Johannes, der Seher von Patmos, bekräftigt diese alttestamentliche Prophetie in Offenbarung 20, 4, wo er die jüdischen Märtyrer auferstehen sieht. Gott bleibt seinen Auserwählten treu – durch den Tod hindurch.

Diese wurden lebendig und regierten mit Christus tausend Jahre.
Offb. 20, 4

Nach diesem will ich meinen Geist ausgießen über alles Fleisch.
Joel 3, 1

„Nach diesem" – nach der langen Straf- und Verstockungszeit, die Gott über Israel verhängt, wird er sich in neuer Gnade seinem Volk zuwenden. Joel darf das Ende dieser Notzeit schauen, die der Prophet Daniel als eine Zeit immer neuer Unterdrückungen durch vier Weltreiche angekündigt hatte. Persien, Griechenland, Rom und das letzte weltumspannende Herrschaftssystem des falschen Messias haben dem Volk Israel schlimm zugesetzt und werden ihm noch zusetzen. Aber es gibt ein „danach"!

Die neue Heilszeit für Israel wird eingeleitet mit einer allgemeinen Ausgießung des Heiligen Geistes. Auch die Propheten Jesaja, Sacharja und Hesekiel schreiben davon (Jes. 44, 3; Sach. 12, 10; Hes. 36, 27). Wer Gottes Geist empfängt, erkennt immer ein Doppeltes: dass er Gottes Gnade braucht und dass er sich Christus anvertrauen darf. Genauso wird es dann den Treuen Israels ergehen, die sich nicht verführen ließen und auf den verheißenen Messias gewartet haben. Sie werden den Namen ihres Herrn und Heilandes anrufen, und sie werden errettet werden aus der Hand ihrer Feinde (Joel 3, 5). Die Erneuerung Israels durch den Geist Gottes wird sehr weitreichende Folgen haben. Nach der erwähnten Jesajastelle wird Gottes Volk groß und zahlreich werden, und nach Hesekiel wird es konsequent und gehorsam in Gottes Geboten wandeln. Dann wird Israel endlich an dem großen Ziel angekommen sein, das sich Gott mit den Abrahams- und Sinaiverheißungen vorgenommen hatte. Dann wird es ein heiliges und königliches Priestervolk sein, gesetzt zum Segen für die Völker der Welt.

Sollte ihre Untreue Gottes Treue aufheben? *Röm. 3, 3*

Siehe, dein König kommt zu dir, ein Gerechter und ein Helfer.
Sacharja 9, 9

Wir haben uns angewöhnt, viele der eigentlich Israel geltenden Verheißungen sofort auf uns, die Gemeinde Jesu aus den Heiden, zu beziehen. Dies ist die Folge der sogenannten Substitutionstheologie, nach welcher die Kirche Jesu Christi, die aus den Völkern herausgerufene Schar, den heilsgeschichtlichen Platz eingenommen hat, den im Alten Bund Israel inne hatte. Nach der Meinung dieser Theologie hat Gott seinen Bund mit dem Volk Israel aufgekündigt und behandelt es jetzt wie alle anderen Völker auch.

Dieser Auffassung ist entgegenzuhalten, was Paulus in Römer 9 bis 11 ausführlich entfaltet: das bleibende Treueverhältnis Gottes zu Israel und sein Sonderweg mit seinem Volk. „Gott hat sein Volk nicht verstoßen, das er zuvor erwählt hat" (Röm. 11, 2).

Im Lichte der bleibenden Treue Gottes zu seinen Verheißungen klingt auch unser Prophetenwort neu. „Siehe, dein König kommt zu dir", nämlich zu dir, Israel. Christus, der wiederkommende Herr, wird seinen Fuß nicht auf europäisches oder afrikanisches Land setzen, sondern auf jüdisches, auf Jerusalems Boden. Er kommt zu seinem Volk, und zwar, um es zu trösten und als König immer bei ihm zu bleiben. Er kommt als „Gerechter", denn er bringt Israel das Heil Gottes („die Gerechtigkeit Gottes"). Er kommt als „Helfer", denn er wird seinem Volk in höchster Bedrängnis und Todesgefahr beistehen.

Tochter Zion, freue dich,
jauchze laut, Jerusalem!
Sieh, dein König kommt zu dir,
ja er kommt, der Friedefürst.
Tochter Zion, freue dich,
jauchze laut, Jerusalem!
Friedrich Heinrich Ranke

Euch aber, die ihr meinen Namen fürchtet, soll aufgehen die Sonne der Gerechtigkeit und Heil unter ihren Flügeln.

Maleachi 3, 20

Die endgeschichtlichen Verheißungen für Israel tragen ein besonderes Kennzeichen. Sie sind exklusiv, d.h. sie schließen alle aus, die den Bedingungen der Verheißungen nicht entsprechen. Dies ist eine der letzten großen Gotteszusagen für Israel im Alten Testament, und auch sie beschreibt deutlich die Bedingung Gottes. Die bloße Zugehörigkeit zum Volk Israel genügt nicht, um am endgeschichtlichen Heil Gottes Anteil zu bekommen. Die Ehrfurcht vor Gott, die Demut des Herzens, das Festhalten an der biblischen Messiashoffnung und die Fähigkeit des Wartens müssen dazu treten.

In vielen Bildern beschreibt Jesus seinem Volk die Gefahr des Glaubensabfalls. Die törichten Jungfrauen vergessen das Öl. Der faule Knecht vergräbt das anvertraute Silber. Der böse Knecht schlägt seine Mitknechte (Matth. 24, 45 – 25, 30). In großer Deutlichkeit warnt der Herr vor Verführung (Matth. 24, 4.23). Gleichzeitig prophezeit er aber auch das Annehmen des Verführers: „Wenn ein anderer kommen wird in seinem eigenen Namen, den werdet ihr annehmen“ (Joh. 5, 43). So sieht es auch der Prophet Sacharja im 13. Kapitel. Dort spricht er davon, dass zwei Teile von Israel im Sog der endgeschichtlichen Verführung nicht bestehen werden (Sach. 13, 8).

Auf der anderen Seite wird es aber auch Treue geben, die unbeirrt am Gott Israels festhalten werden. Sie werden mit Segen, Gnade und Heil überschüttet werden.

Ein Herz, das richtig ist
und folget Gottes Leiten,
das kann sich recht bereiten,
zu dem kommt Jesus Christ.

Valentin Thilo

Die Königsherrschaft Gottes wird von euch genommen und einem Volk gegeben werden, das seine Früchte bringt.

Matthäus 21, 43

Was Jesus in seinem Gleichnis von den bösen Weingärtnern sagt, hat Paulus eine Generation später im Römerbrief so ausgedrückt: „Durch ihren Fall ist den Heiden das Heil widerfahren“ (Röm. 11, 11). Wir blicken mit diesen Aussagen auf den roten Faden und gleichzeitig auf den Schlüssel der Heilsgeschichte Gottes.

Immer wieder wollte Gott seine wunderbare Herrschaft an seinem Eigentumsvolk Israel aufrichten. An ihm sollte deutlich werden, was es heißt, ein Leben im Vertrauen auf Gott und in seiner Fürsorge zu führen. Alle Welt sollte an Israel ablesen, wie reich Menschen gesegnet werden, wenn sie mit ganzer Kraft Gott lieben und ihre Nächsten wie sich selbst. Die von Gott beauftragten Leiter, Richter und Propheten (im Gleichnis „die Knechte“ Matth. 21, 33–44), sollten das Volk auf diesen Weg führen. Doch Israel verweigerte sich und ließ sich nicht in die wahre Gottes- und Nächstenliebe rufen. Dann sandte Gott seinen Sohn. Er sollte die lange erwartete geistliche Frucht an Israel ernten. Doch er fand nichts, und weil er Frucht suchte, wurde er ausgestoßen und getötet.

Nun ändert Gott seine Strategie. Er überlässt nach Pfingsten sein Volk dem selbstgewählten Weg und macht es blind für das Evangelium. Gleichzeitig wendet er seine Gnade den Völkern der Erde zu, lässt ihnen das Evangelium verkünden und verleiht allen Menschen den Heiligen Geist, die durch die Predigt des Evangeliums zum Glauben an Jesus Christus kommen. Israel muss warten. Die Heiden dürfen die gute Herrschaft Gottes an sich erfahren und neue Menschen werden.

Was die Seher dir verkündet,
Volk, dem Ewigen verbündet,
endlich sollst du solches schaun!
Bald in angenehmer Stunde
wird zum neuen Friedensbunde
sich dein Heilger dir vertraun.

Meta Heußer-Schweitzer

Ihr werdet mich von jetzt an nicht sehen, bis ihr sprecht: Gelobt sei, der da kommt im Namen des Herrn.

Matthäus 23, 39

Dieses Wort Jesu, das am Ende seiner sieben Weherufe gegen die Pharisäer und Schriftgelehrten steht, ist Strafankündigung und Verheißung zugleich. Die Strafe und Gerichtsdimension erfüllt sich seit der Kreuzigung Jesu, die Verheißung wird sich in der Zeit der letzten großen Bedrängnis erfüllen, die nach dem biblischen Zeugnis noch über das Volk Israel hereinbrechen wird.

Dass Israel Jesus Christus „von jetzt an nicht sehen“ soll, wurde für den weiteren Weg dieses Volkes in bedrängender Weise bestimmende Wirklichkeit. Sie wurden blind für die Liebe, die den Sohn Gottes an das Kreuz führte. Ihre Augen wurden „finster“ (Röm. 11, 20) für das Evangelium.

Am Straßburger Münster stehen zwei steinerne Frauenfiguren aus dem Mittelalter, die Israel und die Kirche darstellen. Der Israel-Figur hat der Künstler eine Binde vor die Augen gebunden, um die geistliche Blindheit anzudeuten, die nun, als das von Jesus angekündigte Straf- und Gerichtsgeschehen, auf Gottes Eigentumsvolk lastet. Doch was er leider nicht dargestellt hat, ist der Verheißungsaspekt dieses Jesuswortes. Die Zeit der Blindheit wird vorübergehen (Röm. 11, 25; 2. Kor. 3, 16).

Es wird die Stunde kommen, wo das bedrängte und zu Tode geängstete Israel den Blick zum Himmel erheben und seinen Erlöser, den wiederkommenden Christus erkennen wird (Sach. 12, 10). Was wird das dann für ein Loben und Danken sein! Das große Lobes- und Siegeslied, das Israel unter Moses Leitung nach der Erreichung am Schilfmeer sang, wird demgegenüber verblassen.

Wie wirst du in Wonne weinen,
hast du erst erkannt den Deinen,
der zu Heiden sich gewandt,
der die Sünden gleich der Wolke
tilgt und seinen Erstlingsvolke
stets noch winkt mit treuer Hand.

Meta Heußer-Schweitzer

Dieses Geschlecht wird nicht vergehen, bis dies alles geschieht.
Matthäus 24, 34

Im letzten Kapitel des Propheten Jesaja und im letzten Kapitel der Offenbarung gibt es zwei ganz ähnlich lautende gewaltige Israel-Verheißungen. Jesaja verkündigt, dass Israels Geschlecht und Namen vor Gott Bestand haben so wie der neue Himmel und die neue Erde vor ihm Bestand haben (Jes. 66, 22). Der Seher von Patmos kündigt an, dass Gottes Knechte – und damit ist wieder Israel gemeint – von Ewigkeit zu Ewigkeit regieren werden (Offb. 22, 5). Wir haben hier eine kolossale Steigerung der Aussagen vor uns. Während Jesus mit seinem Wort aus seiner Endzeitrede die Existenz Israels bis zu seiner Wiederkunft ankündigte, gehen die beiden prophetischen Worte in den neuen Äon hinein und sprechen dem Volk Gottes eine ewige Existenz als königliches Priestervolk zu.

Unser Vorstellungsvermögen reicht in diese weiten Dimensionen nicht hinein. Aber sie sind nichts anderes als die Erfüllung der uralten Abrahams- und Sinaiverheißungen (1. Mose 12, 3 und 2. Mose 19, 6). Was sich Gott so lange vorgenommen hat, und was auf unserer alten Erde nicht zu Stand und Wesen kommen konnte, weil sich Israel seiner Bestimmung verweigerte, das führt Gott im neuen Äon aus, endgültig und ewig.

Lieber Vater im Himmel, wir preisen deine unbedingte Verlässlichkeit und Treue, mit der du alle deine Verheißungen erfüllst. Wir danken dir, dass du dein großes Ziel, durch dein Volk Israel die Menschheit zu segnen, nicht aus den Augen verlierst.

Was ihr getan habt einem von diesen meinen geringsten Brüdern, das habt ihr mir getan. Matthäus 25, 40

Dieses Jesuswort wird gern als Standardaussage zur Begründung christlicher Diakonie verstanden. Doch bei näherem Hinsehen lässt sich leicht feststellen, dass Jesus mit „meinen geringsten Brüdern“ seine Nachfolger aus dem Volk Israel meint (vgl. Matth. 12, 49; Joh. 20, 17; Hebr. 2, 11,12). Die Rede vom Gericht über die Völker steht am Ende der Endzeitrede Jesu, die sich ausdrücklich an die Jünger als Angehörige Israels richtet. Dieser Zusammenhang muss ernst genommen werden.

Aus den Weissagungen des Propheten Daniel (Kap. 2 und 7) ist es bekannt, dass Gott zur Demütigung und Züchtigung des Ungehorsams seines Volkes Israel verschiedene Weltmächte einsetzt. Gleichzeitig wird uns von Daniel berichtet, dass Gott Nebukadnezar, eine der Zuchtruten Gottes, selber demütigt, nachdem er sich seiner eigenen Größe und Macht gebrüstet hatte (Kap. 4). Durch den Propheten Jeremia lässt Gott eine allgemeine Vergeltung über alle Völker ankündigen, die sich in Willkür und Hass an Gottes Eigentumsvolk vergriffen haben. „Alle, die dich gefressen haben, sollen gefressen werden“ (Jer. 30, 16).

Im Gericht über die Völker, das der wiedergekommene Richter und König Jesus Christus abhalten wird (vgl. Offb. 20, 11–15), erfüllen sich diese alten Prophezeiungen. Wer aus eigenem Antrieb, ohne Gottes Auftrag, Israel antastet, tastet Gottes Augapfel an (Sach. 2, 12), und er wird dafür hart bestraft werden. Wer aber in Gebet, Wort und Tat für das bedrängte Israel einsteht, wird im Gericht Gottes dafür von Jesus Christus gesegnet werden.

Lass dir unsre Schuld bekennen:
die wir längst nach dir uns nennen
als dein neues Israel,
haben lang dein Volk gehöhnet,
kalt zertreten statt versöhnet;
o vergib, Immanuel.
Meta Heußer-Schweitzer

Wen da dürstet, der komme zu mir, und der trinke, der an mich glaubt. Wie die Schrift es sagt: Von seinem Leib werden Ströme lebendigen Wassers fließen. **Johannes 7, 37.38**

Wahrscheinlich muss dieses bekannte Jesuswort, das er auf dem Laubhüttenfest sprach, so wiedergegeben werden (entgegen anders lautender Übersetzungen). Jesus verheißt hier seinem Volk den Heiligen Geist, und zwar allen, die durstig sind nach echtem göttlichen und sinnerfülltem Leben und die es bei ihm suchen werden. Mit dieser Zusage nimmt er eine alte messianische Prophezeiung Jesajas auf, nach welcher Gott Wasser auf das Durstige gießen, nämlich seinen Heiligen Geist auf Israel ausgießen wird (Jes. 44, 3). Der Evangelist Johannes erklärt das Wort Jesu dementsprechend: „Das sagte er aber von dem Geist, den die empfangen sollten, die an ihn glaubten“ (V. 39).

Zu Pfingsten hat sich diese Weissagung erfüllt (Apg. 2, 1–13). Die 120 jüdischen Männer und Frauen, die Jesus über das Grab hinaus die Treue gehalten hatten, wurden mit dem Heiligen Geist beschenkt. Für uns als Gemeinde Jesu aus den Heiden war dieses damalige Ereignis hochbedeutsam. Nun begann der Geist Gottes an diesen jüdischen Menschen zu wirken und öffnete ihnen – gegen manche Widerstände – die Augen für ihre eigentliche Berufung, das Evangelium unter die Völker zu tragen. In besonderer Weise durfte dann der Jude Saulus von Tarsus die Ströme lebendigen Wassers von Jesus empfangen und dann als vollmächtiger Heidenapostel seinen Dienst unter den Heiden tun. Es ist gut, wenn wir uns an den Ursprung unserer Kirche erinnern.

Pfarrer Johann Christoph Blumhardt (1805–1880) hat das Erlösungslied Israels aus Jesaja 12 neu besungen:

Einst kommt die Zeit, da wirst du sagen: / … Ich danke dir, Herr Zebaoth, / dass, ob du mich auch musstest schlagen / und führen in viel Angst und Not, / dein Zorn doch hat gewendet sich / und du nun wieder tröstest mich.
Ihr werdet Wasser aus den Brunnen / des Heiles schöpfen voller Freud / nachdem dem Elend ihr entronnen / und sagen zu derselben Zeit: / Bringt Lob und Dank dem Herrn heran / und betet seinen Namen an.

Sollte ihre Untreue Gottes Treue aufheben? Römer 3, 3

Die geistliche Untreue Israels hat im wahrsten Sinn des Wortes Geschichte gemacht. Sie hat dieses Volk in tiefste Nöte geführt und ihm eine wunde Seele gebracht. Sie war die Ursache für die „Zeiten der Heiden" (Luk. 21, 24), Gottes Hinwendung zu den Völkern der Erde, das größte Missionsprogramm der Weltgeschichte. Alles veränderte sich, nur eines nicht: die Treue Gottes zu Israel. Was Gott einst den Erzvätern zugeschworen hatte, daran hält er unbeirrt fest – „Gottes Gaben und Berufung können ihn nicht gereuen." (Röm. 11, 29) Israel ist das sichtbare Zeichen der Treue Gottes.

Wie wertvoll ist es für uns als Christen, diesen Charakterzug Gottes kennen lernen zu dürfen. Gottes Treue gilt ja auch uns (1. Kor. 1, 9; 1. Kor. 10, 13;1. Thess. 5, 24; 2. Thess. 3, 3). Im Glauben an Jesus Christus haben wir unmittelbaren Zugang zu seinem Herzen und dürfen uns seiner unwandelbaren Treue zu seinen Verheißungen absolut gewiss sein. Es ist lohnend, die Gottesworte wieder neu zu entdecken, die uns bei früheren besonderen Anlässen zugesprochen worden sind. Haben wir ihre Segensdimensionen schon ausgeschöpft? Und wenn sie sich bis jetzt noch nicht erfüllt haben sollten – Gott ist treu, er wird jedes Komma einlösen, wenn wir seine Treue wirklich ernst nehmen.

Einst wird sich auch Israel über Gottes Treue freuen. Wenn in der neuen Welt Heiden nach Jerusalem kommen und Gott kennen lernen wollen, dann werden die Juden aus eigener Erfahrung bezeugen: Unser Herr ist ein wunderbarer Gott. Er hat uns die Jahrtausende hindurch die Treue gehalten. Es ist großartig, ihn als Herrn und König haben zu dürfen.

Ach bleib mit deiner Treue
bei uns, mein Herr und Gott;
Beständigkeit verleihe,
hilf uns aus aller Not.

Josua Stegmann

Weil ich Apostel der Heiden bin, preise ich mein Amt, ob ich vielleicht meine Volksangehörigen zum Nacheifern reizen und einige von ihnen retten könnte. Römer 11, 13.14

Paulus wusste es und er hat es auch oft genug leidvoll erfahren, dass nichts so schwierig ist, wie das Evangelium Jesu Christi vor Juden zu bezeugen. Gegen eine von Gott selbst verhängte geistliche Blindheit anzukämpfen, das kann immer nur in Ausnahmefällen gelingen. Gleichwohl ist die viel diskutierte Frage nach Sinn und Legitimität der christlichen Mission unter Juden im Grunde schon längst entschieden. Der Völkerapostel Paulus hat sie durch seinen Dienst selbst entschieden. Obwohl er die Herzenshärte seines Volkes kannte, ist er trotzdem auf seinen Missionsreisen immer wieder zunächst in die Synagogen gegangen, um Juden die frohe Botschaft zu sagen. Obwohl er oft nur Ablehnung und Hass erntete, ließ er sich nicht beirren, denn Gottes eigenes Volk hatte in seinen Augen das erste Anrecht, das Evangelium zu hören (vgl. Röm. 1, 16).

An diesem besonderen Vorrang Israels hat sich bis heute nichts geändert. Im Gegenteil, die Untaten, die Christen im Laufe der Jahrhunderte an Juden begangen haben, sollten ein Ansporn sein zu noch beständigerer Fürbitte, noch weiserer Fantasie und noch tieferer Liebe zu ihnen. Dieses Volk braucht nichts so sehr wie seinen Messias Jesus Christus. Die Art und Weise, wie Christen ihn vor Juden bezeugen können, kann allerdings nur unter Gebet gefunden werden, und sie muss in jedem Fall eingebettet sein in Werke tätiger Nächstenliebe.

Redet mit Jerusalem freundlich. Jes. 40, 2

Die Hochzeit des Lammes ist gekommen, und seine Braut hat sich bereitet. **Offenbarung 19, 7**

Das Bild von der Hochzeit ist allen Lesern der Evangelien als Gleichnis eines gewaltigen endgeschichtlichen Ereignisses vor Augen. Im Gleichnis von der königlichen Hochzeit (Matth. 22, 1–14) lässt ein König für seinen Sohn eine Hochzeit ausrichten. Israel als die zuerst eingeladene Gästeschar lehnt ab und verfällt dem Strafgericht Gottes. An seiner Stelle werden nun die Heiden eingeladen. Im Gleichnis von den zehn Jungfrauen (Matth. 25, 1–13) wird das Volk Israel zum unbeirrten Warten auf die Ankunft des Bräutigams ermahnt. Aber beide Gleichnisse lassen offen, um welch eine Hochzeit es sich letztlich handelt. Unser Wort aus der Johannesoffenbarung hilft hier weiter.

Die letzten Kapitel des letzten Buches der Bibel reden in gewaltigen Bildern von der Vereinigung des wiederkommenden Christus mit der „Braut“, den Treuen von Israel, die geduldig auf ihn gewartet und aller Verführung und Verfolgung widerstanden haben. Das untreue Israel aber, die „Hure Babylon“, geht in einem Gottesgericht unter. Der Schmuck der Braut besteht aus reinem Leinen, das Bild für das aus der Gnade Gottes empfangene Heil (Offb. 19, 8). Der treue Überrest Israels wird seinem wahren und ewigen König Jesus Christus zugeführt. Die lange Wartezeit Israels hat ein Ende. „Ewige Freude wird über ihrem Haupte sein“ (Jes. 35, 10). Die ganze Weltgeschichte seit ihrem Beginn bekommt in diesem Geschehen ihren eigentlichen Sinn. Denn dazu hat Gott sein Volk berufen, dass es ein Segen sein soll für die gesamte Menschheit.

Herr Jesus Christus, wir bitten dich für dein Volk Israel, dass du, wenn du zur großen Hochzeit kommst, vielen die Kleider des göttlichen Heils bereitest.

Ihre Tore werden nicht verschlossen. Offenbarung 21, 25

Tore dienen der Sicherheit. Geöffnete Tore zeigen, dass es keine Gefahr gibt. Im neuen Jerusalem wird das Volk Israel endlich den seit Jahrtausenden ersehnten Frieden bekommen.

Die Friedlosigkeit Israels hat zwei Gründe. Der erste Grund ist der Ungehorsam gegen den Gott Israels. Jesaja muss in Gottes Auftrag sagen: „O dass du auf meine Gebote gemerkt hättest, so würde dein Friede sein wie ein Wasserstrom und deine Gerechtigkeit wie Meereswellen" (Jes. 48, 18). Das Umhergestoßensein, das Ausgeliefertsein an die Willkür der Völker, das ganze Bedrängtwerden durch äußere Feinde muss Israel sich selbst zuschreiben. Gott hatte vollkommenen Schutz zugesagt, aber die Voraussetzung dafür war Gehorsam.

Der andere Grund liegt im Neid und im Hass der Menschen. Anstatt dem Volk Israel beide Hände zu reichen und sich von ihm den Weg zum lebendigen Gott zeigen zu lassen, ballt die Menschheit die Fäuste. Die derzeitige politische Entwicklung liefert dafür viele Belege. Israels Auserwählung wird als Bevorzugung missverstanden. Aber in Wirklichkeit dient sie nur einem einzigen Ziel: Die Menschheit an die Hand zu nehmen und zum einzigen und wahren Gott zu führen, wo sie Segen und Freude in Hülle und Fülle empfangen würde.

Wie gut ist es angesichts dieser doppelten Friedlosigkeit dies zu wissen: In der neuen Welt Gottes wird es weder den Ungehorsam Israels noch den Hass und Neid der Völker geben. Friede und Freude werden dann die bestimmende Wirklichkeit sein.

Mach' dich auf in deiner Stärke,
König, dem kein König gleicht,
führ herbei zu deinem Werke,
was dein mächt'ger Arm erreicht,
höre unser schwaches Stammeln,
neige dich zu unsrem Flehn,
lass dein Israel sich sammeln,
bald in Zion einzugehn.

Christian Gottlob Barth

Es spricht, der dies bezeugt: Ja, ich komme bald.
Offenbarung 22, 20

Wenn ein Landwirt gerade Furchen ziehen will, muss er jenseits des Feldes, das er bearbeitet, einen Fixpunkt haben, auf den er sich voll konzentrieren muss. So ist es auch in unserem Leben als Christen. Wenn unser Lebensweg gerade und zielgerichtet sein soll, dann müssen wir auf einen Fixpunkt sehen, der absolut sicher ist: Die Wiederkunft Jesu.

Die gesamte Welt- und Heilsgeschichte läuft auf dieses gewaltige kosmische Ereignis zu. Die Gemeinde Jesu aus den Heiden wird dann zu ihrem Haupt hin entrückt werden. Sie wird verwandelt und darf die Himmelsbürgerschaft antreten. Die Erde muss von aller Gottlosigkeit und Bosheit gereinigt werden. Der wiederkommende Herr wird deswegen den falschen Messias und den falschen Propheten vernichten und Satan binden lassen. Im Gericht Gottes, das er dann vollzieht, müssen sich alle Menschen verantworten, die dem Evangelium widerstanden haben. Der treue Überrest Israels wird Königs- und Priestervolk im neuen Jerusalem, das, von Gott selbst erbaut, sich auf die neue Erde herniedersenken wird.

Vor diesen biblischen Verheißungen verblasst alles, was diese Welt an Hoffnung zu bieten hat. Da kann man nur noch eins nachsprechen: Amen, ja komm, Herr Jesus!

Sei still zu Gott!
Es kommt gewiss die Zeit,
wie sie verheißen ist.
Sie kommt, sie kommt,
da sich die Herrlichkeit
in Jesu, unsrem Christ,
noch allem Fleisch wird offenbaren
und dann auch du sollst Hilf erfahren.
Sei still zu Gott!

Johann Christoph Blumhardt

Und gedenke das ganzen Weges, den dich der HERR, dein Gott, geleitet hat. 5. Mose 8, 2

Das jüdische Volk lebt wie kein anderes von der Erinnerung an seine Geschichte. Die Völker des Alten Orients haben ihre Ursprünge in irgendwelchen obskuren Göttermythen gesucht; die Babylonier meinten etwa, geradewegs vom Himmel herabgekommen zu sein. Ganz anders Israel. Nie hat es vergessen, dass sein Weg in der Geschichte begonnen hat und dass dieser Weg unter Gottes Führung stand. Ein Weg durch Höhen und Tiefen, durch Sklaverei und Befreiung, durch Wüsten und Oasen. Eine bewegte Geschichte! Doch für Israel ist Geschichte nicht Vergangenheit. Was Gott einmal getan hat, wird im Gedenken immer wieder neu für die Gegenwart lebendig. Und so begleitet ein Wort Israel bis heute: *Sechor* – „Gedenke!" So steht es in riesigen Lettern in der Nähe der Westmauer in Jerusalem. Und so begegnet es Israel bei den großen Festen: Gedenke im Passahfest deiner Erlösung aus der Sklaverei Ägyptens; gedenke im Laubhüttenfest der Treue Gottes bei deiner Wüstenwanderung; gedenke im Purimfest deiner wunderbaren Errettung vor deinen Feinden! Wie der Ruderer im Boot so sitzt, dass er beim Rudern zurückschaut, aber dabei Orientierung und Kraft für den Weg nach vorne gewinnt, so soll Israel – und so sollen auch wir – zurückschauen und der wunderbaren Heilstaten Gottes gedenken: „Lobe den Herrn meine Seele, und vergiss nicht, was er dir Gutes getan hat" (Ps. 103, 2). Aus dem Gedenken wächst das Danken.

Denkt der vor'gen Zeiten,
wie der Väter Schar
voller Huld zu leiten,
ich am Werke war.
Denkt der frühern Jahre,
wie auf eurem Pfad
euch das Wunderbare
immer noch genaht.
Lasst nun euer Fragen,
Hilfe ist genug.
Ja, ich will euch tragen,
wie ich immer trug.
Jochen Klepper

Als Hiskia den Brief gelesen hatte, ging er hinauf zu dem Hause des HERRN und breitete ihn aus vor dem HERRN und betete zu dem HERRN. 2. Könige 19, 14.15

Wir schreiben das Jahr 701 v. Chr. Ganz Juda steht unter der Knute assyrischer Heere. Die Städte sind zerstört, die Felder liegen brach. Bis heute zeugen riesengroße Steinreliefs aus dem Palast des assyrischen Königs Sanherib von der Grausamkeit der Eroberer. Gefangene Israeliten werden auf Pfähle gespießt oder lebendig gehäutet. Nun rücken die assyrischen Truppen auch gegen Jerusalem vor. Man kann sich das Entsetzen der Einwohner und ihres Königs Hiskia lebhaft vorstellen. Die Belagerer spotten bereits siegesgewiss: „Ha, lasst euch doch nicht betrügen und vertrösten durch euern Hiskia, wenn er sagt: ‚Der Herr wird uns erretten.‘ Das sind doch leere Worte!“ (2. Kön. 18, 28–37). Und dann schicken sie Hiskia einen Brief: „Gib auf! Dein Glaube bringt nichts, dein Gottvertrauen ist trügerisch.“

Auch wenn unser Alltag wohl nicht ganz so dramatisch verläuft, so kennen wir ja doch auch Situationen, in denen Zweifel an uns nagen, die Anfechtung uns beschleicht, wir keinen Ausweg mehr sehen. Was lernen wir von Hiskia? Er geht zuerst zu Gott und breitet ihm seine Not aus. Er versinkt nicht in Resignation und Selbstmitleid, sondern flieht ins Gebet, das er mit einem gewaltigen Lobpreis unseres mächtigen Gottes beginnt, für den kein Anliegen zu groß oder zu klein ist. Und Gott erhört sein Gebet: Die Feinde können Jerusalem nicht bezwingen.

Es mag sein, dass alles fällt,
dass die Burgen dieser Welt
um dich her in Trümmer brechen.
Halte du den Glauben fest,
dass dich Gott nicht fallen lässt:
Er hält sein Versprechen.
Rudolf Alexander Schröder

Und Gott erwählte den Berg Zion, den er lieb hat.

Psalm 78, 68

Unser Psalm lädt uns ein zu einer Reise zum Zionsberg, nach Jerusalem. Eine ganz besondere Entdeckungsreise: Die altehrwürdigen Mauern und Steine fangen plötzlich an, uns ihre Geschichte zu erzählen. Eine Geschichte, deren Autor Gott selber ist. Und staunend entdecken wir auf einmal darin ein Gleichnis für Gottes Geschichte mit uns selbst. Wie beginnt denn die Geschichte des Zion? Zunächst war es lediglich eine alte kanaanäisch-heidnische Bergfestung, die als uneinnehmbar galt. Es gab viele andere Orte, die man in Israel für sehr viel heiliger und würdiger hielt. Und doch erwählt sich Gott ausgerechnet dieses heidnische Nest Zion, um darin zu wohnen. Warum? Einfach, weil er es liebte! So lässt er David die abenteuerliche Eroberung des Zion gelingen und lässt sich von Salomo einen Tempel dorthin bauen.

Und genauso beginnt Gott auch seine Geschichte mit uns: Er erwählt uns, ohne dass wir einen Grund dafür nennen könnten, außer, weil er uns liebt! Keiner ist zu schlecht, keiner zu unwürdig, keiner zu ungläubig, als dass Gott ihn nicht aus Liebe erwählen könnte. Und niemand ist so hart und uneinnehmbar, dass das Evangelium von Jesus Christus nicht die Mauern seines Herzens überwinden könnte. So macht Gott selber unser Herz zu seinem Tempel und wohnt in uns durch den Heiligen Geist (vgl. 1. Kor. 3, 16). Wir wollen ihm ganz neu unsere Tore öffnen!

Gib zu allen Dingen
Wollen und Vollbringen,
führ uns ein und aus;
wohn in unsrer Seele,
unser Herz erwähle
dir zum eignen Haus.

Benjamin Schmolck

Und alles soll gesund werden und leben, wohin dieser Strom kommt. **Hesekiel 47, 9**

Am Rande der kargen judäischen Wüste erstreckt sich über 85 km das Tote Meer, der tiefste Punkt der Erdoberfläche 395 m unter dem Meeresspiegel. Sein Wasser ist so salzgesättigt, dass in ihm kein tierisches oder pflanzliches Leben existieren kann. Ein altes Landkartenmosaik in Madaba (Jordanien) zeigt höchst anschaulich, wie lebensfrohe, muntere Fischlein vergnügt durch den Jordan schwimmen, dann zum Toten Meer kommen und dort frustriert umkehren müssen. Das Tote Meer wird zur Sackgasse. Doch der Prophet Hesekiel bekommt von Gott in einer Vision schier Unglaubliches gezeigt: Aus dem künftigen Tempel in Jerusalem wird sich ein mächtiger Wasserstrom ergießen. Lebendiges Wasser, das die Wüste bis ins Jordantal durchziehen und schließlich ins Tote Meer münden wird. Wo dieser Strom hinkommt, entsteht neues Leben. An den Ufern grünt und sprießt es, fruchtbare Bäume überall, und sogar das Tote Meer wird gesund und lebendig, dass es in ihm vor Fischen nur so wimmelt! Unmöglich? Nicht für den Gott, „der die Toten lebendig macht und ruft dem, was nicht ist, dass es sei“ (Röm. 4, 17). Er wird auch in seinem Volk Israel den Glauben an Jesus, der selber das Wasser des Lebens ist, wecken. Doch schon heute dürfen wir der schöpferischen Kraft Gottes neu vertrauen, die auch in unserem Leben, in unseren Beziehungen und in unseren Gemeinden stinkende Tümpel und geistlich tote Gewässer wieder gesund und lebendig machen kann.

Mein Herr ist überschwänglich gut,
und was er täglich an mir tut,
kann niemand besser machen.
Sein Herz, sein Wort, sein Geist, sein Blut,
sein duldender und sanfter Mut
sind unerhörte Sachen.

Ernst Gottlieb Woltersdorf

Abraham ist unser aller Vater – wie geschrieben steht (1. Mose 17, 5): „Ich habe dich gesetzt zum Vater vieler Völker.“
Römer 4, 16.17

Juden, Moslems und Christen verehren Abraham als den Stammvater bzw. als Vater des Glaubens. Das Grab Abrahams in Hebron hat zwei Zugänge und wird von Israelis und Moslems bewacht. Abraham war der Vater Ismaels und Isaaks. Mohammed führt sein Geschlecht auf Ismael zurück. Isaak oder Ismael, Christus oder Mohammed: Beide beanspruchen, Heilsträger für die Menschheit zu sein. Wie aber ist das Heil verbürgt?

Die Tod und Leben bestimmende Heilsfrage wollte Gott nicht vom Tun, sondern vom Glauben des Menschen abhängig machen. „Abraham hat Gott geglaubt“, und das war genug, „das ist ihm zur Gerechtigkeit gerechnet worden“ (1. Mose 15, 6). Beim Vertragsabschluss lässt Gott Abraham in einen Tiefschlaf fallen, sodass Gott allein wie ein rauchender Ofen und eine Feuerflamme durch die Vertragsgasse geht und den Vertrag schließt. Der Bundesschluss ist ein Geschenk. Gott wollte der Hauptverantwortliche sein – ein göttlicher Grundsatz, der die Heilsgeschichte ermöglicht.

Deswegen hat Gott die Heilslinie über Isaak laufen lassen, der „von der Freien nach dem Geist gezeugt war und nicht von der Magd nach dem Fleisch“ (Gal. 4, 21–31). Ismael, das ist die Linie der Eigenmächtigkeit – bis heute. Isaak, das ist die Linie des Glaubens, der nicht „Fleisch zu seinem Arm macht“, sondern „sich auf den Herrn verlässt“ (Jer. 17, 5–8). So nennt Paulus den wahren Nachkommen Abrahams „Christus“ (Gal. 3, 16), der die Rechtfertigung aus Glauben am Kreuz ermöglicht hat.

Jesus-Gläubige aus Juden, Moslems und aus den Völkern sind die Hoffnungsträger für den Friedensprozess im Nahen Osten, den allein der Messias durchsetzen kann (Jes. 2, 4).

Herr Jesus, du bist unser Friede. *Eph. 2, 14*

Gott, dem er geglaubt hat. **Römer 4, 17**

An Abraham wird deutlich, dass Glaube eine personale Beziehung zum Ziel hat. Martin Buber (1878–1965) spricht von einer Ich-Du-Beziehung im Gegensatz zur Ich-Es-Beziehung. Es gehört zu den wichtigsten Erkenntnissen des Lebens, dass wir zwischen der sachlichen und der personalen Wahrheit zu unterscheiden lernen. Bei der sachlichen Wahrheit ist mein Gegenüber ein Objekt, bei der personalen Wahrheit ein Subjekt. Die Schöpfung können wir zum Objekt unseres Forschens machen, den Schöpfer nicht. Die personale Wahrheit tritt uns als Subjekt gegenüber. Sie erschließt sich durch Vertrauen und Glauben. Deswegen heißt es in Hebr. 11, 3: „Durch den Glauben erkennen wir." Der Glaube hilft zum personalen Erkennen. Wenn wir Gott als Objekt behandeln, lässt er uns auflaufen. Er schweigt und widersteht uns, weil wir ihm nicht angemessen gegenübertreten. Ja, letztlich ist es der Liebende, dem sich Gott zu erkennen gibt (vgl. 1. Kor. 2, 9). Das lernen wir an Abraham. Er hat Gott geglaubt, „der das ruft, was nicht ist, dass es sei. Er hat geglaubt auf Hoffnung, wo nichts zu hoffen war" (Röm. 4, 17.18). Dieser Glaube vermag mehr als unsere Vernunft. Von diesem Glauben schreibt Martin Luther (1483–1546) an seinen verzagten Mitarbeiter Melanchthon (1497–1560) auf dem Reichstag zu Augsburg: „Du quälst dich, weil du Ausgang und Ende der Sache nicht mit Händen greifen kannst. Ja, wenn du's begreifen könntest, so wollte ich mit der ganzen Sache nichts zu tun haben. Gott hat sie an einen Ort gestellt, den du trotz all deinem Können und Wissen nicht kennst: er heißt Glaube. Hätte Mose sich darauf verstürzt zu begreifen, wie er dem Heere des Pharao entkommen würde, Israel wäre wohl heute noch im Ägyptenland. Gott mehre dir und uns allen den Glauben! Haben wir den, was kann uns der Satan anhaben mitsamt der ganzen Welt."

Amen! Herr, du wirst erfüllen,
was dein treuer Mund verspricht;
das erwart ich nun im stillen,
bis sich's offenbart im Licht,
dass du die Erfüllung geb'st.
Amen! ja, so wahr zu lebst!
Benjamin Schmolck

… die wie Abraham aus dem Glauben leben. Römer 4, 16

Als ich in Hebron am Grabe Abrahams stand, ergriff mich der Gedanke: Dieser Mann hat als Erster und in großer Einsamkeit den Weg des Glaubens beschritten. Allein unter dem leuchtenden, orientalischen Sternenhimmel vertraute er Gott und der Zusage eines Nachkommen, und es wurde ihm zur Gerechtigkeit von Gott angerechnet. So wurde er zum Vorbild und Vater des Glaubens. Mit seinem Rechtfertigungsglauben hat er viele Völker beschenkt, viele, die sich entschlossen, wie er „aus dem Glauben zu leben."

„Durch den Glauben wurde Abraham gehorsam, als er berufen wurde…" (Hebr. 11, 8). Anruf und Antwort, Horchen und Gehorchen, Glaube und Gehorsam gehörten für Abraham zusammen. Abraham stellte sich dem redenden Gott und seinen Gedanken, die höher sind als unsere Wünsche, als unsere Vernunft. Er verzichtete auf Vaterland und Freundschaft, auf Pläne und Karriere und machte sich auf den Weg in ein unbekanntes Land. Mit Abraham begann Gottes Heilsgeschichte für die Welt. Das Land Kanaan sollte für immer ein Trainingsfeld des Glaubens sein zum Vorbild für die Völker (1. Mose 17, 8). Ja, Gott hat Abraham den Tag Jesu Christi sehen lassen, sodass eschatologischer Jubel und endzeitliche Freude sein Herz ergriffen (vgl. Joh. 8, 56). Er sah das Ziel seines Glaubensweges. Er sah, dass es sich gelohnt hat.

Seither haben sich immer wieder Männer und Frauen auf den Weg gemacht, haben Gott und den Glaubensgehorsam über ihr Denken und Tun und eigene Wünsche gestellt und haben sich aufgemacht in ein ihnen unbekanntes Land, um „wie Abraham aus dem Glauben zu leben". Bin auch ich auf diesem Weg?

Für einen ew'gen Kranz
dies arme Leben ganz.

… die Verheißung, dass er der Erbe der Welt sein solle …
Römer 4, 13

Diese umwerfende Aussage können wir nur verstehen, wenn wir sie mit Hebräer 1, 2 in Verbindung setzen: Ihn, den ewigen Sohn, „hat Gott eingesetzt zum Erben über alles". Doch Abraham hat Anteil am Erbe. Er ist der „leibliche Stammvater" Israels (Röm. 4, 1). Aus Israel wurde Jesus geboren, „der Heiland der Welt" (Joh. 4, 42), der vor Abraham war (Joh. 8, 58), „der Anfänger und Vollender des Glaubens" (Hebr. 12, 2).

Welche Steigerungen hat Gott für den Glaubenden bereit: Abraham wurde ein Land zugesagt, den Sanftmütigen, die für die Durchsetzung von Recht und Gerechtigkeit auf den Messias warten, diese unsere Erde (Matth. 5, 5), und den Gläubigen die Welt: „Wisst ihr nicht, dass die Heiligen die Welt richten werden?" (1. Kor. 6, 2.3). Abraham sollte zu einem großen Volk werden, zu einem Segen für „alle Geschlechter auf Erden" (1. Mose 12, 3). Um den Thron des Lammes sehen wir in Offenbarung 7, 9 eine große Schar aus allen Nationen und Sprachen stehen, die niemand zählen konnte – wie die Sterne am Himmel von 1. Mose 15, 5! Abraham wird ein großer Name versprochen (1. Mose 12, 2). Dem Abrahamssohn, der sich entäußerte und bis zum Tode am Kreuz erniedrigte, wurde ein Name gegeben, der über alle Namen ist, dass vor dem Namen Jesu alle Knie sich beugen und alle Zungen in der Welt bekennen, dass Jesus Christus der Herr ist (vgl. Phil. 2, 6–11).

Es ist wichtig festzustellen, dass Gott diese weitreichenden Zusagen einem im Glauben jungen und unerfahrenen Abraham gab. War es nicht bei vielen so? Es sind gleichzeitig Zielvorgaben, die unseren Lebensweg bestimmen.

Wir bekennen mit dem Lied der Überwinder (Offb. 15, 3.4):

Gerecht und wahrhaftig sind deine Wege, du König der Völker. Wer sollte dich, Herr, nicht fürchten und deinen Namen preisen?

Als nun Josef gestorben war und alle seine Brüder und alle, die zu der Zeit gelebt hatten, wuchsen die Nachkommen Israels und zeugten Kinder und mehrten sich und wurden überaus stark, so dass von ihnen das Land voll ward. Da kam ein neuer König auf in Ägypten, der wusste nichts von Josef. 2. Mose 1, 6–8

Man muss sich das vorstellen: Vierhundert Jahre schweigt Gott. Das ist der zeitliche Abstand zwischen 1. Mose 50 und 2. Mose 1, zwischen Vers 6 und Vers 8 unseres Textes. Die Väter Israels und die Führer der Gemeinde, die ganze Generation der Augenzeugen, waren gestorben. Ist das nicht eine Gemeinde auf dem Abstieg? War womöglich die Verheißung an die Väter, Abraham, Isaak und Jakob, doch nur ein Mythos ohne geschichtliche Relevanz? So die menschliche Seite.

Doch was wie eine Zeit der Untätigkeit und des Vergessens Gottes aussieht, ist in Wirklichkeit Zeit seines Wirkens und Erfüllung seiner Zusage. Er hatte Abraham verheißen, dass seine Nachkommen von Isaak so zahlreich wie die Sterne am Himmel und wie der Sand am Meer sein sollen (1. Mose 15, 5; 22, 17). Das ist nun eingetreten. In Vers 5 finden sich fünf Verben der Mehrung verstärkt durch zwei Steigerungsworte: „sie waren fruchtbar … wimmelten … mehrten sich … nahmen zu überaus … füllten das Land“. Diese Siebenzahl trägt in sich den von Gott gewollten und geordneten Charakter der Totalität. Was wie ein natürlicher Vorgang aussieht, das Wachstum des Volkes, ist Wirkung der unaufhaltsamen Kraft des Abrahams- und Schöpfungssegens.

Gott hatte sich einen Menschen erwählt, der selbst ein Heide war (Jos. 24, 2): Abraham. Er schloss einen Bund mit ihm, um aus ihm ein neues Volk zu schaffen, in dem man ihn kennen lernen würde, das sein Wort erhielt und durch das schließlich alle Völker Rettung von Sünden erhalten sollten (Joh. 4, 22). Damit setzt Gott hier ein.

Gott hält sein Wort mit Freuden,
und was er spricht geschicht.
Und wer Gewalt muss leiden,
den schützt er im Gericht.
Paul Gerhardt

Als Mose groß geworden war, ging er hinaus zu seinen Brüdern und sah ihren Frondienst und nahm wahr, dass ein Ägypter einen seiner hebräischen Brüder schlug. Da schaute er sich nach allen Seiten um, und als er sah, dass kein Mensch da war, erschlug er den Ägypter und verscharrte ihn im Sande. 2. Mose 2, 11.12

Ist das nicht großartig: Nahezu vier Jahrzehnte Palastleben (Apg. 7, 23) ließen Mose nicht vergessen, wo er herkam. Im Elternhaus war er groß geworden (V. 10). Abgestillt wurden Kinder mit drei bis vier Jahren. Mit der Muttermilch hat er die Sprache, die Hoffnung und den Gott seines Volkes kennen gelernt. Das Leben am Pharaonenhof konnte das nicht austilgen.

Und ist es nicht noch großartiger: Mose wusste auch, wo er hingehörte – zu seinen Brüdern. Brüder können Verwandte sein, Brüder sind aber vor allem dadurch verbunden, dass sie den gleichen Gott anbeten. Hier wird schlicht die Entscheidung Moses zwischen zwei Welten dargestellt: Zwischen Pracht und Überfluss des Pharaonenhofes, die ihm als Adoptivsohn der Tochter des Pharao zustanden (V. 10) und dem Elend des Volkes Gottes. Dass er das Elend wählte und um seines Volkes willen arm wurde, wurzelt in der Überzeugung des Glaubens (Hebr. 11, 24–26) und erinnert an die Haltung Jesu (2. Kor. 8, 9).

Mose sah mit tiefstem Mitgefühl: Ein Ägypter schlug einen „seiner Brüder". So weit war es gekommen. Was nun folgt, ist nicht Ausfluss unbeherrschten Jähzorns. Mose handelt besonnen, mit klarer Überlegung und Absicht. Erst sieht er sich um, und als er feststellt, dass niemand ihn beobachtet, erschlägt er den Ägypter. Damit ging er ein großes Risiko ein, denn einem Sklavenaufseher zu widerstehen galt als Hochverrat. Was bewegte Mose? Tiefes Mitempfinden, Liebe zu seinem Volk, Gerechtigkeitssinn, das Wissen, Retter seines Volkes zu sein (Apg. 7, 25). Doch noch ist die Zeit nicht reif, noch ist Mose nicht reif. Retter von Gottes Volk kann man weder in eigener Kraft noch in eigener Vollmacht sein, sondern nur unter Gottes Weisung. Das muss Mose lernen.

Mit unsrer Macht ist nichts getan, wir sind gar bald verloren.
Martin Luther

Weil denn nun das Geschrei der Israeliten vor mich gekommen ist und ich dazu ihre Not gesehen habe, wie die Ägypter sie bedrängen, so geh nun hin, ich will dich zum Pharao senden, damit du mein Volk, die Israeliten, aus Ägypten führst. 2. Mose 3, 9.10

Jetzt handelt Gott! – Er hat sich Mose offenbart. Er gab sich als der Gott seines Vaters, der Gott Abrahams, Isaaks und Jakobs zu erkennen. Er hat die Not seines Volkes gesehen. „Ich will sie erretten aus der Ägypter Hand“ (V. 8). Denn die Stunde seiner Rettung bestimmt er und er allein. Dabei muss deutlich werden: Gott und Gott allein kann retten. Doch auch das andere gilt: Er will es nicht ohne Hinzunahme von Menschen tun.

So will Gott Mose in dieses Rettungsunternehmen mit hineinnehmen. Das ist Moses und des Menschen Würde, dass Gott ihn in seinen Dienst nimmt. Doch er, der einst mit bester Absicht Retter seines Volkes sein wollte, wehrt sich nun mit allen Mitteln dagegen, Werkzeug in Gottes Rettungsunternehmen zu werden. Und hat er nicht gute Gründe? Die Brüder verstanden ihn nicht und lehnten ihn ab, der Pharao bedrohte ihn, auch verlor er darüber die Heimat. Gershom, „Fremdling da“, nennt er deshalb seinen ersten Sohn. Das lässt tief in sein Herz blicken.

Die Art, wie Gott Mose in seinen Auftrag nimmt, wird zu einem biblischen Grundmodell dafür, wie Gott durch die Beauftragung und Sendung erwählter Menschen sein Rettungswerk in dieser Welt ausführt:

Gott sagt: Geh hin zum Pharao	Jesus sagt: Gehet hin in alle Welt
Gott sagt: Ich sende dich	Jesus sagt: Ich sende euch
Gott sagt: Ich will mit dir sein	Jesus sagt: Siehe, ich bin bei euch

So beginnt Gott mit Mose; ein Sendungs- und Rettungswerk, das erst die Erlösung Israels aus der Knechtschaft will, in der Sendung der Propheten seine Fortsetzung, in der Sendung Jesu seinen Höhepunkt findet und letztlich auf die Erlösung aller zielt, die in die Vergebung der Sünden und in die Errettung aus dem Machtbereich der Finsternis führt (Kol. 1, 13.14).

Menschen müssen Menschen sagen, dass Gott alle liebt,
dass es einen Weg aus Schuld und Elend gibt.

Unbekannt

Mose sprach zu Gott: Siehe, wenn ich zu den Israeliten komme und sie zu mir sagen werden: Wie ist sein Name? was soll ich ihnen sagen? Gott sprach zu Mose: Ich werde sein, der ich sein werde. Und sprach: So sollst du zu den Israeliten sagen: „Ich werde sein“, der hat mich zu euch gesandt. 2. Mose 3, 13.14

Das ist eine der wichtigsten Stellen der ganzen Bibel, denn hier begegnen wir dem Geheimnis Israels. „Dem Historiker gibt die Geschichte Israels im Ganzen allerschwerste Rätsel auf ... der Weg im Ganzen kennt keine wirkliche Vergleichsmöglichkeit ... Dieser Pfad von Mose zu Martin Buber, von Abraham bis nach Auschwitz, von Ur in Chaldäa bis nach Tel Aviv heute ist innerhalb der Menschheitsgeschichte völlig singulär“ (Hans Walter Wolff). Das Geheimnis Israels ist der Gott, der es geschaffen, sich ihm offenbart und für sich errettet hat. Hier stellt er sich vor, indem er seinen Namen Jahwe nennt. Wo kommt er her? Eine Ableitung aus der religiösen Umwelt des Alten Orients gelang bis heute nicht. Obwohl der Name Jahwe mehr als sechstausendachthundertmal im Alten Testament vorkommt, ist er außerhalb der Bibel fremd. Unlösbar ist er mit der Ausrufung des Namens auf dem Sinai verknüpft. Israel weiß von Jahwe eben nur durch Jahwe und durch seine Anrede an Mose und dann an Israel. Das ist Offenbarung. Der Name selbst ist einzigartig und unvergleichlich. Was besagt er? Die Übersetzung „Ich werde sein“ trifft nicht den Sinn des Hebräischen. Viel näher liegt den hebräischen Worten das „wirksam sein“. Er ist der Wirksame, der tun kann und tut, was er will. Er bleibt sich treu und ist damit verlässlich, ja ist für Israel da. Er ist nur mit sich vergleichbar. Mit nichts Geschaffenem. Nichts in der Schöpfung kann als Abbild dieses Gottes dienen. HERR, so übersetzen und schreiben wir den Namen Jahwe, ist sein Name. Er bleibt ohne Vergleich in der Welt der Religionen und der Menschen. Deshalb darf man neben ihm keine andren Götter haben. Diese Ausschließlichkeit einer andren Gottheit ist im Alten Orient unbekannt.

Der Herr gedenkt an sein Erbarmen.
Und seine Wahrheit stehet fest.
Er trägt sein Volk auf seinen Armen
und hilft, wenn alles uns verlässt.
Matthias Jorissen

Da sprach der HERR zu Mose: Mach dich morgen früh auf und tritt vor den Pharao und sage zu ihm: So spricht der HERR, der Gott der Hebräer: Lass mein Volk ziehen, ... sonst werde ich diesmal alle meine Plagen über dich selbst senden, ... damit du innewirst, dass meinesgleichen nicht ist in allen Landen.

2. Mose 9, 13.14

Darum geht es also. Es wäre Gott ein Kleines gewesen, den Pharao mit all seiner Macht zu vernichten und so sein Volk Israel mit einem Schlag zu befreien. Statt dessen folgt Plage auf Plage, und jede Plage ist nicht nur eine Strafe, sondern zugleich eine Einladung, sich vor dem Gott Israels zu beugen. Das wäre das Eingeständnis gewesen, dass Gott mächtiger ist als Pharao. Doch der Pharao wurde selbst als Gott verehrt. Ägypten war politisch, militärisch, kulturell und wirtschaftlich die führende Macht ihrer Zeit. So steht Macht gegen Macht, Gott gegen Gott, und die Frage ist: Wer ist wahrer Gott und wer ist wahrhaftig der Mächtigste? Schon bei der vierten Plage hätte Pharao einsehen sollen, dass der Gott Israels, Jahwe, der Alleinwirkende „inmitten dieses Landes", also Ägyptens ist (8, 18). Bei der siebten Plage war unübersehbar, dass kein anderer Gott, den irgend ein Volk verehrt, dem wahren Gott vergleichbar ist. Und am Ende dieser Plage sollte Pharao einsehen, dass „das Land Jahwes ist", d.h. auch Ägypten gehört Jahwe (9, 29).

Jahwe, der Gott Israels, war nie nur der Nationalgott dieses kleinen Volkes, der seinen Anspruch langsam über die ganze Erde ausgeweitet hätte. Im Gegenteil: Der allmächtige Gott und Schöpfer der ganzen Welt hat sich dieses kleine und schwache Volk erwählt, um gerade in der Auseinandersetzung mit der größten Macht und Gottheit dieser Zeit zu zeigen, wer allein Gott und wer allein mächtig ist. So gilt hier schon der Grundsatz: „Was schwach ist vor der Welt, das hat Gott erwählt, damit er zuschanden mache, was stark ist; damit sich kein Mensch vor Gott rühme" (1. Kor. 1, 27–29).

Eines hat Gott geredet, ein Zweifaches habe ich gehört: Gott allein ist mächtig, und du, Herr, bist gnädig. *Ps. 62, 12.13*

Dann aber soll das Blut euer Zeichen sein an den Häusern, in denen ihr seid: Wo ich das Blut sehe, will ich an euch vorübergehen und die Plage soll euch nicht widerfahren, die das Verderben bringt, wenn ich Ägyptenland schlage. 2. Mose 12, 13

Jetzt wird der Götterkampf entschieden. Gott hält Strafgericht über Ägypten und er vollstreckt Gericht „über alle Götter der Ägypter, ich, Jahwe“ (V. 12). Wie sah dieses Gericht über die Götter aus? Viele von ihnen waren Schutzgötter. Der Tod der Erstgeburt zeigt ihre Nichtigkeit und Ohnmacht zu schützen. Der erstgeborene Königssohn sowie manche Tiere galten als Gottheiten. Auch sie wurden geschlagen. So wurden in dieser Nacht die Götter, die doch nicht Götter waren, ihres täuschenden Glanzes entlarvt und ihre Ohnmacht offenbart. Nur einer ist Richter und nur einer kann im Gericht retten: „ich, Jahwe“ (V. 12b).

Und Israel? War Israel besser oder galten für die Israeliten andere Maßstäbe? Keineswegs. Doch Gott hatte eine Rettung für Israel bereitet. Die Tatsache, dass Israel der Rettung bedarf, spricht dafür, dass auch Israel dem Gericht verfallen ist. Gott hatte souverän ein Mittel der Rettung bestimmt: Das Blut des Lammes. Nur wer diese Gnadenverfügung annahm, nur wer das Blut des Lammes an seiner Tür anbrachte, sich hinter dieser Tür barg, am Mahl des Lammes teilnahm, nur der konnte dem Gericht entgehen.

Die Verschonung vom Gericht geschieht zum einen durch das gemäß der Ordnung Gottes hingegebene Leben, zum andern dadurch, dass man sich im Glauben unter diese Ordnung stellt. So entsteht Versöhnung durch stellvertretend hingegebenes Leben. Durch das stellvertretende Mittlertum Jesu sah die Gemeinde, welches das für sie hingegebene Lamm ist. In Jesu Kommen fand die Passaordnung ihr Ziel, wäre es ausgeblieben, wäre sie sinnlos geworden.

Christi Blut und Gerechtigkeit,
das ist mein Schmuck und Ehrenkleid,
damit will ich vor Gott bestehn,
wenn ich zum Himmel werd eingehn.
Nikolaus Ludwig Graf von Zinzendorf

Da sprach Mose zum Volk: Fürchtet euch nicht, stehet fest und sehet zu, was für ein Heil der HERR heute an euch tun wird ... Der HERR wird für euch streiten, und ihr werdet stille sein.
2. Mose 14, 13.14

Auch stille sein will gelernt sein. Hatte Israel nicht zur Genüge gesehen, was Jahwe vermag? Aber Glauben gibt es nicht auf Vorrat. Er muss in jeder neuen Situation neu ergriffen werden.

Noch ist die Rettung Israels nicht gewiss. Das ägyptische Heer hinter ihnen, das Meer vor ihnen, gibt es da einen Ausweg? Doch Gott lässt das einmal begonnene Rettungswerk nicht unvollendet. So wie er einst das Schreien Israels hörte, Mose als Boten sandte, so wird jetzt wieder Jahwe allein und ohne fremde Hilfe alles Nötige zur Rettung Israels tun. Was bleibt für Israel? Sich nicht fürchten, beständig auf Gott schauen, stille sein und gespannt zusehen, was er dieses Mal tun wird. Beständig können sie sein, weil Gott der Beständige ist. Das ist eine der Bedeutungen, die in seinem Namen, der Ausdruck seines Wesens ist, liegt: Ich bin, der ich bin, d.h. ich bin der Beständige. Deshalb können wir ihm vertrauen. Das verlangt, dass wir auf das sehen, was er getan hat, dass wir auf das hören, was er jetzt sagt, und dass wir uns mit einem festen Willensentschluss ihm zuwenden.

Hier begegnet erstmals der „Krieg Jahwes". Gott kämpft für sein Volk, gibt ihm Sieg, rettet es aus Lebensgefahr. Das wird Israel noch oft erleben. „Gott für uns", das ist die Losung. Im Alten Bund bedeutet dabei Heil, eigentlich „Errettung", ganz konkret Rettung aus dem Verderben. „Gott für uns", das ist die Grundlage des Rechtfertigungsgeschehens, wo Gott in Jesus für die Seinen in seinem Tod den Sieg erringt. Unsre Errettung vom ewigen Verderben ist ganz sein Werk. Das konkrete Vorausgeschehen im Alten Testament will uns gewiss machen, dass Gott in diesem geistlichen Geschehen, das wir nicht real vor Augen haben, genau so verlässlich ist wie im Alten Testament.

Ist Gott für uns, wer kann wider uns sein? Der auch seines eigenen Sohnes nicht verschont hat, sondern hat ihn für uns alle dahingegeben – wie sollte er uns mit ihm nicht alles schenken? *Röm. 8, 31.32*

Der HERR wird König sein immer und ewig. 2. Mose 15, 18

Mit dieser Einsicht schließt die Errettung Israels aus Ägypten ab. Der Gott Israels hat seine Macht über die politisch-militärische Vormachtstellung erwiesen (V. 4–9). Er hat sich mächtig erwiesen über die Kräfte der Natur: Wind und Meer gehorchten ihm (V. 10). Er hat sich stärker erwiesen als alle Gottheiten, Zauberer und Religionen (V. 11). Doch alle Macht Gottes steht im Dienst seines Rettungswerkes: „Er ist für mich zum Retter geworden," übersetzt die Einheitsübersetzung richtig, wo Luther schreibt: „Er ist mein Heil" (V. 2).

Was Mose in diesem Lied besingt, hat er persönlich erfahren, und aus der erfahrenen Errettung erwächst der persönliche Lobpsalm, in dem erzählt wird, was Gott für einen getan hat. In der ganzen Literatur des Alten Orients gibt es keine Parallele für dieses persönliche Loblied, weil diese Rettungserfahrung einmalig an diesen Gott gebunden ist. Es ist nichts anderes als das persönliche Zeugnis des Erretteten, das wir bis zum heutigen Tag kennen.

Moses persönliches Zeugnis gipfelt in dem Ausruf: „Jahwe wird König sein immer und ewig." König ist der, dem alle Macht, alle Ehre, alle Herrlichkeit, alle Lande eigen sind, der souverän bestimmen und handeln kann und niemandem Rechenschaft schuldet. Gottes Königsein beginnt allerdings nicht hier, sondern es gründet in seinem Schöpfungswerk. „Sagt unter den Völkern: Jahwe ist König. Er hat den Erdkreis gegründet" (Ps. 96, 10). Als Schöpfer ist er Herr und Gebieter. Aber sein vornehmstes Werk als König ist die Rettung der Seinen. Deshalb beginnt Jesus sein Werk mit dem Ruf: „Die Königsherrschaft Gottes ist da. Glaubt diesem Evangelium" (Mark. 1, 14.15). Und wie wird es sein, wenn der Ruf erschallt: „Halleluja! Der Herr, unser Gott, der Allmächtige, hat seine Königsherrschaft angetreten" (Offb. 19, 6).

Kommt her, höret zu, alle, die ihr Gott fürchtet; ich will erzählen, was er an mir getan hat. *Ps. 66, 16*

Werdet ihr nun meiner Stimme gehorchen und meinen Bund halten, so sollt ihr mein Eigentum sein vor allen Völkern; denn die ganze Erde ist mein. Und ihr sollt mir ein Königreich von Priestern und ein heiliges Volk sein. 2. Mose 19, 5.6

Wir sahen bisher: Alles was Gott tut und ist, ist nichts anderes als Auslegung seines offenbarten Namens. Und was ist Israel? Das wird jetzt dokumentiert. Dazu kommt Gott extra zu seinem Volk (V. 9.11.18). Dokumente bedürfen, um rechtskräftig zu sein, einer zeitlichen und örtlichen Fixierung. Deshalb werden Vers 1 der Zeitpunkt und Vers 2 der Ort des Geschehens pedantisch genau festgehalten. Es ist, als ob ein Merkpfahl in die Erde gerammt würde, um die Bedeutung dieses Edikts herauszustellen. Und zugleich wird nochmals daran erinnert, zu welchem Zweck Gott Israel errettet hat: Damit sie bei ihm sein sollen (V. 4b). Leopold von Ranke (1795–1886) bezeichnet das als Beginn der Weltgeschichte überhaupt. Und nun folgt die Gründungsurkunde für Israels Beruf und Aufgabe. Er, dem alle Völker und die ganze Erde gehören, macht Israel zu seinem Sonder- oder Privateigentum, das er sich aus allen Völker erwählt hat, wobei diese Erwählung weder Privileg noch Verdienst, sondern Berufung zum Dienst vor Gott und an der Welt ist. Israel wird der Bereich, in dem seine Königsherrschaft offenbar wird. Israel erhält Gottes Gebot. Das ist wie ein über Israel hingeworfenes Netz, Vollzug seiner Übereignung an Jahwe, Ausrufung seines Hoheitsrechtes und Zuspruch des Lebens. Als heiliges Volk gehört Israel Gott, um als priesterliches Volk vor Gott zu stehen, damit er in Israel in seiner Gnade und in dem Ernst seines Gerichtes bekannt wird: Er verkündigt Jakob sein Wort, Israel seine Gebote und sein Recht. So hat er keinem Volk getan (Ps. 147, 19.20). Eine würdevolle Aufgabe, eine schwere Aufgabe. Mit Israel und durch Israel greift Gott nach der Welt und den Völkern.

Jesus Christus, Herr über die Könige auf Erden, der uns liebt und erlöst hat von unsern Sünden mit seinem Blut und uns zu Königen und Priestern gemacht hat vor Gott, seinem Vater, sei Ehre und Gewalt. Amen. Offb. 1, 6

Ich will unter den Israeliten wohnen und ihr Gott sein, dass sie erkennen sollen, ich sei der HERR, ihr Gott, der sie aus Ägyptenland führte, damit ich unter ihnen wohne, ich, Jahwe, ihr Gott.
2. Mose 29, 45.46

„Ich will ihr Gott sein." So begann es. Das erste Menschenpaar entzog sich der Gottesgemeinschaft und verfiel dem Verderben. „Ich will dein und deiner Nachkommen Gott sein" (vgl. 1. Mose 17, 7.8). Das ist Inhalt des Bundes Gottes mit Abraham. Dazu gibt er ihnen das Land. Jetzt geht er noch weiter: „Ich will ihr Gott sein und will unter ihnen wohnen." Die Königsherrschaft Gottes verwirklicht sich in beständiger Gottesgemeinschaft. Dazu werden die Opfer eingerichtet. „Täglich soll der Widder morgens und abends geschlachtet und ... dem Herrn verbrannt werden, begleitet vom Gebet der Gemeinde. Eine Gebets- und Sakramentskette soll sich um Morgen und Abend durch den Tag, das Jahr, ... die ganze Zeit schlingen. Das soll im vergänglichen Fluss der Zeiten ein *tamid* d.h. ‚ein Beständiges' ein Stück Ewigkeit zwischen Gott und seiner Gemeinde sein" (Hellmuth Frey, 1901–1982).

„Siehe da, die Hütte Gottes bei den Menschen! Er wird bei ihnen wohnen, und sie werden sein Volk sein, und er selbst, Gott mit ihnen, wird ihr Gott sein!" (Offb. 21, 3). Das ist das Ziel der Wege Gottes. Dazu ist Gott nichts zu teuer, nicht einmal die Lebenshingabe seines Sohnes am Kreuz auf Golgatha.

Die Königsherrschaft Gottes ist kein Ausdruck von Machtgelüsten. Sie kennt nur ein Ziel: die Gemeinschaft, die Verbundenheit mit den Menschen. Das ist ewiges Leben und Gnade. Gnade, hebräisch *chäsäd*, meint diese beständig bewiesene Verbundenheit (W. Köhler), nicht als spontane Sympathie, sondern als ein Lebensverhältnis, das eingebunden ist in Treue, gegründet auf Bundesrecht, verlässlich in Zeit und Ewigkeit, im Leben und im Sterben.

Also wird nun Gottes Gemeine
gepflegt, erhalten in der Zeit;
Gott, unser Hort, schützt sie alleine
und segnet sie in Ewigkeit.
Auch nach dem Tod will er ihr geben
aus Christi Wohltat, Füll und Gnad
das freudenreiche ewge Leben.
Das gib auch uns, Herr unser Gott!
Petrus Herbert

Als aber das Volk sah, dass Mose ausblieb ..., sammelte es sich gegen Aaron und sprach ...: Auf, mach uns einen Gott, der vor uns hergehe ... und er machte ein gegossenes Kalb. Und sie sprachen: Das ist dein Gott, Israel, der dich aus Ägyptenland geführt hat.
2. Mose 32, 1.4

Das ist unglaublich. Schon vorher murrten sie, als Brot und Wasser fehlten und Feinde sie bedrohten (Kap. 15–17). Aber nun wollen sie einen andern Gott, einen Gott aus Gold, einen Gott, den man sehen, anfassen, vor sich hertragen, mit dem man Staat machen, über den man verfügen, bei dem man machen kann, was man will, und der nicht lebendige Opfer verlangt. Aber kann man sich denn „einen Gott machen"? – Und doch ist ihnen dafür kein Preis zu teuer (V. 2).

Das Stierbild ist im ganzen Alten Orient das Sinnbild der Kraft, der Vitalität und der Fruchtbarkeit, das mit verschiedenen Gottesnamen bedacht wird. In diesem Bild betet die Gemeinde die Macht, Fruchtbarkeit und Sexualität an. Zu seiner Verehrung gehören u.a. orgiastische Sexualriten und die kultische Prostitution. Das tat das Volk, als es sich setzte, „um zu essen und zu trinken, und sie standen auf und trieben ihre Lust" (V. 6). Aaron nennt es „Jahwes Fest". Aber in Wirklichkeit ergibt sich Israel heidnischen Riten.

Erst Bundesschluss, nun Bundesbruch; wie ist das möglich? Hatten sie nicht begriffen, dass sie nicht Mose, sondern Gott aus Ägypten geführt hatte? Immer wieder wurden sie erinnert: Ich bin Jahwe, dein Gott, der dich aus Ägypten geführt hat. Aber der Unglaube ist Israel, und nicht nur Israel, sondern allen Menschen ins Herz geschrieben und nichts war für Israel schwerer, als bei dem einen Gott zu bleiben. Seine Geschichte ist eine Geschichte des Unglaubens. Aber das gilt doch nicht nur für Israel, sondern für die ganze Menschheit und jeden von uns, die im Erfinden neuer Gottheiten, neuer Ideologien und Heilslehren eine ungeahnte Genialität besitzen. Da kann man nur bitten: „Dein Name werde geheiligt. Gott, bewahre mein Herz bei dem einen, dass ich deinen Namen fürchte."

Kinder, hütet euch vor den Abgöttern! *1. Joh. 5, 21*

Als nun Mose wieder zu dem HERRN kam, sprach er: „Ach, das Volk hat eine große Sünde getan ... Vergib ihnen doch ihre Sünde.“ ... Der HERR sprach zu Mose: „... führe das Volk, wohin ich dir gesagt habe. Ich werde aber ihre Sünde heimsuchen, wenn meine Zeit kommt.“ 2. Mose 32, 31-34

Das war ein schwerer Gang für Mose: Die Sünde des Volkes bekennen, um Vergebung bitten und, im Falle der Ablehnung, das eigene Leben als Lösegeld anbieten: „... wenn nicht, dann tilge mich aus“ (V. 32).

Aber so einfach ist das mit dem Vergeben nicht. Bundesbruch ist Kapitalverbrechen. Die Bundesbrüchigen haben ihr Todesurteil selber im Voraus unterschrieben, als sie die Bundeszeremonie mitmachten (2. Mose 24, 8). „Du sollst keine anderen Götter neben mir haben“ (2. Mose 20, 3)? Solche Ausschließlichkeit ist dem Alten Orient sonst gänzlich fremd. Ständig konnte man neue Götter hinzunehmen, um neuen Lebenssituationen gerecht zu werden. Doch Abkehr und Absage an alle andern Götter ist Wesensmerkmal des Bekenntnisses zu Jahwe und des Evangeliums von Jesus (1. Thess. 1, 9.10). Er ist der Eine, allmächtig und allgenügsam in jeder Lage. So sind sowohl Bekehrung als Hinkehr zu dem einen Gott, wie auch Abfall singulär im Glauben der Bibel. Das hat nichts mit „Eifersucht“ Gottes im menschlichen Sinne zu tun. Diese „Eiferheiligkeit“ Jahwes bewahrt den Menschen davor, dem Schein und dem Trug andrer Götter und damit der Nichtigkeit zu verfallen.

So schwer war die Sünde. Das kann Gott nicht einfach übergehen. Damit würde sich Gott aufgeben und die Welt der Sünde und dem Verderben überlassen. Sünde kostet das Leben, es sei denn, es findet sich unschuldiges Leben zu stellvertretender Hingabe bereit. Deshalb hilft Moses Leben da nichts. Die Sünde muss anstehen, bis der kommt, der ohne Sünde ist und sein Leben als Lösegeld für die Vielen dahingibt.

Den hat Gott für den Glauben hingestellt als Sühne in seinem Blut zum Erweis seiner Gerechtigkeit, in dem er die Sünden vergibt, die frühe begangen wurden in der Zeit seiner Geduld. Er ist um unsrer Sünde willen zerschlagen. Vgl. Röm. 3; Jes. 53

Und er sprach: Ich will vor deinem Angesicht all meine Güte vorübergehen lassen und will vor dir kundtun den Namen des HERRN: Wem ich gnädig bin, dem bin ich gnädig, und wessen ich mich erbarme, dessen erbarme ich mich. 2. Mose 33, 19

Wie geht es jetzt weiter? Gott straft das Volk, aber der Auftrag bleibt bestehen: „Geh in das Land!" (33, 1). Aber ist das so einfach? Die Gemeinschaft zwischen Gott und dem Volk ist nicht mehr so innig: Das Zelt der Gegenwart Gottes wird außerhalb des Lagers aufgeschlagen, obwohl doch Gott inmitten seines Volkes wohnen wollte (V. 7). Mose kennt nun den Abgrund der Widerspenstigkeit des Volkes. Und er weiß um das Zorngericht Gottes. Deshalb genügt es Mose nicht, dass Gott zusagt, dass sein Angesicht vorangehen soll und er sie „zur Ruhe" leiten will.

Wenn Mose bittet: „Lass mich deine Herrlichkeit sehen!", will er das innerste Wesen Gottes kennen lernen, um zur „Begründung der Heilsgewissheit" zu kommen. Während ihm, der auch sündig ist, die Bitte der persönlichen Gottesschau abgeschlagen wird, wird ihm doch die „Offenbarung des Namens Jahwes durch das ... Wort, in welchem Gott sein innerstes Wesen sozusagen sein ganzes Herz dem Glauben aufschließt" zuteil (Carl Friedrich Keil, 1807–1888). Betonte die Auslegung des Namens Gottes, wie sie am Sinai geschah, vor allem die Macht, Wirksamkeit und Beständigkeit Gottes, so zeigt er jetzt für den Heilsgewissheit Suchenden seine Güte und Gnade. Die Wiederholung: „Wem ich gnädig bin, dem bin ich gnädig" dient der Vergewisserung: Auf diesem Gnadenwillen ruht die Heilsgeschichte und die Heilsgewissheit. Die Herrlichkeit Gottes erschien dann sichtbar in Jesus als volle Gnade und Verlässlichkeit (Joh. 1, 14). Bei ihm sehen wir, dass die Herrlichkeit Gottes am hellsten leuchtet, wo er sich für die Sünder dahingibt, wo Sünder seine Gnade und Treue erfassen und Gewissheit des Heils erlangen.

Die Predigt von des Herrn Namen erschließt Mose das verborgenste Wesen Jahwe's (Martin Luther, 1483–1546).

Auf Gnade darf man trauen,
man traut ihr ohne Reu;
und wenn uns je will grauen,
so bleibt's: Der Herr ist treu.
Philipp Friedrich Hiller

Denn des Leibes Leben ist im Blut und ich habe es euch für den Altar gegeben, dass ihr damit entsühnt werdet. Denn das Blut ist die Entsühnung, weil das Leben in ihm ist. 3. Mose 17, 11

Gott gab seinem Volk das Land, in dem sie leben sollten, als Bundesgabe. Doch die höchste Bundesgabe war die Gemeinschaft mit ihm. Wie konnte aber Gott unter seinem Volke sein, wenn auch Israel ein sündiges Volk war und es in Israel nur Sünder gab? Selbst Mose war davon nicht ausgenommen, deshalb durfte er nicht in das verheißene Land einziehen. Sogar der Hohepriester muss zunächst für seine eigenen Sünden ein Opfer darbringen, bevor er Sühne darbringen darf für die Sünden des Volkes (3. Mose 16, 6; Hebr. 7, 27; 9, 7).

Um diese Gemeinschaft zu ermöglichen, gab Gott dem Volk als weitere Bundesgabe das gesamte Opferwesen. Vielmehr waren sie eine Gnadeneinrichtung Gottes, um den Bestand Israels vor Gott trotz ihrer Sünden möglich zu machen. So haftet den Opfern im Alten Testament nichts Verdienstliches an, als würde sich der Mensch damit seine Gerechtigkeit erschaffen, vielmehr nimmt er in ihnen die Gnade und Gerechtigkeit Gottes in Anspruch.

Am deutlichsten wird das beim Sühneopfer. Hier gilt die Regel: „Ohne Blutvergießen geschieht keine Vergebung“ (Hebr. 9, 22), denn wer sündigt, verwirkt sein Leben und solch verwirktes Leben müsste durch Lebenshingabe ausgelöst werden (Ps. 49, 8–10). Doch Blut und Leben gehören Gott, und Blut hat nur sühnende Kraft, sofern im Blutvergießen Lebenshingabe geschieht. Und nun überlässt Gott im Opfervollzug den Israeliten das Tierblut, damit es statt des eigenen Lebens für ihre Sünde sühnt. Das ist Gnade. Dass das alles Vorabbildung dessen war, dass Jesus durch sein eigenes Blut ein für alle Mal die Sünden weggenommen hat und in das wahre, das himmlische Heiligtum einging, das konnte man im Alten Bund noch nicht wissen.

Drum soll auch dieses Blut allein / mein Trost und meine Hoffnung sein. / Ich bau im Leben und im Tod / allein auf Jesu Wunden rot. / Gelobet seist du, Jesu Christ, / dass du ein Mensch geboren bist / und hast für mich und alle Welt / bezahlt ein ewig Lösegeld.

Nikolaus Ludwig Graf von Zinzendorf

So wahr ich lebe und alle Welt der Herrlichkeit des HERRN voll werden soll: alle die Männer, die meine Herrlichkeit und meine Zeichen gesehen haben und meiner Stimme nicht gehorcht haben, von denen soll keiner das Land sehen, das ich ihren Vätern zu geben geschworen habe. 4. Mose 14, 21–23

Es ist schon zum Verzweifeln. Nun steht Israel endlich an der Grenze des verheißenen Landes. Das Land ist sehr gut (V. 7). Doch Israel weigert sich, es sich von Gott geben zu lassen, doch Israel will nicht glauben, verzichtet auf Gottes Gabe, lästert Gott (V. 11). Zehnmal versuchten sie Gott und gehorchten nicht. Zehn ist die Zahl der Vollständigkeit, des Vollmaßes, das der Wirklichkeit entspricht. Ist damit Gott am Ende? Scheitert er an Israel? Gibt er auf? In dieser Situation bekräftigt Gott: „So wahr ich lebe, alle Welt soll der Herrlichkeit Jahwes voll werden." Gott schwört bei sich selbst. Gott geht es nicht nur um Israel. Gott geht es um alle Welt. Der Tag kam, wo es hieß: „Gehet hin in alle Welt!" Aber es war noch ein weiter Weg. Und seine Herrlichkeit besteht nicht in der Vertilgung Israels, sondern darin, dass er trotz der Sünde und des Widerstrebens der Menschen sein Heils- und Rettungswerk zu einem herrlichen Sieg führen wird.

Es ist nicht das letzte Mal, dass eine solche Situation begegnet. Israel ist im Exil, Jerusalem zerstört. Wieder tönt es: „Die Herrlichkeit des HERRN soll offenbart werden, und alles Fleisch wird es sehen; denn des HERRN Mund hat's geredet" (Jes. 40, 5). Dann heißt es von der neuen Welt Gottes: „Die hat die Herrlichkeit Gottes" (Offb. 21, 11.23). Merken wir doch, die Frage ist nicht, ob Gott sein Rettungswerk hinausführen und sein Herrlichkeitsziel erreichen wird. Gott tut's, ob mit oder ohne uns. Die Frage ist, ob wir uns hineinnehmen lassen oder ob wir uns selbst ausschließen.

O dass doch bald dein Feuer brennte,
du unaussprechlich Liebender,
und bald die ganze Welt erkennte,
dass du bist König, Gott und Herr!
Beleb, erleucht, erwärm, entflamme
doch bald die ganze weite Welt
und zeig dich jedem Völkerstamme
als Heiland, Friedefürst und Held.
Georg Friedrich Fickert

Höre, Israel, der HERR ist unser Gott, der HERR allein. Und du sollst den HERRN, deinen Gott, liebhaben von ganzem Herzen, von ganzer Seele und mit all deiner Kraft. Und diese Worte sollst du deinen Kindern einschärfen. 5. Mose 6, 4.7

Vierzig Jahre später. Die Generation, die sich Gott verweigerte, lebt nicht mehr. Eine neue Generation steht wieder an der Grenze des verheißenen Landes. Moses Aufgabe ist es, sie einzuführen in die Glaubenserfahrung und die Bundesordnung, die Israel von Gott empfing. Es geht nicht um ein neues Gesetz, sondern um Entfaltung, Vertiefung und Verinnerlichung des einen Gebotes, das einmal ergangen ist: „Höre Israel." Durch das Wort tut der lebendige Gott seine Herrschaft und Herrlichkeit, sein Wesen und seinen Willen kund. Die Übersetzung des folgenden Satzes ist nicht eindeutig. Man kann sagen: „Jahwe ist unser Gott, Jahwe allein." Das andere Verständnis ist: „Jahwe, unser Gott, ist ein Jahwe." Dann bedeutet das, wer der Herr, unser Gott ist, ist völlig eindeutig. So wird nicht nur jede Verehrung der Vielgötterei, sondern auch jede Vermischung der Religionen und jede theologische Beliebigkeit ausgeschlossen, die sich ihr eigenes „Gottesbild" macht. Der Gott der Bibel darf nicht zum Produkt menschlicher Vorstellungen werden. Und dem einen Gott das ganze Herz! Dabei ist das Herz das Organ des Wollens, des Entscheidens und der Liebe. Die Liebe zu Gott ist die Voraussetzung für die Befolgung seines Willens. Darin sind sich Altes und Neues Testament eins. „Ein höheres Gebot als dies kennt auch das Evangelium nicht" (Carl Friedrich Keil, 1807–1888). Diese Liebe orientiert sich an der Liebe des Sohnes zum Vater (vgl. 8, 5; 14, 1). Gott lieben heißt darum vor allem, seine Autorität akzeptieren, ihm in allem vertrauen und Leben und Handeln nach seinem Willen ausrichten. Das geben die Väter an die Kinder weiter.

Liebe, die du mich zum Bilde
deiner Gottheit hast gemacht,
Liebe, die du mich so milde
nach dem Fall hast wiederbracht:
Liebe, dir ergeb ich mich,
dein zu bleiben ewiglich.
Johann Scheffler

Nicht hat euch der HERR angenommen und euch erwählt, weil ihr größer wäret als alle Völker – denn du bist das kleinste unter allen Völkern, – sondern weil er euch geliebt hat und damit er seinen Eid hielte, den er euren Vätern geschworen hat.

5. Mose 7, 7.8

Warum Israel? – So wurde immer wieder gefragt und so wird gefragt bis auf den heutigen Tag. Diese Frage rief Ärger, Hass, Verfolgung hervor. Warum Israel? – Gottes Antwort macht deutlich, dass es nicht die imponierenden Vorzüge dieses Volkes waren, die ihn zu ihm hinzogen, noch weniger die erhabene Frömmigkeit oder das gesteigerte religiöse Bewusstsein, das dieses Volk zu ihm hingeführt hätte.

Ich besuchte eine Ausstellung über die Reiche und Hauptstädte des Alten Orients. Wie gering nahmen sich Juda und Jerusalem aus im Vergleich zu den Großreichen und Großstädten Urs, Assurs, der Hethiter, Ägyptens, Babylons oder Persiens.

Gerade das ist das Paradox göttlicher Liebe, dass er sich denen zuwendet, bei denen nichts zu lieben ist. Ja, für „lieben" haben wir nicht das erhabene Wort *ahab,* sondern das weltliche *chaschak,* eigentlich: sich an jemanden hängen. Gott hängte sich an Israel, weil es hier nichts zu holen gab, weil es ein verlorenes, armes und geringes Volk war. Deshalb kann man auch auf Gottes Erwählen nicht stolz sein. Es ist lediglich die andere Seite seiner Liebe und umschreibt die Unerklärlichkeit dessen, dass wir zu ihm gehören. Auf die Liebe und Erwählung Gottes gibt es nur eine Antwort: Dankbarkeit, Demut, Liebe und Gehorsam und sich fern halten von allen andern Göttern.

Warum Israel? – Kann man da nicht auch fragen: Warum ich? Was kann man da tun? Staunen, Gott danken, sich demütigen, ihn lieben und seinen Willen gerne tun.

Hättst du dich nicht zuerst an mich gehangen,
ich wär von selbst dich wohl nicht suchen gangen;
du suchtest mich und nahmst mich voll Erbarmen,
in deine Arme.

Christian Gregor

Als nun Mose das alles zu Ende geredet hatte vor ganz Israel, sprach er zu ihnen: Nehmt zu Herzen alle Worte, die ich euch heute bezeuge, dass ihr euren Kindern befehlt, alle Worte dieses Gesetzes zu halten und zu tun. Denn es ist nicht ein leeres Wort an euch, sondern es ist euer Leben. 5. Mose 32, 45–47

Das ist der Schluss des Wirkens Moses und das Ende des Liedes Moses. In diesem Lied fasste er nochmals die Führung Gottes zusammen. „Gedenke der vorigen Zeiten!" (V. 7). Dabei wird die Vergangenheit nicht idealisiert. An Israel ist nichts zu rühmen. Schließlich haben sie sogar den bösen Geistern geopfert und Gott vergessen, der sie gemacht hat (V. 17.18). Nur das gilt: „Gebt unserm Gott allein die Ehre!" (V. 3). Er fand sein Volk in der Einöde (V. 10), behütete und versorgte es (V. 11–14). Auch die Zukunft wird nicht idealisiert. Mose weiß: „Ihr werdet von dem Weg abweichen, den ich euch geboten habe" (31, 29). Was bleibt da noch zu sagen? Mose kann nur noch einmal darauf hinweisen, dass Israels Leben wie unseres an Gottes Wort hängt, das unser Leben ist. Das war ein Teil dessen, was Israel in der Wüste lernen sollte, „dass jeder Mensch nicht lebt vom Brot allein, sondern von allem, was aus dem Mund des HERRN geht" (8, 3). Wo Israel als Gottes erstgeborener Sohn versagt hatte (2. Mose 4, 22), hat sich Jesus als der eingeborene Sohn Gottes bewährt (Matth. 4, 1–4). Wenn wir zu wählen haben zwischen Brot und Gottes Wort, zwischen Freiheit, Krankheit, Wohlstand und Gottes Wort, wie werden wir wählen? Es ist kein leeres Wort. Es hält, was es sagt. Im Verlauf der Geschichte Israels wird an Knotenpunkten darauf hingewiesen: „Ihr sollt wissen von ganzem Herzen und von ganzer Seele, dass nichts dahingefallen ist von all den guten Worten, die der HERR, euer Gott, euch verkündigt hat. Es ist alles gekommen und nichts dahingefallen" (Jos. 23, 14; vgl. 21, 45; 1. Kön. 8, 56)

Dein Wort, o Herr, lass allweg sein
die Leuchte unsern Füßen;
erhalt es bei uns klar und rein;
hilf, dass wir draus genießen
Kraft, Rat und Trost in aller Not,
dass wir im Leben und im Tod
beständig darauf trauen.

David Denicke

Hanna gebar einen Sohn und nannte ihn Samuel; denn, so sprach sie, ich habe ihn von dem HERRN erbeten ... Nachdem sie ihn entwöhnt hatte, nahm sie ihn mit sich hinauf nach Silo und brachte ihn in das Haus des HERRN. Der Knabe war aber noch jung. Und sie sprach zu Eli: Um diesen Knaben bat ich. Nun hat der HERR mir die Bitte erfüllt, die ich an ihn gerichtet hatte. Darum gebe ich ihn dem HERRN wieder sein Leben lang, weil er vom HERRN erbeten ist. 1. Samuel 1, 20b.24.27.28

Samuel war ein bedeutender Prophet im Volk Israel, ein Mann nach dem Herzen Gottes. Mit Unerschrockenheit und Klarheit gab er Gottes Wort und Ordnungen weiter, sodass ganz Israel ein Zeugnis seiner Aufrichtigkeit ablegte (1. Sam. 12, 1–5). Mancher könnte vielleicht denken: Das ist doch verständlich, denn er lebte ja zeitlebens am Haus des Herrn in Silo. Von klein auf (1, 24) war er dort! Doch: So klar war das eben nicht! Der Ort, an dem Samuel aufwuchs, war alles andere als ein Ort des Vorbildes. Es war ein Ort der Sünde. Dort lebte der halbschwache Eli, der halbstarke Söhne hatte. Ruchlose und sündige Dinge sah der kleine Samuel.

Es ist ein Wunder, dass Samuel an diesem Ort so stabil heranwuchs. Es ist immer ein Wunder und ein Geschenk, wenn Kinder und junge Menschen inmitten einer gottlosen Umwelt bewahrt werden. Was heute auf junge Menschen einströmt an „Vorbildern“, ist auffallend ähnlich wie damals bei Samuel. Doch Gott ist größer als eine notvolle Umgebung! Nach der gängigen pädagogischen Theorie, dass der Mensch durch die Umwelt geprägt werde, müsste aus Samuel etwas ganz anderes geworden sein. Doch Samuels Verhalten war das genaue Gegenteil (vgl. 2, 12–24; 12, 3.4). Und doch war auch für Samuel der Einfluss in seiner frühesten Kindheit mit entscheidend. Es war sein Elternhaus, vor allem der Einfluss der Mutter! Diesen Einflüssen wollen wir (in den nächsten Tagen) noch ein wenig nachdenken!

Wohl, mein Herz, du sollst ihm trauen!
Was er dir verheißen hat,
wirst du auch erfüllet schauen,
kommt es auch nicht gleich zur Tat.
Spart er's auch oft weit hinaus,
es wird doch ein Amen draus,
es wird doch ein Amen draus.

Benjamin Schmolck

Und Hanna war von Herzen betrübt und betete zum HERRN und weinte sehr und gelobte ein Gelübde und sprach: HERR Zebaoth, wirst du das Elend deiner Magd ansehen und an mich gedenken und deiner Magd einen Sohn geben, so will ich ihn dem HERRN geben sein Leben lang ... Und sie betete lange vor dem HERRN. Und der HERR gedachte an sie. Und Hanna ward schwanger; und als die Tage um waren, gebar sie einen Sohn und nannte ihn Samuel; denn, so sprach sie, ich habe ihn von dem HERRN erbeten. 1. Samuel 1, 10–12.19.20

Ein prägender Einfluss für Samuel war das Verhältnis seiner Eltern zu Gott. Besonders fällt das Gebet der Mutter in den Blick. Schon der Name Samuel legt Zeugnis ab vom Gebetsleben der Hanna: „vom HERRN erbeten". Es begleitete Samuel: Meine Mutter hat sehr für mich gebetet. Es war zugleich ein Bekenntnis nach außen – ein Kapital für ihn! Das Ringen mit Gott begann bereits vor der Geburt, ja vor der Empfängnis! Wie eindrucksvoll wird uns darüber berichtet. Und so wie Hanna vor der Empfängnis „ihr Herz dem HERRN ausschüttete" (V. 15), so blieb es auch während der Schwangerschaft. Es bestehen tiefe Zusammenhänge zwischen positiven Erwartungen und Einstellungen von Eltern während der Schwangerschaft und der seelischen Stabilität eines neugeborenen Kindes. Doch betrifft dieser vorgeburtliche Einfluss auch die geistliche Seite. Die Bibel gibt uns einige Aufschlüsse in dieser Hinsicht: Johannes der Täufer (Luk. 1, 15); Maria und Elisabeth (Luk. 1, 41); Jakob und Esau (1. Mose 25, 22.23); Psalm 139, 16; Jesaja 44, 2! Wie sehr adelt Gott schon das werdende Leben. Das wirft ein völlig neues Licht auf die aktuelle Frage der Tötung ungeborenen Lebens. Auffallend ist auch das erwartungsvolle Gebet der Hanna, wenn wir die Verse 10 und 18 vergleichen. Wer betet, „muss nicht mehr so traurig drein sehen".

Nun, so will ich's wagen, Herr, auf dein Gebot,
alle mein Sorgen, eign' und fremde Not,
all mein heimlich Grämen, alles, was mich quält;
dir ans Herz zu legen, der die Tränen zählt.
Gustav Knak

Hanna zog nicht mit hinauf, sondern sprach zu ihrem Mann: Wenn der Knabe entwöhnt ist, will ich ihn bringen ... Nachdem sie ihn entwöhnt hatte, nahm sie ihn mit sich hinauf nach Silo und brachte ihn in das Haus des HERRN. 1. Samuel 1, 22.24

Neben dem Gebet war der Gehorsam Gott gegenüber ein prägendes Merkmal in Samuels Elternhaus. Beide Eltern erfüllen ihr Gelübde. Dieser Gehorsamsschritt war schwer, doch darauf ruhte ein tiefer Segen (Ps. 50, 14), der sich bei Samuel auswirkte.

Mehrfach ist zu lesen, dass die Eltern „jährlich" nach Silo gingen. Sie hatten ein positives Verhältnis zum Gesetz Moses und lehnten es nicht als veraltet ab, obwohl es nicht einfach war, mit der Familie nach Silo zu ziehen. Die Selbstverständlichkeit ihres Tuns zeigt an, dass die Gültigkeit des Wortes Gottes in ihrer Familie auch eine Selbstverständlichkeit und die Richtschnur war. Die Regelmäßigkeit der Gebetszeiten und des Opferdienstes (V. 3 und 21) lassen darauf schließen, dass diese Familie feste Gebetszeiten hatte und Vater Elkana sehr darauf achtete. Feste Gebetszeiten sind prägend und bewahren in Talsohlen, das Gebet ganz zu unterlassen. Wer nicht zu bestimmten Zeiten betet, betet auch nicht zu unbestimmten Zeiten. „Was nicht regelmäßig geht, geht in der Regel mäßig" (Hans von Keler). An der Regelmäßigkeit des Gebetes zeigt sich die Liebe zu Gott, denn was man liebt, für das nimmt man sich Zeit.

Zum Gebet muss jedoch der Gehorsam dem Wort Gottes gegenüber kommen, sonst wirkt es auf Kinder wie Heuchelei. Die Echtheit von Gebet und Glaube muss sich im Gehorsam zeigen. Erleben unsere Kinder, dass ihre Eltern Gott gehorchen und dass Gottes Wort nicht nur den Kindern, sondern zugleich auch den Eltern gilt? Es wirkt prägend, wenn Kinder merken: Unsre Eltern ordnen sich Gott unter. Gott ist ihr Herr. Sie sagen uns Gottes Wort, und sie halten sich selbst daran. Das gibt wahre Autorität und legt einen Segen auf die Kinder.

Auf dein Wort will ich merken, es leuchtet meinem Fuß,
zeigt wie in Wort und Werken ich sein und handeln muss.
Lehr mich ihm folgen schlichte an jedem Tag und Ort,
dass meinen Gang ich richte mit Fleiß nach deinem Wort.
Dora Rappard

Aber Hanna gab er *ein* Stück traurig; denn er hatte Hanna lieb, obgleich der HERR ihren Leib verschlossen hatte.

1. Samuel 1, 5

Das Verhältnis von Hanna und Elkana war durch eine echte und tiefe eheliche Liebe bestimmt. Die Echtheit der Liebe des Mannes Elkana zeigte sich im Geben, vor allem in einer Krisensituation. Er gab Hanna „ein Stück traurig". Der Sitte nach bekam beim Heimgang eines lieben Menschen der betreffende Angehörige anschließend „ein Stück traurig". Die Botschaft lautete: Dein geliebter Mensch ist zwar nicht mehr am Leben; für uns ist er aber noch ganz und gar gegenwärtig und unter uns – wir haben ihn nicht vergessen. Das „Stück traurig" war ein äußeres Zeichen dafür, auch der starken Anteilnahme. Nun war in Israel eine Frau, die keine Kinder hatte, zweitklassig und stand unter dem Verdacht, von Gott verworfen zu sein. Elkana aber sah seine Hanna mit den Augen der Liebe und behandelte sie anders – so, als ob sie ein Kind hätte. „Ein Stück traurig" bedeutete hier den zweifachen Anteil: ein Anteil für Hanna, ein Anteil für das nicht vorhandene Kind – als ob es da wäre. Der Blick der Liebe sieht, was andere brauchen, nimmt Anteil und gibt! So steht Elkana seiner Hanna tröstend bei (V. 8). Wohl kann er ihr die Not nicht wegnehmen, aber er kann ihr in der Not beistehen. So erfährt der Glaubende immer wieder, dass die Last nicht abgenommen wird, dass aber Gott hilft, die Last zu tragen (vgl. Joh. 17, 15; Gal. 6, 2). Die Liebe zeigt sich auch in der inneren Einigkeit der Eltern.

Eine glückliche Ehe und gegenseitige Liebe der Eheleute zueinander ist das beste Vorbild und das größte Kapital, das wir Kindern mitgeben können. Wenn Kinder die Liebe der Eltern erleben, begreifen sie unendlich viel von dem, was Gottes Liebe uns gegenüber bedeutet.

O selig Haus, wo Mann und Frau in einer,
in deiner Liebe eines Geistes sind,
als beide eines Heils gewürdigt, keiner
im Glaubensgrunde anders ist gesinnt.
Wo beide unzertrennbar an dir hangen
in Lieb und Leid, Gemach und Ungemach,
und nur bei dir zu bleiben stets verlangen
an jedem guten wie am bösen Tag.

Philipp Spitta

Und als Elkana hinaufzog mit seinem ganzen Hause, um das jährliche Opfer dem HERRN zu opfern und sein Gelübde zu erfüllen, zog Hanna nicht mit hinauf ... 1. Samuel 1, 21.22

Für Hanna war der erbetene Samuel zutiefst eine Gabe Gottes (Ps. 127, 3). Von dieser klaren Erkenntnis wird auch die Haltung bestimmt, die sie dem Kind gegenüber einnimmt. Aber: Für Hanna ist der Geber immer noch wichtiger als die Gabe. Entsprechend heißt in ihrer Familie die Reihenfolge: 1. Gott, 2. das Kind. Sie sah ihr Kind als Gabe auf Zeit und setzte sich deshalb in der frühen Kindheit ganz für ihren Sohn ein.

Bemerkenswert ist, dass Hanna zu Hause bleibt, solange der Knabe noch ganz klein war. Mütter sind für Kleinkinder unersetzlich. Hanna bejaht ihre Mutterschaft und zieht daraus die notwendigen Konsequenzen – ein Zeichen echter Liebe und Hingabe. Dabei verzichtete sie auf die Teilnahme am jährlichen Opferfest. Ein herber Verzicht! Denn jetzt wäre der Weg nach Silo ein angenehmer Marsch gewesen: Die jährliche Kränkung wegen der Kinderlosigkeit (V. 7) war ja vorbei. Welchen Grund hätte Hanna gehabt, gerade jetzt nach Silo zu gehen und ihren Knaben stolz überall herumzureichen. Doch sie erlag dieser Versuchung nicht.

Wie oft will man mit Kindern glänzen vor anderen und mit ihnen groß tun. „Kinder sind kein Paradepferde, mit denen man vor der Zeit groß tun sollte", bemerkt Pfarrer Johann Friedrich Flattich (1713–1797). So sehen wir hier, was echte Mutterliebe ausmacht: Hingabe, Zeit und Zuwendung dem Kind gegenüber. Wie steht das dem heutigen Trend der „Selbstverwirklichung" entgegen. Meist geschieht diese auf Kosten der Kinder und der Familie. Selbstverwirklichung bedeutet: Mein Ich steht im Mittelpunkt, meine Wünsche, meine Lebensplanung. Hanna wusste dagegen etwas von dem Geheimnis: „Wer sein Leben erhalten will, der wird's verlieren" (Matth. 16, 25) und „Wer da hingibt, der empfängt" (Franz von Assisi, 1182–1226).

Jesu, schenk mir wahre Liebe,
die nicht bloß im Wort besteht,
sondern die ich täglich übe,
die von ganzem Herzen geht!
Unbekannt

Nachdem sie ihn entwöhnt hatte, nahm sie ihn mit sich hinauf nach Silo ... und brachte ihn in das Haus des HERRN ... Samuel aber war ein Diener vor dem HERRN. 1. Samuel 1, 24; 2, 18

„Alles hat seine Zeit" (Pred. 3, 1). Hanna handelte entsprechend. Zuerst die ganze Zuwendung dem Kleinkind gegenüber. Sie erlebte diese Zeit der Gemeinsamkeit bewusst und intensiv – sie nützte die Jahre! Dann kam die Zeit des Hergebens, des Loslassens. Auch dazu fand sie ein ganzes Ja. Es liegt ein Geheimnis darin, ob wir zu den jeweiligen Führungen Gottes in unserem Leben und auch verschiedenen Altersphasen ein Ja finden.

Das Loslassenkönnen ist nicht nur eine erzieherische, sondern auch eine geistliche Frage. Das ging auch bei Hanna sicherlich nicht ohne Schmerzen ab. Hierin ist Erziehung gleichsam eine zweite Ent-Bindung. Doch Hanna fand ein Ja, weil sie ihr Kind hingab an Gott. Sie konnte es nur tun im Vertrauen auf Gottes Führung und in der Kraft des Glaubens. Aus Dank und Gehorsam löste sie ihr Gelübde ein und weihte ihr Kind Gott. Sie hatte ein klares Erziehungsziel: Gott zur Verfügung zu stellen und Samuel in die Gemeinschaft mit Gott zu bringen. Als Samuel älter wurde, begriff er, warum er in Silo war. Welch ein Eindruck machte dann auf ihn der Glaube seiner Mutter. Mit welcher Hochachtung nahm er ein solches Vorbild in seinem Leben auf. Was seine Mutter tat, tat sie ganz: in Hingabe und im Loslassen.

Wohl hatte Hanna ihren Samuel ganz Gott geweiht. Das bedeutete aber kein „Laufenlassen". In 1. Samuel 2, 18–21 lesen wir, wie die Mutter ihren Sohn weiterhin mit äußerster Fürsorge umgab; auch mit ihrer Fürbitte. Zugleich sehen wir, wie Gott den Glaubensgehorsam der Hanna mit besonderem Segen belohnte – und die ganze Familie. Ja weit mehr: Der Segen strahlte hinein in das ganze Volk Israel. Gott hatte ein hingebungsvolles Ehepaar gebraucht, um sein Volk durch diesen Samuel wieder in die rechte Gottesverbindung zu bringen.

Was wir so fest in Händen halten,
das ist uns alles nur von Gott geliehn.
Wir dürfen es verwalten;
wir dürfen es gestalten
und geben es zurück an ihn.

Manfred Siebald

Gott hieß Abram hinausgehen und sprach: Sieh gen Himmel und zähle die Sterne; kannst du sie zählen? Und sprach zu ihm: So zahlreich sollen deine Nachkommen sein! Abram glaubte dem HERRN, und das rechnete er ihm zur Gerechtigkeit.

1. Mose 15, 5.6

Abram war in großer Anfechtung hinsichtlich der Verheißungsworte Gottes. Beachten wir, wie Gott ihm hilft, diese Anfechtung zu überwinden und neu sein Wort zu hören: Gott nimmt Abram gleichsam an der Hand, führt ihn aus seinem engen Zelt heraus in die Natur, in die Weite der Schöpfung. Dort will er ihm etwas zeigen, pädagogisch geschickt und anschaulich. Er soll zunächst genau hinschauen: „Sieh gen Himmel und zähle die Sterne.“ Zum genauen Hinsehen, zum genauen Beobachten der Natur kommt dann sein Wort: „Und er sprach zu ihm.“ Beides hilft, die Anfechtung zu überwinden und gibt Abram einen völlig neuen und getrosten Blick nach vorne. Welche Erziehungsweisheit Gottes! Die Schöpfung ist voller Geheimnisse, voller versteckter Hinweise auf geistliche Zusammenhänge und Wahrheiten, gleichsam ein aufgeschlagenes Lehrbuch Gottes. Gott hat in die Schöpfung unendlich viele Gedanken hineingelegt, die es „zu schauen“ und zu verstehen gilt.

Zum verweilenden Beobachten sollte ein geeignetes Bibelwort hinzukommen, das zum Nachdenken anregt, zum Staunen die Seele und zur Dankbarkeit bewegt und geistliche Zusammenhänge verdeutlicht. Denken wir an die Psalmen 8, 104 oder 139; an das stille Beobachten der Bergwelt mit Jesaja 54, 10; an das jährliche Wachsen, Reifen und Blühen sowie Vergehen der Natur: Jesaja 40, 8 oder an den stolzen Flug des Adlers, der sich mächtig in die Freiheit der Lüfte empor schwingt: Jesaja 40, 31. Ein Reden Gottes mit segensvoller Wirkung!

Blick ich empor zu jenen lichten Welten
und seh der Sterne unzählbare Schar
wie Sonn und Mond im lichten Äther zelten
gleich goldnen Schiffen hehr und wunderbar,
dann jauchzt mein Herz dir,
großer Herrscher, zu:
Wie groß bist du, wie groß bist du!

Manfred von Glehn

HERR, unser Herrscher, wie herrlich ist dein Name in allen Landen, der du zeigst deine Hoheit am Himmel. Wenn ich sehe die Himmel, deiner Finger Werk ... Psalm 8, 1.4.5

Gott wollte sein Volk das Staunen lehren über seine Größe und Gnade und es dadurch zur Anbetung und zu einer neuen Hingabe führen.

Staunen lernen – ein wichtiges Erziehungsziel! Zunächst geht es darum, dass wir neu miteinander „sehen lernen". „Wenn ich sehe die Himmel, deiner Finger Werk ..." (V. 4). Dieses Sehen betrifft sowohl die Weite der Schöpfung als auch die „kleine Welt" der verborgenen Wunder Gottes. Wie viele Bilder hat Jesus aus der Natur verwendet, um geistliche Zusammenhänge zu verdeutlichen. In christlicher Erziehung muss diese Tatsache eine bedeutende Rolle spielen. Hier können wir den Kindern schrittweise nicht nur die Geheimnisse der Natur, sondern Gottes verborgenes (und offenbartes) Reden verdeutlichen. Das genaue Hinsehen und stille Beobachten steht auch Erwachsenen gut an. Es gibt unendlich viele Möglichkeiten (Sonnenaufgang und -untergang, Sternenhimmel, Blumenwelt, Ameisen, Bienen, Blütenknospen ...). Wenn wir dann durch das genaue Beobachten zum Staunen kommen und darüber hinaus zu einem Zwiegespräch mit Gott, vernehmen wir – gleichsam wie Abram (1. Mose 15, 5.6) – sein ganz persönliches Reden zu uns. Das können und sollten Kinder lernen. Als ich neulich in einer schlaflosen Nacht ins Freie getreten bin und den Sternenhimmel und die Weite des Weltalls auf mich einwirken ließ, hat Gott mir in dieser stillen Stunde gezeigt: So unendlich und so weit das Weltall ist, so unendlich groß ist meine Liebe, so weit ist meine Gnade, so tief ist mein Erbarmen. Ein persönliches Reden Gottes mit tief gesegneter Wirkung. Man muss sich losreißen von dem nervenzermürbenden Jagen unserer Tage, sich innerlich lösen von seiner gewohnten Umgebung, um wirklich aufnahmebereit zu werden für die Sprache und das Leben der Schöpfung. Man gewinnt Erkenntnisse, die der Alltag nie ermöglicht.

Freuet euch der schönen Erde, denn sie ist wohl wert der Freud.
O was hat für Herrlichkeiten unser Gott da ausgestreut.

Philipp Spitta

Mein Herr weiß, dass ich zarte Kinder bei mir habe, dazu säugende Schafe und Kühe; wenn sie auch nur einen Tag übertrieben würden ... 1. Mose 33, 13.14

Jakob nimmt als erfahrener Hirte Rücksicht auf die Herde, vor allem die Kinder! Er lässt sich durch den bewegenden Augenblick der Versöhnung mit Esau und durch die neue Zukunftsperspektive nicht in ein seelisches Hoch und damit verbunden in eine Treibjagd hineinjagen. Er gibt sorgfältig acht, wie „die Kinder gehen können".

Wie oft werden heute Kinder überfordert! Äußerlich durch allzu frühe Leistungsanforderungen, meist bedingt durch den Ehrgeiz der Eltern, die vielfach ihren Kindern die Kindheit nehmen. Wie oft wird dann gesagt: „Man kann nie genug lernen." Doch: „Was hülfe es dem Menschen, wenn er die ganze Welt gewönne und nähme doch Schaden an seiner Seele?" (Matth. 16, 26). Kinder werden in Bildungsgänge hineingezwungen, denen sie nicht gewachsen sind. Denken wir an den schädigenden Einfluss des Fernsehens und der Bilderflut unsrer Zeit. Probleme stürmen hier konzentriert auf Kinder ein, die sie innerlich nicht verdauen können und deshalb seelisch abstumpfen. Schließlich begegnen wir auch einer geistlichen Überforderung. Auch hier muss auf das „Vermögen der Kinder" Rücksicht genommen werden, etwa in christlichen Versammlungen, wenn junge Familien und Kindern dabei sind. Eine geistliche Überforderung ist es auch, von Kindern Einstellungen zu erwarten, die nicht aus eigener Kraft, sondern nur durch die Kraft des Heiligen Geistes möglich sind (z. B. Unrecht erdulden, ständig Streit schlichten ...).

Gott führt sein Volk wie ein guter Hirte und übertreibt die Herde nicht. Auch wir müssen die „Zartheit" der Kinder körperlich, seelisch, geistig und geistlich beachten. „Immer an kleinen Bäumchen schnipfeln, verletzt nur" (Johann Albrecht Bengel, 1687–1752).

Weil ich Jesu Schäflein bin,
freu ich mich nur immerhin
über meinen guten Hirten,
der mich wohl weiß zu bewirten,
der mich liebet, der mich kennt
und bei meinem Namen nennt.
Henriette Marie Luise von Hayn

Was wir gehört haben und wissen und unsre Väter uns erzählt haben, das wollen wir nicht verschweigen ihren Kindern; wir verkündigen dem kommenden Geschlecht den Ruhm des HERRN und seine Macht und seine Wunder, die er getan hat.

Psalm 78, 3.4

Gott macht seinem Volk immer wieder klar, dass sie auf sein Handeln in der Geschichte sorgfältig achten sollen, damit ihr Vertrauen in Gottes Führung erhalten bleibt und so auch das Zeugnis des Glaubens an die kommende Generation weitergegeben wird. So wurde Israel ein „Volk des Gedenkens“ (Otto Michel, 1903–1993; vgl. 2. Mose 12, 14; 17, 14; 5. Mose 6, 20–24; Jos. 4, 7; 24, 27; 1. Sam. 7, 12; Neh. 9; Ps. 106; Apg. 7). Zur christlichen Erziehung gehört, dass wir Zeugnis geben von persönlich erlebter Führung und Durchhilfe. Die tatsächlich erfahrene Hilfe Gottes muss der nachkommenden Generation zeugnishaft verkündigt werden – durch Eltern, Großeltern, Paten, jedoch auch durch die Mitarbeiter in der Kinder- und Jugendarbeit, in Gemeinde und Gemeinschaft. Eine ganz besonders große Chance haben hier Großeltern.

Kinder brauchen beides: das Wissen um das Handeln Gottes in der Geschichte; das geschieht durch das Weitergeben der biblischen Geschichten. Aber auch das Wissen um das Handeln Gottes im eigenen Leben; das geschieht durch glaubwürdige und persönlich gehaltene Zeugnisse. Die Bibel ist ein Lehrbuch und ein Lebensbuch. Gott handelt mitten in der Geschichte und mitten im Leben. Er führt sein Volk – er führt aber auch ganz persönlich. „Gott, wir haben mit unseren Ohren gehört, unsere Väter haben's uns erzählt, was du getan hast zu ihren Zeiten, in alten Tagen“ (Ps. 44, 2). Freilich muss man den Kindern auch etwas davon sagen, dass Gott schweigen kann. Sie müssen auch etwas von der Anfechtung des Glaubens hören, denn „wir leben im Glauben und nicht im Schauen“ (2. Kor. 5, 7).

Und lehrt eure Kinder das Eine,
dass über Gott keiner mehr steht.
Dass auch der Größte klein beigeben muss,
wenn Gott kommt und alles vergeht.
Vertraut auf den Herrn für immer,
denn er ist der ewige Fels.

Jörg Swoboda/Theo Lehmann

Siehe, Kinder sind eine Gabe des HERRN. Psalm 127, 3

Wenn man heute mit Menschen über Kinder, Erziehung und Schule ins Gespräch kommt, reden die allermeisten von vielfältigen Problemen. In der Bibel steht jedoch nicht: Kinder sind Probleme. Wir lesen: Kinder sind eine Gabe des Herrn! Wohl uns, wenn wir im Blick auf die Erziehung Kinder zuallererst als Gabe Gottes sehen und auch dankbar annehmen.

Die Gabe geht jeder Aufgabe voraus! Das ist geradezu der Herzton des Evangeliums, dass Gott zuerst gibt, schenkt. Schöpfung – Erlösung – Vollendung: das sind alles Gaben, die ausschließlich aus Gottes Hand kommen. Auch in unsrem Leben ist das Wesentliche reines Geschenk. Unser eigenes Leben haben wir als Geschenk erhalten ohne jedes Zutun, und das Überleben nach der Geburt war nur möglich, weil andere für uns gesorgt haben. Wir leben vom Geschenkten, nicht vom Gemachten. Die größte irdische Gabe jedoch sind Kinder. Die Liebe eines Menschen zu Gott zeigt sich auch darin, wie wir mit seinen Gaben umgehen. Wer den Schöpfer achtet, achtet auch seine Gaben. „Bewahrung der Schöpfung" ist nur möglich, wenn der Schöpfer geehrt wird. Man spricht heute zu viel von der Schöpfung und zu wenig vom Schöpfer. Es gehört aber zusammen. Meine Liebe zu meiner Frau zeigt sich auch darin, wie sorgfältig ich die Gaben behandle, die sie mir gibt. Wie kann ich behaupten, dass ich sie liebe und zerstöre ihre Geschenke?

Die Missachtung Gottes in unseren Tagen zeigt sich auch an der Missachtung der Kinder: Da ist einerseits die notvolle Missachtung des ungeborenen Lebens. Die Missachtung zeigt sich aber auch bei geborenen Kindern: fehlende Zeit, fehlende Geborgenheit, Selbstverwirklichung der Erwachsenen auf Kosten der Kinder – wie viele Kinder müssen damit aufwachsen! Wie wir mit Gottes Gaben umgehen, so gehen wir letztlich mit Gott um.

Das spielende Kind im Sande, die Freunde, die mit uns gehn,
der Säugling, in dem wir staunend die Handschrift des Schöpfers sehn,
erheben zu Gott ihre Stimme im Werden und auch im Vergehn.

Johannes Jourdan

Ihr Väter, reizet eure Kinder nicht zum Zorn, sondern erzieht sie in der Zucht und Vermahnung des Herrn. **Epheser 6, 4**

Jede Gabe wird von Gott her zur Aufgabe – gerade auch Kindern! Was braucht ein Kind eigentlich? Am deutlichsten kann man das am vorgeburtlichen Leben veranschaulichen. Ein Kind hat im Mutterleib im Wesentlichen zwei Dinge: eine tiefe Beziehung zur Mutter und Wärme, Schutz, Geborgenheit.

Beides erlebt das Kind so intensiv wie später nie mehr. Gott hat es so vorgegeben! Was nun jedes Kind vor der Geburt schöpfungsmäßig von Gott erhält, ist erzieherische Aufgabe nach der Geburt.

Wir sind zum Du hin geschaffen in eine doppelte Beziehung hinein (1. Mose 1, 27): in die Gottesbeziehung und in mitmenschliche Beziehungen. Das ist unser Lebenselement. Davon spricht unser Bibelwort. Kinder müssen erzogen werden „in der Zucht und Vermahnung des Herrn“, zum Herrn hin, in die Gottesbeziehung hinein. Diese Beziehung muss wachsen, indem Eltern und Erzieher sie erschließen und fördern. Sie erhält ihr Vorbild und ihre Grundlage zunächst über die Erfahrung menschlicher Beziehungen. Vater sein, Liebe, Treue, Geborgenheit sind Wesenszüge unsres großen Gottes. Sie werden zunächst auf der Ebene menschlicher Beziehungen erschlossen und mit Leben erfüllt – oder von Grund auf falsch belastet oder gar zerstört. Das wird dort wachsen, wo Wärme, Schutz, Geborgenheit in der Erziehung gegeben sind. Da kann ein Leben blühen und gedeihen. Die Bibel kennt diese Zusammenhänge schon lange. Deshalb spricht sie davon, „die Kinder nicht zum Zorn zu reizen“. Eindringlich macht sie klar, dass es sehr wohl auf das „Klima“ in der Erziehung ankommt. „Fröhlichkeit und Frömmigkeit gehören in der Jugend zusammen“ (Johann Friedrich Flattich, 1713–1797).

O selig Haus, wo man die lieben Kleinen
mit Händen des Gebets an's Herz dir legt,
du Freund der Kinder, der sie als die Seinen
mit mehr als Mutterliebe hegt und pflegt.
Wo sie zu deinen Füßen gern sich sammeln
und horchen deiner guten Rede zu,
und lernen früh dein Lob mit Freuden stammeln,
sich deiner freun, du lieber Heiland, du!

Philipp Spitta

Dennoch bleibe ich stets an dir, denn du hältst mich bei meiner rechten Hand ... Wenn ich nur dich habe, so frage ich nichts nach Himmel und Erde ... Psalm 73, 23–26

Dieses Bibelwort erfährt eine wunderbare Anschauung durch das Leben des Mefi-Boschet (2. Sam. 4, 1–4; 9; 19, 25–31). Als Sohn Jonatans (4, 4) stammt er aus königlichem Geschlecht. Von der Amme fallen gelassen wurde er ein Krüppel. Als Verstoßener lebt er im Exil (9, 3.4), doch ist er bei David nicht vergessen. Um seines Vaters willen erfährt er Gutes (9, 5–9), wird an den königlichen Hof geholt und erhält aus Gnade Nahrung, Unterkunft und ein großes Erbe. Während Davids Flucht wird er von seinem Knecht verleumdet, in seiner Schwäche und Behinderung brutal ausgenützt (16, 1–4), er lebt in Selbstverleugnung (19, 5) und wartet sehnlichst auf die Rückkehr des Königs. Sie wird ihm zur großen Freude. Nun könnte er endlich kräftig zugreifen, aber er verzichtet auf alles, da er noch viel Wesentlicheres hat: der König selbst ist da. Der Geber ist ihm wichtiger als die Gabe. Was macht ein Leben wirklich reich? Was geben wir Kindern mit, damit sie erfülltes Leben erhalten? Vieles wird heute Kindern und jungen Menschen als erstrebenswert eingeimpft: Schönheit, Jungsein, Bildung, Anerkennung, Verdienst, Lust, Genuss und Glück. Doch wird die Seele nicht davon satt! Der Mensch gerät dabei in einen Sog, immer mehr haben zu wollen. „Ein jeder Wunsch, wenn er erfüllt, kriegt augenblicklich Junge“ (Wilhelm Busch, 1832–1908). Aber Gott hat uns so geschaffen, dass die Fülle unsres Lebens nicht in materiellen Gütern, sondern in heilen Beziehungen liegt, in der zu Gott und zu Mitmenschen (1. Mose 1, 27). Wenn diese Beziehungen heil sind, haben wir erfülltes Leben.

Für Mefi-Boschet bedeutet die Anwesenheit des Königs und das Bei-ihm-sein-dürfen weit mehr als alle äußeren Geschenke. Das macht sein Leben trotz Behinderung und Armut glücklich, reich und erfüllt.

Wenn ich ihn nur habe,
wenn er mein nur ist,
wenn mein Herz bis hin zum Grabe
seine Treue nie vergisst,
weiß ich nichts von Leide,
fühle nichts als Andacht, Lieb und Freude.
Friedrich von Hardenberg

Denn welchen Nutzen hätte der Mensch, wenn er die ganze Welt gewönne und verlöre sich selbst oder nähme Schaden an sich selbst? Lukas 9, 25

Das totale Gegenstück zu Mefi-Boschet sehen wir in Absalom. Die Geschichte des Gottesvolkes ist auch hierin beispielhaft. Absalom (2. Sam. 13–17) ist ein Glückskind, ein „Sonnyboy". Stets auf der Sonnenseite des Lebens hat er alles, was sein Herz begehrt: Er ist schön (14, 25), Mittelpunkt aller (13, 25.27) und verschwenderisch im Umgang mit den Gaben. Er lebt in Saus und Braus (16, 22), will immer mehr und kann nie genug haben (15, 4). Doch: Er ist letztlich sehr einsam, lebt ohne innere Beziehung zum Vater und hat zeitweise zu ihm überhaupt keinen Zugang (14, 24). Er verspielt das große Erbe, reißt es mit Gewalt an sich, verleumdet und verfolgt andere. Weil er aber alles haben will, vertreibt er auch den König. Die Gnade, die über seinem Leben stand (14, 33), wird von ihm verspielt.

Reich und doch arm! Weil sein Herz so sehr an äußeren Gaben hing und weil das Beziehungsgefüge in seinem Leben nicht mehr stimmte. Wie viele Kinder und junge Menschen wachsen heute auf in äußerem Reichtum. Sie können sich sehr viel leisten. Verwöhnung schafft jedoch seelische Defizite und eine innere Leere, die durch zusätzliche Ansprüche und Geschenke nicht gefüllt wird, sondern eine noch stärkere Begehrlichkeit schafft, denn „alle Lust will Ewigkeit, will tiefe, tiefe Ewigkeit" (Friedrich Nietzsche, 1844–1908). Die Bibel zeigt uns diese Zusammenhänge auf (1. Tim. 6, 9–11). An Jesus lernen wir am deutlichsten, dass das Geheimnis eines erfüllten Lebens nicht im Haben liegt, sondern in der Hingabe an ihn. „Wer sein Leben erhalten will, der wird es verlieren, wer es aber verliert um meinetwillen, der wird es finden" (Matth. 16, 25).

Lernen unsre Kinder die Massstäbe dieser Welt als erstrebenswerte Ziele kennen, oder geben wir ihnen ein anderes Vorbild mit?

Womit wir voreinander prahlen,
das bringt uns alles doch vor Gott nicht weit.
Durch unsre glatten Schalen aus
Titeln und aus Zahlen
schaut er in unsre Einsamkeit.

Manfred Siebald

Und Jesus sprach: Ein Mensch hatte zwei Söhne. Und der jüngere von ihnen sprach zu dem Vater: Gib mir, Vater, das Erbteil, das mir zusteht. Und er teilte Hab und Gut unter sie. Und nicht lange danach sammelte der jüngere Sohn alles zusammen und zog in ein fernes Land; und dort brachte er sein Erbteil durch mit Prassen.

Lukas 15, 11–13

Die Geschichte von den zwei Söhnen ist ein Herzstück der Botschaft Jesu. Sie strahlt Gott an als den Vater in leuchtenden Farben – in seinem Wesen und Tun. Sein Vatersein ist Vorbild für alles irdische Vatersein, auch für alles erzieherische Tun. Hier wird das Verhalten des Vaters für den Sohn prägend.

Der Sohn will weg! Drängend und fordernd steht er vor seinem Vater: „Gib mir, Vater." So stark kann der Drang eines jungen Menschen sein nach Freiheit und Unabhängigkeit, dass er durch nichts aufzuhalten ist – der Drang nach vermeintlichem Glück. Er sieht nur sein Recht, seine Zukunft, „das Erbteil, das mir zusteht." Junge Menschen zieht es oft mit Macht hinaus aus dem Elternhaus. Sie wollen frei sein: Faszination des Lebens – Ausdruck der Lebenssehnsucht, aber auch der Versuchung! Wie damals im Garten Eden: „Und das Weib sah, dass von dem Baum gut zu essen wäre und dass er eine Lust für die Augen wäre und verlockend" (1. Mose 3, 5).

Und der Vater lässt ihn ziehen! Es ist beeindruckend, dass beim Weggehen des Sohnes nicht ein einziges Wort des Vaters überliefert ist. Kein Vorwurf. Kein Betteln: Bleib doch bitte hier. Kein Geheul: Womit habe ich das verdient? Der Vater schweigt – und leidet. Schweigen ist in der Erziehung die stärkere Sprache als viele Worte. Gerade das Schweigen mag ein Stachel im Herzen des Sohnes gewesen sein. Er spürt wohl den Schmerz des Vaters, aber er schüttelt ihn ab und schaut sich nicht einmal mehr um, als er davonzieht.

Denk ich, wie ich dich verlassen,
wie ich häufte Schuld auf Schuld,
so möcht ich vor Scham erblassen
ob der Langmut und Geduld,
womit du, o Gott, mich Armen
hast getragen mit Erbarmen
Tausend-, tausendmal sei dir,
großer König, Dank dafür.

Ludwig Andreas Gotter

Als er nun all das Seine verbraucht hatte, kam eine große Hungersnot über jenes Land, und er fing an zu darben und ging hin und hängte sich an einen Bürger jenes Landes; der schickte ihn auf seinen Acker, die Säue zu hüten. Und er begehrte, seinen Bauch zu füllen mit den Schoten, die die Säue fraßen; und niemand gab sie ihm. **Lukas 15, 14–16**

Der Vater lässt den Sohn ziehen, aber nicht im Groll. Das zeigt sich daran, dass er täglich auf ihn wartet, ihn dann von ferne kommen sieht und ihm entgegen läuft (V. 20). Der Sohn geht, aber er bleibt sein Sohn, den er liebt, dennoch liebt! Wir können nicht verhindern, dass Kinder weggehen, aber wir können verhindern, dass sie im Groll weggeschickt werden. Dieser Vater schaut dem Sohn nach, er betet ihm nach, er lässt ihn innerlich nicht los.

Der Einfluss des Elternhauses in der Ferne war scheinbar „null" geworden – die Dinge nahmen ihren Lauf. Der Vater hatte nichts Verkehrtes gemacht und konnte dennoch nicht vermeiden, dass der Sohn diese Wege ging. Es liegt manches Geheimnis über menschlichen Wegen und Irrwegen. „Manchmal gibt Gott Antwort mitten im Leiden. Manchmal gibt er Antwort danach, oft lange danach. Manchmal müssen wir mit dem Geheimnis leben" (Kurt Heimbucher, 1928–1988); vgl. Johannes 13, 7; 16, 12. Der Glaube ist nicht machbar. Jede Generation muss das Geschenk der Gotteskindschaft neu entdecken und selbst annehmen. Gott hat nur Kinder, keine Enkel. Gott will eigenständige, freiwillige Nachfolger, keine Kopien, sondern nur Originale. Das Evangelium kommt immer als Angebot und Bitte (Matth. 16, 24; Joh. 6, 67; 2. Kor. 5, 20; Offb. 3, 20).

Unsre Verantwortung ist es, treu die Aufgabe zu erfüllen, die Gott uns stellt (1. Kor. 4, 2; Luk. 16, 10), solange die Kinder da sind: dem Kind ein Zuhause geben, einen Raum der Geborgenheit, eine Heimat, durch Liebe, Vertrauen und Zuwendung.

Herr, lehr uns, dass sich selbst verführt,
wer irdisch Ding will haben,
doch Leben findet, wers verliert
in deinem Dienst und Walten.
Zeig täglich neu, was Opfer heißt.
Wollst uns, Herr Christ, durch deinen Geist
ganz in dein Bild gestalten.

Arno Pötzsch

Da ging er in sich und sprach: Wie viele Tagelöhner hat mein Vater, die Brot in Fülle haben, und ich verderbe hier im Hunger! Ich will mich aufmachen und zu meinem Vater gehen und zu ihm sagen: Vater, ich habe gesündigt gegen den Himmel und vor dir. Ich bin hinfort nicht mehr wert, dass ich dein Sohn heiße; mache mich zu einem deiner Tagelöhner! Lukas 15, 17–19

Der Einfluss des Elternhauses in der Ferne war dahin – doch nur scheinbar! Er war zeitweise überlagert von Versuchungen, von Verlockungen und völlig anderen Einflüssen. Doch gerade in der Ferne zeigte sich, dass der Sohn ein Wissen um das Vaterhaus tief im Herzen verankert hatte, und eine unstillbare Sehnsucht danach. Das entwickelte sich gerade in der Ferne so stark, dass es den Sohn zum Vater zurückholte. Es waren nicht die harten Seile, die den Sohn ans Vaterhaus banden. Diese Seile (der Knechtschaft) hätte er mit Gewalt zerrissen. Es waren die zarten und unsichtbaren Fäden der Liebe, die von Kindheit an im Elternhaus den Sohn umgeben hatten und mitgingen. Das Bild des Vaters war tief in ihm verankert. Es war ein echtes Vor-Bild, das vor ihm stand. Das leuchtete auf in der tiefsten Not, der Verlassenheit, der Sünde und Zerschlagenheit. Hier wurde wirksam, was der Sohn über Jahre hinweg erfahren hatte: zu Hause ist Heimat. Allein dreimal kommt uns der Klang entgegen: „mein Vater!“ (V. 17.18). Hier brach auf, was als tiefes Wissen innerlich vorhanden war: Bei meinem Vater ist alles vorhanden, was zum Leben gehört.

Der Einfluss des Elternhauses kann Kinder nicht vor allem bewahren. Aber wenn das Elternhaus eine echte Heimat war, dann leuchtet es auch in der Fremde auf. Wir können nicht vermeiden, dass Kinder gehen. Manche Eltern wollen noch an der „Schwelle“ beim Gehen alles nachholen. Vergeblich! Entscheidend ist, ob sie vor dem Gehen ein Zuhause hatten.

Der Sohn hatte es – und bricht zum Vaterhaus auf.

Wir sind ein Volk, vom Strom der Zeit / gespült ans Erdeneiland,
voll Unfall und voll Herzeleid, / bis heim uns holt der Heiland.
Das Vaterhaus ist immer nah, / wie wechselnd auch die Lose.
Es ist das Kreuz von Golgatha, / Heimat für Heimatlose.

Rudolf Kögel

Und er machte sich auf und kam zu seinem Vater. Als er aber noch weit entfernt war, sah ihn sein Vater, und es jammerte ihn; er lief und fiel ihm um den Hals und küsste ihn. Der Sohn aber sprach zu ihm: Vater, ich habe gesündigt gegen den Himmel und vor dir; ich bin hinfort nicht mehr wert, dass ich dein Sohn heiße.
Lukas 15, 20.21

Der Blick des Vaters war dem Sohn nachgegangen. Er war am Fenster stehen geblieben. Immer wieder hatten seine Augen in die Ferne geblickt. Dieses Warten drückt Vers 20 trefflich aus: „Als er noch weit entfernt war, sah ihn sein Vater." Dieses Warten mit dem Blick der Liebe erinnert uns an Jesus selbst: „Als Jesus das Volk sah, jammerte es ihn" (Matth. 9, 9; Mark. 6, 34; 10, 21).

Die Augen der Liebe sehen die eigentliche Not von Menschen, auch von Kindern und jungen Menschen. Sie sehen hinter die Fassade. Wie vielen Kindern steht die innere Not in den Augen geschrieben über dem Unfrieden im Elternhaus, Gewalt in der Erziehung, Überfordertsein durch Schule, Angst vor der Zukunft …

Die Liebe des Vaters setzt in Bewegung. Ganz außergewöhnlich heißt es hier: „Er lief." Der Gang eines Gutsherrn und Hausvaters war ein würdevolles Schreiten. Doch hier rennt er! Was die Liebe vermag! Doch, die Liebe kennt einen Weg, sie geht einen Weg – auch dem Kind entgegen. Hier gilt nicht: Wer hat Recht? Der erste Schritt geht von der reiferen Persönlichkeit aus. Im buchstäblichsten Sinn kommt hier der Vater dem Sohn entgegen – und auch im übertragenen Sinn. Es ist ein Modell für die Herablassung Gottes, wie er uns entgegenkommt. Es erinnert uns an die letzte Prophetie im Alten Testament: „Siehe, ich will euch senden den Propheten Elia, [den, der Buße predigt und wirkt]. … Der soll das Herz der Väter bekehren zu den Söhnen und das Herz der Söhne zu ihren Vätern" (Mal. 3, 23). Man beachte die Reihenfolge. Echte Erneuerung geschieht dadurch, dass Menschen einander entgegengehen. Der Reifere macht den ersten Schritt.

Wie bist du mir so zart gewogen,
und wie verlangt dein Herz nach mir!
Durch Liebe sanft und tief gezogen,
neigt sich mein Alles auch zu dir.
Du traute Liebe, gutes Wesen,
du hast mich und ich dich erlesen.
Gerhard Tersteegen

Aber der Vater sprach zu seinen Knechten: Bringt schnell das beste Gewand her und zieht es ihm an und gebt ihm einen Ring an seine Hand und Schuhe an seine Füße und bringt das gemästete Kalb und schlachtet's; lasst uns essen und fröhlich sein! Denn dieser mein Sohn war tot und ist wieder lebendig geworden; er war verloren und ist gefunden worden. Und sie fingen an, fröhlich zu sein. **Lukas 15, 22–24**

Beeindruckend herzlich ist die Aufnahme. Der Vater macht seine Liebe sichtbar: „Er fiel ihm um den Hals und küsste ihn." Wenn das Herz spricht, dann sprechen oft auch die Hände, die Füße und der Mund als Zeichen echter Freude. Gerade Kleinkinder bedürfen in besonderer Weise auch körperlicher Zeichen der Liebe. Das beginnt beim Stillen und geht weiter über das Getragenwerden, das „Auf-dem-Schoß-sitzen-können" bis hin zum zärtlichen Streicheln und Gutenachtkuss vor dem Einschlafen. Auch erwachsene Menschen bedürfen je und dann eines Zeichens der Liebe: eine Blume, eine schöne Karte, eine Umarmung ... Liebe kann auch sehr verschwenderisch sein. Sie wählt das „beste Gewand" aus (vgl. Salomos Tempelbau, 1. Kön. 6, 1–38; die Salbung Jesu, Joh. 12, 1–8). Freilich muss das Herz sprechen und nicht in erster Linie der Geldbeutel. Echte Liebe und Freude kann sich auch in einem festlichen Mahl ausdrücken – wie hier beim Vater – als Ausdruck einer neu geschenkten Beziehung. Beim Weggehen schwieg der Vater – bei der Heimkehr sprudelt es aus ihm heraus! Dabei ist beeindruckend, dass kein einziges Wort des Vorwurfes dabei ist, auch keine peinliche Frage nach dem fehlenden Besitz, kein Wort über die schrecklich zerrissenen Lumpen, kein Wort, welches das Sehnen und Verlangen des Sohnes nach Geborgenheit und Liebe zerstört hätte. Der Sohn bekennt freiwillig seine Schuld. So geschieht echte Vergebung. Die Reue ist echt, die Vergebung total.

In der Erziehung leben wir immer von der Vergebung: Vergebung für das Kind und Vergebung für Eltern und Erzieher.

Juble, mein Herze, ich habe den Heiland gefunden!
Er hat für ewig sich nun meiner Seele verbunden.
Bringe ihm Dank mit lautem Freudengesang!
Er lässt mich völlig gesunden.

Caroline Rhiem

Und die Jünger sprachen zu Jesus: Meister, wo ist deine Herberge? Er sprach zu ihnen: Kommt und seht! Sie kamen und sahen's und blieben diesen Tag bei ihm. Und einer von den Zweien war Andreas. Der findet zuerst seinen Bruder Simon und spricht zu ihm: Wir haben den Messias gefunden. Johannes 1, 38–41

Bemerkenswert ist, dass Jesus keine Predigt hält, als die Jünger zu ihm kommen und ihm nachfolgen wollen. Er lädt sie ganz schlicht ein, mit ihm einen Tag zu verbringen. Auch als Nathanael später (V. 46 und 47) kritische Einwände bringt, wird er von Philippus einfach aufgefordert: „Komm und sieh!" Am Anfang steht keine lange Glaubenstheorie, keine ausgiebige Debatte, sondern die Einladung, den gelebten Glauben kennen zu lernen. Welche Auswirkungen hatte dieser eine Tag auf das Leben dieser Menschen!

Die Jünger lernten die entscheidenden Dinge, indem sie mit Jesus lebten. Paulus nahm Timotheus einfach mit (2. Tim. 3, 10.11). Josua lernte das Entscheidende bei Mose, Elisa bei Elia – durch Teilnahme am Alltag des Glaubenslebens.

Auch heute ist es nicht anders. Kinder müssen dem gelebten Glauben begegnen. Das ist mehr als alle Glaubenslehre. Ehe sie etwa lange Ausführungen übers Gebet kennen lernen, müssen sie erleben, dass, wann und wie gebetet wird. So verhält es sich auch im Umgang mit Gottes Wort. Das gilt für Kinder grundsätzlich, auch für Jugendliche und für jeden Anfänger im Glauben. Sie alle suchen die Echtheit. Wo sie erleben, wie sich Gottes Wort im Leben praktisch auswirkt, wie die „großen Scheine" der biblischen Verkündigung und Lehre in die „kleinen Münzen" des Alltags gewechselt werden, welche Geborgenheit der Glaube vermittelt bei einer Krankheit, bei einem Gewitter, bei einem Trauerfall, wird die Wirkung nicht ausbleiben. Was heute nötig ist: Menschen, Familien und Gemeinschaften, wo es heißt: Komm und sieh!

Er hat mit seinem Leben gezeigt, was Liebe ist.
Bleib bei uns heut und morgen, Herr Jesu Christ.
Wir nehmen seine Worte und Taten mit nach Haus
und richten unser Leben nach seinem aus.

Kurt Rommel

Zu derselben Stunde traten die Jünger zu Jesus und fragten: Wer ist doch der Größte im Himmelreich? Jesus rief ein Kind zu sich und stellte es mitten unter sie und sprach: Wahrlich, ich sage euch: Wenn ihr nicht umkehrt und werdet wie die Kinder, so werdet ihr nicht ins Himmelreich kommen. Matthäus 18, 1–3

Wir erleben eine sehr anschauliche Unterrichtslektion, die Jesus seinen Jüngern gibt. Er vermittelt ihnen eine Grundlinie des Reiches Gottes, die für alle Zeiten und in allen Generationen gilt. Es ist die kindliche Abhängigkeit und Zuordnung zum Vater. Nicht nur Kinder lernen von Erwachsenen – hier können Erwachsene Wesentliches vom Kind lernen. Die Jünger kommen mit einer bekannten Frage zu Jesus: Wer ist der Größte? Überall wird sie unter Menschen gestellt. Auch Kinder fragen: Wer ist der Beste in der Klasse? Letztlich zeigt sich hier das uralte Begehren des Menschen, mehr sein zu wollen als man ist: eine Haltung, welche die Schlange im Garten Eden den Menschen einpflanzte: „Ihr werdet sein wie Gott" (1. Mose 3, 5). Jesus weist in eine ganz andere Richtung: „Wenn ihr nicht umkehrt und werdet wie die Kinder!" Euch geht es immer um Größe, um Überlegenheit. Aber damit seid ihr falsch dran. Umkehr ist angesagt, sonst führt der Weg in die Irre, sonst werdet ihr das Wesentliche im Leben versäumen – den Eingang ins Himmelreich.

Was ist das aber nun für eine Haltung, die gefragt ist? Wohin soll die Umkehr erfolgen? Die Antwort Jesu ist einfach, anschaulich, aber inhaltsreich: „Werdet wie die Kinder!" Damit meint Jesus nicht – wie manchmal irrtümlich gelehrt wird – dass Kinder fehlerfrei oder gar sündlos sind. Auch auf sie trifft das Wort zu: „Das Dichten und Trachten des menschlichen Herzens ist böse von Jugend auf" (1. Mose 8, 21). Jesus sagt: „Werdet wie Kinder." Es geht um einen Vergleichspunkt, um die innere Haltung von Kindern Eltern gegenüber.

Mit dem Herrn fang alles an!
Kindlich musst du ihm vertrauen,
darfst auf eigne Kraft nicht bauen;
Demut schützt vor stolzem Wahn.
Mit dem Herrn fang alles an.
Christoph Christian Hohlfeldt

Wahrlich, ich sage euch: Wenn ihr nicht umkehrt und werdet wie die Kinder, so werdet ihr nicht ins Himmelreich kommen.
Matthäus 18, 3

Wir können Wesentliches lernen, wenn wir auf das Wesen des Kindes schauen: Kinder haben Vertrauen. Eindrucksvoll erlebten wir vor Jahren bei einer Familienfreizeit, wie ein Mitarbeiter eine Bockleiter nahm, sie in die Mitte des Raumes stellte und seinen kleinen Sohn herbeirief: Fritz, steig nach oben auf die Leiter. Ich werde dir die Augen verbinden, und dann lass dich rückwärts herabfallen. Ich stehe unten und fange dich auf. Und tatsächlich: Die Augen wurden verbunden, Der kleine Knirps kletterte hinauf, und er ließ sich rückwärts in die Arme des Vaters fallen. Er wusste: Mein Vater steht unten. Ich kann mich fallen lassen!

Eindrucksvoll zeigen Kinder immer wieder ihr Vertrauen zu den Eltern. Sie kommen, wenn Hilfe nötig ist: bei einem Gewitter in der Nacht, beim Spaziergang, wenn ein großer Hund auf sie zukommt – aber auch beim Basteln und Bauen: „Papa, mach's bitte." Durch ihre Haltung, ihre Worte und ihren Blick drücken sie Vertrauen aus. Es ist ein Ur-Vertrauen.

Jesus will seinen Jüngern sagen: Du darfst dich in die Hände Gottes fallen lassen. Er ist doch da – er ist für dich da.

Ein weiteres Merkmal ist, dass Kinder völlig abhängig sind. Wenn ein Baby geboren wird, ist es total hilflos. Alleine könnte es nicht überleben. Es ist völlig auf die Unterstützung und Zuwendung anderer angewiesen. So ist der Mensch: Allein geht man ein! Das gilt auch im Blick auf den Glauben. Treffend drückt es Martin Luther (1483–1546) aus: „Ich glaube, dass ich nicht aus eigener Vernunft noch Kraft an Jesus Christus glauben oder zu ihm kommen kann."

Werdet wie Kinder: Allein kannst du nicht überleben. Freu dich an der Abhängigkeit – es ist doch jemand da, der dich umsorgt.

Ich steh in meines Herren Hand
und will drin stehen bleiben;
nicht Erdennot, nicht Erdentand
soll mich daraus vertreiben.
Und wenn zerfällt die ganze Welt,
wer sich an ihn und wen er hält,
wird wohlbehalten bleiben.

Philipp Spitta

Wahrlich, ich sage euch: Wenn ihr nicht umkehrt und werdet wie die Kinder, so werdet ihr nicht ins Himmelreich kommen.

Matthäus 18, 3

Viel können wir von Kindern lernen: Kinder wollen gerne erzählen und ihr Inneres mitteilen. Wenn sie nach Hause kommen, fallen sie oft „mit der Tür ins Haus“. Es sprudelt nur so heraus, was sie erlebt haben. Sie wollen Anteil geben. Sie zeigen sehr spontan ihre Gefühle, ihr Glück, ihre Freude – aber auch ihren Schmerz und ihre Ängste. Erwachsene tun sich da viel schwerer. Schlimm, dass sie oft „alles in sich hineinfressen“, innere Belastungen unnötig herumschleppen und dabei seelisch oft krank werden. Jesus will seinen Jüngern sagen: Mach es wie das Kind. Du kannst doch Gott alles sagen: deinen Schmerz und dein Glück. Du darfst und sollst es aussprechen: „Schüttet euer Herz vor ihm aus, liebe Leute“ (Ps. 62, 9).

Kinder lassen sich gerne beschenken. Wie strahlen die Augen, wenn man von einer Reise heimkehrt und kleine Geschenke mitbringt. Wie neugierig werden die Päckchen in der Hand gehalten und meist schnell ausgepackt. Kinder nehmen es einfach an und denken nicht sofort: Wie kann ich das wieder gut machen? Was kann ich meinen Eltern dafür schenken? Erwachsene tun sich da viel schwerer, weil sie sofort an Gegengeschenke denken. Doch Jesus will seinen Jüngern sagen: Lass dich doch einfach beschenken und freu dich an dem, was Gott dir gibt: Zuwendung, Liebe, Vergebung der Schuld, Hoffnung, ewiges Leben.

Nicht das, was wir tun, ebnet uns den Weg ins Reich Gottes. Ins Himmelreich kommst du, wenn du die Gaben Gottes für dein Leben annimmst.

Wenn mich die Gnade einst vollendet,
wenn dieser Lebensweg beendet,
dann wird das mein Verdienst nicht sein.
Ich will dies Leben voller Sünden
allein auf jenes Opfer gründen,
das Christus bracht, der Heiland mein.

Kurt Heimbucher

Wer nun sich selbst erniedrigt und wird wie dies Kind, der ist der Größte im Himmelreich. Wer aber einen dieser Kleinen, die an mich glauben, zum Abfall verführt, für den wäre es besser, dass ein Mühlstein an seinen Hals gehängt würde und er ersäuft würde im Meer, wo es am tiefsten ist. Matthäus 18, 4.6

Zwei Verse, die vielfach Anstoß erregen und doch Geheimnisse des Lebens erschließen! Wer das Wort von der Erniedrigung wirklich verstehen will, der sollte es einmal ganz praktisch ausprobieren: Sich auf den Boden setzen und die Dinge und Menschen um sich herum aus der Perspektive des Kindes betrachten. Es ist die Perspektive von unten – nicht von oben! Sie gilt in unsrer Welt als Erniedrigung – in den Augen Gottes ist es jedoch eine angemessene Haltung, denn sie zeigt Gott gegenüber die Haltung der Demut und der geöffneten Hände. Das „auf andere herabschauen“, das „überlegen sein wollen“ macht den Menschen letztlich krank. Auf Gott schauen, nach oben blicken – das ist es, so wie auch Kinder ihre Hand von unten nach oben den Eltern entgegenstrecken. Es ist die Bejahung der Tatsache, dass wir Menschen letztlich nicht unabhängig sind und nicht die Herren des Lebens sind.

In ungewöhnlich scharfer Form macht Jesus deutlich, was es bedeutet, wenn diese Haltung des kindlichen Glaubens zerstört wird. Die vertrauende, auf Gott ausgerichtete Haltung zu zerstören heißt: schwere Schuld auf sich laden. Das gilt im Blick auf Kinder und im Blick auf den kindlichen Glauben von Erwachsenen. Denn Kindsein ist keine Vorform des Lebens, als ob das eigentliche Leben erst später beginnen würde. Deshalb müssen Kinder in einer Gemeinschaft ihren wichtigen Platz haben. Deshalb hatte Jesus stets Raum für Kinder, denn „er herzte sie, legte die Hände auf sie und segnete sie“ (Mark. 10, 16).

Gern in alles mich zu fügen,
mich der Stille still zu freun,
ohne Worte mit Vergnügen
aller Knechte Knecht zu sein,
nie mit Gaben stolz zu prangen,
Menschenruhm nicht zu verlangen:
diese Weisheit fleh ich mir,
hocherhabner Gott, von dir.
Johann Kaspar Lavater

Der HERR sprach zu Rebekka: Zwei Völker sind in deinem Leibe, und zweierlei Volk wird sich scheiden aus deinem Leibe; und ein Volk wird dem andern überlegen sein, und der Ältere wird dem Jüngeren dienen. Als nun die Zeit kam, dass sie gebären sollte, siehe, da waren Zwillinge … 1. Mose 25, 23–26

Jakob und Esau waren Zwillinge – und doch schöpfungsmäßig total verschieden. Das war nicht Auswirkung der Umwelt oder Erziehungsfehler der Eltern, sondern Wille und Führung Gottes (V. 21–23). Gott macht dadurch deutlich, dass seine Maßstäbe nicht bestimmt sind von menschlichen Vorzügen und Überlegenheiten, und dass er in seinen Lebensführungen oft überraschend andere Wege geht und langfristige Perspektiven hat. Es geht darum, dass wir seine Maßstäbe und Führungen bejahen. Die Verschiedenartigkeit der Zwillinge zeigte sich schon bei der Geburt. Sie wirkte sich beim Heranwachsen deutlich aus: In der ganzen Wesensart, im Interesse (V. 27), im Aussehen (1. Mose 27, 11). Das schien zunächst für die Eltern durchaus vorteilhaft. Da war Isaak, der Vater. Seine Liebe galt den Herden und der Jagd. Zudem aß er sehr gerne (27, 4). Diesen Vorstellungen und Eigenart entsprach sein Sohn Esau. Er war „ganz der Vater".

Doch da war auch Rebekka, die Mutter. Sie hatte ihren Aufgabenbereich „bei den Zelten". Das war Jakobs Interesse. Er schaute gern der Mutter in den Kochtopf und entsprach ihren Vorstellungen und ihrer Eigenart. Wie schön, dass sie ihn um sich hatte. Doch daraus wuchs immer mehr eine unterschiedliche Zuneigung (V. 25, 28).

Wie oft kommen Eltern mit der Verschiedenartigkeit der Geschwister nicht zurecht. Im tiefsten wollen wir Kinder formen „nach unserem Bilde". Doch das Geheimnis ist ein Bejahen der von Gott vorgegebenen Tatsachen: das Geschlecht des Kindes, das Aussehen, die Gaben, die Grenzen … Hier gilt: Römer 15, 7!

Sag Ja zu Gottes Wegen, / Gottes Wege sind immer gut, / er führt dich allerwegen / stets in seiner Hut. / Oft siehst du dich um und möchtest sein wie jedermann, / möchtest jagen nach dem Glück. / Zweifelnd mühst und quälst du dich und denkst nicht mehr daran, / dass dein Herr lenkt dein Geschick. *Eckart zur Nieden*

Und als nun die Knaben groß wurden, wurde Esau ein Jäger und streifte auf dem Felde umher, Jakob aber ein gesitteter Mann und blieb bei den Zelten. Und Isaak hatte Esau lieb und aß gern von seinem Wildbret; Rebekka aber hatte Jakob lieb.

1. Mose 25, 27.28

Isaak und Rebekka wussten um die gottgewollte Verschiedenartigkeit der Geschwister (V. 23), doch sie konnten diese im tiefsten Grunde nicht annehmen. Das bewirkte eine unterschiedliche Liebe. Wenn immer wir ein Kind in seiner schöpfungsmäßigen Geschaffenheit nicht annehmen können, wird es an der Liebe mangeln. Echte Liebe ist nur dort möglich, wo ein ganzes Ja zum andern gegeben ist. Die notvollen Auswirkungen in der Familie des Isaak wurden immer deutlicher. Die Eltern lebten sich immer mehr auseinander. Ihre Liebe (1. Mose 24, 67) wurde allmählich zu einem Nebeneinander. Wo Kinder verschieden geliebt werden, entsteht auch unter den Eltern ein Riss. Andererseits wurde der Einfluss der Eltern auf ihre Kinder immer einseitiger. So auch hier: Weil der Vater so gern aß, war bald auch der Sohn zu sehr aufs Essen aus (V. 29–34). Und Jakob nahm die Eigenart der Mutter an. So wie diese ihren Mann listig umging und austrickste (Kap. 27), so wurde Jakob der Hinterlistige. Die Kinder übernahmen also auch die Schwäche des jeweiligen Elternteils. Auch unter den Söhnen kam es zum Bruch. Das wirkte sich sogar in der nächsten Generation aus, denn auch Jakob hatte seine Lieblingssöhne. Neue Familiennot entstand. Welch langen Weg musste Gott gehen, bis alles wieder in Ordnung kam. Es ist ein Grund zum Staunen und zur Anbetung, dass er trotz der menschlichen Schwächen den „roten Faden“ der Heilsgeschichte weiterführte. Es ist in der Erziehung von höchster Bedeutung zu wissen: Gott ist so groß, dass er trotz Fehler uns allen die Treue hält – ja sogar die Fehler mit einbaut, um etwas Gutes daraus zu machen (vgl. 1. Mose 50, 20).

Darum, du Gott aller Gnaden,
du Vater aller Treu,
wend allen Seelenschaden
und mach mich täglich neu;
gib, dass ich deinen Willen
gedenke zu erfüllen
und steh mir kräftig bei.
Ludwig Andreas Gotter

Da kam Amalek und kämpfte gegen Israel in Refidim. Da sprach Mose zu Josua: Erwähle uns Männer, zieh aus und kämpfe gegen Amalek. Morgen will ich oben auf dem Hügel stehen mit dem Stab Gottes in meiner Hand. 2. Mose 17, 8.9

Israel ist unterwegs – aus Ägypten nach Kanaan, aus dem Land der Knechtschaft in das verheißene Land, wo Gott Ruhe geben wird. „Da kam Amalek!“ Amalek ist ein Enkel Esaus (1. Mose 36, 12) und ein Gegner der Nachkommen Jakobs. Esau stellte sich damals Jakob in den Weg, weil er nicht wahrhaben wollte, dass dieser das Erstgeburtsrecht und den Segen hatte. Esau setzte auf Stärke, Größe und Erfolg, Jakob setzte auf den verheißenen Segen. Und jetzt stellen sich die Nachkommen Esaus den Nachkommen Jakobs wieder mit Macht in den Weg. Wenn Israel schon die Knechtschaft hinter sich gelassen hatte, dann will Amalek wenigstens verhindern, dass sie ins verheißene Land kommen, dass sie ans Ziel kommen. Nicht Israel suchte den Kampf, sondern wird hineingestellt. Voraus gingen großartige Glaubenserfahrungen: Auszug aus Ägypten, Durchzug durchs Rote Meer, Speisung in der Wüste mit Wachteln und Manna, Wasser aus dem Felsen! Doch nach den Glaubenserfahrungen nun die Bewährung.

Amalek deutet auf Satan hin, den Feind Gottes zu allen Zeiten. Er hat Interesse daran, dass das Volk Gottes im Alten und im Neuen Bund stecken bleibt auf dem Weg zum Ziel. Und er greift an, wenn ein Mensch die Knechtschaft der Sünde verlassen hat und die herrliche Freiheit der Kinder Gottes erlebt, wenn es heißt: „Gott hat uns errettet von der Macht der Finsternis und hat uns versetzt in das Reich seines lieben Sohnes“ (Kol. 1, 13). Und er greift an nach besonderen Glaubenserfahrungen und Segensstunden: „Denn euer Widersacher, der Teufel, geht umher wie ein brüllender Löwe und sucht, wen er verschlinge“ (1. Petr. 5, 8). Gottes Volk wird in den Kampf gestellt, damit es die Methoden des Gegners kennen lernt und gleichzeitig lernt, geistlich zu kämpfen (Eph. 6, 10–18).

Zieh an die Macht, du Arm des Herrn, / wohlauf und hilf uns streiten. Noch hilfst du deinem Volke gern, / wie du getan vorzeiten. / Wir sind im Kampfe Tag und Nacht, / o Herr, nimm gnädig uns in Acht / und steh uns an der Seiten. *Friedrich Oser*

Denke daran, was dir die Amalekiter taten auf dem Wege, als ihr aus Ägypten zogt: wie sie dich unterwegs angriffen und deine Nachzügler erschlugen, alle die Schwachen, die hinter dir zurück geblieben waren, als du müde und matt warst, und wie sie Gott nicht fürchteten. **5. Mose 25, 17.18**

Amalek kommt nicht von vorne – nein, aus dem Hinterhalt. Er greift die Nachzügler an und die Schwachen. Das waren wohl die Frauen mit den kleinen Kindern und die Alten. Satan setzt besonders an bei christlichen Familien und entfacht einen Kampf ums Kind. Erinnern wir uns an Pharaos Ausrottung der neugeborenen Kinder (2. Mose 1, 15–22) und an den Kindermord des Herodes (Matth. 2, 16–18).

Kinder und junge Menschen stehen heute durch die üblen Machenschaften des Gegners ganz besonders im Brennpunkt des Kampfes, denn sie sind der ideologischen Verführung meist wehrlos ausgeliefert. Ältere Menschen stehen in der Gefahr, in den Mühen des Alltages hängen zu bleiben und das Ziel nicht mehr zu erreichen. Satan greift die christliche Gemeinde an. Wenn er hier einbrechen kann, hat er gewonnen. Wenn hingegen in einer Gemeinde und Gemeinschaft viele stabile gläubige Familien sind, ist es um diese Gemeinschaft gut bestellt. Er nutzt die schwachen Stunden, wenn man müde und matt ist. Das sind zunächst die schwachen Stellen im Leben eines Gläubigen, die Satan sehr wohl kennt. Hier will er treffen und verwunden. Wir müssen unser ganzes Leben total unter die Bedeckung des Blutes Jesu stellen – auch unsre Ehen und Familien. Und besonders gefährlich sind auch die Stunden der Müdigkeit, denn „wenn der Leib müde ist, ist auch der Geist müde“. Jesus wusste darum. Deshalb wappnete er sich in der Versuchungsstunde mit Gottes Wort (Matth. 4, 1–11) und sagte den Jüngern im Garten Gethsemane: „Wachet und betet, dass ihr nicht in Anfechtung fallt! Der Geist ist willig, aber das Fleisch ist schwach“ (Matth. 26, 41).

Drängt uns der Feind auch um und um,
wir lassen uns nicht grauen;
du wirst aus deinem Heiligtum
schon unsre Not erschauen.
Fort streiten wir in deiner Hut
und widerstehen bis aufs Blut
und wollen dir nur trauen.

Friedrich Oser

Und Josua tat, wie Mose ihm sagte, und kämpfte gegen Amalek. Mose aber und Aaron und Hur gingen auf die Höhe des Hügels. Und wenn Mose seine Hand emporhielt, siegte Israel; wenn er aber seine Hand sinken ließ, siegte Amalek. 2. Mose 17, 10.11

Israel nimmt den Kampf in doppelter Weise auf: Josua kämpft im Tal, Mose betet auf dem Berg. Beides ist untrennbar. Die Mönche des Mittelalters haben es durch ihren Wahlspruch auf den Punkt gebracht: „ora et labora" – bete und arbeite. Bei Jesus erleben wir diese Einheit: sein voller Einsatz unter den Menschen und die völlige Konzentration in der Stille vor Gott (Mark. 1, 32–35). Es ist die Art des geistlichen Kampfes, von der jede christliche Gemeinde geprägt sein muss, jede christliche Erziehung, jede Aufgabe der Eltern! Nur so können wir den Angriffen des Feindes Sieg entgegen setzen. „Erwähle uns Männer, ziehe aus und kämpfe gegen Amalek." Nicht alle können mitkämpfen – nur Auserwählte. Ein Kampf mit vollem Einsatz. Es kommt nicht auf die Menge an, sondern auf Hingabe, Entschlossenheit. Der Josua im Tal ist der Mitarbeiter, der sich gründlich vorbereitet und in seinen Aufgaben ganz einbringt; ist die Mutter, die sich von morgens bis abends einsetzt für ihre Kinder und die Familie; der Vater, der müde von der Arbeit heimkommt und sich dennoch Zeit nimmt für die Kinder; der volle Einsatz für christliche Erziehung in Kindergarten, Schule und Gemeinde; die ehrenamtlichen Mitarbeiter, die nach einem harten Berufsalltag abends und in der Freizeit Dienste übernehmen. Josua kämpfte „bis die Sonne unterging" (V. 12). Es war ein Kampf in der Wüste, geprägt von Durst, Hitze und Staub. Da ist aber zugleich Mose auf dem Berg. Gekämpft wird im Tal, aber entschieden auf dem Berg. Alle Mühe ist notwendig – ob aber Segen auf dem Mühen und der Arbeit ruht, ob Ewigkeitswert unsren Alltag prägt, das wird in der Stille vor Gott entschieden (vgl. Sach. 4, 6; Joh. 15, 5).

So sollen wir es wagen, / an sein Herz anzuschlagen, / getrost und freudig beten, / nicht von der Stelle treten. / Drum lasst uns gläubig bitten, / kein Zweifel sei gelitten. / Wir flehn in Jesu Namen; / sein Nam und Wort ist Amen. *Ernst Gottlieb Woltersdorf*

Und wenn Mose seine Hand emporhielt, siegte Israel; wenn er aber seine Hand sinken ließ, siegte Amalek. Aber Mose wurden die Hände schwer ... Und Mose baute einen Altar und nannte ihn: Der HERR mein Feldzeichen. **2. Mose 17, 11–15**

Das Beten des Mose ist ein Ringen vor Gott. Da kann man müde werden. Allein geht man ein! Wenn Mose schon Helfer braucht – wie viel mehr erst wir?

Zunächst bekommt Mose eine sachliche Hilfe: einen Stein, dass er sich darauf setzen kann: Hilfe zum Durchatmen, um neue Kräfte zu sammeln. Das können gute Bücher sein, Vorträge, Freizeiten und anderes – gerade auch im Blick auf die erzieherische Aufgabe. Und dann erhält er noch eine persönliche Hilfe: Aaron und Hur als Brüder und Schwestern an deiner Seite, links einer und rechts einer. Das macht deutlich: Du brauchst Brüder und Schwestern an deiner Seite – in deinem persönlichen Glaubenskampf, in deinen Aufgaben in Gemeinde, Gemeinschaft und Erziehung. Für Eltern sollten es eigentlich die Paten sein, auch die Großeltern. Aaron und Hur mischen sich nicht unten bei Josua im Tal im Kampf ein. Christliche Erziehung heute ist ohne diese Gebetsunterstützung nicht durchzuhalten.

Der von Gott geschenkte Sieg muss festgehalten werden – schriftlich „zum Gedächtnis". Weil wir so schrecklich vergessliche Leute sind. Glaubenserfahrungen müssen festgehalten werden – schriftlich, damit es die nächste Generation erfährt. Und sichtbar wird ein Altar aufgebaut als Ort der Durchhilfe Gottes: Hier hat Gott geholfen! Großeltern und Eltern sollten auch heute Erfahrungen des Glaubens notieren, damit es Kinder und Enkel lesen können. Das ist die Größe Israels, dass es ein „Volk des Gedenkens" (Otto Michel, 1903–1993) ist: die Durchhilfen Gottes und auch die Katastrophen. „Einprägen" heißt auch: immer wieder davon berichten und weitergeben, dass es bleibender Besitz wird. So entfaltet es eine Kraft im Leben, und Gott wird geehrt.

Das Reich muss uns doch bleiben, / hier ist Immanuel: / Er wehrt dem wilden Treiben, / er macht das Dunkel hell. / Wer will ihm widerstehen? / Mit Allmacht angetan, / geht er auf lichten Höhen / die majestät'sche Bahn. *Friedrich Weyermüller*

Zieh in das Land, das ich den Kindern Israel gegeben habe. Alle Stätten, darauf eure Fußsohlen treten werden, habe ich euch gegeben. Von der Wüste bis zum Libanon und von dem großen Wasser Euphrat bis zum großen Meer gegen Abend.

Aus Josua 1, 1–4

Gott, dem Schöpfer des Himmels und der Erde gehört alles, auch alle Länder der Erde. Er kann über sie verfügen, wie es ihm gut dünkt. So entscheidet Gott auch über das Land zwischen Wüste und Libanon, zwischen dem Mittelmeer und ... Hier besteht nun eine Schwierigkeit. In den hebräischen Handschriften wird als Ostgrenze der Euphrat genannt. In der griechischen Übersetzung fehlt aber diese Angabe, „das ganze Land der Hethiter“. Dieses Gebiet hat Israel nie besessen, mit „ihren Fußsohlen“ darauf nie getreten, selbst David nicht, zu dessen Zeit Israel die weiteste Ausdehnung hatte.

Die Grenzen haben uns hier nicht zu beschäftigen. Entscheidend ist, dass Gott das Land seinem Volk Israel gab und geben wird. Denn auch diese Verheißung gilt. Zwar ist in der Christenheit umstritten, ob mit Jesu Kommen nicht alles erfüllt wird, auch die Landverheißung. Aber wir glauben, dass alle Verheißungen der Bibel, auch die im Alten Bund, erhalten bleiben und nicht nur vergeistigt werden dürfen. Selbst Jesus hat in der Bergpredigt die Landverheißung noch einmal aufgenommen und das Land den Sanftmütigen verheißen (Matth. 5, 5; vgl. Ps. 37, 11).

Auch Israel braucht sich nicht zu sorgen, ob Teile des Heiligen Landes von einem Politiker abgetreten werden. Der Geber des Landes gibt es den Friedfertigen zurück. Gib Frieden, Herr, wir bitten!

Du selbst bist, was uns fehlt.
Du hast für uns gelitten,
hast unsern Streit erwählt,
damit wir leben könnten,
in Ängsten und doch frei,
und jedem Freude gönnten,
wie feind er uns auch sei.

Jürgen Henkys

Lass das Buch dieses Gesetzes nicht von deinem Munde kommen, sondern betrachte es Tag und Nacht, auf dass du haltest, was darin geschrieben steht. Dann wirst du weise handeln können.

Josua 1, 8

Die Juden haben diese Weisung wörtlich genommen. Zwar können sie nicht alle fünf Bücher Moses stets bei sich tragen, aber deren kurz gefasst Kerngedanken haben sie in einer kleinen Kapsel an jeder Haustür, auch in der Wohnung, angebracht: „Höre, Israel: ... Du sollst den Herrn, deinen Gott, lieb haben ...“ (5. Mose 6, 4–9; 11, 13–21). Auch murmeln orthodoxe Juden Gottes Wort still vor sich hin (vgl. Ps. 1, 2). Wichtig ist freilich das Leben nach dem Willen Gottes. Je mehr wir Gottes Willen ernst nehmen, desto mehr werden wir entweder seine Gebote abschwächen, weil wir sie nicht halten können oder wir werden hingetrieben zu Jesus Christus, weil wir erkennen, wie sehr wir seiner Vergebung bedürftig sind. So ist das Gesetz unser Zuchtmeister auf Christus hin (Gal. 3, 24). Die Ersten, die zwar gehorsam leben wollen, es aber nicht schaffen und trotzdem sich nicht für erlösungsbedürftig halten, denen wirft Jesus vor, sie seien Heuchler, fordern viel Gehorsam von anderen, schaffen es aber selbst nicht (Matth. 22, 23–33). Wie viele waren mit ihrer Selbstgerechtigkeit ein Hindernis für andere, zum Glauben an Jesus Christus zu kommen! Die andern sind in Gefahr, dass sie aus lauter Freude über Jesu Vergebung es mit dem Gehorsam nicht mehr so genau nehmen. Sie schwärmen von ihrer Freiheit als Christen und merken gar nicht, wie sehr sie mit ihrem Verhalten andere belasten. Gott will die Veränderung unseres Wesens und nicht nur fromme Gefühle (Röm. 12, 1.2).

Darum werden wir als Eltern uns um die rechte Erziehung unserer Kinder entsprechend den Zehn Geboten mühen und uns ebenso um die Einhaltung der Gebote Gottes im Staat einsetzen. Das Tun des Willens Gottes ist Weisheit.

Dein Wort, Herr, nicht vergehet.
Es bleibet ewiglich,
so weit der Himmel gehet,
der stets beweget sich;
dein Wahrheit bleibt zu aller Zeit
gleichwie der Grund der Erden,
durch deine Hand bereit'.

Cornelius Becker

Siehe, ich habe dir geboten, dass du getrost und unverzagt seiest. Lass dir nicht grauen und entsetze dich nicht, denn der HERR, dein Gott, ist mit dir in allem, was du tun wirst. Josua 1, 9

Gottes Willen zu tun, ist nicht leicht. Da könnte uns schnell der Mut entfallen. Darum tröstet Gott die Seinen: Ich bin mit dir. Diesen Gedanken finden wir schon auf den ersten Seiten der Bibel. In dem Augenblick, da Gott dem Adam einen Befehl gibt, nämlich nicht von dem einen Baum zu essen, da gibt er ihm eine „Gehilfin" (1. Mose 2, 17). Das hebräische Wort für „Gehilfin" kommt ganz selten in der Bibel vor und meint immer die Hilfe Gottes, mit der er die Seinen rettet vor dem Verderben. Hier sagt Josua, dass Gott in seinem Wort, speziell in seinen Geboten gegenwärtig sei. Ganz in diesem Sinne sagt Jesus: „Ihr seid schon rein um des Wortes willen, das ich zu euch geredet habe" (Joh. 15, 3). Jesus nimmt diesen Gedanken auf. Er verheißt seine Nähe dem, der dem testamentsähnlichen Abschiedsbefehl folgt: „Gehet hin und machet zu Jüngern alle Völker. Und siehe, ich bin bei euch alle Tage, bis an der Welt Ende" (Matth. 28, 19.20).

Das Volk Israel hatte etwas Wichtiges verstanden, wenn es sich Gott im Tempel nahe fühlte. Denn die Aufgabe des Priesters war vor allem, den Willen Gottes zu verkündigen. Darum war Gott in der Predigt des Priesters und des Propheten dem Gläubigen nahe. Fatal war nur, dass auch der im Glauben Lässige meinte, wer nur im Tempel erscheine, begegne dort Gott. Und deshalb könne dem Tempel nichts passieren und dementsprechend auch der Stadt Jerusalem nicht, weil ja Gott in ihr sei.

Ganz ähnlich denken manche, die noch Restbestände des christlichen Glaubens in sich tragen. Sie wissen etwas von der verheißenen Nähe Jesu, übersehen dabei aber, dass Jesus seine Nähe an den Gehorsam zur Mission gebunden hat.

Herr, komm in mir wohnen, / lass mein' Geist auf Erden / dir ein Heiligtum noch werden; / komm, du nahes Wesen, / dich in mir verkläre, / dass ich dich stets lieb und ehre. / Wo ich geh, / sitz und steh, / lass mich dich erblicken / und vor dir mich bücken.

Gerhard Tersteegen

Denkt an das Wort, das euch Mose, der Knecht des HERRN, geboten hat: Der HERR, euer Gott, hat euch zur Ruhe gebracht und euch dieses Land gegeben. Josua 1, 13

Welch eine Freude, wenn jemand zur Ruhe kommt! Zunächst ist Israel mit dem Tag zur Ruhe gekommen, da das Volk in das Land gekommen ist, das Gott ihm verheißen hatte. Eigenes Land und Ruhe haben bis heute etwas miteinander zu tun. Die Wanderung ist endlich vorüber. Die Menschen müssen nicht mehr um das tägliche Brot bangen, freilich ohne letzte Geborgenheit.

Denn noch immer gibt es Feinde, die von außen kommen und die Lebensgrundlage rauben. Es wird Überfälle und Kriege geben, wie es das Volk Israel noch zur Genüge kennen lernen wird. Dazu kommt der innere Feind: das Böse im Menschen selber; die Sorge, zu kurz zu kommen, gepaart mit dem Eifer, sich zu holen, was es nur zu holen gibt; das mangelnde Gottvertrauen, samt der fehlenden Gottesfurcht, die beide den Menschen verführen, nicht mit Gott zu rechnen. So bleibt die Angst bis zum letzten Atemzug vor dem, was noch alles kommen mag. Wie sollte der Mensch dabei zur wahren Ruhe kommen?

Bleibende Ruhe schenkt allein Jesus Christus. Wo er uns dank seiner Vergebung in die Geborgenheit der Familie Gottes hereingenommen hat, da sind wir wahrhaft geborgen. Bischof Augustin (354–430) hat das in das berühmte Wort gefasst: „Du hast uns zu dir hin geschaffen. Unser Herz ist unruhig, bis es in dir ruht, o Gott!" Darum hat auch das Volk Israel bis heute keine Ruhe, trotz mehrfacher Landnahme. Zur wahren Ruhe kommt es erst, wenn es Jesu rettende Liebe angenommen haben wird. Wie töricht, zu glauben, Israel brauche Jesus nicht.

Nicht nur Rubeniter, Gaditer und Manassiter haben den anderen Israeliten zu helfen, zur Ruhe zu kommen. Jesu Aufforderung zur Mission ist sein Aufruf zur Nächstenliebe.

So gib dein Wort mit großen Scharen,
die in der Kraft Evangelisten sein;
lass eilend Hilf uns widerfahren
und brich in Satans Reich mit Macht hinein.
O breite, Herr, auf weitem Erdenkreis
dein Reich bald aus zu deines Namens Preis!
Karl Heinrich von Bogatzky

Wir haben gehört, wie der HERR das Wasser im Schilfmeer ausgetrocknet hat vor euch her. Und seitdem wir das gehört haben, ist unser Herz verzagt, denn der HERR, euer Gott, ist Gott oben im Himmel und unten auf der Erde. Josua 2, 10.11

Wir haben gehört! Der Glaube beginnt mit dem Hören dessen, was Gott getan hat. Darum haben die frommen Israeliten seit jeher ihren Kindern die großen Taten Gottes erzählt. Alle Glaubensfeste Israels sind Gedenkfeste dessen. Dadurch hielt und hält Israel seine Geschichte wach. Des Priesters Hauptaufgabe war und ist, Gottes Taten und Gottes Willen zu verkündigen. Und jeder Familienvater erzählt bis heute in Israel, was Gott schon alles seinem Volk an Gutem getan hat. Paulus lebte in dieser Tradition. Davon schrieb er den Römern (10, 17): „Der Glaube kommt aus der Predigt." In der christlichen Kirche steht darum die Predigt im Mittelpunkt des Gottesdienstes. Auch im Kindergottesdienst wurde viele Jahre nichts anderes getan, als den Kindern biblische Geschichte erzählt. Wir Christen tun gut daran, diesen Grundsatz wieder neu zu beherzigen.

Es will geglaubt sein, nicht nur gehört werden. Jene Hure Rahab ist in der Bibel als leuchtendes Beispiel beschrieben für einen Menschen, der das Gehörte auch geglaubt hat. Wie sie zum Glauben kam, ist uns nicht berichtet. Je tiefer sich die Geheimnisse der Heiligen Schrift uns erschließen, desto mehr ahnen wir Gottes Erwählung. Nicht eigene Religiosität, nicht Leichtgläubigkeit, nicht eigene freie Entscheidung, auf die jene Frau hätte stolz sein können, ist der Urgrund ihres Glaubens. Es ist Gottes Werk, wenn sie oder irgendein Mensch zum Glauben kommt (Joh. 6, 29). So bekennen wir mit den Worten Martin Luthers (1483–1546) zum dritten Glaubensartikel: „ … sondern der Heilige Geist hat mich durch das Evangelium berufen." So kommt jene rätselvolle Frau in den Stammbaum Jesu (Matth. 1, 5). Vor Gottes Allgegenwart kommt Rahab zur Gottesfurcht.

Ich lief verirrt und war verblendet,
ich suchte dich und fand dich nicht;
ich hatte mich von dir gewendet
und liebte das geschaffne Licht.
Nun aber ist's durch dich geschehn,
dass ich dich hab ersehn.

Johann Scheffler

Wenn eure Kinder später einmal ihre Väter fragen: Was bedeuten diese Steine?, so sollt ihr ihnen kundtun und sagen: Israel ging auf trockenem Boden durch den Jordan als der HERR, euer Gott, den Jordan vor euch austrocknete, bis ihr hinübergegangen wart.

Josua 4, 21–23

Symbole sind hilfreich. Sie zeigen auf etwas, was wir im Trubel des Alltags vergessen, wenn wir nicht daran erinnert würden. So erinnerten die zwölf Steine in Gilgal Jahrhunderte lang das Volk Israel daran, wie Gott sein Volk durch den Jordan führte und schließlich ihm das Heilige Land Israel geschenkt hatte.

Unsere Zeit ist an Symbolen arm, aber die Christen haben ihre Symbole, wie einst das Volk Israel, die uns an Jesus Christus erinnern. Das Glockengeläut zu den Betstunden ist eines, wenn es nicht nur zu oft im Lärm des Verkehrs oder der Maschinen unterginge. Auch die Kirchtürme sind Symbole. Sie weisen wie ein Finger nach oben zu Gott und Jesus Christus. Ursprünglich waren sie die größten Gebäude des Dorfes und der Stadt. Heute verschwinden sie häufig unter den Hochhäusern. Zu allen Zeiten schmücken die Menschen mit Kunstwerken die Gebäude, die ihnen die wichtigsten sind. Früher waren es die Kirchen, danach kamen in gebührendem Abstand die Rathäuser. Heute sind es die Banken.

Gottes Weisung ist weise. Die zwölf Steine sollen die (klugen) Kinder zu Nachdenken und Nachfragen anregen. In jedem Fall haben die Eltern die Möglichkeit und Anregung, dank des Symbols auf Gott hinzuweisen.

Womit weisen wir auf Jesus hin? So wie Israel durch Gottes Bewahren heil durch den Jordan kam, so will Jesus durch die Taufe hindurch uns in sein Leben mit hineinnehmen und uns retten, vorausgesetzt, dass wir ihm glauben.

Ja, es schallet allermeist
dieses Wort in Gottes Ohren:
„Wer durch Wasser und durch Geist
nicht zuvor ist neu geboren,
wird von dir nicht aufgenommen
und in Gottes Reich nicht kommen."

Benjamin Schmolck

Jericho aber war verschlossen und verwahrt vor den Kindern Israel, sodass niemand heraus- oder hineinkommen konnte. Aber der HERR sprach zu Josua: Siehe, ich habe Jericho samt seinem König und seinen Kriegsleuten in deine Hand gegeben.

Josua 6, 1.2

Das muss ein merkwürdiges Bild gewesen sein. Ein langer Menschenzug, vorneweg schweigende Soldaten, deren Waffen nicht erwähnt sind. Danach posaunenblasende Priester, die Bundeslade mit den Zehn Geboten, schließlich das ganze Volk Israel. Kein Wort vom Kampf. Ja, der ist sogar verboten! Denn Gott hat Jericho in die Hand seines Volkes gegeben. Die Eroberung geschieht nicht durch Heer oder Kraft. Wir beobachten dieses Wirken Gottes noch öfter in der Geschichte des Volkes Gottes, so bei Gideon, dessen Soldaten nur einen Krug und eine Posaune in der Hand haben durften. Für Waffen war keine Hand frei (Richt. 7, 19–22). Gott tut es. Die Geschichte will in uns den Glauben an Gottes Wirken wecken und stärken. Wir haben immer die Angst, zu kurz zu kommen, statt dass wir Gott zutrauen, dass er alles wirkt, ob es um die Ehe, den Beruf oder das Erbe geht.

Ausdrücklich wird das Plündern verboten. Keiner darf sich bei der Landnahme bereichern. Alles gehört Gott, zu seiner Ehre. In Haggai 2, 7 wird verheißen, dass die Heiden freiwillig Schätze nach Israel bringen als Dank für dessen geistliche Gaben. In Erfüllung dieser Verheißung sammelte Paulus Gelder für Jerusalem. Bis heute helfen wir etwa durch Unterstützung judenchristlicher Gemeinden oder der Opfer des Dritten Reichs und tragen mit zur Erfüllung bei, was Gott verheißen hat. Jesu Liebe drängt uns.

Schwer verständlich ist für uns das Gebot Gottes, alles was lebt zu bannen (Jos. 6, 18–21). Erinnert uns das nicht an die Heiligkeit Gottes? Wer kann im kommenden Gericht Gottes leben? Nur wer durch Jesus Christus gerettet ist.

Wir danken dir, Herr Jesu Christ, / dass du für uns gestorben bist / und hast uns durch dein teures Blut / gemacht vor Gott gerecht und gut, / und bitten dich, wahr' Mensch und Gott, / durch dein heilig fünf Wunden rot: / erlös' uns von dem ewgen Tod / und tröst uns in der letzten Not. *Christoph Fischer*

Was willst du dann für deinen großen Namen tun? Josua 7, 9

Die Geschichte von Ai ist zutiefst erschreckend: Ungehorsam führt ins Gericht. Da vergreift sich Achan an dem, was ihm nicht gehört und Gott lässt das ganze Volk leiden. Der Segen wird Israel genommen.

Die Geschichte können wir nur mit Herzklopfen lesen. Wer von uns ist hier nicht betroffen? Wer lebt ohne Sünde? Wenn Gott uns alle strafen würde, wie wir es verdient hätten, wer könnte bestehen? Leidet die Christenheit zurzeit unter der Not der Verweltlichung, weil unvergebene Schuld auf ihr lastet?

Das Leben und Leiden Achans und Israels will uns warnen, dass wir Gott ernst nehmen in seiner Heiligkeit. Ist es nicht einer der größten geistlichen Nöte, dass uns die Ehrfurcht vor Gott geschwunden ist? Wir wissen nicht mehr, was Gottes Ehre bedeutet und welch „großen Namen" Gott hat.

Um seiner Ehre willen müsste Gott noch ganz anders zugreifen. Gottes Güte ist es, dass es mit uns nicht gar aus ist (Klag. 3, 22).

Die Geschichte will uns Gottes Heiligkeit bewusst machen. Auf die Dauer wird nur überleben, wer Gott in Jesus Christus um Vergebung bittet. An der Geschichte des Volkes Israel sehen wir, wohin es führt, wenn Gottes Vergebung in Jesus Christus abgelehnt wird.

Die katholische Kirche hat den Ablass ursprünglich eingeführt, um aus pädagogischen Gründen den Gläubigen den Ernst der Lage darzustellen. So gut der Gedanke gewesen sein mag, so verdunkelt er doch die Vergebung allein durch Jesus. Als ob wir etwas an Schuld und Strafe durch eigene Leistung „ablassen" könnten. Echte Reue muss damit keineswegs verbunden sein. Martin Luther (1483–1546) sprach von den Früchten der Heiligung, die wir zu bringen haben. Und er erinnert damit an die Wirkung des Heiligen Geistes, der in uns diese Glaubensfrüchte schafft: Liebe, Freude, Friede, Geduld, Freundlichkeit, Gütigkeit, Glaube, Sanftmut, Keuschheit (Gal. 5, 22).

Ich bin's, ich sollte büßen,
an Händen und an Füßen
gebunden in der Höll;
die Geiseln und die Banden
und was du ausgestanden,
das hat verdienet meine Seel.
Paul Gerhardt

Sie teilten diese Gebiete durchs Los unter sich, wie der HERR durch Mose geboten hatte. Josua 14, 2

Eigentümer des Landes – der Welt – ist Gott! Aber er gibt jedem der zwölf Stämme und in ihnen jeder Sippe ein Stück Land zum Besitz. Das hat seine tiefe Bedeutung, wenn Gottes Volk sich daran hält: In Israel verarmt niemand. Da das Land ursprünglich nicht verkäuflich ist, kann niemand die Notlage des andern ausnützen und ihm seinen Acker nehmen. Wir erinnern uns an Nabot, der seinen Acker auch dem König nicht verkaufen darf, weil er Gott gehört (2. Kön. 21,3). Auch kann einer nicht reich werden, etwa durch Planungsgewinn, wenn ein Acker zum Bauplatz wird. Jedes Familienglied weiß, ein Acker bringt nur Frucht, wenn einer auf ihm arbeitet. Der Fleiß wird gefördert. Und um nur noch eines zu nennen: Das Land ist ein Symbol für das Paradies, das Gott seinem Volk neu schenkt. Zwar muss auch das Paradies bearbeitet werden und doch schenkt Gott Wachstum und Gedeihen. Die Früchte bekommen wir durch Gottes Güte geschenkt! Und wie herrlich sind die Früchte, die Gott geschaffen hat.

Land und Segen Gottes hängen eng zusammen. Jesus erwähnt in seiner Seligpreisung auch das neu geschenkte Land, das er den Sanftmütigen übergeben wird.

Johannes Brenz (1499–1570), württembergischer Reformator, erinnert bei der Geschichte, als Jesus im Garten Gethsemane Gott bittet, ob er nicht den Kelch an ihm vorübergehen lassen könne, an den Garten Eden. Wir sind durch unsere Sünde aus dem Paradies vertrieben. Aber Jesus hat durch sein Leiden und Sterben uns den Zugang zum Paradies geöffnet.

Wir pflügen, und wir streuen
den Samen auf das Land,
doch Wachstum und Gedeihen
steht in des Himmels Hand:
der tut mit leisem Wehen
sich mild und heimlich auf
und träuft, wenn heim wir gehen,
Wuchs und Gedeihen drauf.
Matthias Claudius

Bestimmt unter euch Freistädte! ... Das waren Städte, bestimmt für alle Kinder Israel und die Fremdlinge, die in ihrer Mitte wohnten, dass dahin entfliehen könne, wer jemanden aus Versehen erschlägt, damit er nicht stirbt durch den Bluträcher, bis er vor der Gemeinde gestanden hat. Josua 20, 2.9

Im Blick auf die in Deutschland Asylsuchenden kam in den letzten Jahren der Gedanke des (Kirchen-)Asyls auf. Da ist es gut zu klären, was es mit dem Asyl in der Bibel auf sich hat. Bei den Asylsuchenden geht es um Menschen, die einen anderen erschlagen haben.Wer einen anderen getötet hat, hat sein Leben im Land verwirkt (1. Mose 4, 23.24; 2. Sam. 3, 27). Damit das Land nicht durch grenzenlose Rachsucht entweiht wird, werden sechs Städte zu Asylorten erklärt (4. Mose 35, 9–29; 5. Mose 19, 1–13). Im Fall eines unbeabsichtigten Totschlags findet der Schuldige dort Heimat und Existenz (Jos. 6, 4). Die Gemeinde hat durch die von ihr beauftragten Ältesten die Schuldfrage zu klären und nicht der Rächer. Auch eine Amnestie und Rückkehr wird erwähnt (V. 6). Im Westjordanland (V. 8) sind es drei Städte, je eine im Norden (Kadesch, 19, 37), in der Mitte (Sichem) und im Süden (Hebron, 15, 13). Ebenso werden im Ostjordanland (V. 8) drei Städte zu Asylorten geweiht (5. Mose 4, 41–43). Gott will, dass sein Land ein „heiliges Land“ bleibt (2. Mose 19, 4.5).

Die Freistädte haben zudem den Sinn, auf jene bergende, schützende Heimat hinzuweisen, von der uns im Neuen Testament erzählt wird. Es ist der Ort, wo wir Menschen zur Ruhe kommen können um Jesu Christi willen. „Gott hat den, der von keiner Sünde wusste, für uns zur Sünde gemacht, damit wir Gottes Gerechtigkeit würden in ihm“ (2. Kor. 5, 21).

Solang mein Jesus lebt
und seine Kraft mich hebt,
muss Furcht und Sorge von mir fliehn,
mein Herz in Lieb erglühn.
Und glitte je mein Fuß,
brächt mir die Welt Verdruss,
so eilt ich schnell zu Jesu Herz,
er heilte meinen Schmerz.

Anne Steele, deutsch von Ernst Gebhardt

Und der HERR gab ihnen Ruhe ringsumher, ganz wie er ihren Vätern geschworen hatte. Es war nichts dahingefallen von all dem guten Wort, das der HERR dem Hause Israel verkündigt hatte. Es war alles gekommen. Josua 21, 44.45

Es war alles gekommen, was Gott versprochen hatte. Wie viel Angst und Kleinglaube waren bei den Israeliten vorangegangen! Wie viel Versuchung und Versagen hatten die Israeliten durchgemacht! Wie viel Undank und Ungehorsam hatte Gott erlitten! Dennoch hat er sein Volk ans Ziel gebracht.

Die Geschichte Gottes mit seinem Volk hatte mit der Landnahme und der Landverteilung durch Josua noch kein Ende. Israel blieb weiter gleichgültig, lehnte Gottes Liebe immer wieder ab. Kurze Augenblicke der Erleichterung, wenn Gott ihre Hilfeschreie gehört und ihnen geholfen hatte, wechselten mit Überheblichkeit ab. Kein Wunder, dass Gott sein Volk strafen musste. Aber alle Strafe nützte nichts. Mehrmalige Vertreibung aus dem Heiligen Land führte bestenfalls in kleinen Kreisen und für kurze Zeit zur Buße.

Darum schlug Gott den anderen Weg ein und kam in Jesus, seinem Sohn, um sein Volk zu erlösen. Nachdem sie ihn abgelehnt haben, hat Jesus dann rund 1800 Jahre die Heiden eingeladen. Diese Zeit scheint zum Mindesten in Europa nun zu Ende zu gehen. Wir nennen dieses Ereignis Säkularisation. Johann Kaspar Lavater (1741–1801), der berühmte Züricher Freund Goethes, hat vor 200 Jahren gesagt: „Wenn Gott mit den Heiden aufhört, dann beginnt er wieder mit Israel", entsprechend der Schau des Apostels Paulus.

Israel darf sich freuen, dass Gott sich neu seiner annehmen wird. Dann wird ihnen zum zweiten Mal die Heimat geschenkt, den von Jesus Erlösten dann für immer.

Komm, froher Tag, o komme, der unsre Sehnsucht stillet,
der das Verheißungswort im ganzen Sinn erfüllet:
Nun ist das Reich, die Kraft, die Macht und Herrlichkeit
des Herrn und seines Christ in alle Ewigkeit.

Württemberg um 1800

So haltet nun ganz fest daran, dass ihr alles tut, was geschrieben steht, damit ihr euch nicht mengt unter diese Völker und nicht anruft den Namen ihrer Götter noch ihnen dient, sondern den HERRN, euren Gott, lieb habt. **Josua 23, 6–8**

Neben dem Geschenk Gottes steht seine Erwartung. Er beschenkt sein Volk in Hülle und Fülle aus lauter Liebe und wartet nun auf Gegenliebe. Liebe ist immer etwas Ausschließliches. Was Gott hier geboten hat, versuchte das Volk Gottes im Getto zu verwirklichen! Dort lebte es für sich, getrennt von den Heiden rings um sie herum, abgeschirmt von dessen Einflüssen und Verführung. Hier versuchten sie ganz für Gott zu leben, alles von ihm zu erwarten und alles für ihn zu tun, ihn zu lieben.

Nur zu oft wird behauptet, das Getto sei nicht der richtige Weg, jedenfalls nicht für uns Christen. Im Getto entziehe man sich der Allgemeinheit und verlöre den Einfluss auf die Umwelt, auf die andern.

Aber die Wirklichkeit sieht anders aus. Das Getto hilft zur Sammlung, die zur Sendung wird. Gerade aus dem Getto heraus war der Einfluss des Volkes Gottes auf seine Umwelt nicht zu unterschätzen. Von Paulus erfahren wir in der Bibel, dass er nach seiner Bekehrung zu Jesus Christus sich für zwei Jahre nach Arabien zurückgezogen hat. Dort studierte er die Heilige Schrift, soweit sie vorlag, nämlich das Alte Testament. Aus dieser Zurückgezogenheit trat er dann an die Öffentlichkeit und wurde der wohl bedeutendste Missionar aller Zeiten. Der Rückzug aus der Welt hat keinen Selbstwert, nur ein Ziel: von ganzem Herzen Jesus lieben.

Mir nach, spricht Christus, unser Held,
mir nach, ihr Christen alle!
Verleugnet euch, verlasst die Welt,
folgt meinem Ruf und Schalle;
nehmt euer Kreuz und Ungemach
auf euch, folgt meinem Wandel nach.

Johann Scheffler

Wählt euch heute, wem ihr dienen wollt: Den Göttern ... Ich aber und mein Haus wollen dem HERRN dienen. Josua 24, 15

Beinahe ist alles abgeschlossen. Gottes Volk hat das Land geschenkt bekommen und ihm ist gesagt, wie es danken kann: mit seiner Gottesliebe. Fehlt noch etwas? Für viele nicht!

Warum hat Josua dann doch noch die Ältesten als Vertreter des ganzen Volkes nach Sichem eingeladen und zur Entscheidung gedrängt? Die Väter des Pietismus haben gewusst, was uns heute weithin verloren gegangen ist. Der Glaube will angenommen sein. Gott zwingt nicht in seine Nachfolge, er wirbt um uns, er tut alles, dass wir uns für ihn entscheiden. Aber irgendwann müssen wir uns bewusst werden, ob wir ihm nachfolgen wollen oder nicht. Das Alte und das Neue Testament sind voll vom Ruf: „Tut Buße!“ oder „Folgt mir nach!“ oder „Bekehrt euch zu dem Herrn!“

Wir dürfen nicht über der herzlichen Liebe Jesu und seiner alles überbietenden Gnade vergessen, dass wir seine Liebe anzunehmen haben. Unsere Entscheidung für ihn fällt nicht weg. Ohne Bitte um Vergebung gibt es keine Vergebung. In diesem Sinne bindet Jesus den Segen der Taufe an unseren Glauben: „Wer da glaubt und getauft wird, der wird selig!“ Nicht, dass der Glaube unsere Leistung wäre, die neben der Gnade Jesu mitwirke an unserer Erlösung. Aber ohne Glauben nützt die Gnade nichts. Der Glaube empfängt die Liebe.

Dieses öffentliche Bekenntnis zu Gott in Sichem erinnert uns daran, dass unser Glaube auch Früchte zu tragen hat. Es ist gewiss beglückend, wenn einer glaubt und so in seinem Gefühlsleben bereichert und beglückt ist. Aber furchtbar wäre es, wenn wir meinten, wir glaubten und uns in der Liebe Jesu sonnten, aber unsere nächsten Angehörigen, unsere Mitarbeiter oder unsere Hausbewohner würden von uns durch Lieblosigkeit bedrückt. Glaube und Liebe gehören untrennbar zusammen.

Ich will dich lieben, meine Krone,
ich will dich lieben, meinen Gott;
ich will dich lieben sonder Lohne
auch in der allergrößten Not;
ich will dich lieben, schönstes Licht,
bis mir das Herze bricht.

Johann Scheffler

Am siebzehnten Tag des siebenten Monats ließ sich die Arche nieder auf das Gebirge Ararat. 1. Mose 8, 4

Wenn die Medien von sintflutartigen Regenfällen berichten, die nicht selten zu Überschwemmungskatastrophen führen, wird auch gleich nach der Ursache gefragt. Experten sind sich einig, dass menschliches Fehlverhalten in den meisten Fällen die Umweltkatastrophen auslösen.

Nicht anders war es bei der Sintflut zur Zeit Noahs, die nicht nur als ein lokales Unwetter dargestellt wird, sondern als ein Weltereignis mit gigantischem Ausmaß. Ursache war die völlige Verderbtheit des Menschengeschlechts. Die Bosheit der Menschen hatte so sehr überhand genommen, dass Gott gewaltsam eingreifen musste. Was den Schöpfer des Himmels und der Erde dazu bewog, die damalige Weltbevölkerung durch sein Strafgericht zu vertilgen, war nicht Freude am Untergang, sondern Trauer und Schmerz über die antigöttliche Entwicklung der Menschheit.

Die große Ausnahme unter dem entarteten Geschlecht seiner Zeit blieb Noah, der einsam mit Gott wandelte und von Gott abhängig lebte. Mit dem glaubenden Noah setzte Gott ein Zeichen seines Retterwillens. Noah baute nach Gottes Weisung die Arche, die ihn und seine Familie mitsamt den ausgewählten Tieren in den Gerichtsfluten bewahrte. Als die Wassermassen nach langer Zeit wieder sanken, landete die Arche im Gebirgsland Anatoliens, im Osten der Türkei auf einer der Bergspitzen des Ararat. Noah verließ nach 371 Tagen mit den Geretteten die Arche und baute einen Altar. Der Regenbogen erschien als Zeichen des Bundes, den Gott mit Noah machte: „Ich will nie mehr die Erde verfluchen um der Menschen willen!“

Du gedenkst in deiner Treue
an dein Wort zu Noahs Zeit,
dass dich nimmermehr gereue
deine Huld und Freundlichkeit;
und solang die Erde steht,
über der dein Auge wacht,
soll nicht enden Saat und Ernte,
Frost und Hitze, Tag und Nacht.

Heinrich Puchta

Nach diesen Geschichten versuchte Gott Abraham und sprach zu ihm: Nimm Isaak, deinen einzigen Sohn, den du liebhast, und geh hin in das Land Morija und opfere ihn dort zum Brandopfer auf einem Berge, den ich dir sagen werde. 1. Mose 22, 1.2

Wie schwer muss es für Abraham gewesen sein, den Opferweg nach Morija zu gehen. Auf diesem Weg stand die große Zukunftsverheißung auf dem Spiel. Doch Abraham ging im Gehorsam des Glaubens, ohne den Weg zu verstehen. „Durch den Glauben opferte Abraham den Isaak, als er versucht wurde und gab den einzigen Sohn dahin, als er schon die Verheißung empfangen hatte!" (Hebr. 11, 17)

Als Abraham und Isaak nach dreitägiger Wanderung das Ziel, den Berg Morija erreichten, baute Abraham dem Herrn einen Opferaltar. „Wir haben Feuer und Holz; wo ist aber das Schaf zum Brandopfer?" – wollte Isaak wissen. „Gott wird sich ersehen ein Schaf zum Brandopfer" – war die Antwort des Vaters. Abraham war bereit, gegen alles Empfinden, das von Gott ersehene Opfer zu bringen, in der Hoffnung: „Gott kann auch von den Toten erwecken; deshalb bekam er ihn auch als Gleichnis dafür wieder" (Hebr. 11, 19).

Abrahams Bereitschaft, um des Herrn willen seinen Sohn Isaak nicht zu verschonen, beantwortet Gott mit dem stellvertretenden Opfer. Abraham sah einen Widder, den er opferte an seines Sohnes Statt. Dieses stellvertretende Opfer ist Hinweis auf Jesus Christus, der auf Golgatha als das Lamm Gottes unsere Sünde auf sich genommen hat, um uns mit Gott zu versöhnen. „Gott hat seinen eigenen Sohn nicht verschont, sondern ihn für uns alle dahingegeben, wie sollte er uns mit ihm nicht alles schenken" (Röm. 8, 32).

Dein Kampf ist unser Sieg, dein Tod ist unser Leben;
in deinen Banden ist die Freiheit uns gegeben.
Dein Kreuz ist unser Trost, die Wunden unser Heil,
dein Blut das Lösegeld, der armen Sünder Teil.
Adam Thebesius

Der Herr sprach zu Mose: Siehe, ich will dort vor dir stehen auf dem Fels am Horeb. Da sollst du an den Felsen schlagen, so wird Wasser herauslaufen, dass das Volk trinke. 2. Mose 17, 5.6

Verschiedene Berge der Bibel waren Stätten der Offenbarung Gottes. Berge und Felsen sind Symbole für Zuverlässigkeit, Stärke und Schutz. Darum wird Gott, der Herr, häufig „Fels" genannt (5. Mose 32, 4; Jes. 26, 4 u. a.).

Als Mose das Volk Israel nach der Befreiung aus Ägypten durch die Wüste zum Berg Horeb führte, lehnten sich die Israeliten gegen Mose auf. In der Wüstenhitze quälte der Durst. Keine Wasserquelle war in Sicht. Da schrie Mose zu Gott, denn er fürchtete sich, vom Volk gesteinigt zu werden. Der Herr wies Mose zur geheimen Quelle in dem Fels am Horeb. Mose vertraute dem Herrn, nahm seinen Stab und schlug gegen den Fels. Da kam tatsächlich Wasser heraus, nach dem Wort des Herrn, und das Volk konnte trinken.

Paulus sieht in dem Wunder am Horeb ein Lehrbeispiel für die Gemeinde Jesu: „Unsere Väter haben alle denselben geistlichen Trank getrunken; sie tranken nämlich von dem geistlichen Felsen, der ihnen folgte; der Fels aber war Christus" (1. Kor. 10, 4).

Der geschlagene Fels wird auf Christus gedeutet, der am Kreuz sein Blut vergoss, um dürstende, heilsverlangende Seelen zu erquicken und zu erlösen. Der englische Gottesmann A. M. Toplady hat diesen Felsen des Heils in dem bekannten Lied besungen:

Fels des Heils, geöffnet mir,
birg mich, ewger Hort, in dir!
Lass das Wasser und das Blut,
deiner Seite heilge Flut
mir das Heil sein, das frei macht
von der Sünden Schuld und Macht!

Augustus Montague Toplady;
deutsch von Ernst Gebhardt

Als nun der HERR herniedergekommen war auf den Berg Sinai, oben auf seinen Gipfel, berief er Mose hinauf auf den Gipfel des Berges und Mose stieg hinauf. 2. Mose 19, 20

Es war ein Gipfeltreffen ganz besonderer Art, als Mose zum Berggipfel des Sinai hinaufstieg, um dem heiligen Gott Israels zu begegnen. Daraus haben wohl manche Bergsteiger den falschen Schluss gezogen, man sei auf Bergeshöhen Gott am nächsten. Es sei denn, der Wanderer steht ehrfürchtig unter einem Bergkreuz und kann mit Paul Gerhardt sprechen: „Schau her, hier steh ich Armer, der Zorn verdienet hat. Gib mir, o mein Erbarmer den Anblick deiner Gnad.“

Der Sinai gehört zu der Berglandschaft, die im südlichen Teil der Sinai-Halbinsel liegt. Dieser Berg wurde in der Geschichte des Volkes Israel zum herausragenden Ort der Offenbarung Gottes mit der Zusage: „Ich bin der Herr, dein Gott.“ Schon einmal hatte Mose eine unerwartete Gottesbegegnung, als er am Berg Gottes, dem Horeb, Schafe hütete. Dort im Sinaigebiet erschien ihm der Herr im brennenden Dornbusch, um ihn zu beauftragen, das geknechtete Volk Israel aus Ägypten zu führen. Ziel war das gelobte Land Kanaan.

Auf dem Berg redete Gott mit Mose: „Sage den Kindern Israel: Werdet ihr nun meiner Stimme gehorchen und meinen Bund halten, so sollt ihr mein Eigentum sein vor allen Völkern, denn die ganze Erde ist mein. Und ihr sollt mir ein Königreich von Priestern und ein heiliges Volk sein“ (2. Mose 19, 5.6). Der Bund, den Gott mit Israel schloss, gründet auf den „Zehn Geboten“, die Mose auf zwei steinernen Tafeln von Gott empfing. Diese Gebote sind nicht nur Grundgesetz für das Volk Gottes, sondern allgemeine Richtlinie für das Verhältnis der Menschen zu Gott und das Zusammenleben untereinander.

Wohl denen, die da wandeln
vor Gott in Heiligkeit,
nach seinem Worte handeln
und leben allezeit!
Die recht von Herzen suchen Gott,
und seine Zeugnis halten,
sind stets bei ihm in Gnad.

Cornelius Becker

Da trat Elia zu allem Volk und sprach: Wie lange hinket ihr auf beiden Seiten? Ist der HERR Gott, so wandelt ihm nach, ist's aber Baal, so wandelt ihm nach. Und das Volk antwortete ihm nichts.
1. Könige 18, 21

Es ist modern geworden, in einer multireligiösen Gesellschaft das Trennende zwischen den Religionen zu verneinen und das Gemeinsame zu bejahen. Ein Konsens zwischen den Weltreligionen und dem Christentum scheint möglich, da das neue Bekenntnis lautet: „Wir glauben doch alle an einen Gott!" Einer Religionsvermischung steht nur das eine im Weg: Das Festhalten am Evangelium und dem Zeugnis, dass es keinen Glauben an Gott ohne Glauben an Christus Jesus gibt.

Für den Propheten Elia gab es keine Übereinstimmung zwischen dem Götzen Baal und dem Gott Israels. Das Hinken auf beiden Seiten, heute Baal, morgen Jahwe, wie es die Israeliten praktizierten, war Zeichen des Abfalls von dem lebendigen Gott. Die radikale Konsequenz des Propheten Elia, Israel, das Volk Gottes, zur Entscheidung zu rufen, und auf dem Karmel eine Scheidung herbeizuführen, wird in unserer Zeit als intoleranter Fanatismus bewertet, aber dies geschah dort im Auftrag Gottes.

Der Gebirgszug des Karmel, der sich an der Nordgrenze Israels bis ans Mittelmeer bei Haifa erstreckt, wurde zum Schauplatz einer Machtdemonstration des Baal und der Aschera, und dem einsamen Propheten Gottes. Elia bat den Gott seiner Väter: „Lass heute kundwerden, dass du HERR, Gott bist und das Herz deines Volkes wieder zu dir kehrst." Als das Feuer des Herrn das Brandopfer verzehrte, das Elia darbrachte, fielen die Israeliten auf ihr Angesicht und bekannten: „Der HERR ist Gott, der HERR ist Gott!"

Ihr, die ihr Christi Namen nennt,
gebt unserm Gott die Ehre;
ihr, die ihr Gottes Macht bekennt,
gebt unserm Gott die Ehre!
Die falschen Götzen macht zu Spott;
der Herr ist Gott, der Herr ist Gott!
Gebt unserm Gott die Ehre!

Johann Jakob Schütz

Elia stand auf und aß und trank und ging durch die Kraft der Speise vierzig Tage und vierzig Nächte bis zum Berg Gottes, dem Horeb. 1. Könige 19, 8

Zwischen zwei Gipfelerlebnissen ging der Weg des Propheten Elia in die Tiefe der Anfechtung und Angst. Auf dem Berg Karmel hatte der Prophet die göttliche Bestätigung seines unerschrockenen Glaubens erlebt. Auf dem Berg Horeb dagegen bekam der verzagte Diener des Herrn die nötige Korrektur und geöffnete Augen dafür, dass er nicht allein steht und dass sein Einsatz nicht vergeblich war.

Als auf dem Karmel Gottes Macht und Überlegenheit gegen die falschen Götzen sichtbar wurde, wartete Elia vergeblich auf eine entschiedene Hinkehr des Volkes zu Gott. Stattdessen drohte die abgöttische Königin Isebel sich zu rächen. Der Prophet wurde von der Furcht wie von einer Hyäne überfallen und floh in die Wüste. Todmüde und lebensmüde sank er unter einen Wacholder mit dem Gebet: „Es ist genug, so nimm nun Herr, meine Seele." Doch Gott erhörte sein Gebet nicht. Er ließ seinen angefochtenen Diener nicht fallen, gab ihn nicht auf, sondern richtete ihn auf. Ein Engel stärkte den Mann Gottes und rüstete ihn für die weite Wegstrecke zum Horeb.

Dort, wo Mose einst von Gott das Gesetz empfing, stand Elia wieder allein vor Gott, für den er scheinbar vergeblich geeifert hatte. Der Herr begegnete ihm in einer überwältigenden Weise, nicht im Sturm, nicht im Erdbeben, auch nicht im Feuer, sondern im stillen, sanften Sausen. Elia sollte erkennen, dass Gott in der Stille und in der Verborgenheit handelt. Elia war nicht allein übrig geblieben. Es gab noch siebentausend in Israel, die ihre Knie nicht beugten vor Baal.

„Darum wisset, dass eure Arbeit nicht vergeblich ist in dem Herrn" (1. Kor. 15, 58).

Die Sach ist dein Herr Jesu Christ,
die Sach, an der wir stehn,
und weil es deine Sache ist,
kann sie nicht untergehn.

Samuel Preiswerk

Darauf führte ihn der Teufel mit sich auf einen hohen Berg und zeigte ihm alle Reiche der Welt und ihre Herrlichkeit und sprach zu ihm: Das alles will ich dir geben, wenn du niederfällst und mich anbetest. Da sprach Jesus zu ihm: Weg mit dir, Satan! denn es steht geschrieben (5. Mose 6, 13): „Du sollst anbeten den Herrn, deinen Gott, und ihm allein dienen." Da verließ ihn der Teufel und siehe, da traten Engel zu ihm und dienten ihm.

Matthäus 4, 8–11

In der Nähe der Palmenstadt Jericho, der ältesten Stadt der Welt, wird seit frühchristlicher Zeit ein Felsmassiv am Rande der Wüste „Berg der Versuchung" genannt. Auf einem Felsvorsprung steht das griechisch-orthodoxe Höhlenkloster, welches zur Erinnerung an das vierzigtägige Fasten Jesu erbaut wurde.

Am Ende seiner Fastenzeit erschien dem Sohn Gottes der Satan, sein Widersacher, um ihn zu versuchen und zum Abfall von Gott zu bewegen. Der Fürst dieser Welt, wie Jesus seinen Gegner nennt, macht ihm ein unerhörtes Angebot. Er bietet dem Herrn alle Macht und Herrlichkeit der Reiche dieser Welt an, wenn er nur niederfällt vor ihm und ihn anbetet. Es geht hier nicht um ein Prinzip des Bösen, sondern um den Machtanspruch des Bösen, der sich gegen Gott erhebt. Dieses Angebot hätte Satan, der gefallene Engelfürst nicht machen können, wenn ihm einst die Herrschaft über die Reiche dieser Welt nicht übertragen worden wäre.

Jesus spricht dem Fürsten dieser Welt seinen Machtbereich nicht ab, doch er wehrt seinen widergöttlichen Anspruch ab, angebetet zu werden. Jesus beruft sich auf das, was geschrieben steht: „Du sollst Gott, den Herrn, anbeten und ihm allein dienen!" Der Sohn blieb seinem Vater gehorsam bis zum Tode am Kreuz, darum hat ihn auch Gott erhöht und hat ihn zum Herrn der Welt gemacht.

Jesus Christus, König und Herr,
dein ist das Reich, die Kraft, die Ehr.
Gilt kein andrer Namen
heut und ewig. Amen.

Richard Lörcher

Als er aber das Volk sah, ging er auf einen Berg und setzte sich; und seine Jünger traten zu ihm. Und er tat seinen Mund auf, lehrte sie und sprach: Selig sind, die geistlich arm sind; denn ihrer ist das Himmelreich. **Matthäus 5, 1–3**

Die Seligpreisungen sind das Eingangstor zur Bergpredigt. Darum wird der Berghang, am Nordufer vom See Genezareth, nahe bei dem Ort Tabgha, auch „Berg der Seligpreisungen" genannt. Auf einer 200 Meter hohen Bergkuppe steht die Kapelle der Seligpreisungen, die einen eindrucksvollen Ausblick auf das Meer von Galiläa bietet.

Die Bergpredigt ist die Regierungserklärung des Messias, das Grundgesetz der Königsherrschaft Jesu. Sie beginnt nicht mit einer Anklage über die böse Welt, nicht mit einem Wehe-Wehe, sondern mit der achtfachen Verheißung: „Selig"! Dieses etwas blasse Wörtlein „selig", ist besser so zu übersetzen: Glücklich zu preisen sind ... Jesus stellt über die hohen Forderungen seiner messianischen Lehre die tröstliche Zusage: „Ihr seid berufen, um glücklich zu sein!"

Freilich kann diese Zusage nur denen gelten, die bereit sind, dem königlichen Ruf zu folgen und sein Wort zu halten: „Trachtet zuerst nach dem Reich Gottes und nach seiner Gerechtigkeit, so wird euch das alles zufallen" (Matth. 6, 33). Der Bergprediger verkündet das Grundgesetz des Neuen Bundes nicht als Gegensatz zum Gesetz vom Sinai, sondern als Erfüllung durch ihn, den Messias, mit dem die Gottesherrschaft beginnt: „Das Reich Gottes ist mitten unter euch!" (Luk. 17, 21). Jesus nennt nicht die Menschen glücklich, die sein Wort hören, aber nicht befolgen, sondern diejenigen, die sein Wort annehmen und in die Tat umsetzen (Matth. 7, 24–27).

Selig, ja selig ist der zu nennen,
des Hilfe der Gott Jakobs ist,
welcher vom Glauben sich nicht lässt trennen
und hofft getrost auf Jesus Christ.
Wer diesen Herrn zum Beistand hat,
findet am besten Rat und Tat.
Halleluja, Halleluja.

Johann Daniel Herrnschmidt

HERR, Gott Zebaoth, wer ist wie du? Nord und Süd hast du geschaffen. Tabor und Hermon jauchzen über deinen Namen.

Psalm 89, 9.13

In den Reden und Taten Jesu sahen die frommen Führer der Juden nur seine Niedrigkeit und Armut, den einfachen Sohn der Maria. Auf dem Berg der Verklärung sahen die Jünger Jesu seine Hoheit und Herrlichkeit, den Sohn Gottes. Wohl uns, wenn wir beides in Jesus Christus erkannt haben: Seine wahre Menschlichkeit und seine wahre Göttlichkeit.

Die Verklärung Jesu geschah nach frühchristlicher Überlieferung auf dem Berg Tabor, der zu den schönsten Bergen Israels zählt. Dieser kuppelförmige Berg beherrscht mit 588 Meter Höhe die ganze Jesreel-Ebene. Auf seinem Hochplateau wurden im Lauf der Jahrhunderte viele Kultstätten und Kirchen erbaut und wieder zerstört. Zuletzt weihten 1924 Franziskaner-Mönche die Tabor-Kirche ein. Der wirkliche geschichtliche Ort ist wohl in der Umgebung von Cäsarea Philippi mit bis zu 1250 Meter hoch aufragenden Bergen zu suchen. Vielleicht ist auch an den Hermon zu denken. Höhepunkt der Geschichte des Tabor war ohne Frage die Audienz der Repräsentanten des Alten und des Neuen Bundes. Die Jünger des Herrn, Petrus, Johannes und Jakobus wurden Zeugen der einzigartigen Unterredung, die Jesus in verklärter Lichtgestalt mit Mose und Elia führte. Die Vertreter des Gesetzes und der Propheten „redeten von seinem Ende, das Jesus in Jerusalem erfüllen sollte“ (Luk. 9, 31). Sie bestätigten den Weg zum Kreuz als Erfüllung von Gesetz und Prophetie. Nun wurden auch die Jünger in die Wolke der Gegenwart Gottes eingehüllt. Sie hörten eine Stimme aus der Wolke: „Dieser ist mein auserwählter Sohn; den sollt ihr hören!“ (Luk. 9, 35). Gott selbst bestätigte Jesus als wahrhaftigen Sohn Gottes.

Lass uns deine Herrlichkeit / ferner sehn in dieser Zeit
und mit unsrer kleinen Kraft / üben gute Ritterschaft.
Erbarm dich Herr.
Kraft, Lob, Ehr und Herrlichkeit / sei dem Höchsten allezeit,
der, wie er ist drei in ein, / uns in ihm lässt eines sein.
Erbarm dich, Herr.

Otto Riethmüller

Da kehrten die Jünger nach Jerusalem zurück von dem Berg, der heißt Ölberg und liegt nahe bei Jerusalem, einen Sabbatweg entfernt. **Apostelgeschichte 1, 12**

Der Ölberg ist der Berg der Himmelfahrt Jesu. Vierzig Tage nach seiner Auferstehung nahm Jesus auf diesem Berg Abschied von seinen Jüngern, bevor er in die unsichtbare Welt Gottes aufgenommen wurde. Himmlische Boten Gottes sagten den erstaunten Jüngern: „Dieser Jesus, der von euch weg, gen Himmel aufgenommen wurde, wird so wiederkommen, wie ihr ihn habt gen Himmel fahren sehen" (Apg. 1, 6–12). Auf dem Gipfel des Ölbergs steht die Himmelfahrtskapelle und die mächtige russische Himmelfahrtskirche, die mit ihrem 60 Meter hohen Turm den ganzen Ölberg beherrscht. Die uralten Olivenbäume, die teilweise schon zur Zeit Jesu standen, gaben dem Ölberg seinen Namen.

Auf diesem Berg hielt Jesus seine große Endzeitrede, um die Zeichen und Weltereignisse vor seiner Wiederkunft vorauszusagen (Matth. 24 und 25). Auf seinen Höhen suchte Jesus immer wieder Zuflucht im Gebet. Nach dem letzten Gebetskampf im Garten Gethsemane wurde er durch den Verrat des Judas von der Tempelpolizei verhaftet. Der Leidensweg Jesu endete vor den Toren Jerusalems, auf Golgatha. Nach drei Tagen ist Jesus als Sieger über Tod und Hölle vom Grabe auferstanden und seinen Jüngern erschienen. Die Gemeinde Jesu wartet auf den wiederkommenden Herrn. „Und seine Füße werden stehen zu der Zeit auf dem Ölberg, der vor Jerusalem liegt" (Sach. 14, 4). Nach dieser Verheißung wird der wiederkommende Christus auf dem Ölberg erscheinen, um Gericht über die Völker zu halten. Darum wird der Ölberg auch Berg des Messias und Berg der Auferstehung genannt.

O Jesu Christ, du machst es lang
mit deinem Jüngsten Tage;
den Menschen wird auf Erden bang
von wegen vieler Plage.
Komm doch, komm doch, du Richter groß,
und mach uns bald in Gnaden los
von allem Übel. Amen.

Bartholomäus Ringwaldt

Groß ist der HERR und hoch zu rühmen in der Stadt unsres Gottes, auf seinem heiligen Berge. Schön ragt empor Zion, daran sich freut die ganze Welt, der Gottesberg fern im Norden, die Stadt des großen Königs. Psalm 48, 2.3

Im Altertum verehrten die Griechen ihre Götter auf dem Olymp. Das Volk der Samariter betete ihren Gott auf dem Berg Garizim an (Joh. 4, 20). Die Israeliten des alten Bundes pilgerten nach Jerusalem, um den wahren Gott zu schauen (Ps. 84, 8). Er ist der König über die ganze Erde (Ps. 47, 8). Darum war für die Juden der Zionsberg in Jerusalem der wahre Gottesberg. Dort auf seinem heiligen Berge soll Gott gelobt und angebetet werden.

„Die frommen Israeliten verehrten die heilige Stadt als den Augapfel der Völker. Jerusalems Ruhm gründete sich darauf, dass es die Stadt Gottes war, die Stätte seiner königlichen Herrschaft“ (C. H. Spurgeon, 1834–1892). Sie wird in vielen Psalmen besungen. Gottes Gegenwart war mit dem Heiligtum auf dem Zion verbunden. „Denn der HERR hat Zion erwählt, und es gefällt ihm, dort zu wohnen“ (Ps. 132, 13).

Die eigentliche Geschichte des Zion begann mit König David. Als David die Jebusiterburg auf dem Südosthügel Jerusalems erobert hatte, erkor er diese Festung zur Stadt Davids. Später ging der Name Zion auch auf den Tempelberg über und galt zuletzt für die ganze Stadt Jerusalem. So bekam sie den Namen „Tochter Zion“: „Du Tochter Zion freue dich sehr und du Tochter Jerusalem, jauchze! Siehe, dein König kommt zu dir, ein Gerechter und ein Helfer“ (Sach. 9, 9). Jerusalem hat damals seinen wahren König nicht erkannt und ihn verworfen. Doch der Tag wird kommen, an dem auch Israel seinen König erkennen und annehmen wird.

Groß und herrlich ist der König
in der Fülle seiner Pracht,
alle Zeugen sind zu wenig
auszusprechen seine Macht.
Der durch so viel Niedrigkeiten
sich den Thron wollt zubereiten,
stellet sich nun offenbar
in der höchsten Klarheit dar.

Unbekannt

Und ich sah, und siehe, das Lamm stand auf dem Berg Zion und mit ihm Hundertvierundvierzigtausend, die hatten seinen Namen und den Namen seines Vaters geschrieben auf ihrer Stirn.
Offenbarung 14, 1

Der Berg Zion hat in seiner heilsgeschichtlichen Bestimmung sowohl eine irdisch-endzeitliche als auch eine ewigkeitsbezogene, himmlische Bedeutung. In der zukünftigen messianischen Heilszeit werden nicht nur die Zerstreuten aus Israel nach Zion kommen, sondern auch die Heidenvölker: „Es wird zur letzten Zeit der Berg, da des Herrn Haus ist, fest stehen, höher als alle Berge ... und viele Völker werden hingehen und sagen: Kommt, lasst uns auf den Berg des HERRN gehen ... Denn von Zion wird Weisung ausgehen und des HERRN Wort von Jerusalem“ (Jes. 2, 2.3).

Der Hebräerbrief spricht von der himmlischen Bedeutung des Zion als einem Symbol für den Neuen Bund zwischen Christus und seiner Gemeinde: „Ihr seid gekommen zu der Stadt des lebendigen Gottes, dem himmlischen Jerusalem ... und zu Gott, dem Richter über alle, und zu den Geistern der vollendeten Gerechten und zu dem Mittler des Neuen Bundes, Jesus“ (Hebr. 12, 22–24).

Der Berg, den Johannes sah, ist der Ort wo das für uns geopferte Lamm und seine bluterkaufte Schar auf ewig vereinigt ist und wo die unzählbare Schar das „neue Lied“ singt zur Ehre Gottes und des Lammes. Die glaubende Gemeinde wartet auf den wiederkommenden Herrn wie eine Braut auf ihren Bräutigam, der sie zur Hochzeit führt. Das besingt Philipp Nicolai in seinem königlichen Choral:

Zion hört die Wächter singen,
das Herz tut ihr vor Freude springen,
sie wachet und steht eilend auf.
Ihr Freund kommt vom Himmel prächtig,
von Gnaden stark, von Wahrheit mächtig,
ihr Licht wird hell, ihr Stern geht auf.
Nun komm, du werte Kron,
Herr Jesu, Gottes Sohn!
Hosianna!
Wir folgen all zum Freudensaal
und halten mit das Abendmahl.

Es ist mir Leid um dich, mein Bruder Jonatan. 2. Samuel 1, 26

In dem grausamen Krieg mit den Philistern im Gilboa-Bergland kamen König Saul und viele Soldaten Israels um (1. Sam. 31). Die Nachricht, dass auch der Kronprinz Jonatan dabei erschlagen worden war, traf David hart. Das Klagelied in 2. Samuel 1, 17–27 zeigt, wie er mit Jonatan verbunden war.

Wer hätte es ihm zum Vorwurf machen wollen, wenn David über der Todesmeldung aufgeatmet hätte, weil Saul für ihn nun keine Lebensgefahr mehr bedeutete und er endlich König über Israel werden konnte? Doch quälte diese Frontmeldung David unvorstellbar. Mit keinem Menschen war er so eng verbunden wie gerade mit Jonatan (vgl. 1. Sam. 18–20). Wie konnte er weiterleben ohne seinen engsten Freund!

Für David wurde die Lücke, die durch den Tod Jonatans entstanden war, nicht zum langersehnten Vakuum, das er gern und schnell ausgefüllt hätte, sondern zu einer Leere, die durch keinen Menschen auszufüllen war. Auch als künftiger König war er auf seinen „Bruder“ angewiesen.

All die Jahr ungebrochener Freundschaft werden in diesem ergreifenden Bekenntnis zusammengefasst. Aber es gibt einen, dessen Liebe größer ist als Davids Liebe zu Jonatan: unser Herr Jesus Christus (Joh. 15, 9).

Gott hatte sich einen Königskandidaten ausgesucht, der durch die Krone nicht unmenschlich wurde. Er sollte Gottes Volk wie ein Hirte in die Zukunft führen und deshalb den Puls des Menschlichen spüren. Sein eigener Schmerz konnte ihn barmherzig machen mit Menschen, über die er Macht hatte. Er spürte, wie sehr Einsamkeit schmerzt. Er hatte dafür zu sorgen, dass sein Volk sich weder von seinem Gott noch untereinander isoliert.

Herr von unendlichem Erbarmen,
du unergründlich Liebesmeer!
Ich danke dir mit andern Armen,
mit einem ganzen Sünderheer,
für deine Huld in Jesu Christ,
die vor der Welt gewesen ist.
Philipp Friedrich Hiller

Die Männer Judas kamen und salbten dort David zum König über das Haus Juda. 2. Samuel 2, 4

Eine ganze Sache war das ja nicht! Eigentlich hatte Samuel den jungen David damals in Bethlehem zum König „über Israel“ gesalbt (1. Sam. 16), wozu alle zwölf Stämme gehörten und nicht nur das „Haus Juda“. Doch nach dem Tode Sauls waren die Stämme in zwei Lager zerstritten. Die Nordstämme – mindestens zum Teil – kürten Isch-Boschet, den Sohn Sauls, zu seinem Nachfolger. Der Stamm Juda dagegen wollte David als König berufen. Dieser Konflikt löste sogar einen Bürgerkrieg zwischen dem Süden und dem Norden aus.

Nun musste David sich entscheiden. Wollte er sich zum König über den kleinen Teil des Gesamtstaates im Süden einsetzen lassen oder bestand er auf der damals ergangenen Berufung zum König über ganz Israel? David ging darauf ein und ließ sich zum König über Juda salben und regierte den Kleinstaat von Hebron aus, das zentral auf dem Gebirgskamm liegt.

Verachtete David damit seine Salbung zum König über ganz Israel? Hätte er sie nach dem Tode Sauls nicht sofort wie einen Gutschein einlösen müssen? Stürzte er sich damit nicht pragmatisch auf den Kleinstaat, um wenigstens den Königstitel zu erhaschen nach dem Motto: Lieber den Spatz in der Hand als die Taube auf dem Dach? – Hier empfiehlt sich eine andere Erklärung. Indem David König über den kleinen Südstaat wurde, konnte er einen Teil Israels in seinen Schutz nehmen, bis Gott auch den größeren Rest dazu gab.

David konnte warten. Er wartete auf den Herrn, bereit, seiner Führung zu folgen. Darin erkannte David seine völlige Abhängigkeit von dem an, der ihn als König über sein Volk erwählt hatte. Hierin sehen wir auch ein Bild unseres Herrn Jesus.

Warten wird doch nie gereuen,
sondern noch zuletzt erfreuen,
wann uns Gott sein Wort erfüllt,
wann nach abgelaufnen Stunden
sich der Zeitpunkt eingefunden,
der des Herzens Sehnsucht stillt.
Johann Ferdinand Seiz

Es kamen alle Ältesten in Israel zum König nach Hebron. Und der König David schloss mit ihnen einen Bund in Hebron vor dem HERRN, und sie salbten David zum König über Israel.

2. Samuel 5, 3

Jahre waren ins Land gegangen, in denen sich schreckliche Ereignisse zwischen den beiden israelischen Staaten zugetragen hatten; erbitterte Kämpfe, Mord und Totschlag (2. Sam. 2–4). Und David war noch immer König nur über das kleine Juda. Diese Situation änderte sich erst, nachdem der Sohn und Nachfolger Sauls, Isch-Boschet, ermordet und grausam verstümmelt worden war. Dann machten sich die Verantwortlichen der Nordstämme auf den Weg nach Hebron, um mit David einer Vertrag zu schließen, in dem David zum König über ganz Israel ernannt wurde. Dieser „Bund" wurde „vor dem HERRN" geschlossen. Damit folgten die Stämme Israels der Spur, die ihr Gott schon vor Jahren gegangen war, als Gott Samuel nach Bethlehem schickte, um dort einen neuen König zu salben. Unentschlossen machte er sich auf den Weg und musste sich von Gott erst noch den Kandidaten zeigen lassen, den er zum König nominieren sollte. Das war ein komplizierter Erkenntnisprozess. Aber Gott ließ sich nicht von seinem Ziel abbringen, bis Samuel den noch jungen David zum König gesalbt hatte (1. Sam. 16, 1–13). Nun kamen die leitenden Leute der Nordstämme und bestätigten, was Gott in aller Stille schon vollzogen hatte. Das Beste, was Menschen jemals tun können, ist, Gottes Spur nachzugehen. Sie zu finden und auf ihr zu bleiben, ist aber nicht immer einfach und geht meistens über – manchmal schwierige – Umwege. „David wurde ein Vorbild des ‚Gesalbten', der ein ewiges Königreich hat und der wie David dreimal gesalbt wurde: zuerst im Rat des Vaters (Ps. 2, 6; 45, 8); dann in seiner Taufe (Matth. 3, 16) und in seiner Verklärung (Matth. 17, 5) vor seinem Leiden" (Friedrich Mayer 1889–1946).

Gesalbter, nun wir beten an,
lass deinen Geist uns salben,
der dir zum Lob uns weihen kann,
so klingt es allenthalben.
So singt dem Herrn man nah und fern:
Seid Christus untertänig,
dem Priester und dem König.

Philipp Friedrich Hiller

Zu Hebron regierte David sieben Jahre und sechs Monate über Juda, und zu Jerusalem regierte er dreiunddreißig Jahre über ganz Israel und Juda. 2. Samuel 5, 5

Auf den ersten Blick scheinen diese Jahreszahlen nur einen statistischen Wert zu haben und ohne Bedeutung für die Heilsgeschichte Gottes zu sein. Während der siebeneinhalb Jahre, in denen David von Hebron aus das kleine Juda regierte, waren die Stämme Israels in zwei Staaten gespalten, die Krieg gegeneinander führten. Sie schienen für immer auseinander gerissen zu sein. Doch hatte Gott sein Ziel nicht aufgegeben, sondern schickte die Stämme, die noch nicht zu David gehörten, nach Hebron, um ganz Israel unter die Leitung des Königs zu stellen. Warum, so drängt sich im Rückblick die Frage auf, musste erst ein Bürgerkrieg die Bevölkerung quälen, bevor Frieden geschlossen werden konnte? Hätte Gott sein Ziel der Einheit Israels nicht direkt und ohne Blutvergießen viel besser erreichen können? Das sind Fragen, die sich in ähnlicher Form zu allen Zeiten stellen, die aber nicht nur an Gott, sondern mit Nachdruck auch an die beteiligten Menschen zu richten sind. Warum begreifen wir Gottes Ziele für den Frieden mit ihm und mit anderen Menschen meistens so spät?

Nachdem David von allen Stämmen als König anerkannt worden war, verlegte er seine Residenz ungefähr 30 km weiter nach Norden, nach Jerusalem. Von dort aus regierte er dreiunddreißig Jahre lang den Verband aller zwölf Stämme. Damit war der Ort gefunden, an dem sich Gott weiter zu erkennen gab.

David erwählt Jerusalem (Ps. 132, 13.14), das bereits in 1. Mose 14, 18 erwähnt ist; ein sichtbares Zeichen von Gottes majestätischer Herablassung und Liebe zu seinem Volk. Jerusalem muss „die Stadt des großen Königs“ werden (Ps. 48). Wir haben hier eine prophetische Vorschattung auf künftige Ereignisse.

Jerusalem, du Königsstadt,
du einzige, die Dauer hat,
wann alle Städte sinken!
Wann diese Erde wird vergehn,
wann Sonn und Mond wie Spreu verwehn,
dann wird dein Licht uns blinken.

Christian Gottlob Barth

David erkannte, dass der HERR ihn zum König über Israel bestätigt und sein Königtum erhöht hatte um seines Volkes Israel willen. 2. Samuel 5, 12

Woran kann man erkennen, ob Gott mit der Entscheidung, die Menschen getroffen haben, so einverstanden ist?

Nachdem der König in die neue Hauptstadt umgezogen war, „erkannte“ er, dass sein Gott die hinter ihm liegenden Entscheidungen „bestätigt … hatte.“ Woran konnte David diese Bestätigung aber ablesen? War es der militärische Sieg über die Jebusiter, die Bewohner Jerusalems? Wertete er die zügig verlaufenen Umbaumaßnahmen zur Befestigung Jerusalems entsprechend? Vermittelten ihm die Unterstützungen aus dem Ausland diese Überzeugung? Woran David die Bestätigung letztlich abgelesen hat, wird nicht gesagt. Oder vielleicht doch darin, dass Hiram, der König von Tyrus, die Freundschaft Davids sucht (V. 11). Mit ihm kam ein „Erstling“ aus den Heiden (vgl. Joh. 12, 20–23).

Aber er war offensichtlich sicher, dass seine Position als König über ganz Israel die sichtbare Umsetzung des Planes Gottes war.

Hierbei geht es nicht um die selbstherrliche Macht eines eitlen altorientalischen Königs. Die Anerkennung Davids als König ist gebunden an Israel. Weil Gott sein Volk durch diesen König geführt haben wollte, hat Davids Königtum eine besondere Bedeutung für die Geschichte Israels. So waren die Absichten Gottes erkennbar an dem Ziel, sein erwähltes Volk in die Zukunft zu führen. Es sollte nicht untergehen in den zeitgeschichtlichen religiösen Strömungen. Es sollte auch nicht verbluten an innenpolitischen Auseinandersetzungen. Deshalb vertraute Gott sein Volk diesem König an. David wurde König „um seines Volkes Israel willen“.

Armes Zion, traure nimmer!
Über deiner Mauern Trümmer
strahlt der Hoffnung ewges Licht.
Berge weichen, Hügel wanken,
doch Jehovas Heilsgedanken,
seine Worte wanken nicht.
Meta Heußer-Schweitzer

Sie setzten die Lade Gottes auf einen neuen Wagen.
2. Samuel 6, 3

Was gehörte alles zu den Einrichtungen der neuen Hauptstadt Israels? Nachdem die Regierungsgebäude bezogen worden waren, konnte Israel nun endlich ein international anerkannter Staat werden. Doch etwas Bestimmtes fehlte noch. Die lange Zeit vergessene Lade Gottes (1. Chr. 13, 3) war noch immer irgendwo im Lande abgestellt. Aber für David gehörte sie in die Hauptstadt. Alle seine äußere Macht und Ehre genügten ihm also nicht, sondern sein Leben schien ihm erst etwas wert, wenn er die Wohnung des Herrn bei sich hatte. Deshalb organisierte er einen großen Zug, der damit begann, dass die Lade „auf einen neuen Wagen" gestellt wurde. Dieser neue Wagen erinnert an die tragische Vorgeschichte (1. Sam. 4–7, 1). Das von den Israeliten leichtsinnig verspielte Heiligtum landete in einem Tempel der Philister. Dort bekamen die Bewohner Angst vor diesem mysteriösen Kasten und versuchten, ihn so schnell wie möglich wieder los zu werden. Schließlich transportierten sie ihn auf einem „neuen Wagen" zurück zu den Israeliten.

Gott hatte zugesehen, wie sein Heiligtum davongetragen wurde. Aber er war souverän genug, abzuwarten, bis die Fremden selbst es ihm wieder zurückbrachten. Dazu fertigten sie „einen neuen Wagen" an, der erst anhielt, als die Lade wieder bei den Israeliten angekommen war. Die Philister brachten die heilige Lade Gottes ins Grenzgebiet zurück. Und David transportierte sie weiter in Richtung Jerusalem – wieder „auf einem neuen Wagen". Damit wurde das Ziel noch nicht erreicht. Aber ein Anfang war gemacht.

Mit der Heimholung der Lade (vgl. 2. Mose 25, 10–22) verbindet sich Gott ganz mit dieser „Stadt David" (Ps. 48, 3). Nach dem Gesetz (2. Mose 25, 14) durfte die Lade nur getragen, nicht gefahren werden. Das Abweichen brachte Gericht.

Ich folge Gott, ich will ihm ganz genügen.
Die Gnade soll im Herzen endlich siegen.
Ich gebe mich, Gott soll hinfort allein
und unbedingt mein Herr und Meister sein.
Gerhard Tersteegen

Als sie den neuen Wagen mit der Lade Gottes führten, tanzten David und ganz Israel vor dem HERRN her mit aller Macht im Reigen, mit Liedern, mit Harfen und Psaltern und Pauken und Schellen und Zimbeln. **2. Samuel 6, 3–5**

Die Überführung der Bundeslade nach Jerusalem war für Israel keine reine Transportaktion, sondern ein großer Anbetungsgottesdienst, ein unvergesslicher Gottesdienst zu Gottes Ehren. Nicht nur in stiller Andacht begleitete man den Weg ins königliche Zentrum, sondern in lautem Jubel.

Die Beschreibung dieses Zuges erinnert an das Loblied, in dem das Gesangbuch Israels in der Bibel, der Psalter, seinen Abschluss und eindrucksvollen Höhepunkt findet. Die Instrumente, die bei den großen Gottesdiensten im Tempel mitwirkten, werden aufgezählt. Alles trägt zur Anbetung Gottes bei. Im großen Halleluja, das aus aller Mund klingt, findet der Gottesdienst seinen imposanten Abschluss: „Alles, was Odem hat, lobe den HERRN! Halleluja!" (Ps. 150, 6). Hier waren Menschen von dem Ereignis so erfasst, dass sie zur Anbetung Gottes mit Leib und Seele jubelten.

Gott ließ seine Wohnung aus dem Exil wieder nach Israel zurückbringen. Und nun wurde sie unter königlicher Leitung als große Anbetungsprozession in die Hauptstadt gebracht. Der König der Erde (Ps. 47) will in der Stadt des Königs David wohnen. Das ist Grund genug, „vor dem HERRN her mit aller Macht im Reigen" zu jubeln. Die Überführung der Lade war ein Fest vor Gott.

Als die Bundeslade in Jerusalem eintrifft, legt David sein Königsgewand ab, bekleidet sich mit dem Leinenrock eines Priesters und will nur ein priesterlicher Diener Gottes und so seines Volkes sein. Er opfert und segnet.

Seine Nähe, die der Gegenwärtige und Wiederkommende bringt, ist der Grund der Freude (Phil. 4, 4.5).

Halleluja, Gott zu loben
bleibe meiner Seelen Freud.
Ewig sei mein Gott erhoben,
meine Harfe ihm geweiht.
Ja, solang ich leb und bin,
dank, anbet und preis ich ihn.
Matthias Jorissen, nach Ps. 146

Solltest du mir ein Haus bauen, dass ich darin wohne? Der HERR verkündigt dir, dass der HERR dir ein Haus bauen will.

2. Samuel 7, 5.11

Nach der Überführung der Bundeslade nach Jerusalem hatte David vor, für seinen Gott einen Tempel zu bauen. Sein Hofprophet Nathan gab ihm für diesen Plan sofort seinen Segen. Gott aber dachte anders darüber (2. Sam. 7, 1–16).

Obwohl David mit dem Ehrentitel „Knecht“ bezeichnet wird (V. 5), war Gott nicht bereit, sich von David ein Haus bauen zu lassen. Diese Ablehnung wird im angegebenen Kapitel begründet. Die Kehrseite der Ablehnung enthält den Bauplan Gottes für ein Haus ganz anderer Art. Sein Gott will Davids Königtum bauen. Die Geschichte ist voll von Palastrevolutionen und Königsmorden, wodurch eine neue Dynastie den Thron erstürmte und die bisherige im Blut enden ließ. Der Davidsdynastie wird hier aber die Zukunft versprochen. Die königlichen Nachfolger sind wie ein stabiles Haus.

Die Turbulenzen von einer zur anderen Generation werfen oft sogar die sichersten Pläne über den Haufen. Übrig bleiben trostlose Trümmer. David aber wurde ein Nachkomme, ein Sohn versprochen, der den gewünschten Tempel bauen durfte. Zuerst legte Gott ein Fundament zum Bau der Davididen. Dann durfte ein Davidide Gott ein Haus bauen. Und aus den Davididen ging dann der Davidssohn hervor, der den weltweiten Tempel seiner Gemeinde bauen konnte, der nicht mehr eingerissen werden kann. Zukunft hat nicht die Leistung des Menschen – auch nicht die fromme Leistung –, sondern Gottes Werk.

Nicht David baut Gott ein Haus, sondern Gott baut David ein Haus. Nathan muss lernen, den Unterschied zwischen seinen eigenen Gedanken und dem Wort vom HERRN, das er in der Nacht empfangen hat, zu beachten (Jer. 23, 28).

Herr, lenke unsren Sinn empor
und öffne gnädig jedes Ohr,
führ durch den Geist ins Wort uns ein
und lass es unsre Speise sein.

Unbekannt

Ich will sein Vater sein, und er soll mein Sohn sein. Wenn David sündigt, will ich ihn mit Menschenruten und menschlichen Schlägen strafen; aber meine Gnade soll nicht von ihm weichen.

2. Samuel 7, 14.15

Der König vertritt seinen Gott vor seinem Volk, und er vertritt sein Volk vor seinem Gott. In der Verbindung zwischen Gott und Gemeinde hat der König eine einmalige Stellung. Dazu hat er eine ganz besondere Nähe zu seinem Gott, die hier mit dem Verhältnis von Vater und Sohn ausgedrückt wird.

Der König Israels bleibt aber auch als „Sohn" Gottes ganz Mensch und deshalb gehören auch Fehler zu ihm. Diese Fehler betreffen nicht nur seine persönlichen Angelegenheiten, sondern auch seine Entscheidungen im Blick auf sein Volk. Er steuert den Kurs in die Zukunft, nicht nur durch die Beschlüsse im Sinne Gottes, sondern auch durch eigenwillige Fehlentscheidungen, mit denen er sich und sein Volk von seinem Gott abwendet.

Dann ist mit zwei Reaktionen zu rechnen, die aber zusammen gehören: Die schmerzlichen Auswirkungen von gravierendem Fehlverhalten kann Gott dem König nicht ersparen. Wenn er sich mit seinem Volk eigenmächtig auf einen falschen Kurs begibt, muss sein Gott dazwischengehen und unter Umständen hart zuschlagen. Aber – und diese zweite Seite wird ebenso betont – Gott schleudert seinen eingesetzten König nicht von sich! Er wendet sich nicht von ihm ab. Schläge sind eine andere Form der Zuwendung, aber kein Zeichen dafür, dass Gott seinen König und sein Volk fallen gelassen hätte. Gott bleibt – in welcher Form auch immer – seinem eingesetzten König zugewandt.

David erfuhr die barmherzige Züchtigung (1. Kön. 11, 9–13) und nach ihm bis heute ganz Israel, das auch im Gericht nicht von Gott verlassen wurde.

Jesu Herz ist voll Erbarmen,
voller Treue, voller Huld,
und er hat mit seinen Armen,
zum Erstaunen viel Geduld.

Johann Michael Hahn

Wer bin ich, Herr HERR, und was ist mein Haus, dass du mich bis hierher gebracht hast? 2. Samuel 7, 18

Gott hat Davids Plan, einen Tempel zu bauen, abgelehnt. Wegen dieser Ablehnung hat der König sich aber nicht von Gott abgewendet; im Gegenteil, während er zuhörte, staunte er immer mehr über den großartigen „Bauplan“ Gottes, den er dem König durch seinen Propheten Nathan erklären ließ (2. Sam. 7, 1–16).

Dieser „Bauplan“ beschreibt keinen Neubau, sondern eine Art von Umbau. Die Sippe Davids, vergleichbar mit einer kleinen Hütte, wird durch die Einsetzung Davids zum König über Israel wie zu einem königlichen Regierungsgebäude umgestaltet, das Gott unter besondere Bauaufsicht stellt, damit es nicht verfällt. Davids Dynastie soll Zukunft bekommen! Warum gerade diese unscheinbare Sippe?

Die Heilsgeschichte Gottes ist gekennzeichnet von solchen Berufungen: Nicht Menschen, die auf Prioritätenlisten ganz oben standen, hat Gott ausgesucht. Menschen, die bei ihren Zeitgenossen nicht besonders beliebt waren, hat Gott beauftragt, z. B. den Propheten Jeremia oder den Apostel Paulus. Er hat Menschen eingesetzt, die sich für die betreffende Aufgabe völlig ungeeignet einschätzten. Trotzdem hielt er daran fest. So wie David hier über Gottes Entscheidung staunte, so können wir uns oft wundern, wie Gott sich für schwache Menschen entschied, um durch sie seine Ziele zu erreichen. Gottes Weisheit ist durch die Brille menschlicher Torheit eben nicht zu erkennen (1. Kor. 1, 18–31).

Davids Pläne, dem Herrn ein Haus zu bauen, waren für immer dahin. Er hatte das Ja zu Gottes Nein gefunden. Er ist in der Gegenwart Gottes als ein Anbeter, der sein dankbares Herz vor ihm ausschüttet. Gottes Gnade hatte sein Innerstes berührt, ihn gebeugt und zur Anbetung geleitet.

Es muss ein treues Herze sein,
das uns so hoch kann lieben,
da wir doch alle, Groß und Klein,
was gar nicht gut ist, üben.
Gott muss nicht anders sein als gut;
daher fließt seiner Güte Flut
auf alle seine Werke.

Paul Gerhardt

Es ist keiner wie du, und ist kein Gott außer dir.

2. Samuel 7, 22

Gottes Entscheidungen und Entschlossenheit passen nicht in die Logik des Menschen. Deshalb staunte David immer mehr, je länger er über Gott nachdachte. Davids Blick durchstreifte aber auch die Geschichte der anderen Völker.

Die vielen Völker verehrten viele Gottheiten. Sie opferten ihnen und suchten so, ihre Gunst und Zuneigung zu gewinnen. David verglich die anderen Völker, ihre Geschichte und ihre Götter mit Israel, seiner Geschichte und seinem Gott. Dabei merkte er immer wieder, dass keiner der Götter anderer Völker dem Vergleich mit seinem Gott standhält. Sie sind letztlich nicht vergleichbar mit dem Gott Israels. Einen Gott wie den Gott Israels gibt es sonst nicht mehr. Bei genauerem Vergleich musste David jedoch noch mehr feststellen. Nicht nur, dass die anderen Gottheiten weit hinter dem Gott Israels zurückbleiben, sondern dass es außer Israels Gott letztlich überhaupt keinen Gott mehr gibt. Die unsichtbaren Personen, die in anderen Religionen als Götter verehrt werden, können im Vergleich mit Israels Gott eigentlich nicht mehr im Vollsinn des Wortes Götter genannt werden. Der Gott Israels ist der einzige Gott!

Diese Erkenntnis musste früher oder später in Israel dazu führen, dass den übrigen Völkern der Weg zum einzigen Gott zu zeigen ist, damit alle den einzigen Gott, dem dann Salomo den Tempel in Jerusalem bauen durfte, anbeten können (1. Kön. 8, 41–43).

Das Bekenntnis Israels gehört zu seinem tragenden Fundament: „Höre, Israel, der HERR ist unser Gott, der HERR allein.“ (5. Mose 6, 4). Schon Rut, die Moabitin, bekannte sich zu dem Gott Israels (Rut 1, 16).

Wie lieblich schön, Herr Zebaoth,
ist deine Wohnung, o mein Gott;
wie sehnet sich mein Herz zu gehen,
wo du dich hast geoffenbart,
und bald in deiner Gegenwart
im Vorhof nah am Thron zu stehen.
Dort jauchzet Leib und Geist in mir,
o Gott des Lebens, auf zu dir.

Matthias Jorissen, nach Ps. 84

Ist da noch jemand vom Hause Sauls, damit ich Gottes Barmherzigkeit an ihm tue? 2. Samuel 9, 3

Was konnte David veranlasst haben, so zu fragen? Müsste er nicht froh gewesen sein, dass die Ära Saul endgültig hinter ihm liegt? Vorbei war die Zeit, als Saul wie besessen hinter ihm her war, um ihn umbringen zu lassen. Nun nimmt er wieder Verbindung mit der Familie des Mannes auf, an den ihn schreckliche Ereignisse und lebensgefährliche Situationen erinnern. Wer hätte es nicht verstehen können, wenn er die letzten Überlebenden aus dem Hause Sauls gesucht hätte, um sich zu rächen. Doch David dachte anders.

Gerade in der Zeit, als Saul ihm unbarmherzig nachspürte, erlebte David viele Spuren der Barmherzigkeit Gottes. Dabei war er auf konkrete Hilfe von Menschen angewiesen. Diese Hilfe erlebte er sogar aus der Familie Sauls: Sauls Kinder – sein Freund Jonatan und dessen Schwester – schützten ihn (1. Sam. 18–20). Aus der Familie Sauls hatte David also beides erlebt: Saul war von einer unerklärlichen Angst besessen, die nur noch Mordgedanken kannte. Sauls Kinder dagegen waren von einer Barmherzigkeit beseelt, die David das Leben rettete. Nun wollte David nicht mit derselben unmenschlichen Zerstörungswut zurückschlagen. Die erlebte Barmherzigkeit machte ihn aktiv. Der Sohn seines Freundes durfte nun etwas von der Barmherzigkeit erleben, die sein Vater seinen Freund erleben ließ (2. Sam. 9, 1–13). Die Barmherzigkeit Gottes hatte über den unmenschlichen Hass gesiegt.

„Gottes Barmherzigkeit ist die Gnade, Liebe, Huld, die in Gott und um Gottes willen erzeigt wird, Lukas 6, 36“ (Carl Friedrich Keil, 1754–1818). Barmherzigkeit ist eine der kostbarsten Seite der Liebe Gottes (Jer. 31, 20; Hos. 11, 8; vgl. 1. Mose 43, 23.24).

Es ist das ewige Erbarmen,
das alles Denken übersteigt;
es sind die offnen Liebesarme
des, der sich zu dem Sünder neigt,
dem allemal das Herze bricht,
wir kommen oder kommen nicht.
Johann Andreas Rothe

David sprach zu Nathan: Ich habe gesündigt gegen den HERRN. Nathan sprach zu David: So hat auch der HERR deine Sünde weggenommen. **2. Samuel 12, 13**

Um den Frieden zu bewahren, durften die Könige in Israel verschiedene Menschengruppen in Anspruch nehmen. Sie konnten eine vielseitige zivile und militärische Organisation aufbauen, mit der ein stabiler Staat entstehen konnte (1. Sam. 8, 10–22). Zum Hofe eines altorientalischen Königs gehörte auch eine größere Anzahl von Frauen, die nur dem König zur Verfügung standen.

Diese weit gespannten Möglichkeiten durften aber nicht darüber hinwegtäuschen, dass Gott auch dem König seine Grenzen gesetzt hatte. So durfte der König z. B. nicht willkürlich jede Frau an seinen Hof holen. An der geschlossenen Ehe musste auch der freie Wille des Königs seine Grenzen anerkennen (2. Mose 20, 14).

Wenn solch ein Schuldbekenntnis über die Lippen eines altorientalischen Absolutherrschers kam, dann hatte es ein besonderes Gewicht. David selbst war ein Beispiel dafür, und er erkannte an, dass Gott die Familien auch vor dem Zugriff des Monarchen schützen musste. Weil er diese Grenze überschritten hatte, musste er befürchten, dass Gott gefährlich reagieren würde. Trotzdem bekannte sich David uneingeschränkt schuldig. Daraufhin hörte er den Zuspruch uneingeschränkter Entschuldigung. Gott nahm seine Schuld von ihm, denn Gottes Ordnungen sollen schützen und nicht vernichten. David demütigte sich vor Gott. Dann durfte ihm Nathan die Vergebung, wie in Kapitel 7 die Verheißung, verkündigen. Das kommt einem vor wie eine Vorauszahlung auf das, was unser Herr Jesus auf Golgatha erworben hat. Das wird Israel am Ende der Tage erfahren (Sach. 12, 10).

Schuld und Strafe sind erlassen,
Gott erbarmt sich über mich!
Dies Wort darf ich Sünder fassen,
und mein Glaube freuet sich.
Lobe Gott, befreite Seele,
diese Schenkung ist ja groß;
seine gnädigen Befehle
machen mich von Ketten los.
Philipp Friedrich Hiller

Der Geist des HERRN hat durch mich geredet, und sein Wort ist auf meiner Zunge. **2. Samuel 23, 2**

Dieser Satz bildet den Anfang eines kurzen Abschnittes, der „die letzten Worte Davids“ enthält. Am Ende eines langen Lebens steht eine kurz gefasste Weisheit. Viele Worte und Ereignisse, die einmal spektakulär die Tagesgespräche bestimmten, sind verblasst. Am Ende fragt man sich, was denn wirklich bleibt und Bedeutung behält.

Vieles von dem, was Menschen planen und tun, wird überschattet von Sorgen und Befürchtungen. Angst vor dem nächsten Tag, Angst vor anderen Menschen prägen uns. Selbst die bestgemeinten Pläne entwickeln sich oft problematisch und haben negative Folgen.

In unsere Hilflosigkeit hinein spricht Gott, um unserem unruhigen Dasein Halt zu geben. Er spricht durch Menschen, die seine Gedanken weitergeben. Sie werden, wie ihre Zeitgenossen auch, vom Strudel der Geschichte und ihren eigenen Fehlern mitgerissen. Sie können von sich aus nicht die Kräfte produzieren, die nötig sind, um alles grundlegend zu verändern. Aber Gott kann durch seinen Geist neue Situationen schaffen. Dazu sucht er sich manchmal Menschen, auf die ihre Zeitgenossen nie gekommen wären. Aber Gott findet sie und redet durch sie. An David dachte zunächst auch niemand; selbst Samuel hatte andere Ideale (1. Sam. 16). Doch Gott hatte ihn bestimmt, mit Israel einen Neuanfang zu machen. So gibt Gott immer wieder Menschen, die sein wegweisendes Wort auf ihrer Zunge haben.

Davids Zunge wurde Werkzeug Gottes (Ps. 45, 2), das kommende Heil Israels zu besingen. David weist hin auf den Kommenden (Ps. 118, 26), dessen Amt als Gesalbter viel wunderbarer ist, als es das Amt Davids sein konnte.

Jesus ist der Kern der Schrift,
weil auf ihn zusammentrifft,
was vom alt und neuen Bund
je im Buche Gottes stund.
Davids süßer Harfenton
klingt vom Herrn und seinem Sohn.
Auch der Tempel war sein Bild,
den die Herrlichkeit erfüllt.
Philipp Friedrich Hiller

Es ist mir sehr angst, aber lass uns in die Hand des HERRN fallen, denn seine Barmherzigkeit ist groß. 2. Samuel 24, 14

Was kann ein Mensch erwarten, wenn er durch seinen Eigensinn sich und andere in Katastrophen steuert? – Der König David brachte den Tod in viele Familien. Als er sah, was er angerichtet hatte, fiel ihm keine Problemlösung königlicher Logistik mehr ein. Strategische Pläne versagten. Diplomatische Kontakte führten nicht aus der Sackgasse. Er war am Ende seiner Möglichkeiten!

David hatte im Laufe seines Lebens und seiner Regierung die unterschiedlichsten Erfahrungen gemacht. Er musste erleben, wie unbarmherzig, wie unmenschlich Menschen sein können. Er hat aber auch erlebt, wie Gottes Herz für arme Menschen schlagen konnte. Nun wollte er kein Risiko mit Menschen eingehen, sondern sich in die Hand seines Gottes fallen lassen; sich mit seinem gesamten Volk.

Dabei fand er ein Gelände für einen Opferaltar, auf dem Salomo später auch den Tempel baute. Durch die vielen Brandopfer dort zeigte Gott immer und immer wieder, dass er Menschen trotz ihrer Verfehlungen begnadigt. Wir sind eingeladen, uns mit unserer Schuld in die Hand unseres Gottes fallen zu lassen. – Und an die Stelle der vielen Tieropfer setzte Gott schließlich das Opfer seines Sohnes am Kreuz, das ein für alle Mal gilt (Hebr. 9–10). Den Weg zum Heil finden wir nicht durch unsere Stärken, sondern Gott vergibt uns, um uns aus unserer Angst herauszuführen. Gott hat ein Herz für uns arme Menschen. Er ist barmherzig!

„Das zweite Buch Samuel klingt aus mit dem großen Gedanken: Gott ist unter allem Wechsel von Zorn und Gnade seinem Volk freundlich gesinnt im Namen des Gesalbten“ (Friedrich Mayer, 1889–1946).

Was Gott gesagt, steht ewig fest,
von seinem Bunde er nicht lässt.
Das sieht und rühmet Jakobs Same.
Erlösung sendet uns der Herr,
was er verheißt, erfüllet er:
Ja, hoch und heilig ist sein Name.
Matthias Jorissen

Nachdem Gott vorzeiten vielfach und auf vielerlei Weise geredet hat zu den Vätern durch die Propheten, hat er in diesen letzten Tagen zu uns geredet durch den Sohn. Hebräer 1, 1.2

Eine Grundfrage des religiösen Menschen lautet ganz schlicht: Redet denn Gott überhaupt, und wenn ja, wie redet er? Der Anfang des Hebräerbriefes gibt uns Antwort. Diese Antwort fasst das ganze Heilshandeln Gottes und die gesamte Heilige Schrift zusammen. Gott hat geredet. Und Gott hat nicht nur einmal geredet, sondern „vielfach und auf vielerlei Weise".

Aber nun wird eine sehr grundsätzliche Unterscheidung getroffen. Gott redete zu den Vätern. Damit ist die Zeit des Alten Bundes gemeint – durch die Propheten. Zu uns redet er aber durch seinen Sohn Jesus Christus. Damit steht zunächst fest: Gott hat durch die Propheten geredet. Die Propheten des Alten Bundes sagten nicht ihre eigenen Gedanken weiter. Sie redeten im Auftrag Gottes. Ihr Reden ist Wort Gottes und es bleibt Wort Gottes.

Aber wir hören auch sehr bewusst, dass Gott durch die Propheten eben nicht zuerst zu uns, sondern zu den Vätern, also zum Volk Israel, gesprochen hatte. Beim Lesen des alttestamentlichen Wortes ist darauf zu achten, zu wem und in welcher Situation Gott dieses Wort zuerst gesprochen hat. Freilich dürfen wir dann an dieses Wort auch die Frage stellen, was Gott uns damit zu sagen hat. Dabei dürfen wir jedoch nie aus dem Blick verlieren, dass wir das Wort an die Väter nie losgelöst vom Wort des Sohnes lesen und verstehen können.

Du Wort des Vaters, rede du
und stille meine Sinnen;
sag an, ich höre willig zu,
ja lehre frei von innen.
So schweigt Vernunft mit ihrem Tand,
und du bekommst die Oberhand
nach deinem Rat und Willen.
Dir räum ich all mein Innres ein,
das wollest du, ja du allein
mit deinem Geist erfüllen.
Johann Albrecht Bengel

Ihr sollt nicht meinen, dass ich gekommen bin, das Gesetz oder die Propheten aufzulösen; ich bin nicht gekommen aufzulösen, sondern zu erfüllen. Denn wahrlich, ich sage euch: Bis Himmel und Erde vergehen, wird nicht vergehen der kleinste Buchstabe noch ein Tüpfelchen vom Gesetz, bis es alles geschieht.

Matthäus 5, 17.18

Gottes Wort in Jesus Christus ist das entscheidende Wort Gottes an uns (Hebr. 1, 1.2). Wie aber stand Jesus selbst zur Heiligen Schrift der Juden seiner Zeit, zum Alten Testament? Ist mit Jesu Kommen das Alte Testament nicht in der Tat alt und damit hinfällig? Immer wieder hört man auch von Christen abfällige Bemerkungen über das Alte Testament. So wird etwa das alttestamentliche Gesetz häufig mit dem Etikett „gesetzlich" versehen und abgewertet. Oder man nimmt Anstoß an grausamen Kriegsschilderungen und lässt sich dadurch den Zugang zum ganzen Alten Testament verbauen. Zugegeben, es ist nicht alles für uns so einfach nachvollziehbar und leicht eingängig. Aber um dem Alten Testament gegenüber nicht eine falsche negative Haltung entgegenzubringen, ist es nötig, auf Jesu Wort über das Alte Testament zu hören.

Jesus musste als Lehrer in Israel Stellung nehmen zum Alten Testament, der Heiligen Schrift seiner Zeit. Er tat dies in der Bergpredigt an ganz zentraler und hervorgehobener Stelle. Allen Spekulationen, dass er gegenüber dem Alten Testament in irgendeiner Weise kritisch gegenüberstehen würde, trat er mit dieser Grundsatzaussage entgegen. Er kam nicht, um das Alte Testament aufzulösen, sondern um es zu erfüllen.

Herr, für dein Wort sei hoch gepreist;
lass uns dabei verbleiben
und gib uns deinen Heilgen Geist,
dass wir dem Worte glauben,
dasselb annehmen jederzeit
mit Sanftmut, Ehre, Lieb und Freud
als Gottes, nicht der Menschen.

David Denicke

Ihr sollt nicht meinen, dass ich gekommen bin, das Gesetz oder die Propheten aufzulösen; ich bin nicht gekommen aufzulösen, sondern zu erfüllen. Denn wahrlich, ich sage euch: Bis Himmel und Erde vergehen, wird nicht vergehen der kleinste Buchstabe noch ein Tüpfelchen vom Gesetz, bis es alles geschieht.

Matthäus 5, 17.18

„Das Gesetz und die Propheten“, also das ganze Alte Testament meint hier Jesus. Das ganze Alte Testament war für Jesus Heilige Schrift, Wort Gottes an sein Volk. Jesus trieb keine Kritik am Alten Testament, dass er unterschieden hätte zwischen Gotteswort und Menschenwort. Jesus trieb keine Kritik am Alten Testament in der Weise, dass er einen Teil als göttlich und gültig, den anderen als menschlich und zeitbedingt und deshalb im Grunde für nicht mehr verbindlich erklärt hätte. „Der kleinste Buchstabe“ und „ein Tüpfelchen vom Gesetz“ war ihm heilig. Der Sinn seiner Sendung ist nicht, „aufzulösen“. Ganz klar sagt er: „Ich bin gekommen, zu erfüllen.“

Wie aber sieht diese Erfüllung aus? Zunächst ist daran zu denken, dass Jesus selber den Willen Gottes erfüllt hat. Wir Menschen scheitern an Gottes Gebot. Jesus hat es erfüllt. Er war in allen Dingen wie wir – aber ohne Sünde. Jesus war der erste und er ist bis heute der einzige, der ohne Einschränkung den Willen Gottes getan hat. Sodann ist gemeint, dass die Verheißungen des Alten Testamentes in Jesus in Erfüllung gehen. Er ist der endzeitliche und damit der wahre König, Priester und Prophet. Schließlich ist Jesus für uns aber auch der Schlüssel zum Alten Testament. Wir können es nur noch von ihm her und auf ihn hin lesen, da er das abschließende Wort Gottes ist.

Nun ist erfüllt, was g'schrieben ist,
Halleluja,
in Psalmen von dem Herren Christ.
Halleluja.

Bartholomäus Gesius

Und es stand hinfort kein Prophet in Israel auf wie Mose, den der HERR erkannt hätte von Angesicht zu Angesicht.

5. Mose 34, 10

Was war Israel im Alten Bund geschenkt? Neben vielen Gaben Gottes (vgl. Röm. 9, 4.5) sind hier vor allem Männer und Frauen zu nennen, denen Gott in ganz besonderer Weise begegnet ist. Dazu zählen die Propheten, denen sich Gott durch sein Reden offenbarte. Unter ihnen ist an erster Stelle Mose zu nennen. Was hebt Mose hervor, dass hinfort kein Prophet in Israel aufstand wie Mose? „Der Herr redete mit Mose von Angesicht zu Angesicht, wie ein Mann mit seinem Freunde redet", lesen wir in 2. Mose 33, 11. Es kam also immer wieder zu einer ganz direkten und persönlichen Begegnung zwischen Gott und Mose. Diese besondere Gottesbegegnung löste Mose allerdings nicht aus der Gemeinschaft mit seinem Volk heraus, sondern er begegnete Gott stellvertretend für das Volk. Denn Gott redete mit Mose, damit Mose das empfangene Wort weitersagen sollte. Die Berufung durch Gott hat bis heute die Beauftragung in irgendeiner Weise zur Folge. Gott ruft und sammelt seine Leute unter sein Wort, um sie dann zu senden.

Im Zusammenhang mit Mose ist noch eine ganz besondere Gabe zu nennen, die Gott durch Mose seinem Volk gab: das Gesetz. Diese Gabe ist in einmaliger Weise mit Mose verbunden (Joh. 1, 17). Im Gesetz offenbarte Gott seinen Willen für sein Volk. Im Gesetz sagte Gott, was er will und was er nicht will. Mit dem Gesetz blieb Gottes Willen nicht im Unklaren und war auch nicht dem persönlichen Belieben überlassen. Bis heute erfahren wir Gottes Willen aus seinem Wort.

Bis wir singen mit Gottes Heer:
„Heilig, heilig ist Gott der Herr!"
und schauen dich von Angesicht
in ew'ger Freud und sel'gem Licht.

Wilhelm II., Herzog von Sachsen-Weimar

Einen Propheten wie mich wird dir der HERR, dein Gott, erwecken aus dir und aus deinen Brüdern; dem sollt ihr gehorchen.

5. Mose 18, 15

Als größter Prophet des Alten Bundes ist Mose zu nennen (5. Mose 34, 10). Zu ihm und durch ihn sprach Gott auf ganz besondere Weise. Aber mit dem Tod Moses endet Gottes Reden im Alten Bund nicht. Gott gab Israel für seinen Weg nicht nur das Gesetz. Er berief auch immer wieder Menschen, durch die er sein Volk führte und durch die er zu seinem Volk redete.

Dieses Wort ist zunächst so zu verstehen, dass Gott immer wieder Propheten wie Mose berufen und beauftragt hat. Als erster Nachfolger ist Josua zu nennen (vgl. Sir. 46, 1). Von ihm heißt es: „Josua wurde erfüllt mit dem Geist der Weisheit. Und die Israeliten gehorchten ihm und taten, wie der HERR es Mose geboten hatte" (5. Mose 34, 9). Durch Josua setzte Gott das Werk Moses fort und gab seinem Volk das verheißene Land.

Einige Jahrhunderte nach Josua erinnert vor allem Elia sehr stark an Mose. Wie zur Zeit Moses werden aus der Zeit Elias besonders viele Wunder berichtet, so z. B. die wunderbare Versorgung am Bach Krit und bei der Witwe zu Zarpat. Elia setzte sich mit ganzer Kraft für die Erneuerung des unter Mose geschlossenen Bundes ein. Und in seiner Verzweiflung floh Elia an den Berg Sinai, auf dem Gott dem Mose begegnet war.

Endgültig erfüllt sich die Verheißung aber in Jesus Christus. Gerade Mose und Elia erschienen ihm auf dem Berg der Verklärung (Matth. 17, 3). Und in Anlehnung an 5. Mose 18, 15 sagte Gott im Blick auf seinen Sohn: „Den sollt ihr hören!"

Höret und merkt, ihr lieben Leut,
die ihr jetzt Gott ergeben seid:
Lasst euch die Müh nicht reuen,
halt' fest am heil'gen Gotteswort,
das ist eu'r Trost und höchster Hort,
Gott wird euch schon erfreuen.

Georg Grünwald

Und der HERR streckte seine Hand aus und rührte meinen Mund an und sprach zu mir: Siehe, ich lege meine Worte in deinen Mund.
Jeremia 1, 9

Gott redet durch Menschen. Aber wird dadurch Gottes Wort nicht verfälscht? Das Wort der Heiligen Schrift fiel nicht vom Himmel, sondern wurde von Menschen geschrieben. Ging dabei nicht sehr viel Menschliches in dieses Buch ein?

Nun gilt es festzuhalten, dass in der Tat die Heilige Schrift nicht vom Himmel gefallen ist, sondern von Menschen geschrieben wurde. Außerdem beinhaltet die Bibel tatsächlich viele menschliche Worte. Diese sind aber auch eindeutig als solche zu erkennen. Wenn z. B. Hiobs Frau zu Hiob sagte: „Sage Gott ab und stirb!“ (Hiob 2, 9), so ist dies keinesfalls als göttlicher Rat zu verstehen. Und doch will Gott auch durch dieses Wort mit uns reden. Er will uns zeigen, wie aus dem Bereich der engsten menschlichen Beziehung die Anfechtung kommen kann. Und so wird für uns dieses Wort eines Menschen zu einem Wort Gottes an uns.

Und dann gibt es auch das andere, dass Gott ganz direkt durch Menschen geredet hat. Hier können wir nicht trennen zwischen Gotteswort und Menschenwort. Gott selbst hat den Mund der Propheten angerührt und sein Wort in ihren Mund gegeben. Wenn Gott selbst sein Wort in den Mund der Propheten legte, dann ist das Wort Gottes mit dem Wort des Propheten zu einer Einheit verbunden, die wir nicht trennen können. Und wir können gewiss sein, dass durch die Propheten Gott selbst gesprochen hat.

Dein Wort ist wahr und trüget nicht
und hält gewiss, was es verspricht,
im Tod und auch im Leben.
Du bist nun mein,
und ich bin dein,
dir hab ich mich ergeben.
Johannes Eccard

Und das Wort ward Fleisch und wohnte unter uns, und wir sahen seine Herrlichkeit, eine Herrlichkeit als des eingeborenen Sohnes vom Vater, voller Gnade und Wahrheit. Johannes 1, 14

In Jesus Christus kommt die Reihe der alttestamentlichen Propheten zu ihrer Erfüllung und zu ihrem Abschluss. Und doch ist Jesus nicht einer unter vielen in der großen Zahl der Propheten. Er unterscheidet sich von allen anderen. Man könnte von Jesus sagen: Hier ist mehr als Mose und Elia.

Was ist das Besondere und Herausragende an Jesus? Zu den Propheten hat Gott geredet. Im Unterschied dazu hat Gott zu Jesus nicht nur geredet, sondern Jesus ist Gottes Wort in Person. Er hat nicht nur ein Wort von Gott, sondern er ist das Wort. Durch die Propheten kam das Wort Gottes zu den Menschen. In Jesus Christus kam der eingeborene Sohn vom Vater in unsere Welt.

Jesus wird von Johannes ganz bewusst „Wort" (vgl. Offb. 19, 13) genannt, weil Gott durch Jesus zu uns redet. Gottes Wort durch Jesus ist Wahrheit, weil Jesus von Gott kam, in der innigen Gemeinschaft mit Gott war, ja selbst Gott ist. Dass Gott in dieser unüberbietbaren Weise mit uns redet, zeigt sein Interesse an uns. Gott möchte uns in Jesus Christus begegnen und uns in seine Gemeinschaft rufen. Deshalb ist das Kommen und das Reden Jesu Herrlichkeit. Der Himmel öffnet sich in einer doppelten Weise. Gott kommt zu uns und wir können zu Gott kommen. Das ist Gnade.

Wenn Gottes Wort in Jesus Person wurde, dann ist dieses Wort ein für alle Mal gültiges Wort Gottes, das nicht infrage zu stellen, sondern zu befolgen ist.

Das Wort geht von dem Vater aus
und bleibt doch ewiglich zu Haus,
geht zu der Welten Abendzeit,
das Werk zu tun, das uns befreit.
Otto Riethmüller

Ich kannte dich, ehe ich dich im Mutterleibe bereitete, und sonderte dich aus, ehe du von der Mutter geboren wurdest, und bestellte dich zum Propheten für die Völker. Jeremia 1, 5

Die Geschichte des Volkes Gottes ist eine Geschichte von Berufungen. Abraham wurde als Einzelner, seine Nachkommen, das Volk Israel, wurden als Ganzes berufen. Innerhalb dieses Volkes wiederum wurde ein Stamm zum Priesterdienst berufen. Und von der Gemeinde Jesu gilt, dass jeder einzelne Christ ein von Gott Berufener ist. Im Alten Bund galt die Berufung immer wieder auch einzelnen Menschen. Vor allem bei Propheten erfahren wir von persönlichen Berufungen. An der des Jeremia lassen sich Grundzüge der Berufung ablesen. Gott kennt die Menschen, die er beruft von Anfang an (vgl. Röm. 8, 29.30). Die Berufung ist keine Belohnung für einen verdienstvollen Glauben, sondern geht allem menschlichen Tun voraus. Sie liegt in Gottes Ratschluss begründet. Jeremia ist bereits im Mutterleib von Gott erkannt und ausgesondert. Gott kennt die Seinen aber auch umfassend in ihrer ganz persönlichen Art, sowohl ihre Stärken als auch ihre Schwächen. Die Berufung stellt sie in ein ganz persönliches Verhältnis zu Gott. Jeremia wurde für Gott ausgesondert (wörtlich: geheiligt). Er sollte mit seinem ganzen Leben Gott zur Verfügung stehen.

Beides dürfen von Jesus Berufene von sich sagen. Sein Ruf gilt mir vor meinem persönlichen Glauben, und durch seinen Ruf gehört ihm mein ganzes Leben.

Es kennt der Herr die Seinen
und hat sie stets gekannt,
die Großen und die Kleinen
in jedem Volk und Land;
er lässt sie nicht verderben,
er führt sie aus und ein,
im Leben und im Sterben
sind sie und bleiben sein.
Philipp Spitta

Da sprach ich: Weh mir, ich vergehe! Denn ich bin unreiner Lippen und wohne unter einem Volk von unreinen Lippen; denn ich habe den König, den HERRN Zebaoth, gesehen mit meinen Augen. **Jesaja 6, 5**

Jesaja wurde eine besondere Gottesschau zuteil. Eines Tages sah er im Tempel in einer Vision Gott auf seinem Thron sitzen. Jesajas erste Reaktion in dieser Gottesbegegnung war aber weder Begeisterung noch Staunen, sondern der erschrockene Ausruf: „Weh mir, ich vergehe!" Viele Berufungsberichte der Bibel haben das Gemeinsame, dass der Berufene nicht in begeisterte Ergriffenheit ausbricht, sondern erschüttert zurückschreckt. So sagte einst Mose, er könne nicht reden, und Jeremia meinte, er sei zu jung. Bei Jesaja geht es um die Erkenntnis der Sünde. In der Gegenwart Gottes wird er sich seiner Sünde bewusst. Ähnlich war es später bei Petrus, der zu Jesus sagte: „Herr, geh weg von mir! Ich bin ein sündiger Mensch" (Luk. 5, 8). Die Gottesbegegnung führt zur Sündenerkenntnis. Gegenüber dem heiligen Gott bleibt dem sündigen Menschen nur der Ausruf: „Weh mir, ich vergehe!" Wahre Gottesbegegnung wird sich immer daran messen lassen müssen, ob es zu solcher Sündenerkenntnis kommt.

Nun gilt es, bei diesem Wort eine Sache ganz besonders zu beachten. Jesaja wurde zum Propheten berufen. Ein Prophet hat in erster Linie Gottes Wort zu verkündigen. Sein „Handwerkszeug" ist also sein Mund. Aber Jesaja erkennt, dass gerade seine Lippen unrein sind. Wie oft merken Mitarbeiter, dass sie gerade da, wo sie von Gott gefordert sind, schuldig werden. Wir dürfen auch diese Schuld vor Gott bekennen und abgeben.

Hilf, dass ich rede stets, womit ich kann bestehen;
lass kein unnützlich Wort aus meinem Munde gehen;
und wenn in meinem Amt ich reden soll und muss,
so gib den Worten Kraft und Nachdruck ohn Verdruss.
Johann Heermann

Da flog einer der Serafim zu mir und hatte eine glühende Kohle in der Hand, die er mit der Zange vom Altar nahm, und rührte meinen Mund an und sprach: Siehe, hiermit sind deine Lippen berührt, dass deine Schuld von dir genommen werde und deine Sünde gesühnt sei. **Jesaja 6, 6.7**

Der Mund des Propheten Jesaja wird gereinigt. Die Schuld seiner Lippen wird ihm vergeben.

Die tiefe Erkenntnis durchzieht die ganze Bibel, dass wir Menschen gerade mit unseren Worten schuldig werden. In den Sprüchen lesen wir: „Wo viel Worte sind, da geht's ohne Sünde nicht ab" (Spr. 10, 19). Das Gebot ermahnt uns: „Du sollst nicht falsch Zeugnis reden wider deinen Nächsten" (2. Mose 20, 16). Und Jesus hat mit aller Deutlichkeit festgestellt: „Richtet nicht, damit ihr nicht gerichtet werdet" (Matth. 7, 1) Während – Gott sei Dank – viele böse Vorhaben nicht zur Tat werden, so fahren wir mit den Worten oft schnell heraus und verletzen und verurteilen uns gegenseitig.

Gerade Menschen, die von Gott berufen sind, sollten ganz besonders auf ihre Worte achten. Sie sind beauftragt, Gottes Wort in vielfältiger Weise zu bezeugen. Um dieses Zeugnisses willen ist es wichtig, auf die andern Worte zu achten. Wie oft nehmen Nichtchristen gerade an Christen Anstoß, die einerseits ganz fromm Gottes Wort bezeugen und andererseits ganz lieblos über ihre Mitmenschen sprechen. Das Zeugnis von Gott soll nicht durch die anderen Worte, die wir sprechen, verdunkelt werden. Jakobus ermahnt die Gemeinden: „Aus einem Mund kommt Loben und Fluchen. Das soll nicht so sein" (Jak. 3, 10).

Ich rede, wenn ich schweigen sollte,
und wenn ich etwas sagen sollte,
dann bin ich plötzlich stumm.
Herr, hilf das Rechte sagen.
Hilf uns das Gute wagen.
Hilf uns das Gute wagen.
Herr, hilf das Rechte tun.

Kurt Rommel

Der HERR sprach aber zu mir: Sage nicht: „Ich bin zu jung“, sondern du sollst gehen, wohin ich dich sende, und predigen alles, was ich dir gebiete. **Jeremia 1, 7**

Was zeichnet einen Menschen aus, der von Gott berufen wurde? Die Antwort lautet: der ganze Gehorsam. Von Jeremia wird dieser Gehorsam in einer doppelten Weise gefordert. Zum einen im Blick auf die Adressaten seiner Botschaft. Er soll an jeden Ort gehen, an den ihn Gott sendet. Zum andern im Blick auf den Inhalt der Botschaft. Er soll alles sagen, was Gott ihm gebietet. Jeremia soll also nur das sagen, was Gott ihm aufträgt, und nichts hinzufügen. Jeremia soll aber auch alles sagen, also von sich aus keine Abstriche an der Botschaft vornehmen (vgl. Offb. 22, 18.19).

Dieser umfassende Gehorsam fällt Gottes Leuten immer wieder schwer. Wie gerne wählen wir aus, wo wir Gottes Wort zu verkündigen haben. Und vor allem, wie gerne verkürzen wir den Inhalt der Verkündigung so, dass er für uns selbst und für unsere Hörer angenehm ist. Gottes Auftrag aber ist eindeutig.

Jesus selbst hat das Wort Gottes an Jeremia an ganz entscheidender Stelle aufgenommen. Sein Vermächtnis an seine Jünger lautet: „Darum gehet hin und machet zu Jüngern alle Völker: Taufet sie auf den Namen des Vaters und des Sohnes und des Heiligen Geistes und lehret sie halten alles, was ich euch befohlen habe“ (Matth. 28, 19.20a). Dieses so wichtige Wort Jesu enthält wie das Wort an Jeremia eine Ortsangabe und eine Inhaltsangabe. Die Gemeinde Jesu ist gesandt zu „allen Völkern“ und sie hat zu verkündigen „alles, was ich euch befohlen habe“. Diesen Auftrag gilt es immer wieder neu zu hören und vor allem zu tun.

Beleb, erleucht, erwärm, entflamme
doch bald die ganze weite Welt
und zeig dich jedem Völkerstamme
als Heiland, Friedefürst und Held.
Georg Friedrich Frickert

Ein Prophet, der Träume hat, der erzähle Träume; wer aber mein Wort hat, der predige mein Wort recht. Wie reimen sich Stroh und Weizen zusammen?, spricht der HERR. Jeremia 23, 28

Wort oder Traum – das ist die Frage. Wir Menschen haben unsere Träume und unsere Vorstellungen von Gott. Wir stellen uns Gott gerne so vor, dass wir unser Leben möglichst ungehindert führen können. Wir erdenken uns einen Glauben, der für uns möglichst angenehm und ohne große Opfer auskommt. Wir erträumen uns eine Zukunft, die für uns nur das Beste bereit hat. Aber sind das nicht Träume? Machen wir uns damit nicht selbst zum Maßstab? Die größte Gefahr des religiösen und frommen Menschen ist, dass er immer von Gott spricht, und doch nur sich selbst sucht und sich um sich selber dreht.

Gegen diese Träume, die dem eigenen Denken und Fühlen entspringen, wird das Wort gesetzt. Das Wort kommt von Gott. Es kommt nicht von uns. Es tritt von außen an uns heran. Es stellt unsere Träume – auch unsere frommen Träume – infrage.

Dieses Wort weist uns hin auf die größte Gefahr für den Frommen, dass er sein eigenes Denken und Wollen von Gottes Denken und Wollen nicht mehr unterscheidet und mit diesem gleichsetzt und sich auch in seiner Verkündigung letztlich von seinem eigenen Denken leiten lässt.

Gleichzeitig lehrt uns dieses Wort zu unterscheiden zwischen unseren frommen Träumen und Gottes klarem Wort. Gottes Wort ist und bleibt das uns fremde Wort, das nicht aus uns und nicht aus unseren Träumen, sondern allein aus Gottes offenbartem Wort kommt.

Nun gib uns Pilgern aus der Quelle,
der Gottesstadt den frischen Trank;
lass über der Gemeinde helle
aufgehn dein Wort zu Lob und Dank.
Otto Riethmüller

Aus allen Geschlechtern auf Erden habe ich allein euch erkannt, darum will ich auch an euch heimsuchen all eure Sünde.

Amos 3, 2

Für den Alten Bund gilt, dass Gott allein Israel erwählt hat. Dadurch war und ist Israel in einer ganz besonderen Weise von allen anderen Völkern unterschieden. Keinem Volk der Erde hat sich Gott in dieser Weise zugewandt. Die Erwählung brachte Israel eine Fülle von Gaben. Israel wurde durch Gottes Macht aus der Knechtschaft in Ägypten befreit. Israel erhielt von Gott ein Land, in dem es wohnen konnte. Gott offenbarte Israel im Gesetz seinen Willen. Die quälende Frage: „Was will Gott von mir?" musste sich Israel im Grunde nicht stellen. Sie war von Gott her beantwortet. Aber obwohl Gottes Gebot ganz klar ist, entstand gerade an diesem klaren Gebot die tiefe Krise zwischen Israel und Gott. Was war, wenn Israel sich gegenüber dem Gebot verfehlen würde?

Die Erwählung Gottes hat damals in Israel und darüber hinaus bis heute zu einem fatalen Missverständnis geführt, als ob Gott wegen seiner Erwählung und aufgrund seiner großen Gnade alle Sünde einfach übersehen würde. Der Prophet Amos deckt dieses Missverständnis auf und korrigiert es. Auch Israel ist vor dem Gericht nicht sicher. Gerade an Israel wird die Sünde heimgesucht. Die Erwählung darf zu keiner falschen Heilssicherheit führen. Gott ist ganz gewiss der gnädige und vergebende Gott. Aber Gott will auch nicht, dass aufgrund seiner Gnade die Sünde verharmlost wird. Bei den Menschen, die er erwählt hat, soll ein Bewusstsein für die Sünde entstehen.

Ich empfinde, meine Sünde
sei an allem Kummer schuld;
ich gestehe dies und flehe
um Vergebung und Geduld.
Du, mein Leben, kannst mir geben
neue Gnade, neue Huld.

Magdalena Sibylla Rieger

Verlasst euch nicht auf Lügenworte, wenn sie sagen: Hier ist des HERRN Tempel, hier ist des HERRN Tempel, hier ist des HERRN Tempel! Jeremia 7, 4

Was für eine Bedeutung hatte der Tempel für Israel? Gott hatte zugesagt, dass sein Name im Tempel wohnen würde. Gott ist also im Tempel gegenwärtig. Als Zeichen dafür wurde in das Allerheiligste die Bundeslade eingestellt. Sie stand für den Bund, den Gott mit Israel geschlossen hatte. Die Gebotstafeln in ihr gaben davon Zeugnis. Gott wollte Israels Gott sein und Israel sollte sein Volk sein. So gesehen war der Tempel Zeichen des Bundes und Zeichen seiner Gegenwart in Israel.

Und doch war bei der Tempeleinweihung durch Salomo deutlich zum Ausdruck gebracht worden, dass aller Himmel Himmel Gott nicht fassen können (1. Kön. 8, 27). Gott lässt sich nicht an ein Gebäude binden. Er ist der allmächtige Gott, der alles Geschaffene weit überragt.

Offensichtlich war dies zu Zeiten Jeremias vielen Menschen in Jerusalem nicht mehr klar. Sie fühlten sich sicher, weil der Tempel in ihrer Mitte war. Gebetsmühlenartig wiederholten sie die Losung: „Hier ist des HERRN Tempel." Sie brachten damit ihre Sicherheit zum Ausdruck, dass ihnen nichts passieren würde, da der Herr in ihrer Mitte sei. Gleichzeitig warf Jeremia seinem Volk vor, dass es in eindeutiger Weise Gottes Gebote übertrete.

Die Frage richtet sich an uns, wo wir uns gegenüber Gott auf falsche und äußere Sicherungen verlassen, mit denen wir unseren Ungehorsam entschuldigen. Die Gegenwart Gottes führt zur echten Sündenerkenntnis und Erneuerung des Lebens.

Alleine Christus ist mein Trost,
der für mich ist gestorben,
mich durch sein Blut vom Tod erlöst,
die Seligkeit erworben.
Hat meine Sünd getragen gar,
bezahlt an seinem Leibe,
das ist vor Gott gewisslich wahr,
hilf Gott, dass ich's fest glaube.
Johann Walter

So spricht der HERR Zebaoth, der Gott Israels: Bessert euer Leben und euer Tun, so will ich bei euch wohnen an diesem Ort.
Jeremia 7, 3

Unter den Bürgern von Jerusalem war es im Lauf der Zeit zu einer schlimmen Täuschung gekommen. Sie wähnten sich ihres Gottes ganz sicher, weil in Jerusalem der Tempel war. Gott war, so meinten sie, im Tempel doch in ihrer Mitte. Wenn aber Gott sowieso unter ihnen wohnte, dann – so dachten sie – hat das Verhalten im Alltag auf die Gottesbeziehung keine Auswirkungen. Jeremia hielt ihnen vor, dass sie Diebe, Mörder, Ehebrecher und Meineidige seien und außerdem auch anderen Göttern opferten. Aber sie selbst sahen darin kein Problem. Ihre Sicherheit war durch die vermeintliche Gegenwart Gottes im Tempel garantiert. Auf der einen Seite feierten sie fromme Gottesdienste im Tempel, auf der andern Seite traten sie im Alltag Gottes Gebote mit Füßen.

Jeremia deckte diese Scheinheiligkeit auf. Gott gibt sich mit ihr nicht zufrieden. Er will nicht nur im Gottesdienst verehrt sein. Sein Ruf zielt auf konkrete Veränderungen im Alltag. Gottesdienst und Alltag sollen übereinstimmen. So gibt Jeremia im Auftrag Gottes den Aufruf weiter: „Bessert euer Leben und euer Tun!“

In ganz ähnlicher Weise weist uns Jesus in der Bergpredigt auf die Umsetzung seines Willens hin. Er will, dass wir nicht nur Hörer, sondern Täter seines Wortes sind (Jak. 1, 22). Die Bergpredigt zusammenfassend sagt er: „Wer diese meine Rede hört und tut sie, der gleicht einem klugen Mann, der sein Haus auf Fels baute“ (Matth. 7, 24).

Schaff in mir, Herr, den neuen Geist,
der dir mit Lust Gehorsam leist
und nichts sonst, als was du willst, will;
ach Herr, mit ihm mein Herz erfüll.
Johann Friedrich Ruopp

So spricht der HERR: Ich gedenke der Treue deiner Jugend und der Liebe deiner Brautzeit, wie du mir folgtest in der Wüste, im Lande, da man nicht sät. Jeremia 2, 2

Ist Gott romantisch? Bei diesem Jeremiawort ist man geneigt, diese Frage zu bejahen. Gott blickt zurück auf seine Anfangszeit mit Israel. Er vergleicht sie mit dem Verliebtsein eines jungen Liebespaares, das sich auf die Hochzeit freut. Damals liebte Israel Gott. Oder anders gesagt: Israel erwiderte die Liebe Gottes. Die Liebe zu Gott zeigte sich in der Nachfolge. In dieser ersten Liebe folgte Israel Gott selbst in der Wüste.

Wie würden wir unser Verhältnis zu Gott bezeichnen? Als Liebesbeziehung? Oder wählen wir lieber nüchterne und sachliche Beschreibung für unsere Gottesbeziehung?

Die Bibel bevorzugt die Liebessprache für das Verhältnis zwischen Gott und uns. Gott hat Israel erwählt, weil er dieses Volk liebt (5. Mose 7, 8). Gott hat seinen Sohn als Erlöser gesandt, weil er die Welt liebt (Joh. 3, 16). Als der auferstandene Jesus Petrus begegnete, der ihn verleugnet hatte, fragte er ihn: „Petrus, hast du mich lieb?" (Joh. 21, 15–17). Gott will nicht nur unseren Verstand, er will unser Herz. Gott will nicht nur unser nüchternes Vertrauen und unser Wissen über die Dinge, die zum Glauben gehören. Gott will unsere Liebe. Der erhöhte Herr hält der Gemeinde in Ephesus den Spiegel vor und sagt ihr, dass sie die erste Liebe verlassen hat (Offb. 2, 4). Wie sieht unser Verhältnis zu Gott aus? Ist auch bei uns die erste Liebe abgekühlt? Gott denkt an sie zurück. Und Gott ruft uns immer wieder aufs Neue zur ersten Liebe zurück.

Ich will dich lieben, o mein Leben,
als meinen allerbesten Freund;
ich will dich lieben und erheben,
solange mich dein Glanz bescheint;
ich will dich lieben, Gottes Lamm,
als meinen Bräutigam.
Johann Scheffler

So spricht der HERR: Was haben doch eure Väter Unrechtes an mir gefunden, dass sie von mir wichen und hingen den nichtigen Götzen an und wurden so zunichte, und dachten niemals: Wo ist der HERR, der uns aus Ägyptenland führte und leitete uns in der Wüste, im wilden, ungebahnten Lande, im dürren und finstern Lande, im Lande, das niemand durchwandert und kein Mensch bewohnt? **Jeremia 2, 5.6**

Wie kann man den Abfall von Gott erklären? Immer wieder steht man fassungslos vor der Tatsache, dass Menschen, die ein Stück ihres Lebensweges bewusst mit Gott gegangen waren, von diesem Weg abkommen, Gott gegenüber gleichgültig werden und sich Ersatzreligionen zuwenden.

Als in Israel z. Zt. Jeremias viele Menschen gegenüber Gott und seinen konkreten Weisungen gleichgültig geworden waren, ließ Gott durch den Propheten seinem Volk eine interessante Frage stellen: „Was haben doch eure Väter Unrechtes an mir gefunden?“ Es kann für den Abfall von Gott nur eine sinnvolle Erklärung geben: Gott hat falsch gehandelt; Gott hat sein Wort nicht gehalten; Gott hat Israel nicht geholfen. Gott fragt sein Volk ganz aufrichtig nach der Ursache für den Abfall. Könnt ihr gegen mich etwas vorbringen? Könnt ihr mir sagen, was ich falsch gemacht habe?

Gott selbst gibt aber auch die Antwort. Der Rückblick Israels auf seine Geschichte mit Gott müsste eigentlich deutlich zeigen, dass Gott seinem Volk geholfen hat. Es kann keinen Grund für den Abfall von Gott vorbringen. Gott vergessen hat mit Vergesslichkeit zu tun. Wir sind aufgerufen, der Taten Gottes zu gedenken. Sie zeigen, dass Gott es gut mit uns meint.

Vergiss nicht zu danken dem ewigen Herrn,
er hat dir viel Gutes getan.
Bedenke, in Jesus vergibt er dir gern;
du darfst ihm, so wie du bist, nahn.
In Jesus gehörst du zur ewigen Welt,
zum Glaubensgehorsam befreit.
Er hat dich in seine Gemeinde gestellt
und macht dich zum Dienen bereit.

Heino Tangermann

Denn mein Volk tut eine zwiefache Sünde: Mich, die lebendige Quelle, verlassen sie und machen sich Zisternen, die doch rissig sind und kein Wasser geben. Jeremia 2, 13

Gott verlassen – darauf kann Gott nur mit allergrößtem Unverständnis und Bedauern reagieren. Dabei steht nach diesem Wort gar nicht die Auswirkung auf Gott im Vordergrund. Es geht nicht vorrangig um seine verletzte Ehre. Nein, der Mensch oder das Volk, das Gott verlässt, schadet sich selbst am meisten. Gott vergleicht sich mit einer lebendigen Quelle. Frisches Wasser aus der Quelle ist lebensnotwendig. So lebensnotwendig wie Wasser ist Gott für uns Menschen. Er versorgt uns mit allem, was wir zu unserem irdischen Leben brauchen. Aber weit darüber hinaus segnet er uns mit geistlichen Gütern (Eph. 1, 3). Er schafft die Möglichkeit zum Heil durch die Vergebung der Sünden und die Überwindung des Todes. Wer mit Gott lebt, wird gesegnet mit allen Gaben Gottes. Diese Gaben gibt es bei keinem andern.

Gott gebraucht ein zweites Bild, um dies seinem Volk zu verdeutlichen. Wer Gott, die lebendige Quelle, verlässt, findet keine zweite Quelle, weil es keine zweite Quelle gibt. Er versucht zwar, eine andere Quelle zu finden bzw. sich selber eine solche zu machen. Aber Gott stellt fest, dass es nur zu einer rissigen Zisterne reicht, die kein Wasser hat.

Lebendiges Wasser gibt es nur bei Gott (Ps. 36, 10; Joh. 4, 14; 7, 37; Offb. 22, 17). Es ist menschliche Blindheit und Torheit, dieses Angebot auszuschlagen und auf eigene Faust nach Wasser zu graben. Letztendlich schaden wir uns mit dieser doppelten Sünde nur selber.

Jesus ist kommen, die Quelle der Gnaden;
komme, wen dürstet, und trinke, wer will!
Holet für euren so giftigen Schaden
Gnade aus dieser unendlichen Füll!
Hier kann das Herze sich laben und baden.
Jesus ist kommen, die Quelle der Gnaden.
Johann Ludwig Konrad Allendorf

Ich bin euren Feiertagen gram und verachte sie und mag eure Versammlungen nicht riechen. Tu weg von mir das Geplärr deiner Lieder; denn ich mag dein Harfenspiel nicht hören! Es ströme aber das Recht wie Wasser und die Gerechtigkeit wie ein nie versiegender Bach. **Amos 5, 21.23.24**

Ist dies Gottes Ernst? Mag er die Feiertage nicht mehr? Ist Gott gegen die gottesdienstlichen Versammlungen? Ist er unsere Lieder leid? All dies geschieht doch zu seiner Ehre und stellt ihn in den Mittelpunkt.

Es geht nicht um das Nein zum Gottesdienst. Es geht um ein Nein zum halben Gehorsam. Gott will, dass wir ihn im Gottesdienst ehren. Aber er will genauso, dass wir ihm im Alltag gehorchen. Wo Letzteres nicht mehr der Fall ist, verkommt der Gottesdienst zu einer frommen Fassade, die Gott verabscheut.

Gott liebt und will Recht und Gerechtigkeit. Es soll in seinem Volk nicht versiegen, sondern in reichlichem Maße vorhanden sein. Recht und Gerechtigkeit ermöglichen das Zusammenleben von Gottes Volk. Jeder soll in ihm einen Lebensraum haben. Auch den Schwachen, Witwen und Waisen, Sklaven und Mägden, Schuldnern und Fremdlingen soll ihr Recht zukommen. Die Propheten haben Missstände deutlich zur Sprache gebracht und Recht und Gerechtigkeit eingefordert. Sie haben mit Nachdruck darauf verwiesen, dass der Gottesdienst am Sonntag nicht isoliert vom Gottesdienst im Alltag gesehen werden kann. Der Gottesdienst am Sonntag soll die Gemeinde für den Gottesdienst im Alltag vorbereiten und stärken – dann wird er recht gefeiert.

Gib, dass ich tu mit Fleiß, was mir zu tun gebühret,
wozu mich dein Befehl in meinem Stande führet.
Gib, dass ich's tue bald, zu der Zeit, da ich soll,
und wenn ich's tu, so gib, dass es gerate wohl.

Johann Heermann

Da sprach der HERR zu mir: Reif zum Ende ist mein Volk Israel; ich will ihm nichts mehr übersehen. **Amos 8, 2**

Was konnte man über Israels Zukunft z. Zt. des Propheten Amos (etwa 760 v. Chr.) sagen? Politisch ging es Israel gar nicht schlecht. Unter dem König Jerobeam II. erlebte Israel eine Blütezeit. Verloren gegangenes Land konnte zurückgewonnen werden. Eine wirtschaftlich gute Entwicklung führte zu Wohlstand im Lande. Eigentlich konnte man erwartungsvoll in die Zukunft schauen.

Ganz anders ist Gottes Botschaft, die er Amos in einer Vision offenbarte. Das Volk ist reif für das Ende – so lautet Gottes Urteil und seine Zukunftsansage. Immer wieder war Gott seinem Volk gnädig gewesen, obwohl es sich immer und immer wieder von ihm entfernt hatte. Nun steht aber fest, dass Gott nichts mehr übersehen will. Die Zeit der Heimsuchung ist gekommen.

Gott hat dieses Wort wahr gemacht. Rund vierzig Jahre nach dem Wirken von Amos fand das Nordreich Israel sein politisches Ende. Die Assyrer nahmen das Land ein und verschleppten einen Teil der Bevölkerung.

Es ist Gott ernst mit seinem Gericht, das hat Israel erfahren. Gott schaut auf Dauer nicht tatenlos zu, wenn sein Wort mit Füßen getreten wird. Zur Zeit des Amos wird an Israel auch deutlich, dass der äußere Schein trügen kann und sich eine Wohlstandsphase sehr schnell als Scheinblüte entpuppen kann. An Gottes Handeln mit Israel erkennen wir Gottes Gnade, aber auch seine Heiligkeit. Er lässt sich nicht spotten.

Er kommt zum Weltgerichte:
zum Fluch dem, der ihm flucht,
mit Gnad und süßem Lichte
dem, der ihn liebt und sucht.
Ach komm, ach komm, o Sonne,
und hol uns allzumal
zum ewgen Licht und Wonne
in deinen Freudensaal.

Paul Gerhardt

HERR, du hast mich überredet, und ich habe mich überreden lassen. Du bist mir zu stark gewesen und hast gewonnen; aber ich bin darüber zum Spott geworden täglich, und jedermann verlacht mich. **Jeremia 20, 7**

War es in Israel nicht eine Ehre, von Gott zum Propheten berufen zu sein? Als Prophet stand man in einer herausgehobenen persönlichen Beziehung zu Gott. Gott redete direkt zu den Propheten, offenbarte ihnen seinen Plan. Eigentlich war zu erwarten, dass Israel auf seine Propheten hörte und ihnen für ihre Worte dankbar war.

Aber oft war das Umgekehrte der Fall. Die Propheten wurden nicht gehört, sondern verspottet, nicht geachtet, sondern verlacht. Elia musste sich vor Ahab verstecken und Amos wurde des Landes verwiesen. Aus der Geschichte der Propheten war Jeremia bekannt, dass ihnen häufig Verachtung entgegenschlug. Deshalb hatte er seine Berufung zunächst abgelehnt. Gott aber hatte die Entschuldigung Jeremias nicht angenommen.

Wohl wie kein anderer Prophet hat Jeremia dann unter seinem Amt gelitten. Von seiner Familie wurde er verachtet, von seinen Dorfbewohnern bedroht, von Königen gefangen gesetzt. In einer seiner schweren Stunden klagt er Gott seine Last und erinnert Gott daran, dass er nur unter Druck und widerwillig Prophet geworden war und wie sehr er unter dem Spott zu leiden hat. Der Dienst für Gott muss nicht zu Anerkennung und Erfolg führen. Bis heute kann das Gegenteil der Fall sein. Und doch hat Jeremia auch die andere Erfahrung gemacht, dass Gott gerade seine angefochtenen Mitarbeiter hält.

Ach dass doch diese böse Zeit
bald wiche guten Tagen,
damit wir in dem großen Leid
nicht möchten ganz verzagen!
Doch ist ja Gottes Hilfe nah,
und seine Gnade stehet da
all denen, die ihn fürchten.
Paul Gerhardt

Siehe, ich setze dich heute über Völker und Königreiche, dass du ausreißen und einreißen, zerstören und verderben sollst und bauen und pflanzen. Jeremia 1, 10

Hatten denn die Propheten überhaupt einen Einfluss? Sie standen oft alleine und wurden höchstens von einem kleinen Kreis unterstützt. Was sollten sie schon ausrichten? Die Macht lag in den Händen anderer, bei den Königen und ihren Mitarbeitern und Truppen. Aber diese äußere Sicht trügt. Der schwache und angefochtene Prophet Jeremia war über Völker und Königreiche gesetzt. Dies Wort zeigt, dass die eigentliche Macht bei Gott liegt. Der Prophet hat an dieser Macht Gottes Anteil, weil er Gottes Wort ausrichtet, und dieses Wort trifft ein.

Was aber ist der Inhalt dieses Machtwortes? Gott zeigt es Jeremia mit Begriffen aus dem Hausbau und der Landwirtschaft. So wie ein Haus eingerissen und Pflanzen ausgerissen werden, so handelt Gott mit ganzen Völkern. Jerusalem und Juda haben es erfahren, als sie unter dem Ansturm der babylonischen Heere zugrunde gingen. Durch die Propheten wurde aber klar, dass sich in diesem Geschick Gottes Gericht vollzieht. In vielen Worten und Reden haben die Propheten menschliche Schuld aufgedeckt und als Folge das Gericht Gottes angekündigt. Auch Israel war davon nicht ausgenommen.

Aber es blieb bei der Verkündigung der Propheten nicht beim Gerichtswort. Auch das Pflanzen und Bauen war Teil ihres Auftrags. Gott wollte Israel nicht ganz verstoßen. Das Gericht war nicht Gottes letztes Wort. Nach dem Gericht stellt Gott eine neue Heilszeit für Israel in Aussicht.

Ja wenn's am schlimmsten mit mir steht,
freu ich mich seiner Pflege;
ich weiß: die Wege, die er geht,
sind lauter Wunderwege.
Was böse scheint, ist gut gemeint;
er ist doch nimmermehr mein Feind
und gibt nur Liebesschläge.

Philipp Spitta

Zur selben Zeit will ich die zerfallene Hütte Davids wieder aufrichten und ihre Risse vermauern und, was abgebrochen ist, wieder aufrichten und will sie bauen, wie sie vorzeiten gewesen ist.
Amos 9, 11

Fragen wir, was die erste Aufgabe der Propheten war, so können wir für die meisten Propheten sagen: sie hatten die Schuld Israels und seiner Könige aufzudecken und als Folge dieser Schuld das kommende Gericht anzusagen. Aber das Gerichtswort war nicht das einzige Wort Gottes und damit auch nicht das der Propheten. Gott ließ durch die Propheten einen Neuanfang Gottes mit Israel verkündigen.

Nun ist es jedoch keinesfalls so, dass die Gerichtsworte und die Heilsworte streng getrennt auf verschiedene Propheten verteilt sind. Es ist auch nicht so, dass die Propheten vor Gottes Gerichtshandeln nur Gericht, und die Propheten nach dem ergangenen Gericht nur Heil verkündigt hätten. Die Anteile der Gerichts- bzw. Heilsworte können bei den einzelnen Propheten zwar sehr verschieden sein, und doch finden wir immer beides. Dies gilt gerade auch für Amos, der keinen Zweifel daran ließ, dass für Israel das Ende kommen würde. Aber auch am Ende seines Buches findet sich der Hinweis auf den Neuanfang.

Wie kommt es, dass die Propheten vor dem vollzogenen Gericht schon vom Neuanfang reden konnten? Sie wussten, dass Gott seinen Verheißungen treu bleibt. Was er angefangen hat, das legt er nicht einfach zur Seite. Deshalb knüpft das Heil auch an der früheren Zeit an. Die Hütte Davids wird wieder aufgebaut. Das eine Volk Gottes soll unter seinem König in Sicherheit und Frieden wieder leben können. In den Zeiten größter geistlicher Niedergänge schenkte Gott ganz große Verheißungen.

Heile die zerbrochnen Herzen,
baue dir Jerusalem
und verbinde ihre Schmerzen;
lass, was vor dir angenehm,
durch der Bundesschriften Zucht
noch erblühn zur ewgen Frucht.
Rudolf Stier

Denn siehe, es kommt die Zeit, spricht der HERR, dass ich das Geschick meines Volks Israel und Juda wenden will, spricht der HERR; und ich will sie wiederbringen in das Land, das ich ihren Vätern gegeben habe, dass sie es besitzen sollen. Jeremia 30, 3

Nach den beiden großen militärischen Katastrophen, die zuerst das nördliche Königreich Israel (722 v. Chr.) und dann das südliche Königreich Juda (586 v. Chr.) in die politische Abhängigkeit gebracht hatten, war ein Teil der Bevölkerung von den siegreichen Armeen mit in die Verbannung genommen worden. Da Israel den Bund gebrochen und seinen Gott verlassen hatte, hatte Gott Israel seine Gabe, das Land, entzogen. Die Situation war für Israel ähnlich wie einst in der Knechtschaft in Ägypten. Für Israel stellte sich aufgrund der Verbannung die bedrängende Frage, ob es von Gott endgültig verworfen ist.

In diese Situation hinein, die gekennzeichnet war durch Verlust und Entwurzelung und vor allem durch Anfechtung der Verworfenheit, ergeht die Verheißung Gottes: „Ich will sie wiederbringen in das Land, das ich ihren Vätern gegeben habe." Die Verheißung der Rückkehr Israels in sein Land begegnet uns bei den Propheten ganz häufig (Jes. 14, 2; 43, 5–7; Jer. 31, 8.9; Hes. 34, 11–16). Jeremia liefert die Begründung: Gott hat dies Land schon den Vätern gegeben. Bevor es Israel gab, war ihm das Land verheißen (1. Mose 12, 1). Diese Verheißung zieht Gott nicht zurück. Auch wenn sie über zweitausend Jahre nach Jeremia noch nicht gänzlich in Erfüllung gegangen ist, dürfen wir damit rechnen, dass Gott auch diesem Wort treu bleiben wird (Röm. 11, 29).

Wenn der Herr einst die Gefangnen
ihrer Bande ledig macht,
o dann schwinden die vergangenen
Leiden wie ein Traum der Nacht:
dann wird unser Herz sich freun,
unser Mund voll Lachens sein;
jauchzend werden wir erheben
den, der Freiheit uns gegeben.

Samuel Gottlieb Bürde

Siehe, es kommt die Zeit, spricht der HERR, dass ich dem David einen gerechten Spross erwecken will. Der soll ein König sein, der wohl regieren und Recht und Gerechtigkeit im Lande üben wird. Zu seiner Zeit soll Juda geholfen werden und Israel sicher wohnen. Und dies wird sein Name sein, mit dem man ihn nennen wird: „Der HERR unsere Gerechtigkeit". Jeremia 23, 5.6

Gott verspricht seinem Volk einen Neuanfang. Dazu gehört auch die Verheißung eines neuen Königs. Mit dem staatlichen Ende Israels war selbstverständlich auch das Königtum zum Ende gekommen. Israel war nun ohne eigenen König abhängig von anderen Königen gewesen. Das Ende des Königtums hatte seinen Grund nicht nur in der Schuld des Volkes und dem deshalb ergangenen Gericht, sondern auch viele von Israels Königen erhielten das Urteil: „Er tat, was dem Herrn missfiel" (1. Kön. 15, 26.34 u. a.).

Und doch knüpft Gott in seiner Verheißung am früheren Königtum wieder an. Es wird sogar ein Nachkomme, ein Spross, aus dem Hause Davids sein (Ps. 132, 17; Sach. 3, 8; 6 12). Auch darin bleibt Gott seiner früheren Verheißung treu. Durch Nathan hatte er einst David ausrichten lassen, dass er ihm ein beständiges Königtum errichten werde (2. Sam. 7, 11–13). Trotz der Schuld der Könige zieht Gott diese Verheißung nicht zurück, sondern will nach einer Unterbrechung neu daran anknüpfen.

Wer aber ist dieser neue König aus dem Hause David? Das Neue Testament gibt in seinem ersten Vers darauf eine Antwort. Jesus Christus wird dort als „Sohn Davids" bezeichnet (Matth. 1, 1). Er wird der letzte und endgültige und der gerechte König über Israel sein. Aber nicht nur über Israel, sondern über die ganze Welt. Um das Kommen seines Reiches beten wir im Vaterunser (Matth. 6, 9).

Sieh, dein König kommt zu dir;
Seele, das sind frohe Worte.
Sprich: Mein König, komm zu mir,
sieh, ich öffne dir die Pforte;
zieh mit deiner Sanftmut ein,
was du findest, das ist dein!
Philipp Friedrich Hiller

Siehe, es kommt die Zeit, spricht der HERR, da will ich mit dem Hause Israel und mit dem Hause Juda einen neuen Bund schließen, nicht wie der Bund gewesen ist, den ich mit ihren Vätern schloss, als ich sie bei der Hand nahm, um sie aus Ägyptenland zu führen, ein Bund, den sie nicht gehalten haben, ob ich gleich ihr Herr war, spricht der HERR. Jeremia 31, 31.32

Die Propheten verhießen Israel einen neuen Anfang. Dieser Neuanfang war zunächst gekennzeichnet durch den äußeren Wiederaufbau. Die Verbannten sollen zurückkommen in ihr Land. Die Städte sollen neu aufgebaut werden. Das Leben in Israel soll geprägt sein von Freude und Jubel. Der Prophet Jeremia stellt diese gute Zeit mit folgenden Worten dar: „Und es soll aus ihr erschallen Lob- und Freudengesang; denn ich will sie mehren und nicht mindern, ich will sie herrlich machen und nicht geringer“ (Jer. 30, 19).

Aber dieser äußere Neuanfang reicht nicht aus. Er muss gleichzeitig ein innerer und geistlicher Neubeginn sein. Dieser geistliche Neuanfang findet im „Neuen Bund“ seinen Ausdruck. Dieser „Neue Bund“ kann aber nicht lediglich eine Neuauflage des „Alten Bundes“ sein. Ganz deutlich lässt Gott Jeremia sagen: „Nicht wie der Bund gewesen ist, den ich mit ihren Vätern schloss.“ Der am Sinai unter Mose geschlossene Bund steht unter dem Urteil, dass Israel ihn nicht gehalten hat. Ginge es nur um eine Neuauflage dieses Bundes, wäre der Neuanfang sofort zum Scheitern verurteilt.

Der „Neue Bund“ hat nur eine Chance, wenn an der Schwachstelle des „Alten Bundes“ eine Veränderung geschieht. Diese Schwachstelle ist der Mensch. Deshalb jubelt Paulus: „Christus ist schon zu der Zeit, als wir noch schwach (d. h. kraftlos) waren, für uns Gottlose gestorben“ (Röm. 5, 6).

Erneure mich, o ewigs Licht,
und lass von deinem Angesicht
mein Herz und Seel mit deinem Schein
durchleuchtet und erfüllet sein.
Johann Friedrich Ruopp

Und ich will euch ein neues Herz und einen neuen Geist in euch geben und will das steinerne Herz aus eurem Fleisch wegnehmen und euch ein fleischernes Herz geben. Ich will meinen Geist in euch geben und will solche Leute aus euch machen, die in meinen Geboten wandeln und meine Rechte halten und danach tun.

Hesekiel 36, 26.27

Der „Neue Bund“ braucht den veränderten Menschen als Bundespartner für Gott, so denn dieser „Neue Bund“ überhaupt auf Dauer Bestand haben soll. Der alte Mensch, der böse ist von seiner Jugend auf, kann den Bund mit Gott nicht halten. Die Veränderung Israels und somit der menschlichen Seite im Bund mit Gott war vor allem für die Propheten Jeremia und Hesekiel ein wichtiges Thema. So verheißt Gott, dass Israel ein „neues Herz und einen neuen Geist“ erhalten soll. Das harte, schuldig gewordene, „steinerne Herz“ soll weggenommen und ersetzt werden. Zu einer solchen grundlegenden Erneuerung im Zentrum des Menschen ist der Mensch selbst nicht in der Lage. Der „Neue Bund“ stellt nicht den Appell an den Menschen zur Veränderung in den Mittelpunkt. Kein „Streng dich an!“ oder „Halte doch die Gebote!“ ergeht zuerst. Nein, Gott selbst muss den Menschen grundlegend verändern. Deshalb steht der handelnde Gott im Mittelpunkt dieses Textes. Das vierfache „Ich will“ in der Übersetzung Martin Luthers bringt dies nachhaltig zum Ausdruck.

Fragen wir uns, wie diese Veränderung am Menschen geschehen soll, so können wir nur auf Jesus verweisen, der durch sein Wirken die Neuschöpfung des Menschen möglich gemacht hat (vgl. Joh. 3, 3; 2. Kor. 5, 17; 1. Petr. 1, 23; Jak. 1, 18).

Ein reines Herz, Herr, schaff in mir,
schließ zu der Sünde Tor und Tür;
vertreibe sie und lass nicht zu,
dass sie in meinem Herzen ruh.

Heinrich Georg Neuß

Ich will ihnen ihre Missetat vergeben und ihrer Sünde nimmermehr gedenken. Jeremia 31, 34

Der Neuanfang, den Gott Israel verheißt, schenkt Israel zunächst die äußere Erneuerung, die sich an einem gesegneten Leben in Frieden und Wohlstand zeigt. Dazu gehört die Rückkehr in das verheißene Land und die Gabe eines neuen Königs. Aber noch wichtiger für eine beständige Erneuerung ist der geistliche Neuanfang, den Gott wirkt.

Ein wirklicher und tiefgreifender Neuanfang hat aber noch eine Voraussetzung, die auf keinen Fall vergessen werden darf. Die alte Schuld muss bereinigt sein. Deshalb ist bei Jeremia das Wort vom „Neuen Bund" (31, 31) ganz eng verknüpft mit der Vergebung der Sünde. Soll wirklich neu begonnen werden, dann können die alten Lasten nicht mitgeschleppt werden. Dies ist bei uns keineswegs anders als bei Israel. Sowohl in unseren zwischenmenschlichen Beziehungen, als auch in unserem Verhältnis zu Gott ist immer wieder ein Neuanfang nötig, der nur dann gelingen kann, wenn aufgrund der Vergebung neu begonnen wird.

Das Wesen der Vergebung Gottes ist, dass die Sünden wirklich vergeben sind. Der vergebenen Schuld wird Gott „nimmermehr gedenken" (vgl. Jes. 43, 25; 44, 22; Micha 7, 18–20). Wie oft halten sich Menschen gegenseitig ihre Verfehlungen über Jahre oder gar Jahrzehnte vor. So ist Gott nicht. Auch von uns will Gott, dass wir anderen wirklich vergeben können und dann auch dieser Schuld nicht mehr gedenken. Jesus hat uns zu beten gelehrt: „Und vergib uns unsere Schuld, wie auch wir vergeben unsern Schuldigern" (Matth. 6, 12).

Die Sünden sind vergeben!
Das ist ein Wort zum Leben
für den gequälten Geist.
Sie sind's in Jesu Namen;
in dem ist Ja und Amen,
was Gott uns Sündern je verheißt.
Philipp Friedrich Hiller

Aber er ist um unsrer Missetat willen verwundet und um unsrer Sünde willen zerschlagen. Die Strafe liegt auf ihm, auf dass wir Frieden hätten, und durch seine Wunden sind wir geheilt.

Jesaja 53, 5

Der Neuanfang Gottes mit Israel und darüber hinaus mit allen Menschen ist nur möglich, wenn die Sünden vergeben und somit die Altlasten beseitigt sind.

Aber wie ist Vergebung möglich? Immer wieder hört man, dass Gott in seiner großen Gnade Sünde einfach wegnehmen könne. Dazu bedürfe es keines Opfers. Aber damit ist über die Wirklichkeit der Sünde aus einem doppelten Grund zu kurz gedacht. Zum einen stellt sich die Frage, wie Sünde einfach beseitigt werden soll. Die Sünde ist eine Tat, die eine Wirklichkeit schafft, die fortan das Leben des Sünders und weiterer Betroffener bestimmt. Der Sünder ist mit den Folgen seiner Sünde verhaftet. Sünde tilgen hieße den Sünder mit vertilgen. Zum andern hat Sünde, so sie nicht völlig verharmlost werden soll, Strafe zur Folge, die den Sünder trifft.

Ist dann Vergebung überhaupt möglich? Die Bibel zeigt uns, dass Vergebung möglich ist, aber nur durch Stellvertretung. Einer muss die Sünde tragen und die Folgen auf sich nehmen. Anders kann sie nicht aus der Welt geschafft werden. Jesaja weißt auf den einen hin, der dies für alle stellvertretend getan hat. Aus dem Neuen Testament wissen wir, wer dieser eine ist:

Jesus Christus, der sein Leben für alle gegeben hat (2. Kor. 5, 21; Gal. 1, 4; 1. Tim. 2, 6; Tit. 2, 14).

Ein Lämmlein geht und trägt die Schuld
der Welt und ihrer Kinder;
es geht und büßet in Geduld
die Sünden aller Sünder;
es geht dahin, wird matt und krank
ergibt sich auf die Würgebank,
entsaget allen Freuden;
es nimmet an Schmach, Hohn und Spott,
Angst, Wunden, Striemen, Kreuz und Tod
und spricht: „Ich will's gern leiden“ (Jes. 53, 4-7).

Paul Gerhardt

Es ist zu wenig, dass du mein Knecht bist, die Stämme Jakobs aufzurichten und die Zerstreuten Israels wiederzubringen, sondern ich habe dich auch zum Licht der Heiden gemacht, dass du seist mein Heil bis an die Enden der Erde. Jesaja 49, 6

Gott hat durch die Propheten des Alten Testaments an vielen Stellen vor allem seinem Volk Israel einen neuen Anfang verheißen lassen. Gott hat darüber hinaus seinem Volk einen neuen König in Aussicht gestellt. Ist aber das angesagte Heil auf Israel beschränkt?

Schon das Alte Testament weist an nicht wenigen Stellen über Israel hinaus. Gott ist der Schöpfer der ganzen Welt. Er hatte sich schon in der Berufung Abrahams zum Ziel gesetzt, dass alle Geschlechter auf Erden gesegnet werden (1. Mose 12, 3). Er will der Herr und König und Erlöser für alle sein. Wenn Gott sagt: „Es ist zu wenig, dass du mein Knecht bist, die Stämme Jakobs aufzurichten", so ist das nicht als Herabwürdigung Israels zu verstehen. Aber Gott begnügt sich nicht mit einem Volk und einem Land der Erde. Sein Plan reicht „bis an die Enden der Erde". Alle Menschen und Völker sind in der Dunkelheit von Sünde und Tod verloren. Für alle gilt, dass sie sich letztlich nicht selber helfen können. Gott möchte deshalb das Licht zu allen, zu Israel und zu den Heiden bringen.

Jesus hat das aufgenommen, was der Prophet Jesaja vom Gottesknecht verheißen hat. Er hat sich zunächst an das Gottesvolk Israel gewendet, aus dem er selbst stammte, um ihm das Licht zu bringen. Als der Auferstandene hat er dann seine Jünger zu allen Völkern gesandt. Jesus ist das Licht für die ganze Welt (Joh. 8, 12).

Werde licht, du Stadt der Heiden,
und du, Salem, werde licht!
Schaue, welch ein Glanz mit Freuden
über deinem Haupt anbricht.
Gott hat derer nicht vergessen,
die im Finstern sind gesessen.

Johann Rist

Und es kam ein stilles, sanftes Sausen. 1. Könige 19, 12

Elia erlebte eine dunkle Zeit in der Geschichte seines Volkes – und in seinem Leben. Sie kam nach dem großen Sieg auf dem Berg Karmel. Sie wurde ausgelöst durch das Auftreten Isebels. „Das Herz des Elias und die Hand Gottes führten den Propheten in die Wüste, wo er mit Gott allein sein kann“, schreibt ein Ausleger. Dem entmutigten Elia begegnet Gott. Elia wird von Gott zurecht gebracht. Er setzt auch bei uns mit seiner Korrektur ein.

Wir werden von Gott korrigiert, wenn wir meinen, wir seien die Einzigen, die Gott dienen. Elia klagt seinem Gott: „Ich bin allein übrig geblieben“ (V. 10 und 14). Elia wird korrigiert: „Ich will übrig lassen siebentausend in Israel …“ (V. 18). Elia muss beschämt erkennen, dass er sich getäuscht hat, blind und kurzsichtig war. Gott kündigt seinem Volk den Bund nie! Israel steht bis heute in einem ungekündigten Bund.

Wir werden von Gott korrigiert, wenn wir meinen, wir könnten unsere eigene Art und Anschauung beibehalten. Elia erfuhr zunächst einen großer, starken Wind, ein Erdbeben und ein Feuer. Das war alles so nach der Art des Elia. In dieser Geistesart ist Elia seinem Volk begegnet. Das dreifache „Der HERR war nicht im Winde, ... Erdbeben, ... im Feuer“ wird zur Korrektur für Elia. Gott kommt im „stillen, sanften Sausen“ (V. 12.13). Hier kündigt sich das Wesen Gottes an, der in Jesus erschienen ist. „Ja, Gott ist anders; erbarmender!“ (Fritz Grünzweig, 1914–1989).

Wir werden korrigiert, wenn wir meinen, Gottes Kinder hätten hier keinen Platz mehr. Elia wollte in der Wüste sterben (V. 4). Er sah in dem gottlosen Israel keinen Raum mehr zum Wirken. Elia wurde zum Dienst für Gott erneut beauftragt. Seine Heimholung in die Himmel erfolgte zu einem späteren Zeitpunkt (2. Kön. 2, 1)! Auch wir sind im Blick auf unsre Heimholung zum Herrn, ob durch Sterben und bei der Wiederkunft Jesu, an Gottes Stunde gewiesen und haben uns in der Geduld zu üben (Jak. 5, 7).

Lass doch mein töricht Herz dich meistern nicht,
brich ganz entzwei den Willen, der sich liebt,
erweck die Lust, die sich nur dir ergibt
und tadelt nie dein heimliches Gericht.

Gottfried Arnold

Dies ist das Wort des HERRN, das geschehen ist zu Hosea.
Hosea 1, 1

Wer von uns ist so offenherzig und trägt sein Herz auf der Zunge? Wir sehnen uns, andere ins Vertrauen zu ziehen. Gott aber hat sich immer wieder geöffnet, hat seine Gefühle, Gedanken und Pläne für uns Menschen geoffenbart. Nicht aus der Natur müssen wir auf Gott schließen.

Nach dem Einbruch des Bösen kämen wir auf völlig falsche Gedanken. Nicht auf mehrdeutige, geschichtliche Ereignisse sind wir angewiesen, wenn wir über Gott etwas erfahren wollen. Nein, unsere eigenen Gedanken und Träume geben nur unsere Wünsche wieder, wie Gott sein soll!

Gott spricht mit Menschen und öffnet sich ihnen. Durch Propheten gibt er uns Einblick in sein Innerstes. Darum ist uns die Botschaft der Propheten so wichtig. Darum lesen wir die Bibel, in der sie Gottes Wort nieder gelegt haben. Die Bibel ist die Grundlage für jede Predigt. Sie ist die Quelle unseres Glaubens an Gott den Vater, an seinen Sohn Jesus Christus, und an seinen Heiligen Geist. Weil die Bibel als Gottes Wort einen so hohen Rang einnimmt, standen früher die Besucher im Gottesdienst auf, wenn ein Abschnitt aus der heiligen Schrift vorgelesen wurde.

Wir leiden darunter, dass in unseren Tagen so wenig Interesse an der Bibel zu sein scheint. Dagegen sprechen die vielen Übersetzungen der Bibel. Aber gerade sie verraten, dass wir sie nicht mehr verstehen. Dem helfen auch die Übertragungen der Bibel in unsere Umgangssprache nicht ab. Ein bekannter Bischof unserer Tage, Lehmann, spricht darum von der „Gotteskrise“. Er will sagen, dass wir Gott nicht mehr verstehen. Warum das so ist, wissen wir nicht. Der Krise kann nur Gott selbst abhelfen. Herr, öffne unser Herz für dich und schenke uns neue Freude an deinem Wort, an Jesus als dem wahren Wort Gottes! Amen.

Herr, dein Wort, die edle Gabe, / diesen Schatz erhalte mir; / denn ich zieh es aller Habe / und dem größten Reichtum für. / Wenn dein Wort nicht mehr soll gelten, / worauf soll der Glaube ruhn? / Mir ist’s nicht um tausend Welten, / aber um dein Wort zu tun.

Nikolaus Ludwig Graf von Zinzendorf

Gehe hin und nimm ein Hurenweib und Hurenkinder; denn das Land läuft vom HERRN weg der Hurerei nach. Hosea 1, 2

Ein anstößiges Wort! Immer wieder haben sich die Leser an diesem Wort gestoßen. Sollte Gott etwas so Ungeheuerliches von einem frommen Mann gefordert haben, dass er eine Dirne heirate, oder eine Frau, die sich später als Ehebrecherin herausstellte? Darum haben seit alters Hieronymus (ca. 347–420), auch Johannes Calvin (1509–1564) die Geschichte umgedeutet, dass es sich gar nicht um eine echte Ehe, sondern nur um ein Gleichnis handle. Der jüdische Ausleger Mose Maimonides (1135–1204) dachte an eine Vision.

Wenn wir genau auf die Worte hören, fällt uns etwas auf. „Huren" bedeutet in der Bibel häufig, vor allem in der Sprache der Propheten, den Abfall von Gott. Der zeigte sich freilich im Alltag auf vielen Gebieten, so auch auf sexuellem. Im Baals-Kult gab es die religiöse Aufklärung. Die Jugendlichen wurden in den Baalsheiligtümern durch „erfahrene Männer bzw. Frauen" in die Sexualität eingeführt. Die Anhänger des Baals-Kultes hätten den Vorwurf der Unzucht weit von sich gewiesen. So verblendet können Menschen oft sein! Wie muss Gott unter uns leiden!

Hosea soll also vielleicht nur eine ganz normale „moderne Frau" heiraten. Seine Ehe wird so zum Abbild für das, was Gott an seinem von ihm erwählten Volk erleidet. Er bindet sich im Bund an sein Volk Israel. Jesus bindet sich an seine Gemeinde, das Volk des Neuen Bundes. Aber damals wie heute fehlt es an der Treue der Berufenen.

Herr, erbarme dich unser! Wie oft hängen wir geteilten Herzens an dir. Amen.

Ach, dass ich dich so spät erkannte,
du hochgelobte Schönheit du,
dass ich nicht eher mein dich nannte,
du höchstes Gut und wahre Ruh;
es ist mir leid, ich bin betrübt,
dass ich so spät geliebt.

Johann Scheffler

Es werden die Kinder Juda und die Kinder Israel … sich miteinander an ein Haupt halten und aus dem Lande herausziehen.

Hosea 2, 2

Der Hintergrund dieses Wortes ist schmerzlich. Die für die nächsten Jahre angekündigte assyrische und die in 150 Jahren vorausgeschaute babylonische Gefangenschaft ist für Hosea schon jetzt traurige Wirklichkeit. Volk und Land sind getrennt. Steht Gott noch zu seinem Volk? Nach Ausschwitz und Treblinka ist jeder Fromme des Alten wie des Neuen Bundes zutiefst betroffen. Steht Gott zu seinem Wort? Die Verheißung Gottes an Abraham scheint abgebrochen zu sein. Zwar wird niemand Gott einen Vorwurf machen können. Wer sind wir denn? Auch hat es an Warnungen nicht gefehlt, aber erst recht werden wir Christen erschrecken. Denn was blüht uns noch alles, wenn Gott so ins Gericht geht! Dennoch ist Gott sich treu. Mag unsere Schuld auch schwer und Gottes Strafe notvoll sein. Sie ist nicht sein letztes Wort. Gott wird seine Treue durchs Gericht hindurch beweisen.

Die endgültige Erlösung des jüdischen Volkes wird sich dreifach zeigen:

- Die Zahl der Nachkommen Abrahams wird für uns nicht zählbar sein.
- Land und Leute gehören zusammen. Das Land Israel gehört Gott. Er gab es und nahm es seinem Volk mehrfach. 1948 gab er es noch einmal, auch wenn Israel Gottes Land mit anderen Menschen teilen und mit ihnen auskommen muss.
- Alle Nachkommen werden sich an ein „Haupt" halten. Weder vom König noch von einem demokratisch gewählten Präsidenten ist die Rede. Wir Christen können diese Verheißung nur auf Jesus beziehen, den Sohn Gottes, der das wahre Haupt seiner Gemeinde des Neuen und des Alten Bundes sein wird.

O Herr, dein Wort / bleibt fort und fort,
und ewiglich es nicht entweicht.
Es bleibt, so weit der Himmel reicht.
Wie einst dein Mund / der Erde Grund
gelegt und sie nun bleibet stehn,
wird deine Wahrheit nicht vergehn.

Johann Christoph Blumhardt

Ich will ein Ende machen! Hosea 2, 13

Gott hat es satt! So geht es nicht weiter. Siebenmal steht in dem Abschnitt (Hos. 2, 4–16) der Entschluss Gottes: „Ich will …" Gott hat etwas vor.

Sein Urteil über die Seinen ist traurig: Sie brechen die Ehe! Wir Christen stehen nicht besser vor Gott da als Israel. Wir alle sind Gott nicht treu. Darum ruft Gott noch einmal zur Einsicht. Wir sollen erkennen, wer allein uns helfen kann. Es mag ein langer Weg der Erziehung sein, bis wir erkennen, wie die Welt besser und die Menschen friedlicher werden. Gott führt uns bis zu dem Punkt, an dem die Menschheit erkennt, dass sie nicht mit ihrem Verstand die Probleme lösen kann. Wie viele unserer Ideologien müssen noch scheitern? Wie viele zunächst bejubelte Heilsgestalten, vielleicht sogar demokratisch gewählt, müssen anschließend als Sündenböcke herhalten, bis bei uns die Einsicht gewachsen ist, von der Martin Luther (1483–1546) spricht: „Mit unserer Macht ist nichts getan. Wir sind gar bald verloren." Die einen hoffen auf ihre militärische Stärke und ihre angsteinflößenden Vergeltungsschläge, die anderen auf politische Vernunft und die Kunst diplomatischer Verträge. Wie viele Generationen müssen noch unter dem Versagen der Menschen leiden, bis die Menschheit zur Einsicht kommt: „Wir brauchen Gott"! Erst die Wiederkunft Jesu Christi wird die Scheidung und Entscheidung bringen. Gott will es so. Er bringt uns zur Einsicht.

Bald mit Lieben, bald mit Leiden,
kamst du, Herr, mein Gott, zu mir,
nur mein Herze zu bereiten,
sich ganz zu ergeben dir,
dass mein gänzliches Verlangen
möcht an deinem Willen hangen.
Ludwig Andreas Gotter

Ich will mich mit dir verloben für alle Ewigkeit, ich will mich mit dir verloben in Gerechtigkeit und Recht, in Gnade und Barmherzigkeit. Ja, in Treue will ich mich mit dir verloben, und du wirst den HERRN erkennen. Hosea 2, 21.22

Gottes Wort spricht uns auf zwei Ebenen an. Zunächst umwirbt Gott sein treuloses Volk mit einer Verheißung. Er handelt nach dem von Paulus genannten Grundsatz: „Weißt du nicht, dass Gottes Güte dich zur Umkehr leitet?" (Röm. 2, 4) So beschenkt Gott sein Volk durch das Gericht einer neuerlichen Wüstenwanderung hindurch damit, dass die Wüste fruchtbar wird. Wir haben manchmal den Eindruck, dass diese Verheißung in unseren Tagen wunderbar erfüllt worden ist. Wann hat je die Wüste Wein, Korn und Öl bringen können? Dazu wird Gott seinem Volk Frieden schenken, sodass Menschen im Heiligen Land sicher wohnen können.

Als Zweites wird uns die Heilstat mit dem Bild der „Verlobung des Volkes Gottes" mit seinem Gott umschrieben. Jesus liebt das Bild der Ehe für seine Gemeinschaft mit seiner Gemeinde (Eph. 5, 32). Gott vermeidet es bei Hosea, damit in der schwülen Baal-Umwelt nicht falsche Gedanken aufkommen. Das Geheimnis des Glaubens an den Vater Jesu Christi ist die innige Gemeinschaft mit ihm. Davon ist die Sprache des Glaubens („geloben") geprägt: Gott „lieben", ihm „vertrauen", ihn „erkennen" (1. Mose 4, 1 u. a.)

Als Brautgeschenke werden genannt: „Gerechtigkeit", also das gottgenehme Verhalten; „Recht", die gottgegebene Lebensordnung und das Zurechtbringen; „Gnade", die unverbrüchliche Treue, und „Barmherzigkeit", die Geborgenheit (ursprünglich im Mutterleib) sowie das Gefühl, von Gott geschützt zu sein.

Vom Neuen Testament her (1. Kor. 15, 20–28) können wir singen:

Du bist mein, weil ich dich fasse
und dich nicht, o mein Licht,
aus dem Herzen lasse.
Lass mich, lass mich hingelangen,
da du mich und ich dich
leiblich werd umfangen.

Paul Gerhardt

Danach werden sich die Kinder Israel bekehren und den HERRN, ihren Gott, und ihren König David suchen. Hosea 3, 5

Zuerst führt Gott die Erwählten an ihre Grenzen, lässt sie ihre Hilflosigkeit und Verlorenheit erkennen. Danach erst kommt die Einsicht, dass sie Gott brauchen. Wer in unseren Tagen bedauert, wie sehr die Ungerechtigkeit zunimmt, sollte nicht übersehen, dass wir vielleicht in der Weltgeschichte in die Nähe kommen, da fast alle Könige abgeschafft sind. Aber der Machtmissbrauch ist in der Demokratie nicht geringer geworden. An die Stelle des Egoismus einzelner ist der Egoismus vieler getreten. Der Einfluss der Religion ist geschwächt unter dem Vorwurf, Religion sei Opium für das Volk. Stattdessen haben wir längst erkannt, dass Opium und andere Rauschgifte nur der Ersatz für die Religion des Volkes geworden sind. Das Karussell der Reformen und Ideologien dreht sich immer schneller.

„Danach", wenn der Verfall allen offensichtlich ist, dann macht sich Israel auf und sucht nach Gott. „Suchen" ist ein anderes Wort für Glauben. Denn wer Gott sucht, wird ihn finden, wird an ihn glauben. Dass Israel Gott suchen wird, ist nicht selbstverständlich. Andere sind verstockt. Gott aber weckt durch seine Liebe in den Seinen die Sehnsucht nach dem Retter. Es kann nur Gott sein, der durch den verheißenen Nachkommen Davids die Probleme löst und die Welt erlöst aus dem Gefängnis ihrer Schuld. Noch sehnt sich Israel nicht nach dem Messias. Selbst in der Christenheit erwarten wir eine neue Sehnsucht nach dem Christus, der allein den Namen trägt, durch den die Welt vollendet und wir gerettet werden.

Gott ist Herr, der Herr ist Einer,
und demselben gleichet keiner,
nur der Sohn, der ist ihm gleich;
dessen Stuhl ist unumstößlich,
dessen Leben unauflöslich,
dessen Reich ein ewig Reich.
Philipp Friedrich Hiller

Mein Volk ist dahin, weil es nicht lernen will. Denn du verwirfst Gottes Wort. Darum will ich dich auch verwerfen. Hosea 4, 6

Das ist ein biblischer Grundgedanke: Wer nicht auf Gott hört und sündigt, zerstört sich selbst. Wer Gott nicht vertraut, der muss auf anderes vertrauen. Ohne Gott kann keiner leben. Der Mensch ist unheilbar religiös. Wenn er nicht an Gott gebunden ist, kettet er sich an etwas anderes. Diese leidvolle Erkenntnis machte schon Mose am Berg Sinai. Er hatte dem Volk Israel die Zehn Gebote Gottes übergeben. Sie sollten das Volk vor Unheil bewahren. Als das Volk diese Gebote verwarf, war es nicht frei, sondern verfiel anderen Bindungen. Es suchte sich eine andere Religion (wörtlich „Rückbindung") und hängte sich an den Baal. Für ihn opferte das Volk sein Vermögen, indem es eine sichtbare Gestalt, einen Stier aus Gold (das goldene Kalb) goss und sich an dieses hielt (2. Mose 32, 1–35).Wer nicht an Gott glaubt, verfällt einer anderen Religion. Selbst der Atheismus ist religiös. Als die französische Revolution die christliche Religion abzuschaffen versuchte, wählten die Revolutionäre eine Göttin der Vernunft: Eine stadtbekannte Hure, die sie im Dom Notre Dame erhöhten. Das Dritte Reich wählte sich altgermanische Mythen. Der Kommunismus, der sich seines Atheismus rühmte, stellte nur den jüdisch-christlichen Glauben auf den Kopf und machte die Partei zur Kirche, die Parteifunktionäre zu Priestern, die Arbeit zum Gottesdienst. An die Stelle des Paradieses, das Jesus bringen wird, setzten sie die Hoffnung auf eine bessere Welt, die die Menschen angeblich schaffen werden. Sie opferten Millionen von Menschen. Wir aber glauben an die erlösende Macht eines Opfers: Jesus Christus. Allein seine Liebe schafft Leben.

Ich habe die Menschen gesehen, / und sie suchen spät und früh, / sie schaffen, sie kommen und gehen / und ihr Leben ist Arbeit und Müh. / Sie suchen, was sie nicht finden / in Liebe und Ehre und Glück, / und sie kommen belastet mit Sünden / und unbefriedigt zurück. / Es ist eine Ruh gefunden / für alle, fern und nah: / in des Gottes Lammes Wunden, / am Kreuze auf Golgatha. Eleonore Fürstin von Reuß

Eure Liebe ist wie eine Wolke am Morgen und wie der Tau, der frühmorgens vergeht. Ich habe Lust an der Liebe und nicht am Opfer. **Hosea 6, 4.6**

Mancher hat im Glauben einen guten Anfang gemacht. Dazu trägt häufig das harte Kreuz bei wie bei dem einen Schächer am Kreuz, der im letzten Moment zu Jesus findet. Not lehrt auch beten, nicht nur fluchen. Aber nicht immer folgt auf den erfreulichen Anfang des Glaubens ein seliges Ende. Judas folgte zunächst Jesus nach. Aber was wurde daraus? Jesus hat solch einen Strohfeuer-Glauben erlebt, als die Juden ihm begeistert zujubelten und doch wenige Tage später riefen: „Kreuzige ihn!" Wie oft ist der Glaube nur eine Scheinblüte, wie der Tau, den die Sonne im Lauf des Tages ganz schnell wieder aufleckt. Jesus beschreibt diese Art Glaube in seinem Gleichnis vom vierfachen Ackerfeld (Luk. 8, 4–15). Sorgen und Freuden können die gefühlige Liebe zu Gott fressen. Wenn nicht zum Gefühl der Liebe der Wille zum Gehorsam kommt, dann überlebt die Liebe nicht.

Einen Prüfstein für den wahren Glauben nennt Gott hier. Es ist die Liebe, die sich im Gehorsam bewährt. Das deutsche Wort „Liebe" ist in der Romantik zum Gefühl verengt, während das biblische Wort „Liebe" die Bereitschaft in sich trägt, die Last des anderen mitzutragen. Mancher ist bereit zu opfern, etwa den Zehnten Gott zu geben (Mal. 3, 10), aber wie schwer fällt es ihm, beim Erben zu verzichten. Amos hatte die Freude zu tadeln, mit der für die Musik im Tempel geopfert wurde, während gleichzeitig Arme darbten (Amos 5, 21–24). So hatte schon der Prophet Nathan Saul sagen müssen: „Gehorsam ist besser als Opfer" (1. Sam. 15, 22).

Nicht der Anfang, nur das Ende
krönt des Christen Glaubensstreit.
Ach getreuer Gott, vollende
meinen Lauf in dieser Zeit!
Hab ich dich einmal erkannt,
so verleih mir auch Bestand,
dass ich, bis ich einst erkalte,
Glauben und Gehorsam halte.

Benjamin Schmolck

Sie wollen nicht einsehen, dass ich alle ihre Bosheit merke.
Hosea 7, 2

Früher hieß es: „Die Sonne bringt es an den Tag!“ Aber es ist nicht mehr üblich zu sagen: „Gott sieht, was du tust!“ Wer noch mit dem Gericht Gottes droht, gilt als unmodern. Ja, es widerspricht unserer psychologischen Erkenntnis, an Gott, den Richter, zu erinnern.

Dabei brauchen wir an den Zorn Gottes gar nicht zu glauben. Er zeigt sich auf Schritt und Tritt. Jedes Unglück, jede Katastrophe und jede Krankheit beweisen uns, wie hart Gott zuschlagen oder wenigstens zupacken kann. Aber dieser Gedanke verträgt sich nicht mit unserer Psychologie, die uns lehrt: „Mach nur ja niemandem Angst!“ Die christliche Spielart begründet die Ablehnung des Gerichtes Gottes mit seiner Liebe.

Gott aber warnt die Seinen immer wieder: Ich sehe dein Unrecht, ich dulde es nicht. Wir sollten nicht vergessen, dass es eine heilsame Angst gibt. Wie viele Autounglücke sind verhütet worden, weil die Fahrer sich vor dem Glatteis oder vor der Kurve fürchteten. Ja, die Bibel nennt es Klugheit, wenn einer damit rechnet, dass Gott sehr wohl wahrnimmt, was wir Böses oder Gutes tun. Vor Gott ist nicht eine einzige böse Tat vergessen. Das Böse fordert Gottes richtendes Eingreifen heraus. Die Geschichte, wie sie uns die Bibel zeigt, deckt deutlich auf, welche Folgen unser Tun hat. Es ist furchtbar, wenn wir nicht mit dem Gedächtnis Gottes rechnen. Da aber keiner ohne Schuld durchs Leben kommt, ist es tröstlich, um die Vergebung Jesu zu wissen (vgl. Joh. 6, 37).

Ich habe nun den Grund gefunden,
der meinen Anker ewig hält;
wo anders als in Jesu Wunden?
Da lag er vor der Zeit der Welt,
der Grund, der unbeweglich steht,
wenn Erd und Himmel untergeht.
Johann Andreas Rothe

Ephraim mengt sich unter die Völker. Sie laufen hin und her. Ich lehre sie Zucht und stärke ihren Arm, aber sie denken Böses von mir. Aus Hosea 7, 8–16

Gott klagt zu allen Zeiten, dass die Seinen ihn verkennen. Er gibt Gebote und Weisungen, die unser Leben vor der Selbstzerstörung bewahren sollen. Aber wir deuten sie als für uns nachteilig, weil sie unsere Freiheit einschränken. Gott meint es aber doch nur gut mit uns!

Irgendwo holen wir unseren Halt. Wenn nicht von Gott, dann von Menschen und Ideologien. Das Volk Israel vertraute zur Zeit Hoseas auf politische Mächte, anstatt auf Gott. Ja noch schlimmer: Gottes Volk löst sich zu allen Zeiten immer wieder aus der engen Bindung an Gott und will sein wie andere Völker auch. Hosea drückt das so aus: „Ephraim (Israel) mengt sich unter die Völker."

Wir beobachten diesen Trend an den Juden. So haben die Sadduzäer, ein Teil des Volkes zur Zeit Jesu, sich ganz der griechisch-hellenistischen Denkweise angepasst und auch dem römischen Staat untergeordnet. Als dann fast 2000 Jahre später der preußische Staat um 1810 den Juden völlige Gleichberechtigung mit den deutschen Bürgern einräumte, wollten viele ihr Judentum abstreifen und sich ganz den Deutschen angleichen, sich assimilieren. Und dann waren es ausgerechnet Deutsche, die das größte Verbrechen am jüdischen Volk verübten, den Holocaust.

Gott wird die Not seines Volkes bei dem Wiederkommen Jesu, des Messias, endgültig wenden.

Der Herr ist noch und nimmer nicht
von seinem Volk geschieden;
er bleibet ihre Zuversicht,
ihr Segen, Heil und Frieden.
Mit Mutterhänden leitet er
die Seinen stetig hin und her.
Gebt unserm Gott die Ehre!
Johann Jakob Schütz

Sie machen Könige, aber ohne mich. Aus ihrem Silber und Gold machen sie Götzen. Ephraim gibt den Heiden Tribut. Ephraim hat der Altäre viel gemacht zu sündigen. Wenn ich ihnen viele Gebote schreibe, so wird's geachtet wie eine fremde Lehre.

Aus Hosea 8, 4–12

Nach außen scheint oft alles in Ordnung zu sein. Das Staatsleben blüht. Das Volk im Nordreich Israel wählt sich seine Könige und setzt Beamte ein. Die Verwaltung ist in Ordnung. Häuser werden gebaut. An Gold und Silber fehlt es nicht. Wohlstand überall. Auch wird reichlich geopfert. Wer Gottes Volk oberflächlich betrachtet, hat den Eindruck, es sei alles zum Besten. Wer jetzt wagt, die Werte zu hinterfragen und die Grundlagen zu kritisieren, wie es die Propheten tun, der macht sich zum Außenseiter. Liegt nicht sichtlich Gottes Segen auf dem Volk?

Der Prophet sieht tiefer. Wer von Gottes Wort geprägt ist, sieht alles mit anderen Augen und durchschaut die Hintergründe. Wer Gottes Gebote zu Herzen genommen hat, legt Gottes Maßstab an alles, und dann sieht das Leben ganz anders aus: Wer hängt an Gott? Wo hat Gott das Sagen?

Es herrscht bei ihnen die Revolution. Nach Gott wird nicht gefragt. Ihnen schmecken ihre Opfer und sie genießen ihre Gottesdienste. Sie profitieren von ihrer Frömmigkeit. In ihren Häusern fühlen sie sich wohl. Ihr Wohlstand ist der Mittelpunkt ihres Lebens. Er ist ihr Abgott. Es fehlt die Liebe zu Gott, die bereit ist, Gott Freude zu machen, z. B. den Leidenden zu helfen. Was bekommen die Armen ab? Wer hilft ihnen, ihr Leben zu meistern? Mit Geld allein ist es nicht getan. Der Arme bedarf auch der Erziehung, verantwortlich mit seiner Zeit, seinen Gaben und seinem Geld umzugehen. Wer hilft den Kranken? Wer nimmt sich der Kinder an, sie zu Gott zu führen? Es läuft alles auf das eine hinaus: Wenn nicht Jesus unser Erlöser lebte, wie könnte Israel, wie die Kirche dem Zorn Gottes entgehen?

Mach End, o Herr, mach Ende / mit aller unsrer Not; / stärk unsre Füß und Hände / und lass bis in den Tod / uns allzeit deiner Pflege / und Treu empfohlen sein, / so gehen unsre Wege / gewiss zum Himmel ein. *Paul Gerhardt*

Sie sorgen sich um das Kalb zu Bet-Awen. Ja, das Kalb wird nach Assyrien gebracht. **Hosea 10, 5.6**

Mit dem verächtlichen Wort „Kalb“ ist das goldene Stierbild gemeint, das in Israel seit der Wüstenwanderung immer wieder gegossen wurde. Es war das Symbol für den Thron des Götzen Baal, dem Gott der Ernte und damit des Reichtums, der Fruchtbarkeit und somit auch der Sexualität. Baal ist der typische Götze einer Art von Glück, wie es sich manche wünschen.

Jede Zeit hat ihre Glücksgötter. Seit der Landnahme begnügte sich das Volk mit dem Gott Abrahams, Isaaks und Jakobs, der ihnen den Segen und die Zukunft versprochen hatte. Aber der Gott Moses, der die Gebote und damit die sittlichen Werte gegeben hatte, war ihnen unbequem. Darum hatten sie sich an die Götzen der Umwelt gehalten. In anderen Zeiten versprachen sich die Juden das Heil von politischen Freunden oder in unseren Tagen von der militärischen Macht. Der Christenheit geht es nicht viel anders. Auch sie ist beständig gefährdet, am unsichtbaren, in Christus leidenden und Gehorsam fordernden Gott sich zu stören.

Aber mit allen Göttern und Ideologien geht es wie mit den Völkern der alten Geschichte.

Ihre Münzen gelten nimmer, Namen sind verklungen, ihre Lieder ungesungen, ihre Sprachen ungesprochen. Die alten Götter sind fast vergessen. Höhnisch sagt Hosea: Das Kalb, das Israel schützen sollte, bedarf selber des Schutzes! Ja, es wird hilflos deportiert. Wie anders geht es uns Christen? Jesus tröstet und stärkt. Heute gibt er Lebensmut und Lebenskraft (Ps. 27, 1). Die Zukunft gehört allein Jesus.

Durch Danken kommt Neues ins Leben hinein,
ein Wünschen, das nie du gekannt,
dass jeder wie du Gottes Kind möchte sein,
vom Vater zum Erben ernannt.

Heino Tangermann

Mein Volk ist müde, sich zu mir zu bekehren, und wenn man ihnen predigt, so richtet sich keiner auf. Hosea 11, 7

Es klingt wie ein Lied eines enttäuschten Ehemannes. Was hat Gott nicht alles für sein Volk getan! „Ich hatte Israel lieb!" Das ist das Schönste, was einem passieren kann, geliebt zu werden – von Gott geliebt zu sein. Vieles können wir kaufen, Liebe nicht; Gottes Liebe erst recht nicht. Besonders anziehend war weder Israel noch die Christenheit. Wer gibt schon viel für Sklaven? Und von der Urgemeinde bis heute gilt, was Paulus nach Korinth (1. Kor. 1, 26) schrieb: „Nicht viel Edle sind berufen." „Die Gesunden bedürfen des Arztes nicht" sagt Jesus (Luk. 5, 31). Wir haben manchmal den Eindruck, dass wir Christen die Hilfe Jesu und seine Vergebung ganz besonders nötig haben. Gott hat seine Liebe bewiesen. Er rief sein geschundenes Volk aus Ägypten. Damals hätte keiner etwas für dieses Volk gegeben, das vor der Ausrottung, der physischen Vernichtung stand. Aber Gott hat sie beauftragt, ein menschliches Joch zu ziehen. Die Welt verdankt dem Judentum die Zehn Gebote. Die hohen sittlichen Werte bewunderten schon die alten Römer. Gott hat uns Christen um nichts weniger reich in Jesus Christus beschenkt.

Was ist nur passiert, dass Gottes Volk des Alten wie des Neuen Bundes zumindest in Europa so müde geworden ist? Ist die Müdigkeit ein anderer Ausdruck für Undank, für Abstumpfung gegen Gottes Güte? Zeigt sich hierin nicht die abgrundtiefe Verlorenheit der Menschheit, aus der allein Jesus helfen kann?

Liebe, die du mich erkoren,
eh ich noch geschaffen war,
Liebe, die du Mensch geboren
und mir gleich wardst ganz und gar:
Liebe, dir ergeb ich mich,
dein zu bleiben ewiglich.

Johann Scheffler

Was soll ich aus dir machen? Soll ich dich wie Zeboim zurichten? Meine Barmherzigkeit ist zu brünstig, dass ich nicht tun will nach meinem grimmigen Zorn, denn ich bin Gott und nicht ein Mensch. **Hosea 11, 8.9**

Wir haben eine der interessantesten Stellen der Heiligen Schrift vor uns: Gott ringt mit sich selbst. Seine Heiligkeit und Gerechtigkeit kämpft mit seiner Liebe und Barmherzigkeit.

Dem Verhalten des Volkes Gottes entspräche Zorn und Gericht. Denn die Seinen, ausgerechnet sie, sind untreu und machen Gott keine Freude, nur Schande. Sie verdienen, dass sie untergehen wie Zeboim, das mit Sodom und Gomorra vernichtet wurde. Wir als Christen sind nicht besser als das Volk Israel. Wir dürfen uns nicht einbilden, wir hingen treuer an Gott und wären gehorsamer und liebevoller. Das Urteil über uns fällt ganz gewiss nicht besser aus als das über die Pharisäer und Schriftgelehrten einst. In Gott kämpft seine Seele. Seine Liebe behält die Oberhand. Das liegt weniger an seinen Gefühlen als an seinem göttlichen Wesen. Er untersteht nicht dem irdischen Echogesetz, wonach auf die Untreue die Abwendung, auf das Unrecht die Strafe folgen muss. Unsere Gerechtigkeit kann gar nicht anders, sonst verkommt sie zu „Vetterleswirtschaft“, zu Kumpanei und Ungerechtigkeit. Gott aber, der Schöpfer, hat die Macht, aus dem Ungerechten, aus dem Sünder, einen Heiligen zu machen. Darum kam Gott in Jesus. Er aber wird wiederkommen, um in Herrlichkeit die Seinen zu vollenden.

Er wechselt mit uns wunderlich:
Fleisch und Blut nimmt er an
und gibt uns in seins Vaters Reich
die klare Gottheit dran.
Er wird ein Knecht und ich ein Herr;
das mag ein Wechsel sein!
Wie könnt es doch sein freundlicher,
das herze Jesulein.

Nikolaus Herman

Ephraim spricht: Ich bin reich, ich habe genug; man wird in aller meiner Arbeit keine Missetat finden, die Sünde sei. Hosea 12, 9

Nicht wenige schließen von ihrem Ergehen auf Gottes Gefühle zu ihnen. Der eine klagt: „Mir geht es so schlecht. Sicher hat Gott mich nicht lieb!“ Der andere brüstet sich mit dem Gedanken: „Wenn Gott mich nicht lieb hätte, ginge es mir nicht so gut.“ Gerade bei religiös Interessierten finden wir oft, wie sie sich auf ihr Erleben stützen. So haben Hoseas Zeitgenossen offensichtlich ihren Wohlstand so gedeutet, dass sie besonders gute Menschen seien und es ihnen deshalb so gut gehe. Ich bin nicht reich, aber ich lebe in bescheidenem Wohlstand. Ich habe einen Arbeitsplatz. Ich bin glücklich verheiratet. Meine Kinder sind wohlgeraten. Unsere Gemeinde hat einen guten Gottesdienstbesuch. Unser Opferaufkommen ist erfreulich. In unserer Gemeinde haben wir viele Aktivitäten und eine gute Gemeinschaft. Die Gebetsgemeinschaft ist bei uns lebendig ... Also! Gott ist mit uns. Jesus ist unter uns (vgl. Offb. 3, 14–22). So sprachen auch Hoseas Zeitgenossen und begründeten ihr Wohlergehen nicht mit Gottes Güte, sondern mit ihrer vermeintlichen Frömmigkeit. Dem entgegnet Gott: „Schaut euch doch um, wie ihr handelt. Ob ihr wirklich so fromm seid? Bedenkt, wie sogar der Stammvater von Gott in Not geführt wurde. War er weniger fromm als ihr? Sollte es euch besser gehen? Oder ist euer Wohlstand nicht gerade Ausdruck der Güte Gottes, mit deren Hilfe er euch lockt, zu ihm zurückzukommen? Und hat nicht gerade der gerechte Jesus am meisten gelitten?“ Es sollte sich keiner auf sein Glück verlassen, sondern nur auf Jesu Angebot, uns zu retten. Passt der Gedanke des Leidens nicht mehr in unsre Zeit, die Erfolg sehen will?

Im Evangelischen Gesangbuch fehlt leider das Lied:

Unter Leiden prägt der Meister
in die Herzen, in die Geister
sein allgeltend Bildnis ein.
Wie er dieses Leibes Töpfer,
will er auch des künft'gen Schöpfer
auf dem Weg der Leiden sein.
Karl Friedrich Harttmann

Israel, du bringst dich in Unglück, denn dein Heil steht allein bei mir. Ich will sie erlösen aus der Hölle und vom Tod retten.
Hosea 13, 9.14

Wer an Gott glaubt, hat einen weiten Horizont. Der endet nicht an den Toren des Todes. Was wäre das für ein Gott, der nur Macht im sichtbaren Bereich hätte und nur für die paar Jahre zwischen Wiege und Bahre zuständig wäre! Wir freuen uns auf den Tag, an dem Gott seine ganze Macht zeigen wird.

Oft wird gesagt, das Alte Testament wisse noch nichts von der Auferstehung der Toten. Aber es gibt verschiedene Stellen, die um diese Hoffnung wissen. Jesaja (26, 19) sagt: „Deine Toten werden leben!“ Und David (Ps. 16, 10) jubelt: „Du wirst meine Seele nicht dem Tode lassen.“ Jesus aber fasst alles zusammen in dem Wort: „Gott ist nicht ein Gott der Toten“ (Matth. 22, 32).

Vielleicht haben wir Christen zeitweilig zu viel von unserer Hoffnung auf die Auferstehung von den Toten gesprochen, sodass der Umschwung verständlich wäre, als alle Hoffnung auf diese Welt verlegt wurde. Vielleicht war es aber auch nur der Trick des Teufels, uns mithilfe von Atheisten wie Karl Marx (1818–1883) die Hoffnung auf die Ewigkeit zu nehmen. Unser ganzer Glaube an den dreieinigen Gott gipfelt in der Verheißung: Wir dürfen bei ihm sein für immer (1. Thess. 4, 17). Nur einer verschafft uns diese Freude. Allein Jesus bringt uns heim. Er allein ist unser Retter. Niemand kommt zum Vater außer durch Jesus.

Ach Herr, lass dein lieb Engelein
an meinem End die Seele mein
in Abrahams Schoß tragen.
Der Leib in sei'm Schlafkämmerlein
gar sanft ohn alle Qual und Pein
ruh bis zum Jüngsten Tage.
Alsdann vom Tod erwecke mich,
dass meine Augen sehen dich
in aller Freud, o Gottes Sohn,
mein Heiland und mein Gnadenthron.
Herr Jesu Christ, erhöre mich, / erhöre mich.
Ich will dich preisen ewiglich.

Martin Schalling

Bekehrt euch zum HERRN und sprecht zu ihm: Vergib uns alle Sünde, so wollen wir opfern, Assur soll uns nicht helfen.
Hosea 14, 2–4

Es gibt nicht viele vorformulierte Gebete in der Bibel, die wir nachbeten sollen. Eines ist das „Vater unser“, das Jesus lehrte. Ein zweites diktiert Hosea.

Das hat seinen guten Grund. Der Prophet hat von Gott die Einsicht in unseren menschlichen Charakter bekommen. Der ist so gottlos, dass wir von uns aus nicht in der Lage sind, zu Gott zurückzukommen. Wer umkehrt, den hat Gottes Geist bekehrt. Darum lehrt Martin Luther (1483–1546) im Kleinen Katechismus zum 3. Artikel „Vom Heiligen Geist“: „Ich glaube, dass ich nicht aus eigener Vernunft noch Kraft an Jesus Christus, meinen Herrn, glauben oder zu ihm kommen kann; sondern der Heilige Geist hat mich durch das Evangelium berufen, mit seinen Gaben erleuchtet, im rechten Glauben geheiligt und erhalten …“

Hosea diktiert dieses Bußgebet, weil wir nicht wissen, was wir beten sollen (Röm. 8, 26). Die Kerngedanken des rechten Bußgebetes sind:
- das Eingeständnis meiner Schuld und die Bitte um Vergebung;
- das Versprechen, Gott für die Vergebung mit Opfern zu danken und ihn zu loben in Wort und Lied;
- das Versprechen, das als Unrecht Erkannte nicht wieder zu tun.

Der Fromme des Alten Testamentes hofft auf Gottes Güte. Seit Jesus zu uns gekommen und für uns am Kreuz gestorben ist, wissen wir, wie sehr Gott uns liebt. Er hat seine Liebe bewiesen
(Röm. 5, 8).

Lass deines guten Geistes Licht
und dein hell glänzend Angesicht
erleuchten mein Herz und Gemüt,
o Brunnen unerschöpfter Güt,
und mache dann mein Herz zugleich
an Himmelsgut und Segen reich;
gib Weisheit, Stärke, Rat, Verstand
aus deiner milden Gnadenhand.
Heinrich Georg Neuß

Es spricht eine Stimme: Predige! Und ich sprach: Was soll ich predigen? Alles Fleisch ist Gras, und alle seine Güte ist wie eine Blume auf dem Feld. Das Gras verdorrt, die Blume verwelkt; denn des HERRN Odem bläst darein. Ja, Gras ist das Volk! Das Gras verdorrt, die Blume verwelkt, aber das Wort unseres Gottes bleibt ewiglich. Jesaja 40, 6–8

Was soll da Predigen noch helfen? Die Zeiten haben sich geändert. Im ersten Teil des Jesajabuches stand dem Propheten ein trotziges Volk gegenüber. Man meinte, selbst der Tod könne einem nichts anhaben: „Wir haben mit dem Tod einen Bund geschlossen und mit dem Totenreich einen Vertrag gemacht", spottete man (28, 15). Jetzt sieht er das Volk in der Gefangenschaft in Babylon. Was einst blühte, ist jetzt verdorrt: Alles Fleisch ist wie Gras. Totale Resignation. Nichts Menschliches hat Bestand. Gilt das nicht auch für Israel? Es ist jetzt ein Volk ohne Land, ohne Hauptstadt, ohne König, ohne Tempel. Sind wir nicht ein vergehendes Volk? „Ja, Gras ist das Volk!" Der Einwand des Propheten gegen den Predigtauftrag ist ernst zu nehmen. Gott akzeptiert ihn, aber er lässt ihn nicht gelten. Wenn Israel eine Zukunft hat und wenn das Predigen in einer resignierenden Umwelt einen Sinn hat, dann nicht in eigener Kraft. Es gibt etwas, was nicht dem Gesetz des Vergehens unterliegt: Gottes Wort bleibt! Das Wort unseres Gottes erhebt sich immer wieder. Selbst wenn man alle Bibeln vernichten würde. Mit seinem Wort hat er sich festgelegt, seinem Volk die Treue zu bewahren und es zu erhalten, seine Herrlichkeit und sein Heil in der ganzen Welt zu offenbaren; selbst wenn Himmel und Erde vergehen sollten (Matth. 5, 18). Israel hat seinen Bestand in und durch Gottes Wort. Das Wort lügt nicht, wandelt sich nicht, erfüllt sich, überwindet Widerstände und schafft neue Menschen.

Dein Wort ist fest, wir fassen dies;
was du zusagst, hältst du gewiss.
Ein Herz, dem vor sich selber graut,
wird ruhig, wenn es dir vertraut.
Philipp Friedrich Hiller

Siehe, das ist mein Knecht – ich halte ihn – und mein Auserwählter, an dem meine Seele Wohlgefallen hat. Ich habe ihm meinen Geist gegeben; er wird das Recht unter die Heiden bringen. Er selbst wird nicht verlöschen und nicht zerbrechen, bis er auf Erden das Recht aufrichte; und die Inseln warten auf seine Weisung. **Jesaja 42, 1.4**

Welch eine Vorstellung! Gott präsentiert seinen Knecht, durch den er sein Werk der Errettung der Welt hinausführen wird. Knechtschaft unter Menschen kann eine entehrende Last sein. Im Hebräischen, anders als im Griechischen, sofern es sich auf Gott bezieht, ist Knecht sein ein Ehrentitel: Mose, die Propheten, David waren „Knechte Gottes". Der Knecht ist der Vertraute, der Beauftragte und der Schutzbefohlene seines Herrn.

Der Knecht, den Gott hier vorstellt, steht in einer besonders engen Beziehung zu ihm. Mein Knecht, mein Auserwählter, die Freude meiner Seele, nennt er ihn. Als der Erwählte ist er zugleich auch der Geliebte Gottes. Er verlieh ihm eine besondere Ausrüstung: Seine Hand hält ihn, Gott selbst ist seine Kraft, und der Geist Gottes ist ihm als bleibende Gabe verliehen. Und sein Auftrag ist es, das Recht und die Weisung, eigentlich die Tora Gottes, zu den Völkern bis an die Enden der Erde zu bringen. Dabei sind „Recht schaffen", „Richter" und „richten" Parallelbegriffe zu „retten" und „Retter". Es handelt sich um königliche Tätigkeiten. Dieser Knecht soll die Ordnung der Gottesherrschaft, den Willen Gottes, den jeder, der ihm angehören will, kennen und befolgen muss, dorthin bringen, wo man ihn noch nicht kennt: Gottes Herrschaft über Israel hinaus.

Doch wer ist dieser Knecht? Die Antwort muss noch warten, doch wissen wir, dass bei Jesu Taufe, als er an den Platz der Sünder trat, die Stimme vom Himmel sprach: „Du bist mein geliebter Sohn, an dir habe ich Wohlgefallen" (Mark. 1, 11). Es bleibt der Welt immer unbegreiflich, dass die Sache Gottes in der Stille geschieht. Man muss sehr umlernen.

Heiland, deine größten Dinge
beginnst du stille und geringe.
Was sind wir Armen, Herr, vor dir?
Albert Knapp

Ihr seid meine Zeugen, spricht der HERR, und mein Knecht, den ich erwählt habe, damit ihr wisst und mir glaubt und erkennt, dass ichs bin. Vor mir ist kein Gott gemacht, so wird auch nach mir keiner sein. Ich, ich bin der HERR, und außer mir ist kein Heiland. **Jesaja 43, 10.11**

Was für eine Szene: Gott ruft sein Volk Israel. In einem gewaltigen Rechtsstreit geht es um die Frage, wer Gott ist. Nur einer kann es sein. Die Völker sollen Zeugen für ihre Götter stellen. Konnten sie das Zukünftige ansagen? Und Gott? Er kann schweigen, weil er sein Volk als seine Zeugen hat: „Ihr seid meine Zeugen." Und wieder: „Ihr seid doch meine Zeugen!" (V. 12; 44, 8). Damit hat Gott Israel die Aufgabe übertragen, die ursprünglich der Menschheit zugedacht war. Der Mensch war als Ebenbild Gottes geschaffen, um auf das Urbild, Gott, als Zeuge hinzuweisen. Mit dem Sündenfall (1. Mose 3) wurde er für diese Aufgabe untüchtig. So hat Gott mit Abraham ein neues Zeugenvolk geschaffen und sich ihm offenbart. Die Existenz des Volkes Gottes hat nur dann einen Sinn, wenn es seiner Zeugenpflicht nachkommt. Dazu wurde Israel Gottes Knecht und Bote. Was nützt ein blinder Knecht und tauber Bote (42, 19)?

Wer ist der wahre Knecht und der wahre Zeuge? Es ist der, der das Ebenbild des Vaters ist. Er konnte sagen: „Wer mich sieht, der sieht den Vater", denn er war im Vater, und der Vater war in ihm, und er tat die Werke des Vaters. Und er hat den Auftrag des Zeugnisses seinen Jüngern (Joh. 15, 27) und seiner Gemeinde übertragen. „Ihr sollt meine Zeugen sein", war sein letztes Wort (Apg. 1, 8). Dieser Auftrag bleibt, weil Gottes Ziel bleibt. Doch um sein Zeuge zu sein, muss man ihn kennen, muss vor allem selber erkennen und glauben, dass es nur den einen Gott und den einen Retter gibt, und muss in sein Ebenbild verwandelt werden.

Hier hast du uns alle zu deinen Befehlen!
Je mehr du befiehlst, je mehr Siege wir zählen;
denn deine Befehle sind so viel Versprechen,
durch alle verhauenen Bahnen zu brechen.
Nikolaus Ludwig Graf von Zinzendorf

Mir hast du Arbeit gemacht mit deinen Sünden und hast mir Mühe gemacht mit deinen Missetaten. Ich, ich tilge deine Übertretungen um meinetwillen und gedenke deiner Sünden nicht.

Jesaja 43, 24.25

Was hat Israel nicht alles für Gott getan und für Gott erlitten? Und das soll alles nichts sein? Acht wuchtige „Nicht" klingen mit einem fast beißenden Sarkasmus in den vorausgehenden Versen 22–24a im Blick auf den Gottesdienst Israels auf. Jedem Versuch des Menschen und vor allem des frommen Menschen, mit seinem Dienst oder Gottesdienst seine Sünden zu tilgen oder sich vor Gott angenehm und gerecht zu machen, wird hier der Riegel vorgeschoben. Luther (1483–1546) hat das erkannt, wenn er dichtet: „Mein' guten Werk', die galten nicht; es war mit ihnen verdorben."

Was kann dann helfen? Vor Gott kann nur Gott helfen. Dreimal tönt es: Ich, ich, ich tilge deine Übertretungen um meinetwillen und gedenke deiner Sünden nicht." Das ist die souveräne und freie Gnade, mit der Gott Sünde vergibt. „Jahwe selbst verkündigt hier das ‚sola gratia' (allein aus Gnaden) und ‚sola fide' (allein aus Glauben)", schreibt Franz Delitzsch (1813–1890). Nur durch das, was Gott tut und was Gott gibt, der allein heilig und gut ist, werden wir vor Gott angenehm. Und Glaube heißt, sich geben lassen, was Gott frei gibt. Doch wie kann Gott das so einfach tun? Gott selbst lädt sich die Sünden Israels, die Sünden der ganzen Welt, unsere, meine Sünden auf. „Israels Sünden ruhen auf ihm wie eine Last auf einem Knecht" (Franz Delitzsch). Wie ist das möglich? „Du hast mich zum Arbeiter gemacht durch deine Sünden, hast mich schuften gemacht durch deine Missetat." Von Jesus lesen wir: „Er hielt sein Gottsein nicht wie einen Raub fest. Er erniedrigte sich, machte sich zum Sklaven, wurde gehorsam bis zum Tode am Kreuz" (Phil. 2, 5–8). Das ist die Umkehr des natürlichen Gottesverhältnisses, der große Wechsel und Tausch, das anstößige Geheimnis der Gnade, wie Martin Luther sagt.

Gnade muss es sein, Gnade ganz allein!
Alles andre geht in Stücke,
ist nur eine schlechte Krücke:
Gnade hält allein, Gnade muss es sein!

Friedrich Hermann Krüger

So spricht der HERR, der König Israels, und sein Erlöser, der HERR Zebaoth: Ich bin der Erste und ich bin der Letzte, und außer mir ist kein Gott. Und wer ist mir gleich? Er rufe und verkünde es und tue es mir dar! Wer hat vorzeiten kundgetan das Künftige? Sie sollen uns verkündigen, was kommen wird!

Jesaja 44, 6.7

Der Gott Israels hat nur einen Anspruch: Ich bin der einzige Gott. Nur einer ist Gott, und der hat sich in Israel offenbart. Dieser Anspruch war zu allen Zeiten anstößig. Israel selbst hatte seine Mühe damit, denn es suchte sich seit der Zeit, als Aaron auf Geheiß des Volkes das goldene Kalb machte, sich durch die Hereinnahme anderer Götter abzusichern. Den ersten Christen verübelte man nicht, dass sie Jesus Christus als Heiland und Sohn Gottes verehrten. Doch dass sie daneben alle anderen Gottheiten verneinten und jeden anderen Gottesdienst ablehnten, das rief Unverständnis, Protest, Verfolgung und Martyrium hervor. Auch heute ist die Anstößigkeit dieses Anspruchs nicht überwunden. Es wird behauptet, wo ein Glaube diesen Anspruch erhebt, ist das friedliche Miteinander der Völker gefährdet. Für die Christen steht und fällt mit diesem Anspruch aber die Grundlage ihres Glaubens und der Mission. Gottes Einzigkeit wird damit begründet, dass er der Gott des gesamten Weltgeschehens und der Prophetie ist. Er beschließt alles Geschehen im Voraus, er bestimmt seinen Verlauf, er macht es bekannt. Das heißt, mit aller Schärfe wird die Frage gestellt, wer die Weltgeschichte zu bestimmen hat, und die Antwort ist: Der, der das Zukünftige vorhersagen lassen kann, die Geschichte voraussagen, aber auch den Anfang der Welt rückblickend aufzeigen kann: Jahwe, der König und Erlöser Israels.

Fürchte dich nicht! Ich bin der Erste und der Letzte und der Lebendige. Ich war tot, und siehe, ich bin lebendig von Ewigkeit zu Ewigkeit und habe die Schlüssel des Todes und der Hölle.

Offb. 1, 17b.18

Mein Gott ist meine Stärke – , er spricht: Es ist zu wenig, dass du mein Knecht bist, die Stämme Jakobs aufzurichten und die Zerstreuten Israels wiederzubringen, sondern ich habe dich auch zum Licht der Heiden gemacht, dass du seist mein Heil bis an die Enden der Erde. **Jesaja 49, 5.6**

Hier spricht ein Zerbrochener. Der erste Auftrag dieses Knechts war es, Israel zu seinem Gott zu bekehren (V. 5). Wir wissen, dass Jesus seinen Dienst an Israel mit der Einladung begann: „Kehrt um und glaubt dem Evangelium“ (Mark. 1, 14.15). Aber daran verzehrte er seine Kraft, obwohl er doch im Dienst seines Gottes stand. Drei Ausdrücke reiht der Knecht aneinander, um zu sagen, wie restlos er an den Widerständen zerbrach: vergeblich, umsonst, unnütz (V. 4). Heute würden wir sagen: total ausgebrannt. Und das im Dienst Gottes. Er zerbrach an der Übermacht des selbstischen Willens, nicht der gottfernen Welt, sondern des frommen Volkes Gottes. Ist das nicht genug? Für Menschen mag es genug sein, für Gott nicht. Er nimmt den Ausgezehrten und Zerbrochenen und gibt ihm noch einen weiter reichenden Auftrag, Licht der Völker, Retter der ganzen Welt zu sein. „Ich setzte dich zum Licht der Völker, zur Rettung für die ganze Welt.“ Der Gott der ganzen Welt kann nicht ruhen, bis „aller Welt Enden sehen das Heil unseres Gottes“ (Ps. 98, 3), auch wenn es Kraft und Leben seines geliebten Knechtes kostet. Der Knecht hat eine einzigartige Kraftquelle: Gott selbst. Die Jünger haben später für den Auftrag Kraft des Heiligen Geistes empfangen. Schließlich besteht ein innerer Zusammenhang zwischen dem Zuschandenwerden an seinem Volk und dem Weg des Heils Gottes zu den Völkern. Die Kraft und der Schatz Gottes ist nur in irdenen, zerbrechlichen Gefäßen, damit deutlich wird, dass die Kraft von Gott ist und nicht von uns (2. Kor. 4, 7).

Herr, nun lässt du deinen Diener in Frieden fahren, wie du gesagt hast; denn meine Augen haben deinen Heiland gesehen, den du bereitet hast vor allen Völkern, ein Licht, zu erleuchten die Heiden und zum Preis deines Volkes Israel. *Luk. 2, 29–32*

Gott der HERR hat mir eine Zunge gegeben, wie sie Jünger haben, dass ich wisse, mit den Müden zur rechten Zeit zu reden. Alle Morgen weckt er mir das Ohr, dass ich höre, wie Jünger hören. Gott der HERR hat mir das Ohr geöffnet. Und ich bin nicht ungehorsam und weiche nicht zurück. Jesaja 50, 4.5

Und wieder begegnet uns der Knecht, nicht der, der blind und taub ist, sodass er nicht hören und nicht sehen kann (42, 19), sondern der, der ganz Ohr ist. Wenn der Knecht Gottes sich mit einem Schüler vergleicht, das ist der eigentliche Sinn des mit Jünger wiedergegebenen Wortes, die enge Gemeinschaft, die Innigkeit und Unaufhörlichkeit des Umgangs mit dem Lehrer. Auch Christen sollen zu Lernenden und Schülern werden. Am Anfang steht die Gabe des Hörens. Israel war aufgerufen worden: „Höre, Israel" (5. Mose 6, 4). Er ist „ganz Ohr". Hören können ist ein Geschenk Gottes (vgl. Spr. 20, 12). Der Herr öffnet das Ohr. Es ist weiter ein Zeichen der Demut, dass man eben noch nicht alles weiß. Deshalb lässt man sich noch etwas sagen. Hören kann man lernen. Am besten hört es sich am Morgen, bevor die andern Stimmen unser Ohr und unsere Gedanken in Anspruch genommen haben, Morgen für Morgen. Aus dem rechten Hören erwächst die Gabe des Redens. Dieser Knecht hört nicht nur als Selbstversorger für sich. Weil er hört, kann er mit denen reden, die nichts mehr hören wollen: die Müden. Dabei kommt es weder auf die Menge der Worte noch auf die Lautstärke an, sondern auf das verstehende, das liebende, das stärkende, das aufmunternde Wort, das nur von Gott gehört wird. Jesus lebte aus dem Buch Jesaja. Hier empfing er seinen Auftrag, den Auftrag zu hören, sodass er das redete, was er vom Vater gehört hatte (Joh. 8, 26), und den Auftrag, mit den Müden zu reden: „Kommet her zu mir alle, die ihr müde und beladen seid, ich will euch erquicken" (Matth. 11, 28).

Er weckt mich alle Morgen,
er weckt mir selbst das Ohr,
Gott hält sich nicht verborgen,
führt mir den Tag empor,
dass ich mit seinem Worte
begrüß das neue Licht.
Schon an der Dämmrung Pforte
ist er mir nah und spricht.
Jochen Klepper

Wie lieblich sind auf den Bergen die Füße der Freudenboten, die da Frieden verkündigen, Gutes predigen, Heil verkündigen, die da sagen zu Zion: Dein Gott ist König! Jesaja 52, 7

Im Hebräischen werden die ausführenden Körperteile genannt, wenn es um die Tätigkeiten geht. Schön sind nicht in erster Linie Dinge, sondern Ereignisse. Das sollte klar sein, dass die Botschaft vom Sieg Gottes laufen muss. Weil sie selbst keine Füße hat, bedarf es der Boten, die diese Botschaft in Bewegung setzen. Ihre Ankunft ist Grund zum Jubel. So sind diese Zeilen durchdrungen von jubelnder Freude. Ziel der Empfänger der Botschaft ist Zion. Dabei ist Zion nicht nur der geographische Ort, die Stadt und der Tempelberg in Jerusalem, sondern Zion steht auch für die Hausgemeinde in ihrer Gesamtheit. Sie lebt vom Evangelium, das ihr verkündigt wird. Das Wort für die Freudenboten, „mebassar", und ihre Botschaft geht ins Neue Testament ein als „Evangelium". Was ist am Evangelium so besonders? Es ist nicht nur eine Mitteilung, sondern es gibt den Menschen das, wovon es spricht: Frieden. Gemeint ist damit nicht nur das Schweigen von Kriegslärm und Waffen. Frieden ist die umfassende Bezeichnung für die Versöhnung mit Gott. Deshalb verkündigen die Engel bei der Geburt Jesu: Frieden auf Erden (Luk. 2, 14)! Wer Frieden mit Gott hat, der erkennt, dass Gott gut ist. Das ist eine froh machende, das Leben als ganzes prägende Einsicht, die es uns möglich macht, auch viel Schweres zu tragen. Lernen wir es, zu sagen: Gott ist gut. Die Grundlage für all das ist, dass man von der Schuld seines Lebens errettet ist, auch von dem letzten Gericht vor dem Thron Gottes. Das ist Heil! Wer garantiert das alles? Gott selbst, der Herr und König ist. Das ist das Evangelium. Jesaja ist der große Evangelist des Alten Bundes. Im Neuen wird das verwirklicht.

Nun jauchzet, all ihr Frommen,
zu dieser Gnadenzeit,
weil unser Heil ist kommen,
der Herr der Herrlichkeit,
zwar ohne stolze Pracht,
doch mächtig, zu verheeren
und gänzlich zu zerstören
des Teufels Reich und Macht.

Michael Schirmer

Fürwahr, er trug unsre Krankheit und lud auf sich unsre Schmerzen. Wir aber hielten ihn für den, der geplagt und von Gott geschlagen und gemartert wäre. Aber er ist um unserer Missetat willen verwundet und um unsrer Sünde willen zerschlagen. Die Strafe liegt auf ihm, auf dass wir Frieden hätten, und durch seine Wunden sind wir geheilt. **Jesaja 53, 4.5**

Wie kann man das verstehen, wenn einen niemand anleitet? So antwortete der Finanzreferent der Königin Kandake auf die Frage des Evangelisten, ob er denn verstehe, was er lese (Apg. 8, 31). Solches Nichtverstehen dieses Prophetenwortes war typisch für das damalige Judentum. Hans Walter Wolff hat gezeigt, dass Jesaja 53 in vorchristlichen jüdischen Texten kaum vorkommt. Wo man dabei bleibt, wird die Einzigartigkeit des Leidens des Knechtes oder die in seiner Stellvertretung und seinem Sühnopfer begründete Vollendung des endzeitlichen Sieges über die Sünde nicht erfasst. Die Prophetie kann offenbar in ihrer Fülle so lange nicht erfasst werden, als ihre neutestamentliche Erfüllung nicht erkannt wird. Das gilt bis heute, wo man im Leiden des Gottesknechts das stellvertretende und sühnende Leiden des jüdischen Volkes sieht oder in der Befreiungstheologie das stellvertretende Sühneleiden der Armen sieht. Was an diesem Knecht geschieht, ist unverständlich. Die ersten Zeugen sagen selbst: „Wir haben ihn für nichts geachtet“ (V. 5). Die Könige der Erde sind entsetzt, weil in seinem Leiden nichts Menschliches mehr an ihm war (52, 14). Die Jünger können nicht fassen, was am Kreuz geschieht. Ein Unschuldiger leidet bis zum Tod, weil Gott ihm die Sünden der ganzen Welt auferlegt und ihn dafür straft. Ist das nicht ungerecht? Eigentlich ja, bis man erkennt, dass es dabei um meine Krankheit, meine Schmerzen, meine Sünde, meinen Frieden geht. Dann kann man nur noch danken und anbeten. Das Geheimnis des Kreuzes Christi kann nur auf dem Hintergrund des leidenden Gottesknechts recht verstanden werden. Gerade auch Israel gilt es!

Ach mein Herr Jesu, wenn ich dich nicht hätte
und wenn dein Blut nicht für die Sünder red'te,
wo wollt ich Ärmster unter den Elenden
mich sonst hinwenden?

Christian Gregor

Wohlan, alle, die ihr durstig seid, kommt her zum Wasser! Und die ihr kein Geld habt, kommt her, kauft und esst. Kommt her und kauft ohne Geld und umsonst Wein und Milch ... Hört doch auf mich, so werdet ihr Gutes essen ... Neigt eure Ohren und kommt her zu mir! Hört, so werdet ihr leben. Ich will mit euch einen ewigen Bund schließen, euch die beständigen Gnaden Davids geben.

Jesaja 55, 1–3

Wenn das nicht Gnade ist. Umsonst, ohne Geld kann man einkaufen. Gott bietet seine Gaben an. Deshalb die Wiederholung der Einladung. Es geht hier einzig um das Gnadenangebot Gottes. Dieses Angebot Gottes begegnet wieder im Evangelium: Wir können ohne Verdienst, umsonst, gratis, geschenkweise gerecht werden aus seiner Gnade durch die Erlösung, die durch Christus Jesus geschehen ist (Röm. 3, 24). Wie kauft man denn bei Gott ein? „Hört auf mich!“ Ja, Gottes Heilsgaben kommen zu uns durch sein Wort, denn sie sind begründet in dem, was Jesus, der Knecht Gottes, getan hat. Wer nicht auf das Evangelium hört, empfängt nicht. Wer hier hört und zugreift, der glaubt. Was ist zu haben? Wein und Milch. Das ist ein Bild für die besten Gaben. Die besten Gaben Gottes aber sind Vergebung der Sünden, ewiges Leben, Gemeinschaft mit Gott, ja Gott selbst. Mehr und Besseres gibt es nicht. Und Gott bietet einen Bund an, den Bund Davids. Dieser Bund ist eine feste, geradezu rechtlich gegründete, unauflösliche Beziehung, die als Gnadenzuweisung souverän von Gott ausgeht. Darauf kann man bauen. Diesen Bund hat Gott mit dem Blut seines Sohnes besiegelt (Luk. 22, 20). Jedes Mal, wenn wir beim Abendmahl Brot und Wein empfangen, werden wir erneut vergewissert, dass er uns das ganze Heil gratis gibt. Das Angebot muss in alle Welt und unter alle Völker hinausposaunt werden (V. 5). Und als Gaben des Bundes mit David gelten sie auch Israel.

Kommt her, ihr seid geladen,
der Heiland rufet euch;
der süße Herr der Gnaden,
an Huld und Liebe reich,
der Erd und Himmel lenkt,
will Gastmahl mit euch halten
und wunderbar gestalten,
was er in Liebe schenkt.

Ernst Moritz Arndt

Der Geist des HERRN ist auf mir, weil der HERR mich gesalbt hat. Er hat mich gesandt, den Elenden gute Botschaft zu bringen, die zerbrochenen Herzen zu verbinden, zu verkündigen den Gefangenen die Freiheit, den Gebundenen, dass sie frei und ledig sein sollen; zu verkündigen ein gnädiges Jahr des HERRN und einen Tag der Vergeltung unseres Gottes. Jesaja 61, 1.2

Jesus hat bei seiner Predigt in der Synagoge in Nazareth diesen Text gelesen (Luk. 4, 16–21). Als er sagte: „Heute ist dieses Wort der Schrift erfüllt vor euren Ohren", hat er dieses Wort auf sich bezogen. In Nazareth hat man den Messias erwartet. Nazareth heißt „Sprossheim", und vermutlich haben sich dort Davids Nachkommen niedergelassen, um den Messias zu erwarten. Was war dann so ärgerlich an Jesu Anspruch, dass man ihn steinigen wollte? Da ist der Anspruch, dass er der „Christus Gottes" ist. „Er hat mich gesalbt" bedeutet ja, er hat mich zu seinem Christus gemacht. Der Gesalbte, der Christus, ist aber der König Gottes. Was ist schon königlich an dem Zimmermannssohn? Dann werden hier Ausdrücke aufgenommen, die wir in den Gottesknechtsliedern (Jes. 42; 49; 50; 53) fanden: Elenden das Evangelium zu bringen und die Gefangenen aus dem Gefängnis zu führen (vgl. Jes. 42, 7). Der König und Christus Gottes erscheint als Knecht, als Gottes Knecht (Mark. 10, 45). Aber gerade so hat er seine Macht gezeigt. Dazu scheint sein Auftrag vor allem im Reden zu bestehen: „Botschaft zu bringen ... zu verkündigen, ... zu verkündigen ... zu trösten". „Heil verkündigen ist fast so viel wie Heil bewirken, Heil heraufführen" (Th. Robinson). Das fordert Glauben. Und letztlich ist da ein Triumph der Gnade. Er ruft das Gnadenjahr des Herrn aus, das nach 3. Mose 25 das Jahr ist, in dem alle Schuld vergeben, alle Gefangenen befreit wurden. Nur Gnade? Ja, in Nazareth ließ Jesus den Satz „einen Tag der Vergeltung unseres Gottes" weg. Hat er denn das Gericht aufgehoben? Er hob es auf, indem er es auf sich nahm.

Das Wort ward Fleisch und wohnte unter uns, und wir sahen seine Herrlichkeit, eine Herrlichkeit als des eingeborenen Sohnes vom Vater, voller Gnade und Wahrheit. Joh. 1, 14

Ich komme, um alle Völker und Zungen zu versammeln, dass sie kommen und meine Herrlichkeit sehen. Und will ein Zeichen unter ihnen aufrichten und einige von ihnen, die errettet sind, zu den Völkern senden ... und zu den fernen Inseln, wo man nichts von mir gehört hat und die meine Herrlichkeit nicht gesehen haben; und sie sollen meine Herrlichkeit unter den Völkern verkündigen. **Jesaja 66, 18.19**

So weit geht Gott! – Bis zu den fernsten Inseln, bis an die Enden der Erde, zu allen Völkern. Wenn es nur einen Gott gibt und nur ein Heil, dann muss das zu allen gebracht werden. Gottes Heil und Segen zu allen Völkern. Dazu beruft er Abraham, dazu schafft und geleitet er Israel, dazu beauftragt er den Gottesknecht, der sein Leben für alle Völker dahingibt. Doch wie soll das gehen? Dazu benutzt Gott die Erretteten, die selbst sein Heil annahmen und so dem Gericht entrannen. Sie werden zu Boten Gottes, zu Missionaren, die zu den fernen Inseln gesandt werden, um unter den Völkern Gottes Herrlichkeit, das Evangelium zu verkündigen. Hier ist zum ersten Mal ganz eindeutig von Mission in unserem Sinne die Rede: Sendung einzelner Menschen zu den fernen Völkern mit der Aufgabe, dort die Herrlichkeit der Errettung Gottes zu verkünden. Gott ist treu! Und wer sind die Brüder, die diese Missionare auf dem Rückweg mitbringen (V. 20)? Sind es die verstreuten Israeliten oder sollten dies die neugeborenen Brüder aus den Heidennationen sein? Sie sollen sogar Priester am Heiligtum werden (V. 21). Eigentlich unglaublich. Dann wäre hier schon angedeutet, wofür Paulus in Epheser 2 kämpft, dass der Herr Jesus unser Friede ist, der den Zaun abgebrochen und aus beiden eine neue Menschheit gemacht hat, sodass die, die einst Fremde waren, nun Bürger mit den Heiligen und Gottes Hausgenossen sind. Damit ist das mit Abraham anvisierte Ziel erreicht. Welch ein Wunder der Wege Gottes. Die Völkermission ist das Zeichen, das Jahwe selbst aufrichtet, ein Zeichen seiner Wahrheit, seiner Gnade, seiner Treue, dass alle Welt der Herrlichkeit des Herrn voll werden soll.

Jesus hat uns ausgesendet,
wie der Vater ihn gesandt,
dass die Liebe Gottes strahle,
da, wo man ihn nicht gekannt.
Philipp Paul Bliss,
deutsch von Anna von Weling

Ich habe meinen König eingesetzt auf meinem heiligen Berg Zion.
Psalm 2, 6

Unser Psalm hat am Karfreitag eine erste Erfüllung gefunden. In Apg. 4, 27.28 lesen wir: „Wahrhaftig, sie haben sich versammelt in dieser Stadt gegen deinen heiligen Knecht Jesus, den du gesalbt hast, Herodes und Pontius Pilatus mit den Heiden und den Stämmen Israels, zu tun, was deine Hand und dein Ratschluss zuvor bestimmt hatten, dass es geschehen solle." Am Kreuz von Golgatha hat der Vater seinen Sohn auf dem himmlischen Berg Zion zum König aller Könige und zum Herrn aller Herren gemacht. Zwar sehen wir noch nicht, dass ihm alles untertan ist. Und doch ist ihm jetzt schon alle Gewalt im Himmel und auf Erden gegeben. Das hat sich auch gezeigt, als die Feinde des Volkes Israel im Dritten Reich schrecklich wüteten und Gottes Volk ausrotten wollten. Sie mussten letztlich mithelfen, dass viele der Übriggebliebenen ins Land Israel kamen. Sacharja 14, 7 berichtet uns, wie es am Ende noch einmal einen Ansturm der Völker gegen Israel geben wird: „Ich werde alle Heiden sammeln zum Kampf gegen Jerusalem." Das ist wieder eine Auflehnung gegen den Herrn und seinen Gesalbten. Diese Empörung wird mit der sichtbaren Wiederkunft Jesu Christi enden. Seine Füße werden zu der Zeit auf dem Ölberg stehen. Dann ist er als König eingesetzt auf dem Berg Zion. Er nimmt die Zügel der Weltregierung in seine Hände. Der Herr wird König sein über alle Lande.

Wohl uns, wenn wir jetzt schon diesen König, welcher Blut und Leben dem Leben seiner Völker weiht, zum Herrn unseres Lebens machen! Ihn wollen wir fragen: „Herr, was willst du, das ich tun soll?" Es werde auch bei uns Wirklichkeit: „Unser keiner lebt sich selber und keiner stirbt sich selber. Leben wir, so leben wir dem Herrn; sterben wir, so sterben wir dem Herrn. Darum wir leben oder sterben, so sind wir des Herrn" (Röm. 14, 7.8).

Wem anders sollt ich mich ergeben,
o König, der am Kreuz verblich?
Hier opfr' ich dir mein Blut und Leben;
mein ganzes Herz ergießet sich.
Dir schwör ich zu der Kreuzesfahn
als Streiter und als Untertan.
Ernst Gottlieb Woltersdorf

Du bist mein Sohn, heute habe ich dich gezeugt. Psalm 2, 7

Wir alle kennen das erste Wort der Bibel: „Am Anfang schuf Gott Himmel und Erde.“ Weiter zurück führt uns Johannes 1, 1: „Am Anfang war das Wort, und das Wort war bei Gott, und Gott war das Wort.“ In unserem Psalmwort aber begegnet uns das allererste „Heute“ der Heiligen Schrift, das Geheimnis, dass Jesus Christus vom Vater in Ewigkeit geboren wurde. Es ist aufgenommen in dem alten Glaubensbekenntnis aus dem 4. Jahrhundert: „Wir glauben an den einen Herrn Jesus Christus, Gottes eingeborenen Sohn, aus dem Vater geboren vor aller Zeit: Gott von Gott, Licht von Licht, wahrer Gott vom wahren Gott, gezeugt, nicht geschaffen, eines Wesens mit dem Vater.“

Welch eine göttliche Liebestat, dass der eingeborene Sohn Gottes wahrhaftiger Mensch wurde, von der Jungfrau Maria geboren! Es muss ein heiliger Augenblick gewesen sein, in dem der Vater durch seinen Geist dem Knaben Jesus es geoffenbart hat: „Du bist mein Sohn.“ Weil ihm diese Gewissheit geschenkt war, konnte er als Zwölfjähriger in Jerusalem den Eltern sagen: „Wisset ihr nicht, dass ich sein muss in dem, was meines Vaters ist?“ In der Taufe stellt sich der Dreißigjährige als das Lamm Gottes unter die Sünde der ganzen Welt. Da bekommt er von seinem Vater das Zeugnis: „Du bist mein lieber Sohn, an dem ich Wohlgefallen habe“ (Luk. 3, 22). Die Gottessohnschaft benützte der Feind, um unseren Herrn zu versuchen: „Bist du Gottes Sohn, so sprich, dass diese Steine Brot werden“ (Luk. 4, 3). – „Hilf dir selber, wenn du Gottes Sohn bist, und steig herab vom Kreuz!“ (Matth. 27, 40). Beim Verhör hieß die entscheidende Frage des Hohenpriesters: „Bist du der Christus, der Sohn des Hochgelobten?“ Jesus aber sprach: „Ich bin's.“ (Mark. 14, 61.62) Das hat ihm den Tod gebracht. Der auferstandene Sohn Gottes aber ist unser Leben.

Jesu, du Sohn des lebendigen Gottes,
du bist die Gabe, die ewiglich bleibt!
Was ist das Zischen des irdischen Spottes,
wenn deine Hand mich ins Lebensbuch schreibt?
Drum gib mir eins nur, die Gabe der Gaben:
Dich zu umfassen und dich nur zu haben.

Albert Knapp

Du wirst mich nicht dem Tode überlassen. **Psalm 16, 10**

„Ein güldenes Kleinod Davids“ – diese Überschrift steht mit Recht über Psalm 16. Er ist ein besonderes Kleinod und einer der herrlichsten messianischen Psalmen. Petrus sah, vom Heiligen Geist erleuchtet, in diesem Psalm die Auferstehung Jesu Christi bezeugt: „Da David ein Prophet war und wusste, dass ihm Gott verheißen hatte mit einem Eid, dass ein Nachkomme von ihm auf seinem Thron sitzen sollte, hat er’s vorausgesehen und von der Auferstehung des Christus gesagt: Er ist nicht dem Tod überlassen, und sein Leib hat die Verwesung nicht gesehen. Diesen Jesus hat Gott auferweckt; dessen sind wir alle Zeugen“ (Apg. 2). Auch wir dürfen jeden Tag mit unserem auferstandenen, allzeit gegenwärtigen Herrn rechnen. Er hat es uns zugesagt: „Siehe, ich bin bei euch alle Tage bis an der Welt Ende“ (Matth. 28, 20). Wenn David in Psalm 16 sagt: „Du tust mir kund den Weg zum Leben“, dann liegt darin die Zuversicht: Die Lebensgemeinschaft mit Gott hört im Tod nicht auf. „Das Nichtverfallen an Hades und Verwesung ist nur die Außenseite dessen, was David für sich hofft; der Innenseite nach ist es jenseitiges, seliges und herrliches Leben“, sagt Franz Delitzsch (1813–1890). Das gilt erst recht im Neuen Bund: „Wenn wir glauben, dass Jesus gestorben und auferstanden ist, so wird Gott auch die, die entschlafen sind, durch Jesus mit ihm einherführen.“ Das ist das Ziel unseres Erdenlebens: „Wir werden also bei dem Herrn sein allezeit“ (1. Thess. 4, 14–17). Auch Israel hat Gott die Auferstehung verheißen: „Ihr sollt erfahren, dass ich der HERR bin, wenn ich eure Gräber öffne und euch, mein Volk, aus euren Gräbern heraufhole“ (Hes. 37, 13). Am Ende werden in Christus alle lebendig gemacht werden, und der Tod wird nicht mehr sein.

Tod, du kannst mich auch nicht halten!
Dieses sing ich glaubensvoll,
wenn ich schon durch dich erkalten
und im Grab verwesen soll.
Jesus lebt, und ich bin sein;
so ist auch sein Leben mein.

Philipp Friedrich Hiller

Mein Gott, mein Gott, warum hast du mich verlassen?
Psalm 22, 2

Dieses Psalmwort hat der Herr am Ende seines Kreuzesleidens ausgerufen (Matth. 27, 46). „Gott hat den, der von keiner Sünde wusste, für uns zur Sünde gemacht." (2. Kor. 5, 21). Ja, er war an unsrer statt zum Fluch geworden (Gal. 3, 13). Mit der Sünde kann Gott keine Gemeinschaft haben. Deshalb musste er unseren Stellvertreter verlassen und ihn so behandeln, als ob er allein schuldig wäre an der Sünde der ganzen Welt. Doch auch in der Verlassenheit hält sich der Sohn an seinem Vater fest. Gleich zweimal ruft er aus: „Mein Gott, mein Gott!" Es hat jetzt auch bei ihm geheißen: „Wenn mir gleich Leib und Seele verschmachtet, so bist du doch, Gott, allezeit meines Herzens Trost und mein Teil" (Ps. 73, 26). Dazu hat der Vater den Sohn verlassen, damit wir in aller Zeit und in Ewigkeit nie von Gott verlassen werden können. Und wenn es uns so vorkommt, als sei Gott von uns gewichen, dann gilt uns doch seine Zusage aus Hebräer 13, 5: „Ich will dich nicht verlassen noch von dir weichen." Deshalb konnte Georg Neumark (1621–1681) in seinem Lied sagen: „Denk nicht in deiner Drangsalshitze, dass du von Gott verlassen seist!" Der Herr lässt seine Kinder nie im Stich, und wenn es zum Äußersten kommt. „Und ob ich schon wanderte im finsteren Tal, fürchte ich kein Unglück", und das größte Unglück wäre, wenn er uns verließe, „denn du bist bei mir, dein Stecken und Stab trösten mich" (Ps. 23, 4). Einst hatte Gott Israels Stammvater Jakob verheißen: „Ich will dich nicht verlassen, bis ich alles tue, was ich dir zugesagt habe!" (1. Mose 28, 15). Das gilt auch seinen Nachkommen: „Ich will mein Volk Israel nicht verlassen!" (1. Kön. 6, 13). Wie herrlich hat Gott gerade in den letzten Jahrzehnten dieses Wort erfüllt und sein Volk wieder ins Land Israel geführt!

Dank sei dir, dass du noch bei dem Erblassen
riefest für mich das so tröstliche Wort:
„Mein Gott, ach mein Gott, du hast mich verlassen!"
Denn für mich Armen verließ er dich dort.
Jesu, ich werde die Rede recht fassen:
Gott wird mich niemals im Kreuze verlassen.

Philipp Friedrich Hiller

Hilf mir aus dem Rachen des Löwen und vor den Hörnern wilder Stiere – du hast mich erhört! Psalm 22, 22

„Vorzusingen“ steht in der Überschrift über Psalm 22. Andere übersetzen: dem Chorleiter, dem Siegverleiher, dem Durchbruchschaffer. Welch ein gewaltiger Durchbruch ist uns in diesem Psalm beschrieben! Mit dem lauten Schrei: „Mein Gott, mein Gott, warum hast du mich verlassen?“ hat Jesus am Kreuz sein Beten des 22. Psalms begonnen. Es ist anzunehmen, dass er Vers für Vers weitergebetet hat. In der Bitte „Hilf mir aus dem Rachen des Löwen!“ liegt die Bereitschaft unseres gekreuzigten Heilands, sich vom brüllenden Löwen verschlingen zu lassen, der Gewalt über den Tod hatte. Ernst Gottlieb Woltersdorf (1725–1761) bekennt in seinem Abendmahlslied: „Dass ich einen Heiland habe, der den Gang zum Kreuz und Grabe, ja den Sprung in 's Todes Rachen gern getan, mich loszumachen.“ Der Sohn bittet den Vater, ihm aus dem Todesrachen wieder herauszuhelfen, und bekommt die Gewissheit: „Du hast mich erhört.“ Hier geschieht der entscheidende Durchbruch. In den folgenden Versen hören wir den Auferstehungsjubel: „Dich will ich preisen in der großen Gemeinde.“ Wo finden wir in der Leidensgeschichte den Augenblick, in dem unserem Herrn die Gewissheit der Erhörung geschenkt wurde? In Johannes 19, 28: „Danach, als Jesus wusste, dass schon alles vollbracht war, spricht er, damit die Schrift erfüllt würde: Mich dürstet.“ In der Gewissheit, dass jetzt das Werk vollendet ist, das ihm sein Vater aufgetragen hat, ruft er das Siegeswort aus: „Es ist vollbracht!“ (Joh. 19, 30) Jetzt ist die Gottverlassenheit zu Ende. Sterbend befiehlt er seinen Geist in die Hände des Vaters (Luk. 23, 46).

Das Werk der Erlösung und Rettung ist vollbracht.

Dank sei dir für die Erfüllung der Schriften,
da du gerufen: „Nun ist es vollbracht!“
Weil du, ein ewig Erlösen zu stiften,
selbst dich zum heiligsten Opfer gemacht.
Gott ist versöhnet, die Sünde getötet,
weil dieses Blut in dem Himmel nun redet.

Philipp Friedrich Hiller

Ihn allein werden anbeten alle, die in der Erde schlafen; vor ihm werden die Knie beugen alle, die zum Staube hinabführen und ihr Leben nicht konnten erhalten. Psalm 22, 30

Mit dem Wort in Vers 22: „Du hast mich erhört“ tritt im Leidenspsalm 22 die große Wendung ein. Nun beginnt der Siegeszug der Auferstehung Jesu Christi: „Ich will deinen Namen kundtun meinen Brüdern.“ Der Auferstandene gibt den Frauen den Auftrag: „Geht hin und verkündigt es meinen Brüdern!“ Dann ruft er eine Gemeinde heraus: „Ich will dich in der Gemeinde rühmen.“ Er wendet sich an das Volk Israel: „Ehret ihn, ihr alle vom Hause Jakob, und vor ihm scheuet euch, ihr alle vom Hause Israel!“ Wenn der Herr wiederkommt, wird er zum Heiland der Welt: „Es werden gedenken und sich zum Herrn bekehren aller Welt Enden und vor ihm anbeten alle Geschlechter der Heiden.“ Was aber geschieht mit dem unzählbaren Heer der Toten aller Jahrhunderte und Jahrtausende? Auch für sie ist der Herr gestorben. Er wird sie alle zu seiner Zeit auferwecken. Auch sie werden ihn anbeten und vor ihm ihre Knie beugen. Der Apostel Paulus bezeugt in Philipper 2 von dem, der gehorsam war bis zum Tod am Kreuz: „… dass in dem Namen Jesu sich beugen sollen aller derer Knie, die im Himmel und auf Erden und unter der Erde sind, und alle Zungen bekennen sollen, dass Jesus Christus der Herr ist, zur Ehre Gottes des Vaters.“ Die „unter der Erde“ sind die Toten, die ihr Leben nicht konnten erhalten.

Als Pfarrer Böhmerle (1870–1927), der Gründer des Bibelheims „Bethanien“ in Langensteinbach, einmal von einem jungen Mann gefragt wurde, ob es auch in der Ewigkeit noch Gnade gäbe, antwortete er: „Wenn ich dich wäre, würde ich es nicht so lange anstehen lassen.“

Gott sei gedankt, der uns den Sieg
nun in dem Tod- und Lebenskrieg
aus Gnaden hat gegeben
durch unseren Herrn Jesum Christ,
der von dem Tod erstanden ist
und hat uns bracht das Leben.
Schande, Bande, Schmach und Ketten
sind zertreten und zernichtet,
Jesus hat die Tat verrichtet.

Johann Friedrich Strobel

Der HERR ist mein Hirte. **Psalm 23, 1**

Wie viele können den 23. Psalm auswendig! Was man in der Kindheit gelernt hat, bleibt auch im Alter noch lebendig. Eine alte Frau, die an der Alzheimer Krankheit litt, kannte ihren Mann nicht mehr. Als aber bei einer Abendmahlsfeier im kleinen Kreis der 23. Psalm anklang, sagte sie ihn deutlich vom ersten bis zum letzten Vers mit. Unser Psalm gehört nach Professor Franz Delitzsch (1813–1890) in die Zeit der Empörung Absaloms hinein. Alles hatte David zurücklassen müssen, als er aus Jerusalem floh. Was war ihm geblieben? Der Herr, sein treuer Hirte, von dem er auch im finsteren Tal bekennt: „Du bist bei mir."

In all den Jahrhunderten seither hat sich der Herr als Hirte seines Volkes Israel angenommen, wie es im Psalm 80 heißt: „Du Hirte Israels, höre, der du Josef hütest wie Schafe!" Auch in der Zeit der Zerstreuung Israels hat er sein Volk behütet. Vor unseren Augen hat er die Verheißung aus der Zeit Jeremias erfüllt: „Der Israel zerstreut hat, der wird's auch wieder sammeln und wird es hüten wie ein Hirte seine Herde" (Jer. 31, 10).

Wie dankbar sind wir, dass dieser Hirte nicht im Himmel geblieben ist, sondern auf diese Erde kam und bekannte: „Ich bin der gute Hirte; der gute Hirte lässt sein Leben für die Schafe" (Joh. 10, 11). Das war seine größte Tat, dass er am Kreuz sein Leben hingab zu einer Erlösung für viele. Am Tag der Auferstehung hat der Gott des Friedens den großen Hirten der Schafe aus den Toten heraufgeführt durch das Blut eines ewigen Bundes (Hebr. 13, 20). Seither geht er den Verlorenen nach und sucht sie, bis sie sich finden lassen. Es ist eine große Gnade, wenn wir bekennen können: Wir waren wir die irrenden Schafe, aber wir sind nun bekehrt zu dem Hirten und Bischof unsrer Seelen (1. Petr. 2, 25).

Jesus, des Herzens Zuflucht,
Jesus, du starbst für mich!
Sicher auf diesen Felsen
stütz ich mich ewiglich.
Hier will ich stille warten,
bis dass vergeht die Nacht,
bis an dem goldnen Ufer
leuchtend der Tag erwacht.
Frances Jane van Alstyne-Crosby,
deutsch von Dora Rappard

Und ob ich schon wanderte im finstern Tal, fürchte ich kein Unglück; denn du bist bei mir; dein Stecken und Stab trösten mich. **Psalm 23, 4**

Warum war das Tal so finster, das David auf der Flucht vor Absalom durchschreiten musste? Er hatte diese große Not selber verschuldet. Nach seinem Sündenfall mit Batseba hatte der Herr ihm sagen lassen: „Ich will Unglück über dich erwecken aus deinem eigenen Hause." Das war durch seinen Sohn Absalom jetzt über ihn gekommen. Schimi, der Steine und Flüche auf ihn warf. Wir staunen, dass David trotzdem sagen kann: „Ich fürchte kein Unglück." Wie ist das möglich? David hatte sich tief gebeugt vor dem Herrn und aufrichtig Buße getan (vgl. Ps. 51). Er hatte Vergebung und die Gewissheit: „Der HERR ist nahe denen, die zerbrochenen Herzens sind, und hilft denen, die ein zerschlagenes Gemüt haben." Wenn die Not am größten, ist Gott seinen Kindern am nächsten. Die Not ist dann am größten, wenn ich durch eigene Schuld ins Unglück gekommen bin, wenn mein Herz mich verdammt und der Kläger mich verklagt. Unter solchem Druck hat David die Nähe seines Gottes erfahren: „Ein geängstetes, zerschlagenes Herz wirst du, Gott, nicht verachten" (Ps. 51, 10). Martin Luther (1483–1546) sagt dazu: „Es ist ein starker Vers und starkes Leben in ihm. Ich möchte ihn in goldenen Buchstaben schreiben. Ich glaube, dass dieser Vers manchen erhalten hat und es noch tut." Über den tröstenden Stecken und Stab schreibt ein Ausleger: „Der Stecken, mit dem du mich schlägst, tröstet mich; denn er ist ein Beweis, dass deine Erziehungsarbeit … weitergeht. Und deinen Stab darfst du nur erheben, wie einst über das Meer wider die Ägypter, so fällt das Gericht auf die zurück, die mir nach der Krone und nach dem Leben trachten. Das ist geborener Glaube, der so mitten unter den Erfahrungen von Hass und Ausstoßung sprechen kann: ‚Du bist bei mir, ich fürchte mich nicht.'"

Geh ich durchs dunkle Todestal,
ich fürcht kein Unglück dort,
denn du bist da.
Dein Stecken und Stab
sind Tröstung mir und Hort.
Lotte Sauer

Meine Augen sehen stets auf den HERRN. Psalm 25, 15

Es ist ein Wort Davids. Leider war es bei ihm nicht immer Wirklichkeit. In 2. Samuel 11 wird uns berichtet, wie David die Frau eines anderen ansah und schwer zu Fall kam. In unsrem Psalm bekennt er seine Sünde und bittet: „Um deines Namens willen, HERR, vergib mir meine Schuld, die so groß ist!“ (V. 11) Gott hat seine Bitte erhört. David kann ihn rühmen als den, „der ihm alle seine Sünde vergibt und alle seine Gebrechen heilt“ (Ps. 103, 3). Jetzt ist ihm neu der stete Blick auf den Herrn geschenkt. Bei Jesus Christus war dieses Wort in seinem ganzen Erdenleben Wirklichkeit. Die Augen des Sohnes waren stets auf den Vater gerichtet. Er bekannte: „Wahrlich, wahrlich, ich sage euch: Der Sohn kann nichts von sich aus tun, sondern nur, was er den Vater tun sieht; denn was dieser tut, das tut gleicherweise auch der Sohn“ (Joh. 5, 19). Immer wieder wird dieser Blick nach oben erwähnt. Bei der Speisung: „Er nahm die fünf Brote und die zwei Fische, sah auf zum Himmel, dankte und brach’s und gab die Brote den Jüngern“ (Matth. 14, 19). Bei der Heilung des Taubstummen: „Jesus sah auf zum Himmel und seufzte und sprach zu ihm: Hefata!, das heißt: Tu dich auf!“ (Mark. 7, 34). Bei der Auferweckung des Lazarus: „Jesus hob seine Augen auf und sprach: Vater, ich danke dir, dass du mich erhört hast“ (Joh. 11, 41). Beim hohepriesterlichen Gebet: „Jesus hob seine Augen auf zum Himmel und sprach: Vater, die Stunde ist da; verherrliche deinen Sohn, damit der Sohn dich verherrliche!“ (Joh. 17, 1). Ein schlichter Prediger rief dem jungen Ch. H. Spurgeon (1834–1892) zu: „Junger Mann, blicke auf Jesus Christus und tue es jetzt!“ Er blickte hin und war gerettet (vgl. Jes. 45, 22). Auf demselben Weg wird einmal die Rettung Israels zustande kommen: „Sie werden mich ansehen, den sie durchbohrt haben“ (Sach. 12, 10).

Wer Jesus am Kreuze im Glauben erblickt,
wird heil zu derselbigen Stund.
Drum blick nur auf ihn, den der Vater geschickt,
der einst auch für dich ward verwundt.
Sieh, sieh, Sünder, sieh!
Wer Jesus am Kreuze im Glauben erblickt,
wird heil zu derselbigen Stund.

Anna Mathilda Hull
deutsch von Theodor Kübler

In deine Hände befehle ich meinen Geist; du hast mich erlöst, HERR, du treuer Gott. **Psalm 31, 6**

In der Sterbestunde unsres Herrn war auf dem Tempelberg viel Volks versammelt. Sie waren zum Passahfest nach Jerusalem gekommen. Lämmer wurde zum Abendopfer geschlachtet. Posaunen riefen zum Abendgebet, zu dem das Psalmwort gehörte, auf. Die Versammelten ahnten nicht, dass die Erlösung Israels, ja der ganzen Welt in diesem Augenblick geschehen war. Jesus hatte für Israel und die ganze Welt gebetet: „Vater, vergib ihnen; denn sie wissen nicht, was sie tun!" (Luk. 23, 34). Jetzt wusste er, dass alles vollbracht war. Nun kam noch die letzte Liebestat: „Der gute Hirte lässt sein Leben für die Schafe" (Joh. 10, 11). „Er neigte das Haupt und übergab den Geist." Es war unmöglich, dass er, der Sündlose, hätte vom Tod ergriffen werden können, wie es auch unmöglich war, dass er vom Tode gehalten werden konnte. Aus freiem Trieb hatte er sein Leben für uns hingegeben. Er setzt dem Psalmwort den Vaternamen voran: „Abba, Vater, in deine Hände befehle ich meinen Geist!" (Luk. 23, 46). Bewusst lässt er die Worte weg: „Du hast mich erlöst." In seinem „Es ist vollbracht" liegt die Aussage beschlossen: Ich habe die Welt erlöst. Wie der Sohn seinen Geist dem Vater übergab, dürfen auch wir in unsrer letzten Stunde ihm unseren Geist anbefehlen. Wir wollen ihn wie Stephanus bitten: „Herr Jesu, nimm meinen Geist auf!" (Apg. 7, 59). Es ist ein großes Geschenk, dass unser Herr bei uns ist, wenn es mit uns zu Ende geht. Er wird uns im Sterben hindurchhelfen und uns aushelfen zu seinem himmlischen Reich.

Dank sei dir, dass du so selig verschieden,
da du all unsere Sünden bezahlst.
Dadurch erwarbst du uns Leben und Frieden,
dass du die Seele dem Vater befahlst.
Dieses Wort heißet der gläubigen Seelen,
all in die Hände des Vaters befehlen.
Philipp Friedrich Hiller

Der Gerechte muss viel erleiden, aber aus alledem hilft ihm der HERR. **Psalm 34, 20**

Der 34. Psalm enthält ein kräftiges Zeugnis von Christus, den der Vater ins Leiden geführt, darin bewahrt und daraus errettet hat. Wenn David von dem „Gerechten“ spricht, dann dürfen wir an unsren Fürsprecher bei dem Vater denken, Jesus Christus, der gerecht ist (1. Joh. 2, 1). Im vollen Sinne des Wortes ist er der einzige Gerechte (vgl. Jes. 53, 11). „Der Gerechte muss viel erleiden.“ Dieses Wort war für den Sohn Gottes auf Erden eine der vielen Stellen, die ihm die Notwendigkeit seines Leidens und Sterbens zeigten. Das göttliche Muss, den Ratschluss des Vaters, hat er seinen Jüngern in den Leidensankündigungen kundgetan. Auch uns hat er klar den Weg durch Leiden zur Herrlichkeit gezeigt. „Er bewahrt ihm alle seine Gebeine, dass deren nicht eins zerbrochen werde.“ Der Apostel Johannes hat es erlebt, wie dieses Wort nach dem Tod seines Herrn in Erfüllung gegangen ist. Während den beiden Schächern die Beine gebrochen wurden, stieß einer der Soldaten mit dem Speer in die Seite Jesu, und sogleich kam Blut und Wasser heraus. Dazu bemerkt der Evangelist: „Denn das ist geschehen, damit die Schrift erfüllt würde: ‚Kein Bein von ihm wird zerbrochen werden!‘“ (Joh. 19, 36). „Aber aus dem allem errettet ihn der Herr.“ Das hat sich in der Auferstehung erfüllt: „Du hast meine Seele vom Tode errettet, meine Augen von den Tränen, meinen Fuß vom Gleiten. Ich werde wandeln vor dem Herrn im Lande der Lebendigen.“ Der Sohn auf Erden sah lebenslang auf seinen Vater im Himmel. „Die auf ihn sehen, werden strahlen vor Freude.“ Auch dieses Wort aus dem sechsten Vers ist bei unsrem Herrn Wirklichkeit geworden. Vom Erhöhten heißt es in Offenbarung 1: „Sein Angesicht leuchtete, wie die Sonne scheint in ihrer Macht.“

Du aber, meine Freude,
du meines Lebens Licht,
du ziehst mich, wenn ich scheide,
hin vor dein Angesicht
ins Haus der ewgen Wonne,
da ich stets freudenvoll
gleich als die helle Sonne
nebst andern leuchten soll.

Paul Gerhardt

Da sprach ich: Siehe, ich komme; im Buch ist von mir geschrieben: Deinen Willen, mein Gott, tue ich gern, und dein Gesetz habe ich in meinem Herzen. **Psalm 40, 8.9**

David, dem Mann nach dem Herzen Gottes, war es ein Anliegen, „zu seiner Zeit dem Willen Gottes zu dienen“ (Apg. 13, 36). Er hat als Gesalbter auf dem Weg zum Thron diese Worte gesagt. Der Geist der Weissagung hat sie so gestaltet, dass sie zugleich wie Worte des durch Leiden zur Herrlichkeit gehenden Davidssohns lauten. Jesu Selbstopfer ist das Ende der Tieropfer und seine Person und sein Werk ist Inhalt des Gesetzes. Schon vor Grundlegung der Welt hat er sich bereit erklärt, das Lamm Gottes zu werden. Über seiner Menschwerdung steht: „Siehe, ich komme – im Buch steht von mir geschrieben –, dass ich tue, Gott, deinen Willen“ (Hebr. 10, 7). Es war seine Speise, den Willen seines Vaters in Gethsemane und auf Golgatha zu tun. „Nach diesem Willen sind wir geheiligt ein für allemal durch das Opfer des Leibes Jesu Christi“ (Hebr. 10, 10). Durch seinen Geist macht uns der Herr zu Menschen, denen es am Herzen liegt, seinen Willen zu tun. Er hat uns in Hesekiel 36, 27 verheißen: „Ich will meinen Geist in euch geben und will solche Leute aus euch machen, die in meinen Geboten wandeln und meine Rechte halten und danach tun.“ Auch an seinem Volk Israel wird Gott diese seine Zusage erfüllen. Sie ist eingerahmt von Verheißungen der Heimführung ins Land der Väter, die sich in unserer Zeit verwirklichen: „Ich will euch aus den Heiden herausholen und aus allen Ländern sammeln und wieder in euer Land bringen.“ „Ihr sollt wohnen im Lande, das ich euren Vätern gegeben habe, und sollt mein Volk sein, und ich will euer Gott sein.“ Dann wird Gott sein Gesetz in ihr Herz geben und in ihren Sinn schreiben und Menschen aus ihnen machen, die seinen Willen tun.

Du Atem aus der ewgen Stille,
durchwehe sanft der Seele Grund;
füll uns mit aller Gottesfülle,
und da wo Sünd und Greuel stund,
lass Glauben, Lieb und Ehrfurcht grünen,
im Geist und Wahrheit Gott zu dienen.
Gerhard Tersteegen

Auch mein Freund, dem ich vertraute, der mein Brot aß, tritt mich mit Füßen. **Psalm 41,10**

Gewiss ist alle Schrift von Gott eingegeben, für uns nütze. Doch müssen wir bedenken, dass das Alte Testament auch unserm Herrn Jesus gegeben war, damit er seinen Weg klar erkennen konnte, bis hin zum Verrat des Judas, der hier im Psalm 41 vorausgesagt ist. Davids Freund Ahitofel („Bruder der Verstellung") war sein vertrauter Ratgeber, der bei ihm viel galt. Er war der Vater Eliams und damit der Großvater Batsebas. Es scheint, dass er seinem König nie verziehen hat, dass er sich an seiner Enkelin Batseba und ihrem Mann Uria so schwer versündigt hatte. In der Empörung Absaloms schloss er sich dem aufrührerischen Königssohn an. Unser Herr nimmt den Anfang der Worte Davids auf: „Mein Freund". Bei der letzten Begegnung sagt er zu Judas: „Mein Freund, warum bist du gekommen?" (Matth. 26, 50). „Dem ich vertraute" lässt unser Herr weg. David wurde vom Verrat des Ahitofel überrascht, Jesus dagegen wusste von Anfang wohl, welcher ihn verraten würde. Den Schluss des Davidswortes erwähnt unser Herr wieder: „Aber es muss die Schrift erfüllt werden: ‚Der mein Brot isst, tritt mich mit Füßen.' Als Jesus das gesagt hatte, wurde er im Geist erschüttert und bezeugte und sprach: ‚Wahrlich, wahrlich, ich sage euch: Einer unter euch wird mich verraten.'" (Joh. 13, 18.21). Unser Herr hat den Judas geliebt bis ans Ende. Als dieser hinausgegangen war, sagt Jesus: „Jetzt ist der Menschensohn verherrlicht, und Gott ist verherrlicht in ihm" (Joh. 13, 31). Er hat uns die Kraft erworben, dass wir bösen Menschen gegenüber in seiner Liebe leben können, die sich nicht erbittern lässt und das Böse nicht zurechnet.

Feinde lieben, Sünder tragen,
ohne Ausnahm gütig sein,
auch zu Fluchern Friede sagen,
großen Schuldnern viel verzeihn'
Bös mit Gutem überwinden,
Gnad erzeigen statt der Rach
das lässt du an dir uns finden;
wer's erfährt, der ahmt es nach.
Philipp Friedrich Hiller

Aber Gott wird mich erlösen aus des Todes Gewalt; denn er nimmt mich auf. Sela. **Psalm 49, 16**

Am Anfang dieses Psalms wird uns unsre ganze Hoffnungslosigkeit gezeigt: „Kann doch keiner einen andern auslösen oder für ihn an Gott ein Sühnegeld geben; denn es kostet zu viel, ihr Leben auszulösen; er muss davon abstehen ewiglich.“ Ernst Gottlieb Woltersdorf (1725–1761) sagt in einem seiner Lieder: „Ach wie groß ist dein Verderben! Ohne Jesus musst du sterben: blind und tot sind deine Kräfte, Sünde, das ist dein Geschäfte; dein Verdienst ist Zorn und Rache. Es ist aus mit deiner Sache; ja, im Himmel und auf Erden kann dir nicht geholfen werden.“ Aber auch den einzigen Weg zur Rettung hat dieser Gottesmann gezeigt: „O so komm mit deinen Ketten, wag es nicht, dich selbst zu retten; sieh am Kreuze Jesus hängen; er muss deine Fesseln sprengen.“ Am Kreuz auf Golgatha hat unser Herr die ewige Erlösung vollbracht. „In ihm haben wir (schon jetzt) die Erlösung durch sein Blut“ (Eph. 1, 7). Johannes, der Donnersohn (Mark. 3, 17), bezeugt es am Anfang in Offenbarung 1: „Der uns liebt und uns erlöst hat von unsern Sünden mit seinem Blut.“ Der Herr hat ihn zum Apostel der Liebe gemacht. Doch müssen wir noch auf die Erlösung unseres Leibes warten (Röm. 8, 23), auf die Erlösung aus des Todes Gewalt. Sie geschieht am Tag Jesu Christi. Die Toten in Christus werden auferstehen zuerst. Sie alle erfahren es dann: „Er nimmt mich auf.“ In der Elberfelder Übersetzung heißt es: „Er wird mich entrücken.“ Franz Delitzsch (1813–1890) weist darauf hin, dass der Sinn dieses Wortes aus 1. Mose 5, 24 zu entnehmen ist: „Gott nahm Henoch hinweg.“ Auf diesen himmelan Entrückten hinblickend spricht der Psalmist die Hoffnung aus, dass Gott ihn der Macht des Totenreiches entreißen und zu sich nehmen werde. Durch die Auferstehung Jesu Christi ist uns die Gewissheit geschenkt:

Jesus lebt, mit ihm auch ich!
Tod, wo sind nun deine Schrecken?
Er, er lebt und wird auch mich
von den Toten auferwecken.
Er verklärt mich in sein Licht:
dies ist meine Zuversicht.
Christian Fürchtegott Gellert

Entsündige mich mit Ysop, dass ich rein werde; wasche mich, und ich werde weißer sein als Schnee. Psalm 51, 9

Wo begegnet uns zum ersten Mal das Wort Ysop? Bei der Schlachtung des Passahlamms in Ägypten. Dort heißt es: „Nehmt ein Büschel Ysop und taucht es in das Blut in dem Becken und berührt damit die Oberschwelle und die zwei Pfosten. Wenn der HERR das Blut sehen wird, wird er an der Tür vorübergehen."(2. Mose 12). Das Wichtigste war hier nicht das Ysopbüschel, sondern das Blut des Passahlammes. Auch bei der Reinigung der Aussätzigen wird Ysop in das Blut des geschlachteten Vogels getaucht (3. Mose 14). Wenn David bittet: „Entsündige mich mit Ysop!", dann bekennt er damit seine Unreinheit und seinen Sündenaussatz. „Das Ysopbüschel, in Blut oder Wasser getaucht, mit dem sonst der Priester reinigte, legt David mit diesen Worten in Gottes Hand selbst. Welch ein nahes, fast neutestamentliches Herzudrängen zum Gnadenthron und ein verborgenes Weissagen der Besprengung mit dem Blut Christi!" – sagt ein Ausleger. „Wasche mich, und ich werde weißer sein als Schnee" – in dieser Bitte liegt der kühne Glaube an die völlige Reinigung durch die Macht der Gnade. Diese Reinigung hat der Herr dem aus der Zerstreuung heimkehrenden Volk Israel in Hesekiel 36 verheißen: „Ich will reines Wasser über euch sprengen, dass ihr rein werdet; von all eurer Unreinheit und von allen euren Götzen will ich euch reinigen." Wir dürfen jetzt schon mit unsrer Sünde und Unreinheit zu unsrem Herrn kommen, der uns das weiße Kleid schenkt. „Sie haben ihre Kleider gewaschen und haben ihre Kleider hell gemacht im Blut des Lammes" (Offb. 7, 14). Gerhard Tersteegen (1697–1769) sagt in einer seiner geistlichen Reden: „Ein einziges Tröpflein seines Blutes ist mächtig genug, meine und der ganzen Welt Sünde auszutilgen."

Wie kräftig ist doch Jesu Blut!
Es tilget alle Schuld der Sünden,
es machet böse Herzen gut.
Wer glaubt, der kann's inwendig finden.
Gerhard Tersteegen

HERR, du erforschest mich und kennest mich. Du verstehst meine Gedanken von ferne. **Psalm 139, 1.2**

Dieser Psalm ist ein Gebet, eigentlich ein gesungenes Gebet. In diesem Gebet kommt es zum Gespräch mit dem lebendigen Gott und Herrn. Dem Beter ist ein persönliches Verhältnis zu Gott zuteil geworden. In vielen Sätzen dieses Psalms benutzt der Beter das vertraute „Du“, wenn er mit Gott redet. Das kann uns Not machen, wenn uns andere Menschen, vielleicht sogar die eigenen Kinder oder die eigenen Eltern, nicht mehr verstehen. Dieser Psalm spricht auch von Menschen, die sich uns gegenüber wie Feinde verhalten, weil sie Feinde des Gottes sind, dem wir gehören und dienen. Aber solches Erleben will uns näher zu Gott hinbringen, der uns versteht und kennt. Der Psalm hat dabei einen doppelten Klang. Es ist ein Unterschied, ob ich diesen Psalm ohne Christus oder von Christus her lese. Früher habe ich mich vor diesem Psalm und diesem Gott gefürchtet, der jeden Gedanken, jedes Wort, jeden Schritt meines Lebens kennt. Martin Luther (1483–1546) sagt: „Dieser Psalm ist für die Gottlosen gar schrecklich, für die Frommen aber voller Trost. Er verkündet Gottes Treue und Macht.“ Dort, wo unser Denken manchmal nicht verstanden, unser Tun nicht anerkannt wird oder andere geringschätzig auf uns heruntersehen, da ermutigt und erfreut es uns, wenn uns hier aufgeht: es gibt einen, der mich versteht. Gott kann sich in mich hineindenken. Er versteht meine Motive. Freilich: Er durchforscht auch meine Gedanken, die vor ihm nicht recht sind und die uns von ihm wegbringen. Er weiß um meine Worte, um Worte, die mir schwer fallen zu sagen, auch um Worte, die ich als sein Zeuge in dieser Welt weitersagen darf und muss. Er weiß auch um die Worte, die mir vielleicht im Zorn entfahren, und um die Not, die mir dann solche Worte nachträglich machen können. Er hilft wieder zurecht. Gott kennt und liebt mich trotzdem. Wie groß ist auch Gottes Liebe zu Israel (5. Mose 7, 7.8)!

Ich bete an die Macht der Liebe,
die sich in Jesu offenbart.
Ich geb mich hin dem freien Triebe,
wodurch auch ich geliebet ward.
Ich will anstatt an mich zu denken,
ins Meer der Liebe mich versenken.
Gerhard Tersteegen

Von allen Seiten umgibst du mich und hältst deine Hand über mir.
Psalm 139, 5

Nun führt uns dieser Psalm noch zum letzten Grund, weshalb wir in Gott geborgen sind: du bist um mich herum. „Ich gehe oder liege, so bist du um mich." Auch wenn wir einsam oder krank, sterbend oder voller Traurigkeit sind, will Gott uns durch diesen Psalm zu der Gewissheit helfen: Gott, du bist um mich in jeder Lage. Du bist da von vorne und von hinten, mitten im stärksten Verkehr. Wie viele haben sich schon in dieser Geborgenheit in den Operationssaal hineinschieben lassen: „Du hältst deine Hand über mir." In diese Hand Gottes dürfen wir uns mit all den Unsrigen jeden Morgen neu hineinlegen. Dieser Hand Gottes können wir auch immer neu alle die anbefehlen, die in dieser Welt durch unbegreifliche Not gehen müssen. Vor diesem Gott können wir nicht fliehen, auch nicht mit Lichtgeschwindigkeit, wie es hier in einer wunderbar dichterischen Sprache gesagt wird: „Nähme ich Flügel der Morgenröte und bliebe am äußersten Meer, so würde auch dort deine Hand mich führen und deine Rechte mich halten." Jede Finsternis und jede Nacht kann Gott zum Tag machen. Der Beter dieses Psalms fragt und übergibt sich damit ganz in Gottes Hand: „Wohin soll ich gehen vor deinem Angesicht?"

Von der Auferstehung her hören wir Jesus sagen: „Siehe, ich bin bei euch alle Tage bis an der Welt Ende." Dieses Wissen „Gott ist gegenwärtig" hilft uns an jedem Platz in dieser Welt, in jeder Stunde unsres Lebens. Wenn Gott so ist und jede Flucht vor ihm sinnlos ist, dann können wir den Ruf Jesu ganz neu vernehmen und diesem Ruf folgen: „Kommt her zu mir alle, die ihr mühselig und beladen seid, ich will euch erquicken."

In der letzten Bedrohung wird Israel und seine Stadt erfahren, was schon längst verheißen ist: „Zu der Zeit wird der HERR die Bürger Jerusalems beschirmen" (Sach. 12, 8). Auch das wird gelten: „Und siehe ich will diese Stadt (Jerusalem!) beschirmen, dass ich sie errette um meinetwillen und um meines Knechtes David (Jesus, der Gesalbte) willen" (2. Kön. 19, 34).

Unter deinem Schirmen
bin ich vor den Stürmen
aller Feinde frei.
Johann Franck

Du hast mich gebildet im Mutterleibe. Psalm 139, 13

Warum kennt und versteht uns Gott so genau? Weil er uns geschaffen hat. Ich bin kein Zufallsprodukt, keine zufällige Zellenanhäufung, ich bin von Gott gewollt. „Jeder Mensch ist ein Gedanke Gottes“ (Karl Heim, 1874–1958)). Gott hat sich etwas gedacht, als er mich mit meinen Gaben und Schwächen, mit meiner äußeren Erscheinung und Statur, mit meinem Mann- und Frausein geschaffen hat. Jeder Mensch ist ein Original Gottes, „Handarbeit Gottes“. Deswegen gibt es in Gottes Augen kein „lebensunwertes Leben“, auch dort nicht, wo wir voll Fragen sein können, wenn ein behinderter Mensch geboren wird.

Das führt zu einer erstaunlichen Geborgenheit in Gott, wenn ich den Satz in Luthers Erklärung zum 1. Glaubensartikel nachsprechen kann: „Ich glaube, dass mich Gott geschaffen hat.“ Auch dort, wo ich mich selbst nicht leiden kann, wo ich zur Schwermut neige, will Gott mir zu einem „Ja“ zu mir selbst helfen. Gott wollte mit mir zu tun haben, sogar vor meiner Entstehung: „Deine Augen sahen mich, als ich noch nicht bereitet war“ (V. 16a). Gott als mein Schöpfer kennt nicht nur meinen Anfang, sondern auch den ganzen Plan meines Lebens. Wir können dieses Wort nur voller Staunen nachbuchstabieren: „Alle Tage waren in dein Buch geschrieben, die noch werden sollten und von denen keiner da war“ (V. 16b). Gott ist auch dort, wo ich es gar nicht sehe und es vielleicht auch gar nicht verstehen kann, der heimliche Lenker meines Lebens, der alle meine Wege sieht. Gott hat im Voraus den Überblick über mein Leben und will mich von allen bösen Wegen auf den ewigen Weg mit seinem Sohn Jesus Christus leiten. Das hilft zum Vertrauen diesem Gott gegenüber, auch in unbegreiflichen Führungen.

Auch Israel wird durch die ihm gegebenen Verheißungen erhalten und durchgebracht.

So sei nun Seele, deine
und traue dem alleine,
der dich geschaffen hat.
Es gehe, wie es gehe,
dein Vater in der Höhe,
der weiß zu allen Sachen Rat.
Paul Fleming

Sage nicht: „Ich bin zu jung“, sondern du sollst gehen, wohin ich dich sende, und predigen alles, was ich dir gebiete. Fürchte dich nicht vor ihnen; denn ich bin bei dir und will dich erretten, spricht der HERR. Jeremia 1, 7.8

Ehe Jeremia geboren war, hatte ihn der Herr zum Propheten ersehen. Nun musste er von Gottes Wort getroffen und in Dienst genommen werden. Zwar widersetzte sich der Prophet anfänglich dem Ruf Gottes. Aber der Herr tröstete und stärkte ihn. Er sollte nur reden müssen, was ihm Gott zuvor in den Mund gab. Jeremia hatte nur treu zu sein und zu unterscheiden, was Gottes Wille war und was seinem eigenen Willen entsprang.

Ohne göttliche Berufung gleicht der Prophet einem schwachen Rohr, das vom Wind zu Boden geknickt wird. Entscheidend und die Autorität begründend ist die göttliche Sendung, das Hören auf Gottes Wort und der Gehorsam, den Willen Gottes auszurichten. Jeremia musste das Gericht des Herrn verkündigen und das Volk zur Buße rufen. Doch waren seine Reden nicht nur Gerichtsworte und Strafworte wegen dem Götzendienst und der Untreue des Volkes. Immer wieder war in seinen Worten auch eine verborgene Hoffnung: „Bessert euer Leben und euer Tun, so will ich (der Herr) bei euch wohnen an diesem Ort“ (Jer. 7, 3).

Zwar wird das Volk sich nicht helfen lassen. Viele werden gegen den Propheten sein. Doch soll sich Jeremia nicht entmutigen lassen. Getrost dürfe er sich an Gott halten, ja der Herr werde ihn zur festen Mauer machen und selbst für ihn streiten. Er darf erfahren: „Unter deinen Schirmen bin ich vor den Stürmen aller Feinde frei.“

Und wenn in meinem Amt,
ich reden soll und muss,
so gib den Worten Kraft
und Nachdruck ohn Verdruss.
Johann Heermann

Aber mein Volk hat seine Herrlichkeit eingetauscht gegen einen Götzen, der nicht helfen kann. Jeremia 2, 11

Gott ist betrübt über sein Eigentumsvolk. Aus Liebe zu diesem kleinen, schwachen und bedeutungslosen Volk hat er ihm seine Herrlichkeit offenbart. Aber dieses Volk hat seinen rechtmäßigen Herrn wie eine treulose Frau verlassen. Israel hat nicht nur sein Vorrecht vor allen Völkern und seine Verpflichtung missachtet. Israel sollte Gottes Zeuge vor allen Völkern der Erde sein (Jes. 43, 10.12).

Wie kein anderes Volk durfte Israel die Fürsorge Gottes erfahren. Dennoch sind sie ungehorsam geworden und haben seine Gemeinschaft verlassen und haben sich an andere Götter gehängt. Aber diese selbst erwählten Götter können in Notzeiten nicht helfen. Sie erweisen sich in der Stunde der Prüfung als kraftlos und unbrauchbar. Wie anders haben doch die heidnischen Völkern gerade in Notzeiten an ihren Göttern festgehalten.

Über Israel bricht viel Leid, Unglück und Not herein. Aber nichts lässt der Herr unversucht, sein irrendes Volk, zur Umkehr zu bewegen. Hat er doch seine Herrlichkeit auf niemand anders als auf dieses Volk gelegt: seine Gegenwart, seine Gemeinschaft (vgl. Röm. 9, 4.5). Diese Herrlichkeit erfüllte auch das Heiligtum bis zur Zerstörung des Tempels durch die Babylonier. Israel war zum Träger der Herrlichkeit Gottes geworden. Wer zu Gott gehört und in der Verbindung des Glaubens mit ihm bleibt, steht unter der Herrlichkeit Gottes.

Nur Christus ist das Licht und Leben,
er ist des Vaters Herrlichkeit.
Durch ihn will Gott uns alles geben,
was dienlich ist zur Seligkeit.
Johann Michael Hahn

Willst du dich, Israel, bekehren, spricht der HERR, so kehre dich zu mir! Jeremia 4, 1

Bekehrung ist Hinwendung zu Gott, ein Willensakt verbunden mit einem Tun. Der Mensch wendet sich von allem ab, was ihn von der Gemeinschaft mit seinem Gott trennt. Die Bekehrung geschieht durch einen souveränen Eingriff Gottes in das Herz des Menschen. Doch ist der Mensch dabei nicht unbeteiligt. Er trägt die Verantwortung für sein Verhältnis zu Gott und zum Mitmenschen. Die Bekehrung ist immer zugleich Gottes und des Menschen Tat. Wollen sich Menschen nicht bekehren, obwohl die Gnade an ihrem Herzen wirksam ist, fordern sie den Zorn Gottes heraus. Gott möchte den Sünder zur Umkehr leiten in seiner Güte, Geduld und Langmut (Röm. 2, 4). Und er macht die Umkehr möglich, weil er treu ist und den Sünder liebt.

Auch Israel gegenüber hält Gott an seinem Bund fest. Zwar haben sie seinen Bund gebrochen, sind eigene Wege gegangen und haben Hilfe und Sicherheit bei weltlichen Größen gesucht. Auch haben sie sich an die Götter anderer Völker gehängt und diese angebetet. Aber Gott hat nicht nachgelassen, sie zur Umkehr zu rufen – bis zuletzt das schwere Gericht über sie hereinbrechen musste. Trotzdem hat er seinem Eigentumsvolk seine Zuwendung nicht für immer entzogen. Bei Jesu Wiederkunft wird Israel schlussendlich seine Schuld erkennen und bekennen (Sach. 12, 10) und zum Segen für die Nationen werden.

Sieh, der Herr kommt dir entgegen,
und sein heilig Wort verspricht
dir Vergebung, Heil und Segen.
Kehre wieder, zaudre nicht!
Philipp Spitta

Dies ist das Wort, das vom HERRN geschah: Ihr opfert Baal und lauft fremden Göttern nach. Und nun kommt ihr und tretet vor mich in diesem Hause, das nach meinem Namen genannt ist.
Jeremia 7, 1.9.10

Die Botschaft des Propheten im Vorhof des Tempels ist schockierend, insbesondere für die Priesterschaft. Mit dem Tempel werde es ebenso gehen wie mit dem Heiligtum in Silo. Dieses war zu einer Stätte des Fluches geworden.

Immerhin: Mit den Reformen des frommen Königs Josia war es zu einer gewissen Reinigung des Gottesdienstes vom äußeren heidnischen Wesen gekommen. Jetzt glaubte man, alles im Verhältnis zu Gott sei wieder in Ordnung. Der Tempel müsse nun Sicherheit und Schutz gegenüber den Feinden bieten. Gerade diesen falschen Glauben griff der Prophet an. Seinen Zuhörern warf er Heuchelei und Selbstbetrug vor. Leidenschaftlich wies er auf den schweren Irrtum hin, zu meinen, man sei nun vor aller Gefahr gesichert. Man kann eben nicht einerseits sagen, „hier ist der Tempel des Herrn", und anderseits dann sein Leben ohne Gott, Gottesfurcht und göttlichen Wandel führen. Nur ein Gottesdienst, der auch Auswirkungen auf den Alltag hat, ist dem Herrn wohlgefällig.

Jeremia ließ keinen Zweifel daran, durch die bösen Taten wie Götzendienst, Ungerechtigkeit, Ungehorsam werde der Tempel verunreinigt und Gott gelästert.

Der Prophet zog sich mit seiner Tempelrede den Hass seiner Zuhörer zu. Sein Ruf zur Besinnung und Umkehr war den meisten Leuten, voran den Priestern, ein Dorn im Auge und ein Ärgernis.

Sind wir durch und durch verdorben:
du hast uns das Heil erworben.
Ach, so schaff uns selber neu,
lass uns spüren deine Treu!
Wilhelm Gottlieb Tafinger

Wer sich rühmen will, der rühme sich dessen, dass er klug sei und mich kenne, dass ich der HERR bin, der Barmherzigkeit, Recht und Gerechtigkeit übt auf Erden; denn solches gefällt mir, spricht der HERR. **Jeremia 9, 23**

Jeremia klagt über sein Volk, dass es ohne wirkliches Leben und ohne Gottesfurcht sei. Es sei kaltherzig, wolle von Recht und Gerechtigkeit nichts wissen. Man habe das Gesetz des Herrn verlassen und eine eigene Gerechtigkeit aufgerichtet. Aber nicht Macht, Reichtum oder menschliche Weisheit könnten die Herzen der Menschen erfüllen und zur Ruhe bringen, sondern nur eine rechte Gotteserkenntnis.

Gott recht zu erkennen, sei ewiges Leben, bekannte Jesus am Ende seiner irdischen Wirksamkeit unter seinem Volk (Joh. 17, 3). Erkenntnis Gottes ist die Gemeinschaft mit Gott aufgrund der Vergebung von Sünden und der Wegnahme von Schuld. Sie ist vertrauensvoller Umgang mit dem Herrn im Hören auf sein Wort der Wahrheit und im Tun seines Willens. Wer klug ist, der sucht vor allem andern diesen Umgang mit Gott und hat Lust an seinem Gesetz. Es ist ein Irrtum zu glauben, schon die bloße Zugehörigkeit zum Volk Gottes mache heilig und gerecht. Fehlt die enge Verbundenheit im Glauben mit dem Herrn, nützt selbst die Beschneidung nicht viel.

Alle Sucht nach Selbstruhm und Überhebung führt zum Bruch und zum Abfall. Selbstruhm ist Widerstand gegen Gott, Auflehnung, ist ein widerlicher Götzendienst. Gott warnt die Menschen davor, seine Gaben als eigene Leistung zu verbuchen. Dem Geber allein soll der Ruhm in Ewigkeit bleiben.

Rühmet, ihr Menschen, den hohen Namen
des, der so große Wunder tut.
Alles, was Odem hat, rufe Amen
und bringe Lob mit frohem Mut.
Johann Daniel Herrnschmidt

So spricht der HERR: Ihr sollt nicht den Gottesdienst der Heiden annehmen und sollt euch nicht fürchten vor den Zeichen des Himmels, wie die Heiden sich fürchten. Denn ihre Götter sind nichts.
Jeremia 10, 2.3

Der Herr warnt sein Eigentumsvolk eindringlich vor der Sünde des Abfalls. Durch die Teilhabe am Gottesdienst der Heiden wird Israel schuldig vor seinem Herrn. Die Götzenverehrung bedeutet Unglaube, Ungehorsam – Bundesbruch. Die Teilnahme am heidnischen Götzendienst führt unwiderstehlich ins Unglück: Gott wendet sich vom Menschen ab, Ängste und Zwänge bestimmen mehr und mehr das Denken und Handeln, der Mensch verliert seine Würde.

Die Heiden in früheren Zeiten hatten sich Bilder und Statuen aus Stein, Holz, Ton oder Metall angefertigt. Man verehrte in ihnen eine Reihe von kanaanitischen Naturgöttern. Man suchte Sicherheit und Wohlergehen in den geschaffenen Werken, nicht im Schöpfer. Man setzte sein Vertrauen auf das von Menschen Gemachte und damit auch Verfügbare, mit dem man wiederum machen konnte, was man wollte. Abgötterei ist immer dann angesagt, wenn wir das Vorletzte zum Letzten erheben. Wir Heutigen haben unsere Götter im Besitz, im Geld, im Erfolg, im Sex ... gefunden. Höhepunkt aber ist der Kult um das eigene Ich: die Selbstvergottung oder die Vergötzung anderer Menschen.

Das Gegenmittel zur Verführung durch den Götzendienst ist die Furcht Gottes in der Liebe. Im Gebet und im Gehorsam gegenüber Gottes Geboten werden Widerstandskräfte wirksam. Überhaupt: Die Liebe zu Gott ist sozusagen der einzige Schutz gegen den Hang zu den fremden Göttern.

O Jesu, lass mich in dir bleiben
und nie von deiner Seite gehn;
lass mich den Geist des Glaubens treiben
und fest in deinem Frieden stehn,
stets wachsam, still und niedrig sein,
so reißet nichts den Grund mir ein.

Karl Heinrich von Bogatzky

Gleichwie der Gürtel um die Lenden des Mannes gebunden wird, so habe ich, spricht der HERR, das ganze Haus Israel und das ganze Haus Juda um mich gegürtet. Jeremia 13, 11

Jeremia muss in Gottes Auftrag einen Gürtel kaufen und sich damit begürten. Nun soll er ihn an den Euphrat bringen und ihn dort in einer Felsspalte verbergen. Viele Jahre später muss er ihn wieder zurückholen. Doch: „der Gürtel war verdorben, sodass er zu nichts mehr taugte" (V. 7). Wie seltsam, unverständlich, ja wie sinnlos scheint diese Handlung des Propheten zu sein! Aber er tut, was ihm Gott geboten hat im Glaubensgehorsam.

Der Gürtel ist das Sinnbild für den Bund Gottes mit seinem erwählten Volk. Damit wird das enge Bundesverhältnis zwischen Gott und seinem Volk angedeutet. Aber sowohl Israel als auch Juda haben es vergessen, in welcher Liebesbeziehung sie zu ihrem Gott stehen. Sie wollen nicht mehr hören, sie wandeln mit verstocktem Herzen, sie dienen andern Göttern. Nun gleichen sie einem verdorbenen Gürtel, der zu nichts mehr brauchbar ist. Auch dem Volk Gottes soll es gehen wie dem Gürtel in der Bildhandlung. Es wird weggeführt an den Euphrat und nach Babylon verbannt. Doch Gott verheißt seinem Volk auch die Gnade der Rückkehr. Die Verwerfung soll nicht für immer gelten, Gottes Strafe ist zeitlich begrenzt. Gott muss auch uns in seiner Treue von aller Selbstherrlichkeit lösen, damit wir stärker und tiefer in die Macht seiner Liebe hineinverpflanzt werden können.

Er führt ins Paradies zurück,
den schuldentladenen Schächer.
Der Arge flieht vor seinem Blick
und zittert vor dem Rächer.
Karl Bernhard Garve

So spricht der HERR Zebaoth, der Gott Israels: Siehe, ich will Unheil bringen über diese Stätte, dass jedem, der es hören wird, die Ohren gellen sollen. **Jeremia 19, 3**

Jeremia muss in Gottes Auftrag einen Töpfer aufsuchen. Er soll in Begleitung hoher Würdenträger des Staates und der Religion einen Tonkrug kaufen. Diesen muss er zum Schuttabladeplatz im Tal Ben-Hinnon bringen und unwiederbringlich zerschmeißen. Diese zeichenhafte Handlung des Propheten lässt die Anwesenden Entsetzliches erahnen: Unglück, Verderben, Zerstörung, die Verwerfung des Volkes durch Gott. Israel hat seinen Gott verlassen, hat das Heiligtum in die Hände fremder Götter gegeben, hat sogar die eigenen Kinder dem Baal als Opfer dargebracht. Schlimmer geht es gewiss nicht mehr!

Mit dem Vollzug der gleichnishaften Gerichtshandlung sagt der Prophet den Beginn von Gottes Gericht an. Lange Zeit hatte Gott zu Israel geredet, hatte es zur Besinnung und zur Umkehr gerufen. Nun aber muss er handeln – anders geht es nicht mehr. Er will „diese Stadt zum Entsetzen und zum Spott machen ...“ Wie das Volk zusehen musste, wie Jeremia den Krug zerbrach und auf den Scherbenhaufen warf, so müssen die Einwohner von Jerusalem zusehen, wie Gott die Gerichtsworte wahr macht. Israel soll es ergehen wie dem Tonkrug, der unmöglich mehr in seinen früheren Zustand zurückgebracht werden kann. Gott repariert das Missratene nicht, aber er kann zu seiner Zeit etwas Neues schaffen, etwas für seine Zwecke Brauchbares. Zuvor aber muss Israel durch das Gericht hindurchgehen.

Am Boden sitzt du einsam jetzt, erniedrigt jämmerlich!
Jerusalem, Jerusalem, stets weinen wir um dich.
Christian Gottlob Barth

HERR, du hast mich überredet, und ich habe mich überreden lassen. Du bist mir zu stark gewesen und hast gewonnen; aber ich bin darüber zum Spott geworden täglich, und jedermann verlacht mich. **Jeremia 20, 7**

Jeremia war wider eigenen Willen Prophet geworden. Gott hatte ihn überredet und Jeremia hatte sich überreden lassen. Gott war mit seinem Wort stärker; wie Feuer brannte es in seinem Herzen und in seiner Seele. Mit der Glut seines göttlichen Feuers zerbricht er alle inneren Widerstände. Treffend sagt Martin Luther (1483–1546): „Die Gott lehren will, die führt er in die Hölle und wieder heraus. Die das erlitten haben, das sind die Allergelehrtesten gewesen."

Nun aber steckt er in einer tiefen Depression. Hoffnungslos scheint der innere Kerker zu sein. Ein Licht am Ende des Tunnels kann Jeremia nicht erkennen. Im Gehorsam hatte er das Gericht über die Stadt Jerusalem verkündet. Aber der kurzfristige Verlauf der Geschichte hatte sein Prophetenwort nicht gerechtfertigt. Die Weissagung über den Untergang der Stadt war nicht eingetroffen. Jetzt wird der Prophet für verrückt erklärt, als Staatsfeind angeklagt und wegen Zersetzung der Widerstandskraft des Volkes ins Gefängnis geworfen. Die Diener des Tempels stellen sogar sein Amt und seinen göttlichen Auftrag infrage. Die Enttäuschung des Propheten ist riesengroß. In einem Aufschrei der Verzweiflung verflucht er sogar den Tag seiner Geburt. Doch der Herr lässt seinem innerlich am Boden liegenden Propheten den Rückzug aus dem Amt nicht zu. Er muss auch weiterhin seinen Zeugen- und Wächterdienst wahrnehmen. Gott bedarf seiner, denn er will durch ihn das Kommen seines Reiches vorbereiten.

Herr, unser Gott, lass nicht zuschanden werden,
die, so in ihren Nöten und Beschwerden,
bei Tag und Nacht auf deine Güte hoffen
und zu dir rufen.

Johann Heermann

Zu seiner Zeit soll Juda geholfen werden und Israel sicher wohnen. Und dies wird sein Name sein: „Der HERR unsere Gerechtigkeit“.
Jeremia 23, 6

Hier ist die Rede vom kommenden wahren Völkerhirten. Alle Hoffnung richtet sich auf ihn, das gerechte Gewächs aus dem Hause Davids. Er ist ganz anders als der damals herrschende König Zedekia. Der wahre Hirte und Herrscher wird sein Volk hegen und pflegen. Niemand braucht sich mehr zu fürchten vor dem Zorn und Gericht Gottes. Wenn alle Verstoßung und Zerstreuung ein Ende hat, dann wird Israel Schutz, Hilfe und Wohlergehen finden in der Nähe des guten Hirten.

Gott selber hilft seinem Volk heraus aus der ausweg- und aussichtslosen Lage. Er selbst als die Gerechtigkeit schlechthin hält seinem Volk die Bundestreue. Wie einst Mose mit starkem Arm aus der Knechtschaft Ägyptens herausführte, so bringt der Messiaskönig Jesus „die Übrigen seines Erbteils“ aus allen Ländern der Erde zurück in das verheißene Land. Dieses Wunder ist gewiss noch größer als Gottes Tat beim Auszug aus Ägypten. Aber das andere Wunder ist nicht weniger herrlich: Israel wird seinen eigentlichen Herrscher erkennen und bezeugen: „Der HERR ist unsere Gerechtigkeit.“ Der Bann, der über der Weltgeschichte liegt, wird endgültig gebrochen sein. Gott selbst wird in der Person Jesu Christi unter seinem Volk wohnen. Alle, die an ihn glauben, werden an dieser Gerechtigkeit in seinem Friedensreich teilhaben.

Jesus ist der Siegesheld,
der all seine Feind besieget;
Jesus ist's, dem alle Welt
bald zu seinen Füßen lieget;
Jesus ist's, der kommt mit Pracht
und zum Licht führt aus der Nacht.
Johann Christoph Blumhardt

Und der HERR sprach zu mir: Jeremia, was siehst du? Ich sprach: Feigen; die guten sind sehr gut, die schlechten sind sehr schlecht, dass man sie nicht essen kann, so schlecht sind sie.

Jeremia 24, 3

Bald nach der Wegführung der Israeliten ins Exil hatte Jeremia eine merkwürdige Vision vom Herrn. Vor dem Tempel sah er zwei Feigenkörbe stehen. Der eine Korb enthielt süße, reife Früchte, im andern waren schlechte und ungenießbare Feigen. Die guten Feigen bedeuten die nach Babylon verbannten Israeliten, die bösen Feigen deuten auf die in Jerusalem zurückgebliebenen. Letztere wähnten sich als gerechter und frömmer als die andern. Sie meinten, Gott habe sie wegen ihrer besseren Gerechtigkeit verschont.

Was wollte der Herr seinem Propheten mit dieser Vision zeigen? Die bereits Weggeführten waren in den Augen Gottes nicht schlechter als die andern. Gott wollte sich an ihnen nach durchstandenen Leiden wieder gnädig erzeigen, sie mit einem neuen Herzen beschenken und mit ihnen einen neuen Anfang wagen. Allein wegen Gottes barmherziger Zuwendung in Liebe waren sie eine gute Frucht. Gott sah in ihnen die Möglichkeit, das angefangene Heilswerk mit der Welt weiterzuführen. Die andern aber waren für das Reich Gottes unnütz und unbrauchbar, denn „sie gehorchten den Worten des HERRN nicht" (Jer. 29, 17-19). In den Augen Gottes ist niemand gut aufgrund menschlicher Qualitäten. Gut ist jemand, der bereit ist zum Hören auf Gottes Wort und zu einem Gott gefälligen Wandeln und Handeln. Entscheidend ist die Bereitschaft zur Erneuerung durch Gottes guten Geist. Ihn wird Israel empfangen, wenn der Herr zu seinem Volk kommen wird (Sach. 12, 10).

Geist der Kraft und Zucht und Liebe,
treib auch mich zum Guten an,
mach durch deine starken Triebe,
mir zum Laufen freie Bahn.

Johann Jakob Rambach

Das Volk aber und das Königreich, das dem König von Babel, Nebukadnezar, nicht untertan sein will und das seinen Nacken nicht unter das Joch des Königs von Babel beugt, das will ich heimsuchen, spricht der HERR. Jeremia 27, 8

Schon zur Zeit der Wüstenwanderung ermahnt der Herr sein Volk (5. Mose 8, 10; 32, 6), ihm dankbar zu sein und ihm von ganzem Herzen zu dienen. Andernfalls müsse er es seinen Feinden unterwerfen. Diese legten dann ein eisernes Joch auf ihren Hals. Das Bild vom Joch in der Bibel ist ein Hinweis auf Knechtschaft, Dienstbarkeit, Unterordnung. Gemeint ist nicht nur ungerechte und fremde Herrschaft, sondern auch Gottes gute, gerechte und sanfte (Matth. 11, 28–30).

Jeremia muss sich in Gottes Auftrag ein Joch machen. In einer Zeichenhandlung legt er es sich um den Hals und tritt damit in aller Öffentlichkeit vor die Leute. Die Botschaft seiner Symbolhandlung ist: Gott hat alle Völker in die Hand des Königs von Babel gegeben. Sie sollen ihm untertänig sein und dieses Joch nicht eigenmächtig wieder abschütteln. Sonst werde sie Gott mit Schwert, Hunger und Pest heimsuchen und umbringen. Wenn sich aber das Volk unter die Hand Nebukadnezars beugen werde, soll es im Land erhalten bleiben und dieses bauen und bewahren.

Das Volk Gottes war nicht bereit, sich zu unterwerfen. Man war zu stolz, auch vertraute man auf die eigene Kraft und gab sich falschen Hoffnungen hin, bis das Unheil hereinbrach. Überhaupt: Schon immer hat Gottes Volk seine Gehorsamsbande zerrissen, wollte weder Gott noch den Nationen unterworfen sein. Es wurde zur Hure und gab sich andern Göttern hin (Jer. 2, 20). Dadurch forderte es Gottes Erziehungsmaßnahmen geradezu heraus.

Sünder willst du selig machen,
wenn ihr Herz sich zu dir kehrt.
Und das Reich des großen Drachen,
wird durch deine Kraft zerstört.
Ernst Gottlieb Woltersdorf

Wenn ihr mich von ganzem Herzen suchen werdet, so will ich mich von euch finden lassen, spricht der HERR.

Jeremia 29, 13.14

Ein Teil der nach Babel verschleppten Israeliten meinte, Gott könne sich diese Schmach nicht gefallen lassen. Schon bald werde er sie wieder durch ein Wunder nach Jerusalem zurückbringen. Diese schwärmerische Erwartung zerschlägt der Prophet. In einem Hirtenwort ermahnt er die Gefangenen, sich geduldig in die gegebenen Verhältnisse zu schicken: Häuser zu bauen, Gärten zu pflanzen, Familien zu gründen. Vor allem aber sollten sie ihren Feinden und Unterdrückern mit Freundlichkeit und Wohlwollen begegnen. „Betet für die Stadt zum HERRN!" (Jer. 29, 7) An die Stelle von Hass und Rachegedanken sollte Mitgefühl und Fürbitte treten. Am Aufregendsten aber war die Botschaft: Auch im fremden Lande könne man Gott suchen, ihn finden und zu ihm beten. Entscheidend für den wahren Gottesdienst sei nicht der Tempelkult und die Gegenwart des Heiligtums mit seinen Opferdiensten, sondern die Gegenwart Gottes im Geist und die Mitteilung seines Segens. Mit dieser Botschaft bringt der Prophet eine völlig neue Wendung in das Lebensgefühl der Israeliten in der Gefangenschaft. Nicht die Kultgemeinde und ein bestimmter Ort ist die Voraussetzung für den wahren Gottesdienst, sondern die Aufrichtigkeit des Herzens. Das Herz sei der eigentliche Tempel Gottes, wo er wohnen und wirken wolle. Mit dieser schon in den Neuen Bund hineinweisenden Botschaft wurde den Gefangenen ein neues Licht aufgesteckt, unter der Tröstung Gottes auch in schwierigen Lagen geduldig auszuharren und an der Verheißung der Erlösung festzuhalten.

Ach sucht doch den, lasst alles stehn,
die ihr das Heil begehret;
er ist der Herr, und keiner mehr,
der euch das Heil gewähret.
Sucht ihn all Stund von Herzensgrund;
sucht ihn allein, denn wohl wird sein,
dem, der ihn herzlich ehret.

Georg Weissel

Fürchte dich nicht, mein Knecht Jakob, spricht der HERR und entsetze dich nicht Israel. Denn siehe, ich will dich erretten aus fernen Landen und deine Nachkommen aus dem Lande ihrer Gefangenschaft. **Jeremia 30, 10**

Gott hat sein eigenes Volk „geschlagen wie einen Feind mit unbarmherziger Züchtigung" (V. 14). Und das alles wegen seiner großen Schuld und um der vielen Sünden willen. Aber er hat es nicht für ewig verworfen. Er möchte den verzweifelt bösen Schaden heilen. Deshalb streckt er seine rettende Hand aus, um das Geschick von Israel zu wenden. Durch den Propheten sagt er die Befreiung Israels aus der Gefangenschaft an. Sie sollen in das Land der Väter zurückkommen und es besitzen. Wie Gott einst sein Volk aus der Sklaverei Ägyptens herausführte, so will er sie zur Letztzeit aus allen Ländern der Nationen zurückbringen in das verheißene Land. Das wird dann ein „gewaltiger Tag" sein. Der Herr hält an seiner Bundestreue fest; er hat keine seiner Verheißungen zurückgenommen. Aber noch liegt das Gottesvolk in den Geburtswehen der Letztzeit. Doch sind diese ein deutliches Zeichen für den Anbruch der Heimholung und Errettung. Gewiss: der Wiederkunft Jesu gehen für Israel notvolle Zeiten voraus. Dabei verfolgt der Herr den Zweck, sein Volk zur Umkehr zu rufen. Sie sollen die Trennung und Ferne von Gott als Schuld erkennen und beim Herrn allein Hilfe suchen.

War oft des Volkes Herrlichkeit
durch Sünden wie verblichen
und schiene Gottes Freundlichkeit
als wie zurückgewichen,
ließ doch sich Gott durch alles nicht
von seinem Ziel abtreiben;
er will doch ihre Zuversicht,
ihr Gott und König bleiben.
Jakob Friedrich Klemm

Siehe, es kommt die Zeit, spricht der HERR, da will ich mit dem Hause Israel und dem Hause Juda einen neuen Bund schließen.
Jeremia 31, 31

Jeremia darf seinem Volk einen neuen Bund ankündigen. Und dies, obwohl sie den alten Bund gebrochen hatten. Das Volk, insbesondere die Verantwortungsträger, hatten Gott den Rücken gekehrt und waren eigene Wege gegangen. Nun verheißt der Herr einen „ewigen Bund" (Jer. 32, 40). Davon will er sich in seiner großen Güte und Barmherzigkeit durch nichts abhalten lassen. Gott begnügt sich eben nicht mit einer Reparatur des zerrütteten Verhältnisses zwischen ihm und den Menschen. Er möchte etwas Neues schaffen. Die Erneuerung muss, wenn sie Bestand haben soll, im Zentrum der Person geschehen. Ein Appell an den Willen allein hat einen zu kurzen Atem.

Gott vollbringt das große Wunder: Er schreibt durch seinen Geist dem Menschen sein Gesetz ins Herz. Das erneuerte hörende Herz erkennt jetzt Gottes Willen und identifiziert sich mit diesem. Der von Gott erneuerte Mensch lebt in der Gemeinschaft mit der Quelle des Lebens. Gottes Weisung im Gesetz ist nun für den Glaubenden keine schwere, drückende Last mehr, sondern wird als Gottes Wohltat und Hilfe erfahren. Mit der Weissagung auf den kommenden neuen Bund soll der Blick des Volkes Gottes in einer Zeit großer Not und Bedrängnis auf den kommenden Messias gerichtet werden. Er allein ist die Erfüllung des neuen Bundes in seiner Person. In ihm, dem Christus, „liegen verborgen alle Schätze der Weisheit und der Erkenntnis" (Kol. 2, 3).

Das ist der Gottheit Wunderwerk
und seines Herzens Augenmerk:
ein Meisterstück, aus nichts gemacht,
so weit hat's Christi Blut gebracht!
Ernst Gottlieb Woltersdorf

Siehe, ich, der HERR, bin der Gott alles Fleisches, sollte mir etwas unmöglich sein? Jeremia 32, 27

Der König von Babylon ist willens, jeglichen Widerstand der abtrünnigen Juden zu brechen. Das Volk wird seiner Bestrafung nicht entgehen. Die politische Lage ist trostlos. Da erhält Jeremia von Gott den Auftrag zu einer für Israel sinnbildlichen Handlung. Er soll in seinem Heimatort einen Acker kaufen. War es nicht gegen alle Vernunft, in dieser verzweifelten Lage noch seinen Besitz zu mehren? Hatten doch die Feinde ihre Wälle schon um die Stadt aufgerichtet. Doch der Prophet des Herrn war gehorsam, er hatte gemerkt, „dass es des HERRN Wort war“ (V. 8). Durch seine prophetische Handlungsweise ließ Gott inmitten der Wirrnisse der damaligen Zeit sein untreues Volk wissen: „Man wird wieder Häuser, Äcker und Weinberge kaufen in diesem Lande“ (V. 15). Es gibt trotz Verfehlung und Bestrafung noch eine Hoffnung für den Fortbestand des Volkes. Nach ausgestandenem Gericht wird ein Teil des Volkes zurückkehren und das Land der Verheißung neu in Besitz nehmen. So unmöglich die Erfüllung dieser Verheißung unter den damaligen Verhältnissen auch schien, so fest und unumstößlich war Gottes zusagendes Wort. Tatsache ist und bleibt: Israel ist Gottes auserwähltes Volk und der Herr ist der Gott seines Volkes. Er hat die Macht und die Kraft, auch Wege und Weisen, mit seinem widerspenstigen Volk trotz großer Widerstände und Rebellion dennoch zu seinem Ziel zu kommen. Denn: „Bei Gott ist kein Ding unmöglich“ (Luk. 1, 37). Schon Abraham erhielt die große Verheißung: „Sollte dem HERRN etwas unmöglich sein?“ (1. Mose 18, 14).

Sollt es gleich bisweilen scheinen,
als wenn Gott verließ die Seinen,
o so glaub und weiß ich dies:
Gott hilft endlich noch gewiss.
Christoph Tietze

Dennoch sandte der König Zedekia ... zum Propheten Jeremia und ließ ihm sagen: Bitte den HERRN, unsern Gott, für uns.
Jeremia 37, 3

Zedekia war der letzte König auf dem Thron Davids. Er war kein gottloser, aber ein schwacher König. Es fehlte ihm die nötige Autorität, sich gegenüber seinen Beratern und den verschiedenen politischen Gruppierungen durchzusetzen. Wohl hörte er von Zeit zu Zeit auf das Wort des Propheten. Aber er schlug dessen Warnungen in den Wind und gehorchte dem Wort des Herrn nicht. Durch den Ungehorsam von Zedekia nahm das Verhängnis über Jerusalem und das Land seinen Lauf. Das ganze Volk wurde in den Untergang hineingerissen.

Das Belagerungsheer der Chaldäer hatte von Jerusalem abgelassen. Aus Ägypten war ein Heer aufgebrochen, das die Oberherrschaft der Chaldäer brechen wollte. Nun sollte der Prophet im Gebet bei Gott um den Sieg über die Macht des Nordens bitten. Alles wollte man dem Propheten verzeihen, wenn er sich bei Gott für einen Ausgang zu Gunsten der Ägypter einsetzte. Doch alle Hoffnungen des Königs und seiner Ratgeber zerbrachen. Durch Jeremia ließ Gott den König wissen, er betrüge sich und das Volk. Die Chaldäer kämen wieder zurück; sie würden die Stadt aufs Neue belagern und schließlich mit Feuer verbrennen. Nur eine bedingungslose Übergabe, wie sie der Prophet immer wieder forderte, könnte Jerusalem vor dem Untergang bewahren.

Du musst, was du begannst, vollenden,
aus mir wächst Heilges nicht hervor.
Behalt in deinen Meisterhänden,
mich weiches Wachs, mich schwankes Rohr!
Friedrich Adolf Krummacher

Der König Zedekia sprach: Siehe, Jeremia ist in euren Händen; denn der König vermag nichts wider euch. Da nahmen sie ihn und warfen ihn in die Zisterne. Jeremia 38, 5.6

Der Prophet hielt sich zwangsweise im Vorhof des Gefängnisses auf. Es war nur noch eine Frage der Zeit, bis die Belagerer der Stadt Jerusalem zum letzten Sturm ansetzen. Immer noch warteten die Verantwortlichen darauf, dass ein Wunder geschehen würde zur Errettung aus der Bedrängnis. Jeremia aber sah das geistliche und leibliche Elend seines Volkes. Jede Gelegenheit nahm er wahr, mit Menschen zu sprechen, die in Not waren. Er war offen für jede Art von Hilfe, ohne Rücksichtnahme auf sein eigenes Wohl. Was er machte, war nicht weniger als Hochverrat, Zersetzung der Wehrkraft. Denn immer noch riet er zur Übergabe der Stadt an den Feind, um den schlimmsten Folgen in der hereinbrechenden Katastrophe zu entgehen. Vielleicht hatte er immer noch die Hoffnung, der König und seine Ratgeber könnten zur Einsicht kommen und auf den Rat des Propheten eingehen.

Die Führer des Volkes aber ließen Jeremia in eine Schlammgrube werfen. Der unbequeme Mahner sollte mundtot gemacht werden und für immer verschwinden. Seiner gefährlichen Zersetzung der Kampfmoral durfte man nicht untätig zusehen. Der schwache König sah dem tatenlos zu, wohl wissend, dass dem Propheten Unrecht geschieht. Und Gott: Er ließ die ungerechte, grausame Behandlung des Propheten geschehen; er mutete seinem treuen Knecht eine schwere Prüfung seines Glaubens zu. Sicher wollte er ihm und allen, die es wahrnehmen konnten, zeigen, wie er auch in größter Not Mittel und Wege hat, seinen Dienern zu helfen. Jeremias Ergehen ist ein Hinweis auf den Passionsweg Jesu und seiner verfolgten Gemeinde.

Ja selbst der Hass der blinden Welt
und deine Kreuzestiegel
sind Zeichen, dass Gott dich erwählt
und seiner Gnade Siegel.
Von dieser Wahl gewiss zu sein
und sie im Glauben wissen,
flößt Frieden in die Seele ein
und schützt vor Finsternissen.

Jakob Friedrich Klemm

Aber Nebukadnezar, der König von Babel, hatte Nebusaradan, dem Obersten der Leibwache, Befehl gegeben wegen Jeremia und gesagt: Nimm ihn und lass ihn dir befohlen sein und tu ihm kein Leid, sondern wie er's von dir begehrt, so mach's mit ihm.

Jeremia 39, 11.12

Jerusalem war in die Hände der Feinde gefallen. Viele Bewohner des Landes wurden verschleppt, nur ein Teil des geringen Volkes durfte zurückbleiben. Und der Prophet?

Der Herr hatte seinen treuen Knecht nicht vergessen. Der Ort seiner Schutzhaft wurde dem angefochtenen Jeremia zum Bewahrungsort. Der Prophet fand große Gnade vor Nebukadnezar, es sollte ihm kein Leid geschehen. Auf wunderbare Weise hatte der Herr für seinen Diener vorgesorgt. Anscheinend war Nebukadnezar aufs Genaueste über Jeremia unterrichtet. Wahrscheinlich hatten jüdische Überläufer Nebukadnezar über den Leidensweg des Propheten berichtet: wie er dem König und seinen Fürsten immer wieder geraten hatte, sich unter das Joch des Königs von Babel zu beugen. Nun durfte Jeremia wählen, mit den Exilanten nach Babel zu gehen oder im Lande zu bleiben. Der Prophet entschied sich für das Zurückbleiben. In der Heimat wollte er seinem Volk als Mund Gottes dienen, als ein Licht auf dunklem Wege. Aber man machte ihm auch nach der Zerstörung von Jerusalem das Leben noch schwer. Jeremia redete dem niedergeschlagenen Volk nicht nach dem Mund. Er wollte allein den Willen Gottes bezeugen. Seine Warnungen und Ermahnungen fanden jedoch auch nach der Katastrophe kein Gehör. Nach der Ermordung des Statthalters schleppten ihn die Juden mit nach Ägypten, wohin sie aus Furcht vor Bestrafung flohen.

Lasset uns mit Jesus leiden,
seinem Vorbild werden gleich;
nach dem Leiden folgen Freuden,
Armut hier macht dorten reich.

Sigmund von Birken

Bringe uns, HERR, zu dir zurück, dass wir wieder heimkommen; erneure unsere Tage wie vor alters! Klagelieder Jeremias 5, 21

Jerusalem liegt in Schutt und Asche. Ihre Bewohner sind entweder getötet oder in Gefangenschaft geführt worden. Verblendung und eigene Schuld haben zu diesem nationalen und geistlichen Zusammenbruch geführt. Angesichts der Katastrophe bittet der Prophet den Herrn um ein Gnadengericht. Er bittet um die Rückführung und Erneuerung seines Volkes nach ausgestandenem Gericht. In der Zuwendung zu Gott in Buße und Umkehr sieht der Prophet die Hilfe in der Not. Gottes barmherzige Zurechtbringung ist möglich, wenn wir Sünde und Schuld bekennen und uns in Demut dem Herrn zuwenden. Jeremia weiß, dass wahre Hilfe und Erneuerung nur von Gott kommen kann. Jeder Versuch der Selbsthilfe verschlimmert nur den augenblicklichen Zustand. Wie Gott vor Zeiten aus dem Chaos eine neue Schöpfung hervorgerufen hat, so kann er auch heute noch die schwierigsten Verhältnisse, wenn er will, ändern. Gott muss nicht vor dem Elend der Welt und vor allem Bösen kapitulieren. Für ihn ist kein Ding unmöglich (1. Mose 18, 14; Jer. 32, 17; Matth. 19, 26; Luk. 1, 37). Wie einst bei Gottes Volk, so wendet der Herr auch heute noch die Geschicke derer, die sich im Glauben an ihn halten und ihn um einen Neuanfang und ihre Zurechtbringung in Gnaden bitten. Befreiung aus Gebundenheiten und die Zurückführung ins Vaterhaus ist möglich, weil Christus Jesus uns durch seinen Gehorsam die Erlösung und Versöhnung mit dem Vater gebracht hat. Nun steht Gott nicht mehr gegen uns, sondern für uns. „Wie sollte er uns mit Christus nicht alles schenken?" (Röm. 8, 32.33).

Herr, erhebe deine Rechte,
richt auf uns den Vaterblick;
rufe die verstoßnen Knechte
bald ins Vaterhaus zurück.
Samuel Gottlieb Bürde

Im dritten Jahr der Herrschaft Jojakims, des Königs von Juda, zog Nebukadnezar, der König von Babel, vor Jerusalem und belagerte es. Und der Herr gab in seine Hand Jojakim, den König von Juda, und einen Teil der Geräte aus dem Hause Gottes. Die ließ er ins Land Schinar bringen, in den Tempel seines Gottes.

Daniel 1, 1.2

Babel vor Jerusalem! Es sah so aus, als würde das Heidentum über das Gottesvolk triumphieren. Das Volk Israel wurde dadurch in eine tiefe Anfechtung gestürzt: Hatte Gott sein Werk auf dieser Erde aufgegeben? Hatte er das Feld den Mächten dieser Welt überlassen? War der babylonische Gott Marduk gar mächtiger als Jahwe? Aber nun bricht durch die dunklen Wolken der Anfechtung wie ein heller Sonnenstrahl dieser Satz: „Der Herr gab in seine Hand ..." Der Herr! Gott ist es, der hier handelt. Wohl ist es ein Gerichtshandeln, aber doch ein Handeln Gottes. In dem Gericht, das über Jerusalem ergeht, hat es Israel nicht mit irgendwelchen Mächten, sondern mit seinem Gott zu tun. Wie ein roter Faden zieht sich diese Wahrheit durch das ganze Danielbuch: Gott bleibt der Herr der Geschichte. „Er setzt Könige ab und setzt Könige ein" (Dan. 2, 21). Gerade der babylonische König Nebukadnezar, der sich selbstherrlich seiner Macht brüstete (vgl. Dan. 3, 15; 4, 27), musste in einer schmerzlichen Lektion lernen, „dass Gott der Höchste Gewalt hat über die Königreiche der Menschen und sie gibt, wem er will" (Dan. 5, 21; vgl. Kap. 4). Ist aber Gott der wahre König dieser Welt, so wird der Tag kommen, an dem er seine jetzt noch verborgene Herrschaft offenbar machen wird. Gerade in einer Zeit, in der sich das Volk Israel den Mächten dieser Welt preisgegeben glaubt, wird Daniel dazu berufen, Gott als den Herrn der Welt und die kommende Aufrichtung seiner Königsherrschaft zu bezeugen (Dan. 2, 44). Dass Gott regiert und wir es in allem Geschehen letzten Endes mit Gott zu tun haben, das gilt auch für unser persönliches Leben.

Auf, auf gib deinem Schmerze / und Sorgen gute Nacht,
lass fahren, was das Herze / betrübt und traurig macht;
bist du doch nicht Regente, / der alles führen soll,
Gott sitzt im Regimente / und führet alles wohl.

Paul Gerhardt

Aber Daniel nahm sich in seinem Herzen vor, dass er sich mit des Königs Speise und mit seinem Wein nicht unrein machen wollte.
Daniel 1, 8

Ganz offensichtlich hatte der König Nebukadnezar das Ziel, die Elite junger Israeliten, die er nach Babylon hatte bringen lassen, zu Babyloniern zu machen. Durch neue Namen, die zum Teil an die babylonischen Götter erinnerten (vgl. Dan. 4, 5), sollten sie eine neue Identität erhalten. Sie sollten ihre jüdische Herkunft vergessen. Kennen wir nicht auch die Versuchung durch eine Gott entfremdete Gesellschaft? Warum die Wahrheit sagen, wo andere sich mit einer Lüge aus der Affäre ziehen? Warum dem Ehepartner die Treue halten, wo andere ihr Glück in einer neuen Beziehung suchen? Wir alle kennen die Stunden, wo der Druck der Verhältnisse so übermächtig wird, dass wir in der Versuchung stehen, nachzugeben. Daniel ließ sich den Mut schenken, „nein" zu sagen. Dass er mit der geballten Macht heidnischer Lebensanschauung konfrontiert wurde, konnte er nicht verhindern. Maßstab für sein Leben jedoch sollten die Gebote Gottes bleiben. Schon bald sollte seine Treue Gott gegenüber auf die Probe gestellt werden. Daniel und seine Gefährten sollten dieselben Speisen und Getränke zu sich nehmen wie der König (V. 5). Damit hätten sie nicht nur die Speisegebote des mosaischen Gesetzes übertreten, sie mussten auch davon ausgehen, dass Fleisch und Wein den babylonischen Götzen geweiht waren. Wir sind als Christen nicht mehr an die Speisegebote des Alten Testamentes gebunden (1. Tim. 4, 4). Doch bleibt Daniel vorbildlich, das Leben nach dem Willen Gottes auszurichten (vgl. Röm. 12, 2). Gott bekannte sich zu der Treue Daniels. Daniel stieß auf Menschen, die Verständnis für sein Anliegen hatten (V. 9.14), und er erlebte die wunderbare Hilfe Gottes (V. 15). Damit dürfen auch wir rechnen. „Nicht das, was wir mit der Welt gemeinsam haben, gibt uns den Einfluss, sondern was uns von ihr trennt" (Paul Le Seur).

Mein Herz hängt treu und feste
an dem, was dein Wort lehrt.
Herr, tu bei mir das Beste,
sonst ich zuschanden werd.
Wenn du mich leitest, treuer Gott,
so kann ich richtig laufen
den Weg deiner Gebot.

Cornelius Becker

Das sahst du, bis ein Stein herunterkam, ohne Zutun von Menschenhänden: der traf das Bild an seinen Füßen, die von Eisen und Ton waren, und zermalmte sie ... Der Stein aber, der das Bild zerschlug, wurde zu einem großen Berg, sodass er die ganze Welt füllte. **Daniel 2, 34.35**

Daniels Prophetie wirft Licht auf das wahre Wesen der Weltreiche. Da sieht der babylonische König Nebukadnezar in einem Traum die Reiche dieser Welt in Form eines Standbildes (Dan. 2, 31–33). Beeindruckend und furchteinflößend. Aber es steht auf Füßen, die teilweise aus Ton sind – ein Hinweis auf die Zerbrechlichkeit der Weltreiche. Mögen sie dem menschlichen Auge noch so glanzvoll und fest gefügt erscheinen, in Gottes Augen sind sie nichtig und vergänglich (vgl. Ps. 1, 4). Sie müssen dem Gottesreich weichen, das zunächst einem unbedeutenden Stein gleicht, dann jedoch zu einem welterfüllenden Berg heranwächst (vgl. Matth. 13, 31.32). Dann wird sich die Prophetie Jesajas erfüllen von dem alles überragenden Zionsberg, von dem Weisung ausgehen wird für die ganze Völkerwelt (Jes. 2, 2.3). Carl August Auberlen (1824–1864) schreibt: „Stein und Berg verhalten sich ... wie das Kreuzreich und Herrlichkeitsreich: in dem Moment, wo das Reich Gottes die Reiche dieser Welt zerschlägt, hört es auf als kleine Herde, als verachtetes Volk zu existieren, es gelangt zu Triumph und Weltherrschaft, erscheint als Reich im vollen auch äußeren Sinne des Wortes." Das Reich Gottes aber lässt sich nicht trennen von dem, der ein verworfener und erwählter Eck- und Grundstein ist (Matth. 21, 42.44). Noch ist die Herrlichkeit Jesu Christi verborgen. Bald wird er in seiner Herrlichkeit erscheinen, um das messianische Friedensreich aufzurichten. Wir halten uns an das prophetische Wort und sehen die Weltreiche von ihrem Ende, das Reich Gottes aber von seiner Zukunft her.

O du, den unsre Sünde schlug, / wann wird doch deines Lobs genug / auf dieser Welt erschallen? / Wann wird der Völker volle Zahl / im ungetrübten Sonnenstrahl / zu deinem Tempel wallen, / wo dich freudig alle kennen, / Jesus nennen, / dir geboren, / dir auf ewig zugeschworen. *Albert Knapp*

Da fing Nebukadnezar an und sprach: Gelobt sei der Gott Schadrachs, Meschachs und Abed-Negos, der seinen Engel gesandt und seine Knechte errettet hat, die ihm vertraut und des Königs Gebot nicht gehalten haben, sondern ihren Leib preisgaben; denn sie wollten keinen anderen Gott verehren und anbeten als allein ihren Gott. **Daniel 3, 28**

Was für eine erstaunliche Wendung! Kurz vorher noch hatte Nebukadnezar den Gott Israels geschmäht (Dan. 3, 15). Nun gibt er dem Gott Israels die Ehre. Ausschlaggebend dafür ist nicht allein die wunderbare Errettung der drei Gefährten Daniels aus dem Feuerofen. Sieht man in den Geschehnissen von Daniel 3 eine Vorschattung der endzeitlichen Bedrängnis, so sind die Gefährten Daniels in dreifacher Weise Vorbild für das bedrängte und verfolgte Gottesvolk: Zunächst in ihrem unerschütterlichen Vertrauen auf Gott. Auch wenn sie es dem Willen Gottes überließen, ob er sie vom Feuertod erretten würde oder nicht, so zweifelten sie doch nicht an dem Vermögen Gottes, sie zu bewahren (vgl. Hebr. 11, 34). Hatte er sein Volk nicht „aus dem glühenden Ofen Ägyptens" geführt (5. Mose 4, 20)? Hatte er nicht verheißen: „Wenn du ins Feuer gehst, sollst du nicht brennen, und die Flamme soll dich nicht versengen" (Jes. 43, 2)? So stärkte auch Jesus seine Jünger im Blick auf kommende Verfolgung mit dem Hinweis auf die Fürsorge Gottes (Matth. 10, 29–31). Vorbild sind die Gefährten Daniels in ihrer Treue gegenüber Gott, seinen Geboten und der festen Entschlossenheit, Gott mehr zu gehorchen als den Menschen (vgl. Apg. 5, 29). Solche Treue wächst, wo die Menschenfurcht überwunden wird durch Gottesfurcht (Matth. 10, 28). Wer die Menschen noch fürchtet, der fürchtet Gott nicht. Wer Gott fürchtet, der fürchtet die Menschen nicht mehr. Vorbild sind sie noch in ihrer Bereitschaft zur Lebenshingabe. Mehr als ihr Leben liebten sie Gott, auch wenn er sie nicht rettet.

Lass mich dein sein und bleiben,
du treuer Gott und Herr,
von dir lass mich nichts treiben,
halt mich bei deiner Lehr.
Herr, lass mich nur nicht wanken,
gib mir Beständigkeit,
dafür will ich dir danken
in alle Ewigkeit.

Nikolaus Selnecker

Daniel hatte aber an seinem Obergemach offene Fenster nach Jerusalem, und er fiel dreimal am Tag auf seine Knie, betete, lobte und dankte seinem Gott, wie er es auch vorher zu tun pflegte.
Daniel 6, 11

Dieser Vers gibt uns Einblick in das geistliche Geheimnis Daniels. Es war das regelmäßige Gebet, aus dem Daniel die Kraft schöpfte, seinem Gott mitten in einer heidnischen Umgebung treu zu bleiben, es war das Gotteslob, das ihn bewahrte vor dem Untergehen im Sumpf des Götzendienstes. Die offenen Fenster nach Jerusalem waren das äußere Zeichen seiner inneren Ausrichtung auf Gott. Zugleich waren sie auch Ausdruck seiner Hoffnung auf das erbarmende Eingreifen Gottes, die er aus dem Gebet Salomos bei der Einweihung des Tempels schöpfte (1. Kön. 8, 48.49). Daniel wusste auch um die Hilfe fester Gebetszeiten. Wer nicht zu bestimmten Zeiten betet, der betet auch nicht zu unbestimmten. Wie wichtig für Daniel das tägliche Gebet war, das zeigte sich, als ihm unter Androhung der Todesstrafe das Gebet zu seinem Gott verboten wurde. Ebenso gut hätte man ihm das Atmen verbieten können. Die tägliche Zwiesprache mit seinem Gott ließ er sich nicht nehmen. Es begegnet uns hier die innere Festigkeit eines Menschen, der in Gott ruht und sich in Gottes Händen geborgen weiß. Ist das nicht eine Frucht der Verbindung mit Gott im Gebet? Die geradezu souveräne Ruhe, mit der Jesus seinen Gegnern bei seiner Gefangennahme entgegentrat (Joh. 18, 4–8), hatte ihren Grund in dem Gebetskampf mit dem Ja zum Willen des Vaters. Gott schenke es, dass wir wieder neu das Gebet als die Kraftquelle des geistlichen Lebens und des Dienstes für Gott entdecken! „Das ist die Würde und die Kraft eines echten Christenstandes, dass wir unserem Vater im Himmel alles kühn und kindlich sagen dürfen" (Friedrich von Bodelschwingh, 1831–1910).

Wenn des Feindes Macht uns drohet
und manch Sturm rings um uns weht,
brauchen wir uns nicht zu fürchten,
stehn wir gläubig im Gebet.
Da erweist sich Jesu Treue, / wie er uns zur Seite steht
als ein mächtiger Erretter, / der erhört ein ernst Gebet.

Joseph Medlicott Scriven,
deutsch von Ernst Gebhardt

Und siehe, es kam einer mit den Wolken des Himmels wie eines Menschen Sohn und gelangte zu dem der uralt war, und wurde vor ihn gebracht. Der gab ihm Macht, Ehre und Reich, dass ihm alle Völker und Leute aus so vielen verschiedenen Sprachen dienen sollen. Seine Macht ist ewig und vergeht nicht, und sein Reich hat kein Ende.

Daniel 7, 13.14

Was für ein Gegensatz zu dem, was Daniel vorher gesehen hat! Da sieht er die Reiche dieser Welt in der Gestalt unheimlicher Raubtiere, die aus dem tosenden Meer (ein Bild für die Völkerwelt) heraufsteigen (V. 2–7). Ein bedrückendes Bild – die Weltmächte, die ohne Bindung an Gott buchstäblich zur Bestie werden. Friedrich Daniel Ernst Schleiermacher (1768–1834) sagte: „Humanität ohne Divinität wird zur Bestialität." Das bedrückende Bild, abgelöst von einem anderen, völlig gegensätzlichen Bild: die Erscheinung eines messianischen Erlösers in Menschengestalt. Er kommt nicht von unten wie die Tiere, sondern mit den Wolken des Himmels, aus Gottes Welt. Damit ist nicht nur seine Überlegenheit angedeutet (vgl. Joh. 3, 31), sondern klargestellt, dass der Erlöser nur von Gott kommt. Und doch ist seine Gestalt „wie eines Menschen Sohn". Ist hier nicht in geheimnisvoller Weise die Menschwerdung Jesu Christi angesprochen? Hat nicht Jesus immer wieder von sich gesprochen als dem „Menschensohn" und seiner Wiederkunft „auf den Wolken des Himmels" (Matth. 24, 30; 26, 64)? Dem zur Bestie entarteten Menschen steht Jesus als der wahre Mensch gegenüber, als das wahre Ebenbild Gottes (Kol. 1,15). Die Welt wird erst in und durch Christus menschlich im tiefsten Sinn. Sein Reich gründet sich auf die Hingabe seines Lebens, auf das eigene, am Kreuz vergossene Blut. Darum ist er der wahre Herr dieser Welt. Darum ist seine Herrschaft bleibend (V. 12). Ewig herrschen wird allein der ewige Gottessohn. Ihn wollen wir jetzt schon ehren, unter seiner Herrschaft leben, ihn schon jetzt bezeugen als den kommenden Herrn!

Der Herr ist König, hoch erhöht,
er gürtet sich mit Majestät,
er herrscht, und vor ihm steht die Welt,
unwandelbar, da er sie hält.

Matthias Jorissen

Wir liegen vor dir mit unserem Gebet und vertrauen nicht auf unsere Gerechtigkeit, sondern auf deine große Barmherzigkeit.
Daniel 9, 18

Daniel 9 enthält eines der eindrücklichsten Bußgebete der Bibel. In ihm bildet unser Vers das Herzstück. „Wir vertrauen nicht auf unsere Gerechtigkeit" – keine Selbstrechtfertigung, Verzicht auf alles Pochen auf eigene Qualitäten, und sei es nur auf die Ernsthaftigkeit der eigenen Reue. Buße gibt alle Ansprüche Gott gegenüber preis, so wie bei dem verlorenen Sohn, der zu seinem Vater sagt: „Ich bin hinfort nicht mehr wert, dass ich dein Sohn heiße" (Luk. 15, 21). Buße heißt, dass ich Gott Recht gebe gegen mich selbst, auch da, wo er mich richtet. So sehr Daniel unter der Zerstörung Jerusalems und der Zerstreuung Israels litt, so musste er doch bekennen: „Der HERR, unser Gott, ist gerecht in allen seinen Werken, die er tut" (V. 14). Gott hatte doch nur wahr gemacht, was er seinem Volk gegenüber dem Bundesbruch ausgesprochen hatte (V. 11–13). Doch beinhaltet Buße mehr als nur den Verzicht auf alle Ansprüche Gott gegenüber. Das allein würde in eine dumpfe, erwartungslose Ergebenheit in Gottes Willen führen. Ganz anders Daniel: Wohl gibt er Gott recht in seinem Urteil und Richten, doch gleichzeitig setzt er sein ganzes Vertrauen auf die Barmherzigkeit Gottes. Martin Luther schreibt: „Dadurch werden dir deine Sünden nicht vergeben, dass du dir sie lässt leid sein. Das gehört noch dazu, dass du … zu dem Herrn Christo laufest und ihn um Vergebung ansuchest; ja, du das Herz und Vertrauen auf ihn habest, er werde dir von Sünden helfen, ohn alles Verdienst, allein aus Gnaden. Das ist das rechte Stück, dadurch die Buße ganz wird und wir Vergebung der Sünden erlangen." Buße ist Umkehr in die offenen Vaterarme Gottes. Sie „ist nicht nur Qual und Angst, sondern über ihr steht Gottes Freude" (Julius Schniewind, 1883–1948).

Ob bei uns ist der Sünden viel,
bei Gott ist viel mehr Gnade;
sein Hand zu helfen hat kein Ziel,
wie groß auch sei der Schade.
Er ist allein der gute Hirt,
der Israel erlösen wird
aus seinen Sünden allen.

Martin Luther

Es wird eine Zeit so großer Trübsal sein, wie sie nie gewesen ist, seitdem es Menschen gibt, bis zu jener Zeit. Aber zu jener Zeit wird dein Volk errettet werden, alle die im Buch geschrieben stehen. **Daniel 12, 1**

Die letzte Bedrängnis des Gottesvolkes wird die alle da gewesene Not übersteigen. Es ist dieselbe Bedrängnis, die Jesus in Matthäus 24 als Vorzeichen seiner Wiederkunft erwähnt. Nicht wachsender Triumph der Gläubigen ist nach der Schrift das Kennzeichen der letzten Zeit, sondern zunehmende Gottlosigkeit, die unter dem Antichristen als letztem Weltherrscher ihren Höhepunkt erreichen wird. Von ihm heißt es sogar, dass er die Heiligen besiegen wird (Dan. 7, 25; vgl. Offb. 13, 7). Besiegen bedeutet zwar nicht auslöschen (vgl. Matth. 16, 18), wohl aber, dass das Volk Gottes auf „verlorenem Posten“ zu stehen scheint. Doch lesen wir weiter; „ … bis der kam, der uralt war (der ewige Gott), und Recht schaffte den Heiligen des Höchsten“ (Dan. 7, 6). „Aber zu jener Zeit wird dein Volk errettet werden.“ Eine Verheißung, die zunächst dem Volk Israel gilt, doch gehören zu denen, die „im Buch (des Lebens) geschrieben stehen“ auch alle aus den Heiden, die durch den Glauben an Jesus Christus ewiges Leben empfangen haben. Gerade dann, wenn die Not des Gottesvolkes ihren Höhepunkt erreicht hat, wird sich erfüllen, was Paul Gerhardt (1607–1676) in die Worte gefasst hat: „Das ist Gottes Ehrentitel: helfen, wenn die Not am größten.“ Bewusst hat Jesus im Blick auf die endzeitlichen Nöte das tröstliche Bild der Wehen gebraucht (Matth. 24, 8). Darin steckt beides: Wehen sind schmerzhaft, zugleich aber sind sie die Vorboten kommender Freude (vgl. Joh. 16, 21.22). Wir lassen uns nicht diese Perspektive nehmen: Nicht das Leid, sondern die Herrlichkeit, nicht die Tränen, sondern die Freude stehen am Ende. Wir warten nicht auf den Antichristen, sondern auf Jesus Christus! (Luk. 21, 28).

Er wird nun bald erscheinen,
in seiner Herrlichkeit
wird all eu'r Klag und Weinen
verwandeln ganz in Freud.
Er ist's, der helfen kann;
halt' eure Lampen fertig
und seid stets sein gewärtig,
er ist schon auf der Bahn.
Michael Schirmer

Gott ist Israel gut – ich aber? Psalm 73, 1

Ich besuchte eine größere Anzahl von Juden aus der ehemaligen Sowjetunion, die sich regelmäßig am Samstagabend im Haus der örtlichen Stadtmission treffen. Ich sollte zu ihnen sprechen. Aber was? Sie hatten so vieles durchgemacht – sie und das ganze Volk der Juden. Konnten sie erkennen, dass Gott dennoch Israel gut ist? Konnten sie begreifen, dass Gott sein Volk im Holocaust nicht hat untergehen, sondern es in seine Heimat, ins Land Israel, hat zurückkehren lassen, dass der Retter aus Zion kommen wird, schließlich „ganz Israel" zu retten, wie es ausdrücklich in Römer 11, 26 heißt? „Gibt es überhaupt ein Wissen bei Gott?", fragt zunächst der Psalmist Asaph. „Siehe doch die Gottlosen, die Unreligiösen, die Verweltlichten! Geht es ihnen nicht besser?" So ist dieser Israelit in seiner tiefen Not in Gefahr, darin zu zerbrechen. Bis er hineingeht in das Heiligtum Gottes und nachsinnt, wer Gott wirklich und was das Ende der Gottlosen ist (Ps. 73, 17–28). Hier kommt es zur Heilung seiner Seele, ohne dass sich äußerlich viel ändert.

Der Beter kommt zum befreienden „Dennoch": Er sieht sich mit seiner Not und seinen Zweifeln in der Gegenwart Gottes. Gott hat ihn nicht aus seinem Blick verloren, sich nicht von ihm zurückgezogen. Nein, er hält ihn fest bei seiner Hand. „Ich bin immer noch in der Gegenwart Gottes", sagt er sich. „Du, mein Gott, leitest mich jetzt, und du wirst es weiterhin tun; und dann, am Ende, nimmst du mich in Herrlichkeit – bei dir selbst – auf." Nun kann er sich weiter zu Gott halten, weil Gott sich zu ihm hält, ihn nicht aufgibt, sondern durchbringt zum Ziel des Lebens bei Gott – wie Gott sein ganzes Volk erlöst und zu seinem heilsgeschichtlichen Ziel führt.

Nun können wir mit Asaph und allen glaubenden Israeliten zusammen singen:

Aber das ist meine Freude, dass ich mich zu Gott halte und meine Zuversicht setze auf Gott den HERRN, dass ich verkündige all dein Tun. *Ps. 73, 28*

Eine andere Generation kam nach ihnen auf, die den HERRN nicht kannten. Die taten, was böse war in den Augen des HERRN, und dienten den Baalim. Richter 2, 10.11

Von Josua bis zu den Richtern erlebt Israel einen Generationsumbruch von großer Tragweite. Die unter Josua ins Land Israel eingezogene Generation war nicht mehr. Die großen Taten Gottes waren vergessen. Die jetzige Generation hielt Gottes Geschichte mit seinem Volk und seine Gebote nicht mehr für verbindlich. Sie kannten und liebten ihren Gott nicht mehr. „Sie taten, was böse war in den Augen des HERRN", und machten sich selbst Götter und hingen ihnen an.

Nur Utopisten meinen, der Mensch sei von Natur aus gut, nur die Umstände machten ihn böse, also müsse man diese ändern. Das bekannte Wochenmagazin *Newsweek* urteilt realistischer: „Das Böse lebt. Aber unsere Kultur hat die Kraft verloren, es zu erklären ... Wir müssen das Reich des Teufels neu überdenken." Und so realistisch ist die Bibel: Sie erklärt uns das Böse und den Ursprung des Bösen. „Böse" und „Bosheit" kommen darin ca. 600 Mal vor. Dabei sehr häufig in der näheren Wesensbestimmung als „böse in den Augen Gottes". Über dem Abfall „entbrannte der Zorn Gottes", und er „übergab sie in die Hand ihrer Feinde" (Richt. 2, 12–23) Schwere Zeiten kamen. Der Untergang im eigenen Land drohte und kam schließlich auch. Hat dadurch Israel Gottes Plan mit seinem Volk zunichte gemacht? Ist nun auch für uns, die Nationen, die Zukunft verdorben? Denn das Heil sollte ja auch für uns aus den Juden kommen (Joh. 4, 22; vgl. 1. Mose 12, 1–3). Der Herr Jesus ist gekommen, und sein Evangelium ist die „Kraft Gottes zur Rettung" – der Juden und der Nationen – alle, die an ihn glauben und glauben werden (Röm. 1, 16; 11, 25.26).

Jesus ist kommen, nun springen die Bande,
Stricke des Todes die reißen entzwei.
Unser Durchbrecher ist nunmehr vorhanden,
er, der Sohn Gottes, der machet recht frei,
bringet zu Ehren aus Sünde und Schanden,
Jesus ist kommen, nun springen die Bande.
Johann Ludwig Konrad Allendorf

Und die Feinde dienten dazu, Israel zu prüfen, damit man erkenne, ob sie den Geboten des HERRN gehorchten, die er ihnen durch Moses geboten hatte. Richter 3, 4

Israel lebte nicht allein in dem ihm von Gott zugewiesenen Land. Gott hatte auch noch andere Völker darin gelassen. Das diente der Prüfung des eigenen Glaubens. Da waren insbesondere die Philister, durch die später das Land Israel seinen Namen verlieren und deren Namen bekommen sollte – „Philisterland", d. i. Palästina. Es gibt zwar nicht mehr die Philister von damals, aber das Problem Israel und die Palästinenser und den noch keineswegs gelösten Nahost-Konflikt erleben sie heute. Das Problem war damals, dass das Volk Israel von den Geboten des Herrn, genau gesagt, von den Zehn Geboten, und damit von ihm selber abrückte.

Die Gebote sind gegeben als Hilfen zum Leben. Von ihnen abweichen, das führt zum Tode. Deshalb ist Prüfen nötig: Lassen wir uns auf die Probe stellen, ob unser Glaube echt ist, ob ich Gott achte, liebe, ihm folge – und das gerade in Krisenzeiten, unter feindlicher Bedrohung, bei Verführung? Nicht zuletzt kam es in Israel durch eheliche Vermischung dazu, dass Israeliten schließlich fremden Göttern dienten. Wie geschieht das unter Christen heute?

Während eines Gottesdienstes in einer messianisch-jüdischen Gemeinde in Jerusalem hörte ich den Leiter der Gemeinde sehr nachdrücklich mahnen: „Nicht die Rückkehr ins Land der Väter genügt; wir müssen vielmehr zurückkehren, ja heimkehren zum Gott der Väter und den verheißenen Messias erwarten." Er wird als „Retter aus Zion" kommen (Röm. 11, 26). Davon sprach dieser messianische Jude – von dem Messias Jesus Christus.

Und bei uns Christen? In einer Ära des religiösen und ebenso wertemäßigen Pluralismus sind wir heute noch viel stärker gefährdet und versucht, von dem lebendigen und wahren Gott, von Jesus Christus als „dem Weg, der Wahrheit und dem Leben" abzufallen, Kompromisse einzugehen und schließlich den „Weg zum Vater ins Reich Gottes" zu verpassen (Joh. 14, 6).

Auf deines Reiches Herrlichkeit, / o König, warten wir, / mach alle uns dafür bereit / und offenbar sie weit und breit. / Komm bald, wir huld'gen dir, / komm bald, wir huld'gen dir. Hedwig von Redern

Und die Söhne Israel schrien zum HERRN um Hilfe.
Richter 6, 6

Inzwischen tat Israel weiter, was böse war in den Augen des Herrn (V. 1). Es kümmerte sich einfach nicht darum, dass Gott sein Herr war. Es verfiel fremden Göttern, Religionen und Kulten. Das Wirken seiner Richter half nur vorübergehend. Das Volk bemerkte sein Abweichen von Gottes Geboten selber kaum. So erschlafften die Israeliten moralisch und verarmten auch physisch. Die Quelle ihrer Kraft versiegte, die Verbindung mit ihrem lebendigen Gott löste sich. Musste nicht Gott sein Volk aufgeben? Aber hätte er es dahingegeben, sodass es endgültig verloren gewesen wäre, dann wäre ja Israels Aufgabe als Heilsbringer für die Völker zu Ende gewesen. Die Krise ist da. Gott richtet sein Volk, was es merkte an seinem Niedergang. Aber Gott gibt nicht auf. Er hat sich selbst nicht so weit von seinem irdischen Volk entfernt, dass es nicht mehr zu seinem Herrn beten könnte. Vielmehr bricht Gottes Gnade immer wieder durch. Er hört das Schreien der Söhne Israel um Hilfe. Ihr Gott kommt zur Hilfe. Gideon, wie alle wahren Propheten, überführt die Leute von der Sünde als der Ursache aller Not, die Sünde als das Abweichen von Gott. Der Prophet ruft zur Umkehr und zeigt den Weg dazu. So beginnt die Hilfe aus der aktuellen Not mit einer geistlichen Erneuerung. Ist sie nicht auch heute in der Christenheit nötig und möglich? „Wir haben das prophetische Wort, das am dunklen Ort leuchtet“ (2. Petr. 1, 19), das Evangelium „als Kraft Gottes zur Rettung“ (Röm. 1, 16) und sehen die „Zeichen der Zeit“. Wir können nach Gottes Wort und durch den Geist Gottes die Geister der Moderne unterscheiden, um nicht mit ihnen verloren zu gehen. „Jeder, der den Namen des Herrn anrufen wird, wird errettet werden“ – aus den Juden wie aus den Nationen (Röm. 10, 11.12) – auch heute.

Nur in ihm, o Wundergaben,
können wir Erlösung haben,
die Erlösung durch sein Blut.
Hört's: das Leben ist erschienen,
und ein ewiges Versühnen
kommt in Jesus uns zugut.
Philipp Friedrich Hiller

Denn ich schäme mich des Evangeliums nicht, ist es doch die Kraft Gottes zum Heil jedem Glaubenden, sowohl dem Juden zuerst als auch dem Griechen. Römer 1, 16

Die Studentenmission (SMD) hatte mich bald nach der „Wende“, dem Fall der Mauer und dem freien Zugang zum Osten, zu Vorträgen an der Universität Dresden eingeladen. Die mir gestellten Themen lauteten: „Juden im Plan Gottes – ihre Bedeutung für die Menschheit“, „Judenfeindlichkeit in der Welt“ und „Der Staat Israel heute“. Trotz starker Opposition gegen diese Vortragsreihe füllte sich der Hörsaal an allen drei Abenden, und zwar mit christlichen, atheistischen und muslimischen Studenten. Sie gaben sich auch als solche zu erkennen. Die meisten blieben sogar zu den sich anschließenden Gesprächen. Zum Dritten, dem Israel-Abend, brachten die Muslime Verstärkung mit. Die abschließende Diskussion ließ uns im Hörsaal den Nahost-Konflikt live erleben. Wir erfuhren von atheistischer Seite die größte Aufmerksamkeit. Was sprach die jungen Leute so an? Es blieb nach den Gesprächen noch ein Student zurück. Er wollte mich persönlich sprechen. Er gab sich bei der Vorstellung unumwunden als Atheist aus. Ihm hatte jedoch die Überzeugung imponiert, mit der wir ohne Scheu die Heilsfakten nach der Bibel im heutigen Geschehen und für die Zukunft „rübergebracht“ hatten. Er verspürte die Kraft Gottes im Evangelium zur Rettung. Schließlich stellte er die brennende Frage: „Sie sind ja so überzeugt, dass er es schafft, wenn er kommt – der Messias Jesus Christus. Aber wie stellen Sie sich das vor – wenn er kommt? Kommt er dann zu jedem persönlich?“ „Ja“, konnte ich ihm überzeugend erklären, „durch seinen Geist, und dieser, der lebendige Christus, will heute, jetzt schon, zu Ihnen kommen und Sie retten. Wenn er wiederkommt, nimmt er Sie mit in Gottes Reich in Gerechtigkeit und Frieden, wonach sich letztlich alle Menschen sehnen.“

Herr, wir warten alle Stunden, / halten fest an deinem Wort. / Du hast selber dich gebunden, / du bist unser Trost und Hort. / Kommt dein Tag mit hellem Schein, / dann erhörst du unser Schrei'n. / In der hohen Engel Reihen / jubelnd werden wir uns freuen.

Helmut Bornhak

Bis die Vollzahl der Nationen eingegangen sein wird, und so wird ganz Israel errettet werden. Römer 11, 25.26

Der Brief des Paulus an die Gemeinde zu Rom, deren Glieder aus dem Volk der Juden und der Römer kamen, umfasst die ganze Heilsgeschichte Gottes. Und da ist das Ziel die Vollzahl oder Fülle der Nationen und „ganz Israel". Was wir in unserer endzeitlichen Ära, im dritten Jahrtausend erleben, ist ein Doppeltes: Das Evangelium eilt bis an die Enden der Erde, bis zu den letzten Völkern und Sprachen. Das von Jerusalem ausgegangene Evangelium kommt zurück nach Jerusalem, nach Israel, zum Volk der Juden. Aber nicht ohne heftigen Widerstand, nicht zuletzt von religiös-orthodoxer Seite. Doch die Decke auf der Verlesung des Alten Testamentes bleibt. Sie wird nicht aufgedeckt, weil sie nur in Christus beseitigt wird. „Dann aber, wenn Israel sich zum Herrn wendet, wird die Decke weggenommen" (2. Kor. 3, 14–16). „Das Heil kommt aus den Juden" (Joh. 4, 22). Dies abzulehnen, ist religiöser Antisemitismus, wie er sich im judenfeindlichen „Dritten Reich" durchsetzte. Im Religionsunterricht war dieser Satz verboten. Der Protest der christlichen Kirche war nur sehr gering. Und heute? Ein anderer Satz Jesu ist heute verpönt – Jesu eigene Selbstbezeugung: „Ich bin der Weg, die Wahrheit und das Leben. Niemand kommt zum Vater – in das Reich Gottes – als durch mich" (Joh. 14,6). „Auschwitz" sollte das „Aus der Juden" in Europa werden. 1948 ließ Gott sein Volk den neuen Staat Israel in dessen Land gründen. Und hier wird heute das Evangelium von dem Messias Jesus Christus verkündigt und von einer stets steigenden Zahl von Juden angenommen – bereits bis zu 5000 und weltweit einigen Hunderttausend. Auch in Deutschland wächst die Zahl der messianischen Juden. Sie erwarten wie wir aus den Nationen den wiederkommenden Herrn und sein Reich. Er kommt bald.

Jesus ist der Siegesheld,
der sein Wort den Völkern sendet,
dass es läuft durch alle Welt
und sein Gnadenwerk vollendet.
Seinen Boten gibt er Mut
durch die Wunder, die er tut.
Theophil Spörri

Sie sind Geliebte um der Väter willen. Denn die Gnadengaben und die Berufung Gottes sind unbereubar. Römer 11, 28.29

In Budapest sprach ich an zwei Abenden in der ehemaligen Großen Synagoge vor Juden und Christen. Wir verspürten etwas von der Gemeinsamkeit unseres Glaubens an Jesus als Messias und Heiland der Welt. Jesus, der Messias der Juden und das Lamm Gottes für die ganze Welt, hat „alle (aus den Juden und aus den Nationen) zu sich gezogen“, als er ans Kreuz ging (Joh. 4, 22; 1, 29; 12, 32.33). Gewiss, die Juden waren lange hinsichtlich des Evangeliums von Jesus Christus „Feinde“, aber Paulus erklärt: „um euretwillen“ (Röm. 11, 28). Er fordert von sich und den Christus-Gläubigen, die Juden als bleibendes Volk Gottes „zur Eifersucht“ zu reizen, „damit auch sie errettet werden mögen“ (Röm. 11, 14). Aber was hat die christliche Kirche in ihren Jahrhunderten an den Juden in christlichen Ländern getan? Sie hat sie ihres Judeseins beraubt, indem sie die Juden wegen des Todes Jesu als „Gottesmörder“ verurteilte, ihnen die Verheißungen Gottes absprach und diese fortan allein für sich in Anspruch nahm. Von daher müssen wir die jüdische Schwierigkeit mit dem „christlichen“ Jesus, mit dem „christlichen“ Kreuz (siehe Kreuzzüge!) und der „christlichen“ Kirche verstehen. Diese hat die Juden, die Jesus als ihren Messias und Retter annahmen, bestenfalls bei sich und dazu noch in die verschiedenartigen Denominationen „vereinnahmt“; sie durften keine Juden mehr sein. Hier müssen – und dürfen – wir Christen aus den Nationen heute „umdenken“. Am Jom Kippur, dem Versöhnungstag der Juden, saß ich in Shavei Zion, einer Siedlung deutscher Juden in Israel, mit einem jüdischen Freund zusammen in der Synagoge und sang mit aus dem Gebetbuch: „Gott schickt am Ende der Tage unseren Gesalbten, zu erlösen, die auf das Endziel seiner Erlösung harren.“

Herr und Haupt, du helle Sonne, / wann gehst du uns endlich auf? / Komm, o Tag voll großer Wonne, / da vollendet ist dein Lauf, / da der Deinen Weg sich legt, / da die Freiheitsstunde schlägt / Christus, eile zu den Deinen, / die erwarten dein Erscheinen.

Helmut Bornhak

Brüder! Das Wohlgefallen meines Herzens und mein Flehen für sie zu Gott ist, dass sie errettet werden. **Römer 10, 1**

Der Apostel Paulus hat sich, als er Christ wurde, nicht von seinen jüdischen Volksgenossen abgewandt. Im Gegenteil, er hoffte auf ihre Rettung genau so, wie er diese selber durch die Begegnung mit dem Messias Jesus Christus erfahren hatte. Blieben sie doch „Gottes Geliebte um der Väter willen“ (Röm. 9, 1–5; 11, 28; Joh. 4, 22).

Anni Roth – ich habe ihre Geschichte an ihrem Ort in Miscols/ Ungarn vor einigen Jahren erfahren – war Jüdin, kam zum Glauben an Jesus und führte andere an ihrem Ort zu demselben Glauben. So entstand dort Gemeinde. Ende der Dreißigerjahre setzte in Ungarn die von Deutschland betriebene Judenverfolgung ein. Die Juden wurden in Lagern zusammengetrieben – auch Anni Roth. Aber der international berühmte und von der Regierung geschätzte Professor der Medizin, Dr. Franz Kiss von der Universität Budapest, damals Präsident des Verbandes freikirchlicher Gemeinden, verwandte sich für Anni Roth, sodass diese nicht in ein Lager kam. Aber sie ging freiwillig nach Auschwitz und starb mit ihren jüdischen Schwestern und Brüdern. Sie begleitete diese mit ihrem Zeugnis von Jesus, dem rettenden Messias. In ihrem Abschiedsbrief an ihren Professor in Budapest schrieb sie: „Beten Sie für mich, dass ich ein gutes Zeugnis von meinem Erretter sein kann. Ich weiß, dass seine Kraft in den Schwachen sehr groß ist, und das ist mein Trost. Wie wunderbar zu wissen, dass mein Abschied nicht für ewig gilt. Wie schön wird es in Jesu Vaterhaus sein.“ Ihr Bild hängt in meiner Wohnung neben einem Messingteller mit den Stämmen Israels und neben dem Symbol der jüdischen Menorah, dem Fisch (als urchristliches Zeichen) und dem Davidstern. Der Blick auf dieses Bild mit diesen Zeichen lässt mich immer wieder in die rechte Richtung denken, beten und handeln.

Tilge alle Schuld, gib neue Gnade,
dass hinfort nicht länger schade
deinem Reiche unser Tun!
Nimm nach langem Widerstreben
deiner Christen Lieb und Leben
hin zum Dienst an Juda nun.
Meta Heußer-Schweitzer

Ihr seid Mitbürger der Heiligen und Gottes Hausgenossen.
Epheser 2, 19

Dass die Christen aus den Nationen Mitbürger und Hausgenossen des von Gott zuvor erwählten Volkes der Juden sind, ist den meisten Christen nicht mehr bewusst geblieben. Sie hielten die Juden wegen der Kreuzigung Jesu und seiner Verwerfung als Messias als von Gott verstoßen und verflucht – unter die Völker dahingegeben. Aber klar stellt der Apostel Paulus in Epheser 2 und 3 das bleibende Verhältnis fest und widmet diesem seine drei „Israel-Kapitel" in Römer 9–11. Er bestätigt den Bund Gottes mit Israel und kommt zu dem Ergebnis der Rettung der „Fülle (Vollzahl) der Nationen" und von „ganz Israel" durch ein und denselben Retter, der von Zion gekommen ist und wiederkommt (vgl. Röm. 9, 1–5; 11, 1.2; 11, 25–27). Gott, der Vater, nimmt die durch die Sühnekraft des Blutes Jesu am Kreuz, durch das Evangelium als Kraft Gottes Gerettete aus aller Welt mit auf in seinen Bund. Die christliche Gemeinde ist nicht „Erbin", wie sich die Kirche an die Stelle Israels gesetzt und diesem damit seiner bleibenden Verheißungen beraubt hatte, nein, die Gemeinde aus den Nationen ist „Miterbin ... der Verheißung in Christus Jesus durch das Evangelium" (Eph. 3,6). Wenn die christliche Kirche Israel als den „Erben" verwirft, dann löst sie sich von ihrer Wurzel, verliert ihre biblische Substanz und der „aufgepfropfte Ölzweig" verdorrt. Es führt zur Verirrung, wenn wir uns von unserem gemeinsamen Stamm, von Israel und der Bibel, abwenden. Das Christentum der Nationalsozialisten verstand sich als „artgemäße Religion des deutschen Volkes". So wurde es Wegbereiter des Holocaust und ist so ein herausragendes Beispiel für die fatale Entwicklung eines Christentums, das sich von der Bibel löst, Jesus seines Judeseins beraubt und schließlich einen in die Zeit passenden Heiland proklamiert. Wo geschieht das heute und weisen Christen das aus den Juden gekommene Heil ab?

Lasset uns von Zion singen!
Zion hat der Herr erwählt;
er wird's noch zu Ehren bringen,
dass es nicht an einem fehlt.
Christian Gottlob Barth

Denn ich will nicht, Brüder, dass euch dieses Geheimnis unbekannt sei, damit ihr euch selbst nicht für klug haltet.

Römer 11, 25

Das Thema „Israel“ ist viel umstritten. Aber kaum weniger das Thema „Gemeinde Jesu Christi“. Es ist der Welt ein Rätsel, oft ein Ärgernis, dem widerstanden wird – bis zu Verfolgung und Versuch der Vernichtung. Wie das Volk der Juden unzählige Pogrome, so haben Christen ebenso viele Verfolgungen erlitten. Weshalb? Weil sie Gottes Volk sind und Gott widerstanden wird. Das zeigt die Geschichte Israels und die Geschichte der Gemeinde Jesu. Wo stehen wir damit heute? Paulus widmet diesem Thema drei Kapitel in seinem Römerbrief, dessen Gesamtthema man in Kapitel 1, 16 am ehesten findet: „Denn ich schäme mich des Evangeliums nicht, ist es doch Gottes Kraft zum Heil jedem Glaubenden, sowohl dem Juden zuerst als auch dem Griechen.“ Die Begründung finden wir in Vers 17: „Denn Gottes Gerechtigkeit wird darin geoffenbart aus Glauben zu Glauben, wie geschrieben steht: ‚Der Gerechte wird aus Glauben leben.‘“ Gewiss ist Israel unter die Nationen zerstreut worden und damit für eine bestimmte Zeit „beiseitegesetzt“ worden, aber nicht als „sein (Gottes) Volk verstoßen“ (Röm. 11, 1). Diese „Beiseitesetzung“ ist erstens zeitlich begrenzt und hat zweitens den positiven Aspekt, dass das zunächst von den Juden abgewiesene Evangelium von Jesus Christus von Israel aus und über Israel hinaus zu allen Völkern und Menschen gelangt (vgl. Apg. 1, 8; Matth. 28, 18–20). Und – wir staunen und beten mit Paulus an – „wenn ihre (der Juden) Beiseitesetzung die Versöhnung der Welt ist, was wird die (Wieder-) Annahme anders sein als Leben aus den Toten“ (Röm. 1, 15). Das wird in Hesekiel 36 und 37 prophezeit für die letzte Zeit. Dabei geht es mehr als um die Rückkehr ins Land der Väter, sondern um die Umkehr zu dem Gott der Väter.

Überall, lass bis an der Welten Rand,
lass durch jeden Kreis der Erden
deinen Namen hell erkannt,
deine Kraft verherrlicht werden,
bis du als der Völker Friedefürst
herrschen wirst, herrschen wirst.

Karl Bernhard Garve

Ich werde alle zu mir ziehen ... damit sie alle eins seien ... damit die Welt erkenne, dass du mich gesandt und sie geliebt hast.

Johannes 12, 32.33; 17, 18–21

Der aus den Juden gekommene Heiland und Messias Jesus geht ans Kreuz für beide – für die Juden und alle Menschen. Dort zieht er sie alle zu sich ins Heil, öffnet ihnen allen den Weg zum Vater in das Reich Gottes (Joh. 12, 20–36; besonders V. 31–33). Und schließlich bittet er, der Sohn, den Vater vor seinem Aufstieg ans Kreuz, nicht nur für die Jünger aus den Juden, sondern auch für die, die später durch deren Mission unter den Nationen zum Glauben an ihn kommen würden. Nach Jesu Auferstehung und Himmelfahrt und nachdem sie dafür an Pfingsten die Kraft des Heiligen Geistes empfangen hatten, sind die Jünger dann auch von Jerusalem anfangend nach allen Richtungen gegangen und haben das Evangelium verkündigt. Was bittet nun Jesus den Vater weiter, sodass die Jünger es hörten? „Damit sie alle eins seien, wie du, Vater, in mir und ich in dir, damit auch sie in uns eins seien, damit die Welt glaube, dass du mich gesandt hast … dass sie in eins vollendet seien, damit die Welt erkenne, dass du mich gesandt und sie geliebt hast, weil du mich geliebt hast … ." (Joh. 17, 20–23). Was hat die Welt bis heute davon gesehen? Wie weit hatten und haben wir uns davon entfernt, was das Neue Testament als bleibende Aufgabe im Verhältnis von Juden und Christen gebietet und damit zugleich als Mission, als glaubwürdiges Zeugnis in der Welt? Jesus hat am Kreuz die trennende Wand zwischen beiden abgebrochen und aus beiden eins gemacht (Eph. 2, 11–22). Jedes andere Verhältnis zu dem Israel Gottes widerspricht der Kreuzestat Christi. Hier ist jeder persönlich gefordert und die Gemeinde Jesu insgesamt. Gottlob, es gibt erfreuliche Bemühungen dazu.

Du starbest selbst als Weizenkorn / und sankest in das Grab; / belebe denn, o Lebensborn, / die Welt, die Gott dir gab. / Send Boten aus in jedes Land, / dass bald dein Name werd bekannt, / dein Name voller Seligkeit. / Auch wir stehn dir zum Dienst bereit / in Kampf und Streit, zum Dienst in Kampf und Streit.

Felician Martin von Zaremba

Gott hat uns den Dienst der Versöhnung gegeben und in uns das Wort von der Versöhnung gelegt. **2. Kor. 5, 18–22**

Gerade nach dem Holocaust an den Juden im „christlichen Abendland“ ist sichtbar werdende Versöhnung, gewirkt durch Jesus Christus, gefordert. In Israel bedeutet das Zueinanderfinden von messianischen Juden und Arabern, die an Jesus glauben, ein starkes Zeugnis auf beiden Seiten. Und im nicht mehr „christlichen“ Deutschland bringt die Gemeinschaft von messianischen Juden und Christen, die an Jesus glauben, das Wort von der Versöhnung zur praktischen Erfahrung. Hier ist nach den Worten eines messianisch-jüdischen Evangelisten „ein auf der Basis von Golgatha vergebendes, liebendes Herz“ nötig und volles Vertrauen in die Kraft des biblischen Evangeliums zur Rettung der Juden und der Nationen (Röm. 1, 16, vgl. Apg.). Wir erfahren jedoch heute auch in Israel und ebenso in Deutschland, dass dieses zur Gemeinschaft beider Seiten führende Messiaszeugnis teilweise sowohl von offiziell-kirchlicher wie auch und besonders von orthodox-jüdischer Seite abgelehnt wird. Man sucht sogar messianische Juden als „Sekte“ auszugrenzen – wie es schon am Anfang geschah (Apg. 24, 5.14; 28, 22).

Hören wir dazu Ulrich Parzany: „Getroffen werden die Juden, die sich zu Jesus bekennen und die ihrem Volk Jesus als Messias und Retter bezeugen wollen. Wir haben nicht die Freiheit, ihnen die Gemeinschaft aufzukündigen. Sie sind unsere Brüder und Schwestern, die unsere Unterstützung in ihrem Leben und Dienst brauchen.“ Auch in unserer modernen Zeit, die stolz ist auf Religionsfreiheit und Toleranz, wird das Zeugnis von Jesus Christus nach der Schrift nach wie vor angefochten und von vielen verworfen. Dennoch nimmt die Zahl der Gläubigen unter den Nationen und in Israel ständig zu.

Schaue die Zertrennung an,
die kein Mensch sonst wehren kann;
sammle großer Menschenhirt,
alles, was sich hat verirrt.
Erbarm dich, Herr.
Johann Christian Nehring

Es ist kein Unterschied zwischen Jude und Grieche, denn jeder, der den Namen des Herrn anrufen wird, der wird errettet werden.
Römer 10, 12.13

„Juden-Mission“ oder Messiaszeugnis unter Juden? Damit hat sich Paulus bereits in Römer 9–11 befasst. Es geht ihm von ganzem Herzen darum, „dass sie errettet werden“ (Röm. 9, 1.2; 10, 1). Deshalb muss ihnen das Evangelium von Jesus nahe gebracht werden, dass er als ihr Messias für sie gestorben und auferstanden ist (Röm. 10, 6–13). Das ist Inhalt der Botschaft an die Juden genauso wie an die Nationen – von Jerusalem bis an das Ende der Erde und heute auch wieder in Israel. Es sind – wie am Anfang – die messianischen Juden selbst, die diesen Dienst an ihrem Volk tun. Der Glaube kommt aus der Verkündigung und die Verkündigung durch das Wort von Jesus Christus (V. 17). So geschieht es bei jedem, der den Namen des Herrn anruft.

„Komm, folge Jesus!“ Die angesprochene junge Jüdin antwortet empört: „Wozu brauche ich Jesus? Weißt du nicht, dass wir das auserwählte Volk sind? Damit stehen wir automatisch in Verbindung mit Gott. Und außerdem, nach all der Verfolgung, die wir im Namen Jesu erlebt haben, wie kann man da erwarten, dass ich ihm folge?“ Aber Jahre später las Susan Perlman ein Buch von Rabbi Leo Baeck (1873–1956), dass Jesus ein Jude unter Juden war und dass er aus keinem anderen Volk hervorkommen konnte. Schließlich begegnete Susan in New York einem Nicht-Juden; der sprach von einem Jesus, der der König Israels war, von einem Jesus, der nicht einer von vielen Wegen war, sondern „der Weg, der einzige Weg – Jesus, der Sünden vergeben konnte“. Susan erkannte schließlich die Wahrheit und bekennt heute, dass Jesus der Einzige ist, der sie zu einem „vollendeten Juden“, so wie Petrus oder Paulus es waren, machen konnte. Er ist ihr neu das Leben geworden nach Johannes 14, 6. Inzwischen hat sie viele gefunden, Juden und Nicht-Juden, die Jesus nachfolgen.

So mach uns stark im Mut, der dich bekennt,
dass unser Licht vor allen Menschen brennt!
Lass uns dich schaun im ewigen Advent!
Halleluja, Halleluja.

Anna Martina Gottschick

Die sich am Bund schuldig machen, wird er durch glatte Worte zum Abfall verleiten. Aber das Volk, das seinen Gott kennt, wird sich stark erweisen und entsprechend handeln. Daniel 11, 32

Die Erwartung des Messias gehört eindeutig zum jüdischen Glauben. „Ich glaube ... an den Messias glaube ich. Selbst wenn er länger auch zögert noch, an den Messias glaube ich doch ...“ So sangen sie selbst im Warschauer Ghetto. Die Bibel spricht davon. Auch im Talmud ist zu lesen: Der Messias werde kommen für die „Bußfertigen zu ihrer Erlösung, wenn Israel mit samt den Bewährten der Völker ganz umkehrt“. Durch Bedrängnisse werde Gott sie dazu bringen. Zum „messianischen Advent“ gehören die „Geburtswehen des Messias“. Jesus selbst deutet in seinen Endzeitreden die „Wehen der Geburt“ an (Matth. 24, 8). „Wo das Leiden am höchsten ist, da ist der Messias am nächsten“, ist eine alte jüdische Weisheit. Am Ende könnten „Presswehen“ ein „tierisches Aussehen“ haben. Da kündigt sich das „Tier aus dem Abgrund“, der Antichrist, an (vgl. Offb. 13). Er kann aber auch verführerische Lichtgestalt annehmen (2. Kor. 11, 14). Israels „Sünden“ sind nicht in erster Linie moralischer Art, sondern die „Gottlosigkeiten Jakobs“ (Röm. 11, 27) bestehen in der Ablehnung des Messias und der Auflehnung gegen Gott. Schuldig werden am Bund Gottes, sich zum Abfall verführen lassen, falschen Propheten und Messiassen folgen, das zeigt die Prophetie der Bibel als die endzeitliche Gefahr und warnt davor. Besonders Paulus weiß vorauszusagen, dass dieser Abfall vor dem Kommen des Messias aus Zion, vor der Wiederkunft Jesu Christi und der Errichtung seines Reiches erfolgen wird (2. Thess. 2). Das Daniel-Wort gilt Juden wie Christen: „Aber das Volk, das seinen Gott kennt, wird sich stark machen und entsprechend handeln.“

Mit dir, du starker Heiland du,
muss uns der Sieg gelingen;
wohl gilt's zu streiten immerzu,
bis einst wir dir lobsingen.
Nur Mut, die Stund ist nimmer weit,
da wir nach allem Kampf und Streit
die Lebenskron erringen.

Friedrich Oser

Wenn aber diese Dinge anfangen zu geschehen, so blickt auf und hebt euere Häupter empor, weil euere Erlösung naht.
Lukas 21, 28

Israel existiert weiter – durch fast zwei Jahrtausende bis in unsere Gegenwart. In dieser Zeit hatte das Land keine weltpolitische Bedeutung. Vorher hatte es diese, und heute wieder, da Israel wieder als Staat in seinem Land existiert. Diese Region ist zum endgeschichtlichen Spannungsfeld der Welt geworden – Israel inmitten islamischer Völker, zugespitzt im Kampf um Jerusalem. Wessen Hauptstadt ist die Stadt der drei Religionen? „Blickt auf! Euere Erlösung naht." Wovon spricht hier Jesus? Der Tempel ist zerstört. Zwei Moscheen stehen seit 1300 Jahren auf dem Tempelberg. Jerusalem ist „zertreten von den Nationen", international noch nicht als Hauptstadt Israels anerkannt. Wie lange noch? So lange, „bis die Zeiten der Nationen erfüllt sein werden" (Luk. 21, 24). Wann sind diese erfüllt? In seinen Endzeitreden spricht Jesus davon, dass das Evangelium auf der ganzen Erde, als Zeugnis für alle Völker, verkündigt werden muss (Matth. 24, 14; Mark. 13, 10). Dann wird die „Fülle der Nationen" erreicht und werden ihre Zeiten erfüllt sein. Jesus spricht in Lukas 21 auch noch vom „Feigenbaum", der im Frühjahr seine ersten Früchte, die „Frühfeigen" trägt. Dann ist es nicht mehr lange bis zur vollen Ernte. Und so verstehen sich die heute ständig zunehmenden messianischen Juden als die „Frühfeigen", die gewissermaßen die große Ernte im Herbst, am Ende der Zeit, ankündigen – die Rettung von „ganz Israel" durch den Retter aus Zion (Apg.1, 11; vgl. Israel als Feigenbaum in Joel 1, 7 und Luk. 21, 29–33). Der heutige messianisch-missionarische Aufbruch zielt auf die Erlösung durch den wiederkommenden Herrn und sein Reich.

Siege bald, siege bald!
Komm, das kalte Reich der Nacht
aller Enden zu zerstören!
Sieh, es sammelt seine Macht!
Doch wer kann den Sieg dir wehren?
Denn die Sonne der Gerechtigkeit
führt den Streit, führt den Streit.
Karl Bernhard Garve

Seid nicht bekümmert, denn die Freude am HERRN ist eure Stärke. **Nehemia 8, 10**

Der Name Nehemia bedeutet: „Gottestrost". Sein Leben ist ein Leben für Israel. Wir sehen dies zunächst in dreifacher Weise.

Nehemia ist besorgt um Israel. Er lebte in der Diaspora als hoher Beamter in Persien. Er hatte das Vertrauen des Königs. Aber seine Sorge galt seinem Volk und der Stadt Jerusalem. Ihm wird von deren Not berichtet: „Als ich das hörte, setzte ich mich nieder und weinte und trug Leid tagelang" (1, 4). Ähnliches lesen wir auch bei Paulus (Röm. 9, 1–5). Und wir?

Nehemia betet vor Gott für Israel. In Kapitel 1, 5–11 ist uns ein Gebet von ihm aufbewahrt. Im zweiten Kapitel wird uns Nehemia als Beter beschrieben: „Da sprach der König zu mir: ‚Was begehrst du denn?' Da betete ich zu dem Gott des Himmels" (V.4). Weitere Erwähnungen seines Betens finden wir 3, 36; 4, 3; 5, 19; 6, 9.14; 13, 14.22b.29.31b. Hinzu kommt noch das Bußgebet des Volkes im 9. Kapitel. Nehemia tritt als Beter für Israel neben Mose, Samuel, Jeremia und Paulus. Israel zu segnen ist das Vorrecht der Christen. Das tun sie vor allem im Gebet.

Nehemia erduldet die Feindschaft gegen Israel. Nehemia ist standhaft in allem wachsenden Widerstand und in aller Verführung, die er im Dienst für Israel erfährt. Die Feindschaft geht besonders von dem Statthalter von Samaria, Saneballat, und dem persischen Kommissar Tobia aus (6, 2). Sie können Nehemia nicht entmutigen, ja, er zieht einen klaren Trennungsstrich: „Der Gott des Himmels wird es uns gelingen lassen; denn wir, seine Knechte, haben uns aufgemacht und bauen wieder. Für euch gibt es keinen Anteil, kein Anrecht noch Gedenken in Jerusalem" (2, 20). Das Erdulden der Feindschaft sehen wir besonders beim Herrn Jesus: „Und die Pharisäer gingen hinaus und hielten alsbald einen Rat über ihn mit den Anhängern des Herodes, wie sie ihn umbrächten" (Mark. 3, 6). Auf ihn weist Nehemia hin.

Sei still zu Gott, der wunderbar zu sein / noch nicht vergessen hat. / Harr seiner fest und glaub's, dass er erschein / und zeige mit der Tat, / wie leicht ihm's ist, in allen Dingen / das Herrlichste noch zu vollbringen. / Sei still zu Gott! *Johann Christoph Blumhardt*

Seid nicht bekümmert, denn die Freude am HERRN ist eure Stärke. **Nehemia 8, 10**

Wir bekommen weitere Einblicke in Nehemias Leben und Dienst für Israel. Er arbeitet selbstverleugnend und getrost für Israel. Gebet, Mühe und Arbeit kennzeichnen sein Leben. Greifen wir einiges heraus:

Nehemia bittet vom König eine Freistellung für den Dienst in Jerusalem (2, 5). Er will sich für den Aufbau der Stadt einsetzen. Dazu scheut er kein Opfer. Drei Tage nach seiner Ankunft informierte er sich mit einigen Männern über den Zustand der Mauern Jerusalems. Dazu benutzen sie aus Vorsicht die Nacht (2, 12). Sein Aufruf: „Kommt, lasst uns die Mauern Jerusalems wieder aufbauen“ (2, 17) findet Echo. Welch eine Hingabe spricht aus den Worten Nehemias: „Aber ich und meine Brüder und meine Leute und die Wache, die mir folgte, wir zogen unsere Kleider nicht aus; ein jeder hatte seinen Spieß zur Rechten“ (4, 17), ebenso aus seinem selbstlosen Handeln: „Ich verzichtete für mich und meine Brüder auf meine Einkünfte als Statthalter“ (5, 14–18).

Nehemia erlebt die Tage der Erweckung in Israel. Es bleibt nicht beim äußeren Mauerbau. Es kommt zum geistlichen Erwachen. Das wird durch „das Buch des Gesetzes des Mose“ bewirkt (8, 1–18). Esra, der Schriftgelehrte, liest aus den fünf Büchern Mose und legt sie aus. „Alles Volk weinte, als sie die Worte des Gesetzes hörten“ (8, 9). Es war ein heiliger Tag Gottes. Die verborgenen Sünden des Volkes, die Versäumnisse gegenüber Gottes Gesetz, kamen ans Licht. Das waren 30 bis 50 000 Menschen. Nehemia spricht den Trost Gottes dem Volk zu: „Bekümmert euch nicht, denn die Freude am HERRN ist eure Stärke.“ Das Bekenntnis der Schuld führt zur Freude am Herrn. So wird der Herr auch unsere Stärke, Zufluchtstätte, Bergfeste. Die Freude am Herrn ist eine Freude an der Bibel, am Gebet und an der Gemeinschaft mit Gott im Namen Jesu.

Dein Wort lass mich bekennen / vor dieser argen Welt, / auch mich dein' Diener nennen, / nicht fürchten G'walt noch Geld, / das mich bald möcht verleiten / von deiner Wahrheit klar; / wollst mich auch nicht abschneiden / von der christlichen Schar. *Johann Kolrose*

... die Israeliten, denen die Kindschaft gehört und die Herrlichkeit und der Bund und das Gesetz und der Gottesdienst und die Verheissungen, denen auch die Väter gehören, und aus denen der Christus herkommt nach dem Fleisch ... Römer 9, 4.5

Der Apostel Paulus bezeichnete sich als Israeliten (Röm. 1, 1). Er, der das Evangelium so erfolgreich bei den Heiden verkündigte, blieb stolz auf seine jüdischen Stammesverwandten, obwohl sie schon damals mehrheitlich zerstreut unter den Heiden lebten und die Botschaft von dem Messias Jesus aus Nazareth abwiesen. Paulus aber glaubte unerschütterlich an die Erwählung Israels, die er durch die erwähnten großen, von Gott geschenkten Vorzüge dieses Volkes bestätigt sah. Ja, Paulus war dazu bereit für das Heil Israels das eigene Leben dahinzugeben und vom Messias getrennt zu sein (Röm. 9, 3). Er starb als Märtyrer 64 n. Chr. Rund 70 Jahre später erlitt der große Lehrer Rabbi Aqiba (geb. ca. 50 n. Chr.) einen grausamen Tod durch die Römer, weil er das Gesetz lehrte und den aufständischen Juden Bar Koseba als „Bar Kochba“ („Sternensohn“) und Messias gepriesen hatte. Ganz ähnlich wie vor ihm Paulus konnte auch Rabbi Aqiba die Vorzüge Israels rühmen. Dabei sprach er zuerst davon, dass ein jeder Mensch von Gott geliebt ist, der ihn nach seinem Bild geschaffen hat. Darüber hinaus wurde die Liebe Gottes zu Israel darin sichtbar, dass sie Kinder Gottes heißen (vgl. 5. Mose 14, 1) und dass sie das Gesetz erhielten, durch das die Welt geschaffen wurde (Sprüche der Väter, eine Sammlung von Aussprüchen hervorragender Toralehrer, 3, 14). Paulus hat in Jesus Christus den Mittler der Weltschöpfung (1. Kor. 8, 6) und in dessen leiblicher Herkunft aus Israel den letzten und größten Vorzug Israels gesehen (Röm. 9, 5).

Selig sind, die jene Tage erleben, um die Wohltaten zu sehen, die er für das kommende Geschlecht vollziehen wird, unter der Zuchtrute des Gesalbten des Herrn, in der Furcht seines Gottes, in der Weisheit des Geistes, der Gerechtigkeit und der Kraft.

Psalmen Salomos 18, 6.7

Du sollst den Herrn, deinen Gott, lieben von ganzem Herzen, von ganzer Seele und von ganzem Gemüte.

Matthäus 22, 37; vgl. 5. Mose 6, 5

Jesus hat dieses Bibelwort als das „höchste und größte Gebot" bezeichnet (Matth. 22, 38). Es gehört zum Sch'ma Israel („Höre Israel"), das die Juden abends und morgens als Mahnung und Bekenntnis zum alleinigen Gott feierlich aufsagen. Dazu legen sie Gebetskapseln an, in denen dieses „Höre Israel!" (5. Mose 6, 4–9) zusammen mit anderen Toraversen aufgeschrieben steht. Durch die Mischna, dem Gesetzbuch der Juden aus dem 2. Jahrhundert n. Chr., könnte man die recht allgemein und menschlich formulierte Zeitangabe für das Sch'ma („beim Sich-Schlafenlegen" und „beim Aufstehen") genauer festlegen. Wichtiger ist es, zu wissen, wie man Gott über alle Dinge lieben und das größte Gebot recht erfüllen kann. In der Gemeinderegel für die am Toten Meer wie Mönche lebenden Frommen heißt es am Anfang, man „solle Gott von ganzem Herzen und von ganzer Seele suchen". Solches Suchen war an das Gesetz gewiesen, in dem bei Tag und Nacht geforscht werden sollte. Gott zu lieben meint konkret, Gottes Willen zu erfragen und das Leben danach einzurichten. Die Rabbinen legten die Gottesliebe einzeln aus: Von „ganzem" Herzen meint mit ungeteiltem, nur auf Gott gerichteten Herzen; von ganzer Seele: auch wenn es die Seele, das Leben kostet; „von ganzem Gemüt" (auch „Vermögen"): selbst wenn die ganze Habe verloren geht. Mit diesen drei Grundsätzen der Gottesliebe wehrte Jesus den Versucher ab (Matth. 4, 1–11). Jesus hat neben dieses Gebot die Pflicht gestellt, den Nächsten zu lieben wie sich selbst (Matth. 22, 39, vgl. 3. Mose 19, 18). Im Alltag zwischen Morgen- und Abendgebet bewährt sich die Liebe zum einzigen, unsichtbaren Gott Israels, und im Dienst am Mitmenschen. Aus Liebe zum himmlischen Vater gab Jesus sein Leben als Lösegeld für die Vielen in den Tod (Mark. 10, 45).

Und jede Bitte einer Seele, die auf ihn hofft, wird der Herr erfüllen. Gepriesen sei der Herr, der Gnade übt an denen, die ihn wahrhaftig lieben.

Psalmen Salomos 6, 6

Da fing Petrus an und sagte zu Jesus: Siehe, wir haben alles verlassen und sind dir nachgefolgt. Markus 10, 28

Auf dieses große Opfer, auf den Aufbruch aus dem gesicherten Leben in Familie und Beruf, um Jesus nachzufolgen, konnten die Jünger gewiss stolz sein. Der reiche Jüngling, der die Gebote Gottes von Jugend auf gehalten hatte und den Jesus deshalb lieb gewann, scheiterte an der Zumutung: „Verkaufe alles, was du hast und gib's den Armen; dann komm und folge mir nach." Der junge Mann ging traurig davon, denn er hatte viele Güter (Mark. 10, 21.22). Auch die frommen Juden, die sich aus freiem Entschluss der Wüstengemeinde am Toten Meer anschließen wollten, mussten alles, was sie hatten, Gott gleichsam zum Opfer bringen: ihr ganzes Wissen, ihre körperliche Kraft und ihren ganzen Besitz. In der Gemeinde Gottes sollten alle diese Güter und Fähigkeiten durch die „Wahrheit der Gebote Gottes geläutert werden" (Gemeinderegel 1, 11.12). Diese Gemeinde stellte ein aus lebendigen Steinen, aus Menschen erbautes Heiligtum dar. Anstelle von tierischen Opfern brachte man in ihm das Lobopfer der Lippen und die Werke des Gesetzes dar. So wollte man Sühne schaffen für das von Sünden befleckte Land. Solcher ununterbrochene priesterliche Dienst erforderte Enthaltsamkeit. Mit dem Ruf: „Folge mir nach!" forderte Jesus ein ähnliches Opfer. Nicht der freiwillige Anschluss an eine viel bewunderte Gemeinschaft, sondern die Weisung eines ihnen unbekannten Mannes rief die Wendung im Leben der Jünger Jesu hervor. Ihr Glaube war gefordert, und zwar an einen Messias, der das Gottesvolk nicht etwa von seinen politischen Unterdrückern, sondern von seinen Sünden erlösen wird (Matth. 1, 21). Dieses von Gott gewiesene Werk war nur so zu vollbringen, dass der Menschensohn-Messias sein Leben als Lösegeld für die Vielen in den Tod gab (Mark. 10, 45).

Wenn der Tag eintritt und die Nacht, trete ich ein in Gottes Bund; sagen uns Abend und Morgen Lebewohl, sage ich seine Gebote auf. Und weil sie da sind, kann ich mir eine Begrenzung setzen, damit ich nicht wieder zurückweiche.

Gemeinderegel von Qumran 1 QS 10, 10

So frage ich nun: Hat denn Gott sein Volk verstoßen? Das sei ferne! Denn ich bin auch ein Israelit, vom Geschlecht Abrahams, aus dem Stamm Benjamin. Römer 11, 1

Der Apostel Paulus litt schwer darunter, dass das von Gott erwählte, mit geistlichen Gütern reich gesegnete Volk Israel das Evangelium von Jesus Christus abwies. So lange hatte es auf den Messias als Erlöser gewartet! Nun war er gekommen. Diese Absage konnte sich der Apostel nur so erklären, dass Gott selbst sein Volk verstockt und in den Ungehorsam eingeschlossen hatte (Röm. 11, 8.32). Aber das bedeutet keineswegs, dass Gott Israel verstoßen und für immer aufgegeben hätte. Bald wird die Wende kommen! Für diese seine feste Überzeugung bringt der Apostel hier ein merkwürdiges Argument: „Denn ich bin auch ein Israelit!" Paulus will sagen: Meine eigene Person und Lebensgeschichte zeigen am allerbesten, dass Gottes Güte und Geduld letztendlich über Unglauben und Verstockung den Sieg behalten. Gott hat ja dem Israeliten Saulus, dem Eiferer um das Gesetz und dem Verfolger der Gemeinde Jesu, die Augen geöffnet. Dieses Erlebnis brachte ihn zum Glauben. Paulus, der Israelit und Benjaminit, wusste: So wie ich wird auch das Volk Israel gerettet werden. Es gibt dann gleichsam ein Damaskusgeschehen großen Stils (Röm. 11, 26). Er schließt dann mit seinem Volk den Bund, der auf der Vergebung der Sünden beruht (Röm. 11, 27). Wie Paulus durch die Christusoffenbarung vor Damaskus zum Apostel der Heiden berufen wurde (Gal. 1, 16), so rechnet er mit einem missionarischen Dienst des für Christus gewonnenen Gottesvolkes. Hat Israels „Nein" zur Völkermission, zum Glauben vieler Heiden, zur „Versöhnung der Welt" geführt (Röm. 11, 11–13), so wird das „Ja", die Annahme Israels, „Leben aus den Toten" sein. Es erfüllt sich: Der Gottesknecht Israel wird zum Licht für die (noch nicht bekehrten) Völker (Jes. 42, 5; 49, 6; 66, 19).

Ich will Gott segnen, weil er so wunderbar handelt, und seine Macht will ich bedenken und auf seine Gnadenerweise mich stützen den ganzen Tag. Gemeinderegel von Qumran 1 QS 11, 16

Der HERR lasse sein Angesicht leuchten über dir und sei dir gnädig! 4. Mose 6, 25

Dieser bekannte Wunsch, der im Segen Aarons von den Priestern über dem Volk Israel feierlich verkündigt wurde, hören wir am Schluss des sonntäglichen Gottesdienstes. Er soll uns Trost und Hilfe sein in der neuen Woche. Gott, der König der Könige, möge uns huldvoll zugewandt sein, uns mit leuchtenden Augen ansehen.

In der von Priestern geleiteten Wüstengemeinde von Qumran hat man natürlich diesen Segenswunsch übernommen. Aber er wurde etwas verändert und erweitert. Der oben angeführte mittlere Segenswunsch wurde in Qumran so überliefert: „Er erleuchte dein Herz mit Einsicht des Lebens und sei dir gnädig mit ewigem Leben." Das Mitglied der Qumrangemeinde sollte den Segen so verstehen: Wenn Gott über dir sein Antlitz leuchten lässt, so will er, dass es in deinem Herzen hell werden möge. Seine Gnade wird darin sichtbar, dass er dir das ewige Leben schenkt. Das Gnadengeschenk des ewigen Lebens soll der Fromme in seinem rasch ablaufenden Leben sich stets vor Augen halten. Dazu braucht er die Erleuchtung seines Herzens, die Einsicht, die ihn den Weg in Gottes Ewigkeit finden lässt. Von diesem himmlischen Licht wurde auch der Pharisäer Saulus erfasst. Auf der Straße nach Damaskus hat ihn der Herr zum Apostel der Heiden berufen. Seitdem konnte er von dem hellen Schein sprechen, den Gott in unsere Herzen gibt, der uns erleuchtet und die Erkenntnis seiner Herrlichkeit schenkt (2. Kor. 4, 6). Aber der Apostel erkennt und empfängt dieses Licht von dem Angesicht Christi, durch dessen Tod uns das ewige Leben gegeben ist. Ja, er vergleicht dieses Licht dem Licht des ersten Schöpfungstages, das Gott aus der Finsternis hervorleuchten ließ (2. Kor. 4, 6), noch ehe Sonne, Mond und Sterne den Lauf von Tag und Nacht bestimmten.

Ich danke dir, Herr, denn erleuchtet hast du mein Antlitz für deinen Bund. Und wie die Morgenröte verlässlich das völlige Licht verheißt, so bist du mir erschienen mit hellem Schein.

Lieder der Qumrangemeinde 1QH 4, 5-6

Nun aber bleiben Glaube, Hoffnung, Liebe, diese drei, aber die Liebe ist die größte unter ihnen. 1. Korinther 13, 13

Dieser Vers soll über unserem Christsein leuchten. Solch eine Größe gab es auch im Judentum der neutestamentlichen Zeit. Denn die „Sprüche der Väter", die in der Mischna überliefert sind, bieten gleich am Anfang ein ähnlich klingendes Wort. Die Reihe eröffnet Simon der Gerechte: „Auf drei Dingen beruht die Welt: Auf dem Gesetz, auf dem Gottesdienst und auf dem Erweis von Liebestaten" (Aboth 1, 2). Simon nennt an erster Stelle das von Mose gegebene Gesetz. Dieses ordnet nach jüdischer Auffassung nicht nur das Leben des Volkes Israel, sondern wurde bei der Schöpfung von Gott gleichsam als Bauplan benützt. Die Thora garantiert die sinnvolle Ordnung der Welt und ermöglicht das Leben der Geschöpfe. Deshalb wird der Welt da am Besten gedient, wo man das Gesetz Gottes mit Liebe und Sorgfalt studiert. Dazu zeigen die „Sprüche der Väter" gleich zu Beginn, dass Mose auf dem Berg Sinai außer den in fünf Büchern schriftlich aufgezeichneten Weisungen auch eine diese erklärende mündliche Thora erhielt (Aboth 1, 1). An zweiter Stelle, gleichsam als Antwort auf die große Gabe des Gesetzes, wird der Gottesdienst genannt, den die Engel im Himmel und Israel im Tempel, in der Synagoge und im geistlichen Haus der Qumrangemeinde feierten. Als dritte Säule wird der Dienst am Mitmenschen genannt. Er soll von der Liebe geleitet am Not leidenden Nächsten sichtbar sein. Paulus hat die drei Säulen sicherlich gut gekannt und als Apostel Jesu Christi wohl kaum infrage gestellt. Aber dadurch, dass Gott seinen Sohn gesandt und für uns alle dahingegeben hat, treten neue Gaben hervor: Der Glaube an dieses Geschehen, die Hoffnung auf die zukünftige Vollendung bei der Wiederkunft des Herrn und die Liebe als seine Antwort auf die zuvorgekommene und unverdiente Liebe Gottes in Christus (Röm. 5, 4–8).

Sei uns gnädig, unser himmlischer Vater, und schenke uns Erkenntnis, die von dir ausgeht, sowie Verstand und Einsicht aus deinem Gesetz! Gesegnet seist du, Herr, der du gnädig Erkenntnis schenkst!

4. Bitte des Achtzehn-Bitten-Gebets

Selig sind die Friedfertigen; denn sie werden Gottes Kinder heißen.
Matthäus 5, 9

Eine Anmerkung lautet: „(Selig sind), die Frieden stiften." Der Dienst am Frieden wird zur Lebensaufgabe. Beides ist richtig: *Friedfertige* und *Friedenstifter.* Das zeigt auch ein Wort des Rabbi Hillel, eines Zeitgenossen Jesu, der als geduldiger und milde urteilender Ausleger des Gesetzes großes Ansehen genoss. Er sprach: „Werde ein Schüler Aarons, der den Frieden liebt und dem Frieden nachjagt" (Sprüche der Väter 2, 6). Aaron und seine Nachkommen waren Priester, die durch ihr Opfer im Tempel ihre Liebe zum Frieden erwiesen. Denn solche Opfer sollten Frieden schaffen, die Sünden sühnen und Gott gnädig stimmen (2. Mose 30, 10), vor allem am Großen Versöhnungstag (3. Mose 16). Wenn Hillel hier uns Aarons Schüler werden heißt, so sieht er in diesem nicht nur den Hohenpriester und Ahnherrn der Tempelpriester, sondern auch den Lehrer des Gotteswillens und „Boten des HERRN Zebaoth" (Mal. 2, 7). So war Aaron ein Friedenstifter, wie es ähnlich der Prophet Elia sein wird, der Väter und Söhne versöhnen soll (Mal. 3, 23–24). Nach den Rabbinen wird Elia dann auch alle Fragen in der Gesetzeslehre klären. Die Gemeinde von Qumran hat außer dem Messias aus dem Hause David auch einen Messias aus Aaron erwartet. Dieser wird als der endgültige Hohepriester im lebendigen Heiligtum und geistlichen Haus der Gemeinde walten, der vollkommene Lehrer des Gesetzes sein und der eigentliche Garant für einen ewig dauernden Frieden. Im Hebräerbrief wird Jesus als der Hohepriester im himmlischen Heiligtum dargestellt. Sein Priestertum ist „nach der Ordnung Melchisedeks" (Ps. 110, 4) zu verstehen, da er ja auch als König und Gottessohn zur Rechten des himmlischen Vaters thront. Er ist der Hohepriester, der sich selbst als Opfer für uns dargebracht und den Frieden erworben hat (vgl. Jes. 53, 5).

Setz deinen Frieden über Israel, dein Volk, und segne uns alle, wie du einen Einzigen segnest! Gesegnet seist du, Gott, der Frieden schafft!
18. Bitte des Achtzehn-Bitten-Gebets

Ich bin der Weinstock, ihr seid die Reben. Johannes 15, 5

Rabbi Hillel pflegte zu sagen: „Wenn ich nicht für mich bin, wer ist für mich? Und wenn ich für mich selbst bin, was bin ich? Und wenn nicht jetzt, wann dann?“ (Sprüche der Väter 1, 14). Diese eindringlichen Anfragen an das eigene Ich klingen zunächst befremdlich. Hillel war ja ein großer Lehrer, der die Menschen auf Gott und die Tora verwies und sie so aus dem Teufelskreis der Ichbezogenheit und des Zweifels herausführen konnte. Stand Hillel etwa der leidende Hiob vor Augen, dachte er an dessen leidige, nutzlos tröstende Freunde? Schon die zweite seiner Fragen schließt den radikalen Rückzug auf das eigene Ich im Grunde aus: Wenn ich für mich selbst bin, was bin ich? Damit will Hillel uns bedeuten: Ich wäre dann nichts, ich hätte mit solcher Selbstbezogenheit den Sinn des Lebens verfehlt, wenn ich nicht für andere da sein würde. So weit Hillel. Im Johannesevangelium erhebt Jesus den höchsten Anspruch: „Ich bin das Brot des Lebens, der wahre Weinstock ...“ Die Einmaligkeit und Größe seiner Sendung kommt in den unüberbietbaren „Ich-bin-Worten“ zum Ausdruck. Aber das große „Ich bin“ bedeutet immer zugleich das heilbringende „Für euch“. Sie bezeichnen das Leben, das Gott durch den Christus der abgefallenen, dem Tod verfallenen und doch von ihm geliebten Welt schenken will. Im heutigen Israel hört man manchmal die von politischer Ungeduld geprägte Parole: „Frieden jetzt! (*schalom achschab*).“ Für Jesus war dieses „Jetzt“ die von Gott bestimmte Stunde, vor allem die Stunde seines Todes, in der er Gott verherrlichen und uns mit ihm versöhnen sollte. Im Blick auf diese Stunde konnte er sagen: „Den Frieden lasse ich euch, meinen Frieden gebe ich euch“ (Joh. 14, 27; vgl. Jes. 53, 5). Am Abend des Auferstehungstages grüßte er die verängstigten und schuldbewussten Jünger: „Friede sei mit euch!“ (Joh. 20, 19.21). Gemeint ist der Friede mit Gott, die Versöhnung mit Gott durch den Sühnetod seines Sohnes (vgl. Röm. 5, 1.10).

Um unsrer Väter willen, die auf dich vertrauten und die du Leben schaffende Gebote gelehrt hast, sei du uns gnädig und lehre uns!
Benediktion II zum Morgengebet

Glaubt an Gott und glaubt an mich! Johannes 14, 1

In der hebräischen Bibel, im Judentum und auch bei Jesus (Matth. 5, 17) und Paulus (Röm. 7, 14) spielt das Gesetz Gottes eine entscheidende Rolle: Bei Tag und Nacht soll man es hersagen und bedenken (Jos. 1, 8; Ps. 1, 2) vor allem aber seine Gebote erfüllen (5. Mose 27, 26; vgl. Gal. 3, 10). Aber das Alte Testament bietet nicht nur Gottes Weisung zum rechten Leben sondern auch Worte, die zum Glauben an Gottes wunderbare Wege ermutigen. So hat einst Abraham der Verheißung Gottes geglaubt, Sarah werde trotz ihres hohen Alters ihm einen Sohn gebären, seine Nachkommen werden so zahlreich werden wie die Sterne am Firmament (1. Mose 15, 5.6); der Apostel Paulus hat in diesem Glaubensakt Abrahams das große Vorbild für den christlichen Glauben gesehen (Röm. 4, 3; Gal. 3, 6). Es gibt allerdings auch einen zwar nahe liegenden, aber doch falschen Glauben. Rabbi Hillel, der in der Zeit Jesu lehrte, konnte sagen: „Glaube nicht an dich selbst bis zu deinem Todestag! Richte deinen Nächsten nicht, bevor du dich in seine Lage versetzt hast!“ (Sprüche der Väter 2, 5). In seiner Bibel fand der weise Hillel solch eine Warnung nicht. Aber offensichtlich hielt er sie für durchaus zeit- und standesgemäß. Denn gerade der damals hoch angesehene Eifer um das Gesetz konnte zu Selbstsicherheit, Selbstruhm und zu ungerechtem Dichten führen. Paulus hat das selbst von seiner pharisäischen Vergangenheit bekannt; der Glaube an sich selbst hat ihn auch zum Verfolger der christlichen Gemeinde gemacht (Gal. 1, 13.14; Phil 3, 5.6). Erst das Damaskuserlebnis mit der Erscheinung des erhöhten Christus und Gottessohnes hat ihn vom Vertrauen auf die eigene Leistung befreit; zum Glauben an Jesus, den Davidssohn und Gottessohn geführt und zum Boten des Evangeliums vom Kreuz gemacht.

Herr, bringe uns zurück zu dir, so wollen wir umkehren! Erneure unsre Tage, wie sie ehedem waren! Gepriesen seist du, Herrn, der du an der Umkehr Wohlgefallen hast!

5. Bitte des Achtzehn-Bitten-Gebets; vgl. Klag. 5, 21

Wo euer Schatz ist, da ist euer Herz. **Matthäus 6, 25**

Rabbi Hillel sagte: „Viele Güter, viele Sorgen ... viel Thorastudium, viel Leben ... viel Almosengeben, viel Heil.“ (Sprüche der Väter 2, 8)

Vom jungen Hillel wird erzählt, er sei arm, aber sehr lernbegierig gewesen. Als er einmal ins Lehrhaus gehen wollte, um den weisen Männern zuzuhören, habe er nicht einmal den Pfennig für den Türhüter in der Tasche gehabt. Weil er sich schämte, kletterte er auf das Dach des Lehrhauses und beugte sich dort über die Öffnung, die den Lehrern Licht gab. Als es drinnen immer dunkler wurde, sah man schließlich droben nach und fand den jungen Mann von Schnee bedeckt und steif vor Kälte über der Fensteröffnung liegen; selbstvergessen hatte er der Diskussion der Weisen zugehört. Aus den Evangelien kennen wir die Geschichte von einem jungen Mann, der anders als der junge Hillel sehr begütert war, aber wie dieser die Weisheit großer Lehrer brauchte. Er kam zu Jesus mit der Frage: „Was muss ich tun, damit ich das ewige Leben erwerbe?“ (Matth. 19, 16). Auch Jesus wies ihn auf das Tun der Gebote, das die Tür zum Leben öffnet (Matth. 19, 18.19; vgl. 5. Mose 28; 3. Mose 18, 5). Der junge Mann konnte versichern, er habe die Gebote alle gehalten. Jesus erkannte, dass diesen liebenswerten jungen Mann nicht nur die Sorge um das ewige Heil, sondern auch die Sorge um seine vielen Güter umtrieb. Aber den Rat Jesu, seine Habe zu verkaufen und den Armen zu geben, sich einen Schatz im Himmel zu erwerben und in der neu gewonnenen Freiheit Jesus nachzufolgen, konnte er nicht annehmen; traurig ging er von Jesus weg (V. 21.22). Auch uns gilt Hillels Wort: „Viele Güter, viele Sorgen“. Beherzigen wir die Lektion, die uns die Lilien auf dem Feld und die sorglosen Vögel erteilen (Matth. 6, 26–28)?

Segne für uns, Herr, dieses Jahr zum Guten in allen Arten seines Ertrags! Und bringe eilends nah das Jahr unsrer Erlösung! Gib Tau und Regen auf das Angesicht der Erde. Mach satt die Welt aus deinen Vorratskammern, die des Guten voll sind!

9. Bitte des Achtzehn-Bitten-Gebets

Maria hat das gute Teil erwählt; das soll nicht von ihr genommen werden! Lukas 10, 42

In biblischer Sicht verläuft das Leben eines jeden Menschen dem Los entsprechend, das ihm von Gott beschieden ist. Dankbar bekannte der Psalmist: „Der HERR ist mein Gut und mein Teil! Das Los ist mir gefallen aufs lieblichste!“ (Ps. 16, 5.6). Dabei blieb er auch in Not und Gefahr: „Wenn mir auch Leib und Seele verschmachtet, so bist du doch, Gott, allezeit meines Herzens Trost und mein Teil“ (Ps. 73, 26). Als das Volk mit Gottes Hilfe das verheißene Land Kanaan gewonnen hatte, teilte Josua jedem Stamm einen bestimmten Teil davon zu, und zwar durch Loswurf (Jos. 16, 1; 17, 1; 19, 1). Gott selbst sollte entscheiden, weil er der Herr des Landes war. Ohne Land blieb der priesterliche Stamm Levi, der einen Teil der Opfergaben für das Heiligtum erhielt (Jos. 14, 3–5; vgl. Hes. 44, 15.16). Gott war sein Teil.

In der Wüstengemeinde von Qumran wurde zwischen dem Los der „Kinder des Lichts“ und dem der „Kinder der Finsternis“ unterschieden. Ein jeder schätzte sich glücklich, dass er nach Gottes Ratschluss ein Kind des Lichtes war und Anteil am „Haus der Thora“ hatte (Damaskusschrift 8, 33.36). Die Rabbinen sprachen vom Losanteil Israels an der „kommenden Welt“ des Heils (Mischna Sanhedrin 10, 1). Aber auch in der Gegenwart kann man glücklich sein: „Wer ist reich? Der sich an seinem Losanteil freut“ (Rabbi Ben Zoma, Sprüche der Väter 4, 1). Als Jesus mit seinen Jüngern nach Bethanien kam, empfing ihn Martha, die als „Herrin“ (so ihr Name aramäisch: *maretha*) des Hauses ihre Gäste selbst bediente (Luk. 10, 38–42). Ihre jüngere Schwester Maria hörte Jesus zu. Als Martha protestierte, urteilte Jesus: „Maria hat das gute Teil erwählt; das soll nicht von ihr genommen werden.“ Maria hat Jesus als ihr Los erwählt, und das bedeutet Teilhaben an seinem die Sünde sühnenden Tod.

Herr, gib guten Lohn allen, die auf deinen Namen wahrhaftig trauen, und setze unsren Losanteil mit ihnen fest für immer.
13. Bitte des Achtzehn-Bitten-Gebets

Habe deine Lust an dem HERRN; er wird dir geben, was dein Herz begehrt. **Psalm 37, 4**

In der Kirche von Bad Teinach steht dieser Vers auf der „Kabbalistischen Lehrtafel“, welche die „Weiland württembergische Prinzessin Antonia“ 1673 dort aufstellen ließ. Oben auf der Vorderseite dieser Tafel findet sich dieses Psalmwort in hebräischer Sprache und Schrift. Es schließt mit der Zahl 2005. Im Hebräischen werden die Zahlen 1–9, 10–90, 100–400 jeweils durch einen der 22 Buchstaben des Alphabets bezeichnet. Der Zahlenwert des Verses Psalm 37, 4 beträgt 2005. Auch ihren Namen und Stand ließ die Prinzessin auf Hebräisch anbringen: „Antonia, Fürstin, in Württemberg und Teck“. Das ergibt im Hebräischen 2005! Darin sah sie eine Fügung Gottes. Psalm 37, 4 sollte gerade in ihrem Leben erfüllt und veranschaulicht werden. Ihre Lust am Herrn und die Erfüllung ihrer Herzenswünsche fand sie darin, dass sie das Walten Gottes, wie es die Bibel lehrt und auch das Buch der Natur uns beibringen kann, mit großer Liebe und Hingabe zu ergründen suchte. Mit ihrer Liebe zur hebräischen Sprache und zur jüdischen Mystik trat sie das Erbe des großen Gelehrten Johannes Reuchlin (1455–1522) an. Dieser in Pforzheim und Stuttgart wirkende Humanist hatte eine hebräische Grammatik verfasst und sich tapfer der Verbrennung jüdischer Schriften widersetzt. Wie bei Reuchlin, so führte auch bei ihr die Liebe zum Hebräischen und zu jüdischer Frömmigkeit keineswegs dazu, den Glauben an Jesus Christus aufzugeben, im Gegenteil. Diese Kenntnisse bestätigten und bereicherten ihr Wissen von Gottes Wirken in der Geschichte des alten Israel. Sie wurden durch Friedrich Christoph Oetinger (1702–1782), Philipp Matthäus Hahn (1739–1790) und Johann Michael Hahn (1758–1819) wach gehalten.

Ich danke dem HERRN von ganzem Herzen im Rate der Frommen und der Gemeinde. Groß sind die Werke des HERRN; wer sie erforscht, der hat Freude daran. *Ps. 111, 1.2*

Der wird groß sein und Sohn des Höchsten genannt werden; und Gott der Herr wird ihm den Thron seines Vaters David geben und er wird über das Haus Jakob in Ewigkeit herrschen, und seines Königtums wird kein Ende sein. Lukas 1, 32.33

Warum ist dieses Gespräch zwischen dem Verkündigungsengel Gabriel und der Jungfrau Maria aus dem Bewusstsein der Gemeinde verschwunden? Allenfalls in der Kunstgeschichte ist es zu entdecken. Aber der große Gott der Bibel, „der Höchste" (1. Mose 14, 18; 5. Mose 32, 8 u. a.) hat doch einen großen Sohn! Und den gilt es in seiner Größe zu entdecken. Worin besteht die Größe Jesu? Jesus erhält den Thron seines Vaters David. Denn von der menschlichen Seite her ist David sein Vater, weil Josef Davidide ist. Auch Maria ist durch ihre Heirat ein Mitglied der Davidssippe (Matth. 1, 16). Ein Davidssohn musste der Messias nach den Weissagungen des Alten Testaments sein (2. Sam. 7, 12–16; Ps. 89, 1–38). Gleichzeitig sagt die Bibel, dass er der Sohn Gottes ist (Ps. 2, 7; 89, 27.28; vgl. Matth. 11, 25–27; 22, 41–46). Zugleich soll Jesus den Thron seines Vorvaters David einnehmen. Zu dessen Regentschaft zählten Edom, Moab, Ammon, Philistäa, Syrien und ein Teil Arabiens. Aber alle diese heidnischen Völker werden nicht in seinem Titel erwähnt. Stattdessen wird hervorgehoben, dass David König über das Haus Jakob ist. So soll auch Jesus über das auserwählte Volk Israel herrschen (2. Sam. 7, 12–16). Wir staunen über diese große Verheißung, die Jesus gilt. Als Davidssohn (2. Sam. 7, 13), Menschensohn (Dan. 7, 13) und wunderbar geborenem Messias (Jes. 9, 5.6) wird ihm die Herrschaft, das Königtum, zugesagt und gegeben! Ohne Ende ist die Verbindung Jesu zu seinem auserwählten Volk Israel. Zur Messiaswürde Jesu gehört unauflöslich die Regentschaft über Israel. In der Kraft des Höchsten (Luk. 1, 35) steht dieser große Sohn Davids; und in dieser Geistsalbung wird er auch einmal sichtbar seine ewige Regierung über Israel zeigen. Im Tausendjährigen Reich wird in Jerusalem sein Thronsitz sein (Jes. 24, 23; Jer. 3, 17).

Wunderbarer König, Herrscher von uns allen,
lass dir unser Lob gefallen.

Joachim Neander

Er gedenkt der Barmherzigkeit und hilft seinem Diener Israel auf, wie er geredet hat zu unseren Vätern Abraham und seinen Kindern in Ewigkeit. Lukas 1, 54.55

Das Erinnerungsvermögen Gottes ist ohne Vergleich! Er denkt an sein heiliges Wort (Ps. 105, 42), an die Schuld Israels (Hos. 8, 13; 9, 9), an seinen Bund (1. Mose 9, 15.16; Ps. 105, 8; Hes. 16, 60). Die Beter bitten ihn flehentlich, daran zu denken (2. Mose 32, 13; 5. Mose 9, 27; Ps. 74, 20; Jer. 14, 21). Gerade an seinen Bund mit Abraham denkt Gott (1. Mose 26, 3.4; 2. Mose 2, 24; 3. Mose 26, 42.45 u.a.).

Überschaut man die Geschichte Israels seit dem Patriarchen, so war oft das auserwählte Volk der zahlenmäßigen Übermacht und dem Vernichtungswillen seiner Feinde ausgesetzt. Aber auch durch ihre Abkehr von ihrem Gott, wollte dieser sie plagen (Sach. 8, 14). Doch durch alle Gerichte und politischen Bedrängnisse der Jahrhunderte überlebte das kleinste unter allen Völkern (5. Mose 7, 7). Warum? Maria betont in ihrem Lobgesang die Hilfe Gottes seinem Diener Israel gegenüber. Das Alte Testament zeigt uns viele Gelegenheiten, in denen sich Gott für Israel einsetzte: Jes. 63, 8.9 und Jer. 31, 20: „Nicht ein Engel und nicht ein Bote, sondern sein Angesicht half ihnen. Er erlöste sie, weil er sie liebte und Erbarmen mit ihnen hatte. Er nahm sie auf und trug sie allezeit von alters her"; „Ist nicht Ephraim mein teurer Sohn und mein liebes Kind? Denn sooft ich ihm auch drohe, muss, ich doch seiner gedenken; darum bricht mir mein Herz, dass ich mich seiner erbarmen muss, spricht der Herr." Israel verdankt also seine Existenz nur dem freien Willen Gottes! Der heilige Gott vollstreckte nicht seinen eigenen Vernichtungsbeschluss (2. Mose 32, 10; 5. Mose 9, 19; 4. Mose 14, 12), sondern er gedachte an seine Barmherzigkeit (Jer. 31, 20; Ps. 25, 6; 98, 3; 106, 4.7). Gottes Berufung gereut ihn nicht (Röm. 11, 29). Schauen wir Israel an, dann erkennen wir staunend und anbetend Gottes überwältigendes, teilnehmendes Mitleid, das unermesslich ist (vgl. Röm. 9, 16).

Erbarmung ist's und weiter nichts! *Philipp Friedrich Hiller*

Gelobt sei der Herr, der Gott Israels! Denn er hat besucht und erlöst sein Volk. **Lukas 1, 68**

Zacharias sagt Gott das Gute, das dieser getan hat. Auffallend ist, dass er dieselben Worte benutzt, die auch den ersten (Ps. 41, 14), zweiten (Ps. 72, 18) und vierten (Ps. 106, 48) hebräischen Psalterteil abschließen. Gott, der Herr *(Jahwe Elohim)* wird mit dem Volk Israel in besondere Beziehung gesetzt. Dabei wird der großen Vergangenheit und der großen Zukunft gedacht.

Gott kündigt seinen Besuch in seinem Volk an: der sterbende Josef spricht vom zukünftigen Auszug aus Ägypten (1. Mose 50, 5.25), Gott selbst kommt zu seinem Volk herab (2. Mose 3, 8), Jeremia (29, 10) und Zefanja (2, 7) prophezeien das Ende des babylonischen Exils. Auch die Aufnahme der Heiden zum Volk Gottes wird als dessen gnädige Heimsuchung gewertet (Apg. 15,14). Aber Gottes Besuch ist oft auch eine Heimsuchung im Gericht (2. Mose 20, 5; 32, 34; Ps. 89, 33; Jer. 14, 10). Das hat nicht nur Jerusalem (Jer. 6, 6.15) und Jakob (Hos. 12, 3), sondern auch Ägypten (Jer. 44, 13), Tyrus (Jes. 23, 17), Babel (Jer. 25, 12; 51, 44), ja selbst das Heer der Höhe (Jes. 24, 21.22) erleben müssen.

Zacharias betont jedoch in seinem Lobgesang die Heimsuchung Gottes zu seinem Volk, um ihm Erlösung zu bereiten. Es ist die herzliche Barmherzigkeit Gottes, die sich als aufgehendes Licht aus der Höhe (Luk. 1, 78) zeigt. In Jesus Christus blickt Gott in wohlmeinender Absicht auf sein Volk Israel. In seinem einzigen Sohn kommt er zu seinem schmachtenden Volk (Matth. 9, 36). Diese Herablassung in der Menschwerdung Jesu ist der unüberbietbare Höhepunkt der Liebe Gottes. Sie führt zum Sühnetod Jesu am Kreuz. Das ist Gottes Erlösung (Gal. 3, 13; 4, 5). Gleichzeitig fällt auch der Blick auf Jesu „letzten Besuch Israels“ als dessen machtvoller Erlöser in der Endzeit (Sach. 12, 10).

O Liebe ohne Schranken
in Gottes Heilsgedanken,
der Sohn erscheint als Mensch in unsrer Niedrigkeit;
als Kindlein liegt im Stalle der Herrscher über alle.
O Liebe, sei gelobt in alle Ewigkeit!

Theodore Monod

Denn euch ist heute der Heiland geboren, welcher ist Christus, der Herr, in der Stadt Davids. Lukas 2, 11

Große Freude will das Weihnachtsevangelium von Gott dem Retter auslösen. Gott wird als Retter, als Heiland, in der Geschichte Israels angerufen (Ps. 17, 7; 38, 23 u. a.). Ja, Gott stellt sich als Retter (2. Mose 3, 7), als Retter Israels vor (Jes. 43, 11). Stets erkannte er die tiefere innere Not seines Volkes und antwortete immer wieder auf ihr Schreien. Das Alte Testament ist Verheißung und Erwartung des Welterlösers. Nun ist Christus erschienen. Die Fülle der Zeiten ist da und Gott sendet seinen Sohn (Gal. 4, 4). Die Hoffnung der zwölf Stämme Israels erfüllt sich (Apg. 26, 7). Das war auch für die Hirten gute Nachricht. Denn für jeden Juden war es verständlich, was der Engel feierlich heroldete. Mit der Bezeichnung „in der Stadt Davids" konnten die Hirten einfach wichtige Stationen im Leben ihres großen Königs David verbinden: Hier in Bethlehem (1. Sam. 20, 6) war er geboren. Hier hütete er auch die Schafe seines Vaters (1. Sam. 17, 15). Seine Familie feierte hier ein jährliches Opferfest (1. Sam. 20, 6). Es verlangte ihn nach dem Wasser aus dem Brunnen dieser Stadt (2. Sam. 23, 15.16). Gleichzeitig klangen die messianischen Verheißungen an, die David für seinen Sohn gegeben waren. In dieser Stadt nun sollte der Nachfolger geboren sein.

Große Bezeichnungen werden dem geborenen Kind, das der Sohn Davids ist, gegeben. Da ist es ganz verständlich, dass ein Engel vom Himmel dies verkündigen muss: Er ist Retter. In der Grundsprache fehlt der Artikel. Er ist Retter im selben Sinn wie Gott (Jes. 45, 15.21; Luk. 1, 47; Hab. 3, 18). Er ist der Retter von Sünden (Luk. 1, 77). Das ist auch sein Name (Matth. 1, 21). Dieses geborene Kind ist auch „Christus" und „Herr" (Ps. 110, 1; Micha 5, 1). Auch der Apostel Petrus benutzt in seiner Pfingstpredigt diese beiden Titel zusammen (Apg. 2, 36). Jesus ist Retter, Christus und Herr. Das ist frohe Botschaft für Israel und uns!

O freudenreicher Tag,
o gnadenreicher Tag.
Dies Kind ist Gottes Sohn,
kommen vom höchsten Thron.

Und siehe, ein Mann war in Jerusalem, mit Namen Simeon; und dieser Mann war fromm und gottesfürchtig und wartete auf den Trost Israels, und der heilige Geist war mit ihm. Lukas 2, 25

Die Geschichte des Simeon wird mit dem kleinen Wort „siehe“ eingeleitet. Er wird uns vorgestellt gerade als „ein Mann in Jerusalem“. Er bekleidete kein besonderes Amt, etwa als Priester. Aber wie Zacharias und Elisabeth (Luk. 1, 6) und andere (Apg. 2, 5; 8, 2; 22, 12) war er fromm und gottesfürchtig. „Er wartete auf den Trost Israels.“ In der geistlichen Dunkelheit, im Niedergang und der Verzweiflung gab es Männer und Frauen (Maria, Elisabeth, Hanna), die sich in Gott freuten und den Trost Israels erwarteten (Luk. 2, 38).

Diese frommen und gottesfürchtigen Personen lebten ganz in den Verheißungen, die Gott Israel gegeben hatte. Gottes Zusagen seiner Hilfe, seines Friedens und der Freude führten sie innerlich dahin, das messianische Zeitalter zu erwarten. Gerade der Prophet Jesaja spricht intensiv von dem Messias und dem Trost, den er seinem erwählten Volk Israel mit seinem Kommen bringen wird (Jes. 7, 14; 9, 1–7; 11, 1–10; 40, 1–11; 49, 8–13; 51, 1–6.12–16; 52, 13–55, 13; 60, 1–3; 61; 66, 13).

Simeon nahm die Zusagen Gottes ganz ernst. Diese deutlichen Worte waren für ihn ein helles Licht an einem dunklen Ort (2. Petr. 1, 19). Durch Gottes Geist geleitet ließ er sich nicht gefangen nehmen von den aktuellen Nöten seiner Zeit, sondern sah auf den Unsichtbaren (2. Kor. 4, 18; Hebr. 11, 27). Er wusste: „Was Gott verheißt, das kann er auch tun“ (Röm. 4, 21). Gottes Trostwort sagt uns, dass die Hilfe vor der Tür steht. Einst erlöste Gott sein Volk (z. B. aus der babylonischen Gefangenschaft; Esra 2) und er wird es umfassend erlösen, wenn der Messias kommt (Sach. 8–14)

Bald wird er Herr erscheinen
und uns mit ihm vereinen;
dann herrschen wir mit ihm in seiner Herrlichkeit.
Mit Thronen und mit Kronen
wird er die Seinen lohnen.
O Liebe, sei gelobt in alle Ewigkeit!
Theodore Monod

Hanna trat auch hinzu zu derselben Stunde und pries Gott und redete von ihm zu allen, die auf die Erlösung Jerusalems warteten.
Lukas 2, 38

Jerusalem war die Stadt des Heilsgeschehens und zugleich der Ort, an dem man Gottes Kommen erwartete (Apg. 1, 11; Röm. 11, 26). Auch wenn Hanna zu den sogenannten „verlorenen Stämmen" (Asser) gehörte (aber auch: 2. Chron. 30, 11), erkannte sie doch deutlich Gottes Stunde in einer dunklen Zeit und teilte dies anderen Männern und Frauen mit (5. Mose 18, 18). Diese Personen lebten im Glauben und nicht im Schauen (2. Kor. 5, 7). Sie wurden nicht weggezogen durch Verweltlichung, Formalismus und Selbstgerechtigkeit. Sie wurden auch nicht angesteckt durch fleischliche Erwartungen an einen Messias. Für sie stand es auch fest, dass der kommende Erlöser Heiligkeit und Gerechtigkeit bringen würde. Hanna eilte vermutlich vom Tempelvorhof der Frauen zu Simeon, der das Jesuskind in seinen Armen hielt und seine bekannten Worte sagte: „Herr, nun lässt du deinen Diener in Frieden fahren, wie du gesagt hast; denn meine Augen haben deinen Heiland gesehen ..." (Luk. 2, 29.30). Auch sie kann nicht schweigen. Im kleinen Kind erkennt sie den Messias. Dabei war dieser ganzen Gruppe um Hanna und Simeon eines völlig klar, was wir heute neu sehen sollen: Zur Erlösung muss stets ein Preis bezahlt werden (Jes. 1, 27)! Nun sahen Hanna und die anderen schon in diesem kleinen Kind Jesus den großen Erlöser! Dieser würde Jerusalem das Lösegeld bezahlen. Dem Einsatz an Macht wird deutlich widersprochen. Denn alle menschliche Natur und somit auch Jerusalem befindet sich in der Knechtschaft der Sünde (Röm. 3, 9). Für diese geistlich denkenden Juden war es eine große Wirklichkeit, dass Erlösung nur durch Opfer und Blut geschieht (3. Mose 16; Hebr. 9, 22).

Jerusalems Erlösung ist Jerusalems Trost (vgl. V. 25). Denn seine Befreiung von Sünde geschieht durch den Retter Jesus Christus. Er hat das Gericht erduldet und eine ewige Erlösung erworben!

Ich weiß sonst nichts zu sagen, / als dass ein Bürge kam, / der meine Schuld getragen, / die Rechnung auf sich nahm / und sie so völlig hingezählt, / dass von der ganzen Menge / auch nicht ein Heller fehlt.
Ernst Gottlieb Woltersdorf

Der Geist des Herrn ist auf mir, weil er mich gesalbt hat, zu verkündigen das Evangelium den Armen; er hat mich gesandt, zu predigen den Gefangenen, dass sie frei sein sollen, und den Blinden, dass sie sehen sollen, und den Zerschlagenen, dass sie frei und ledig sein sollen, zu verkündigen das Gnadenjahr des Herrn.

Lukas 4, 18.19

Jesus ging regelmäßig in die Synagoge in Nazareth (V. 16). An jenem Sabbat meldete er sich zu Wort und ihm wurde die Schriftrolle des Jesaja gegeben (V. 17.20) und er las Jesaja 61, 1.2. Anhand der Geschichte Israels (1. Kön. 17, 9–24; 2. Kön. 5, 9–14) zeigte Jesus, dass Gott, anders als sie es dachten, handelt (V. 24–27). In der Kraft des Heiligen Geistes verkündigte Jesus das Gnadenjahr Gottes. Dabei liegt zugrunde die Wirklichkeit des Erlassjahres, das 50. Jahr. Nach 3. Mose 25, 8.9 musste die Posaune ertönen und Freiheit im ganzen Land ausgerufen werden. Diese alttestamentliche Handlung ist ein Symbol des messianischen Zeitalters.

Als Jesus diesen Schriftabschnitt (Jes. 61, 1.2) in Nazareth las, wusste jeder anwesende Jude, dass er sich auf den kommenden Messias bezog. Jesus zeigte damit, dass er der Messias sei. So erfüllte sich durch ihn in jenen Tagen, dass die Armen gute Nachricht empfingen (Luk. 6, 20; 12, 32), Gefangene der Sünde und Satans wurden frei (Luk. 13, 16; Joh. 8, 31.32), Blinden wurde das Augenlicht geschenkt (Luk. 7, 21.22), Bedrückte erhielten Friede (Matth. 11, 28.29; Joh. 7, 37).

So erfüllte sich damals für alle Gläubigen in Israel das Gnadenjahr des Herrn (Luk. 7, 22; 10, 24). Bald wird der Herr Jesus erneut kommen. Dann erlebt das getröstete Gottesvolk im umfassenden Sinn das Gnadenjahr des Herrn.

Gnade, die Jesus uns zugewandt,
die unsre Schuld und Sünde bedeckt,
strömet von Golgatha weit ins Land,
dort hat dein Heiland den Tod geschmeckt.
Gnade, Gnade, Gnade vergibt dir und reinigt dich,
Gottes Gnade bringt die Errettung für dich und mich.

J. H. Johnston

Und als er nahe hinzukam, sah er die Stadt und weinte über sie.
Lukas 19, 41

Der Herr Jesus konnte die Stadt mit seinem Tempel sehen: Es soll Jerusalem „meine höchste Freude sein“ (Ps. 137, 6; 48, 2.12–14). Als aber damals diese Stadt sich so vor dem Herrn erstreckte, erblickte das prophetische Auge Jesu den zukünftigen Zustand Jerusalems. Das schmerzte ihn so sehr, dass er in Tränen ausbrach und über diese Stadt wehklagte (V. 42–44; vgl. Luk. 11, 47–51; 13, 3–35). Denn er wusste, dass die Menschen, die ihm kürzlich noch mit Worten als König huldigten (Luk. 19, 38), in wenigen Tagen für seinen Tod einträten (Luk. 23, 21). Dennoch trug der Herr Jesus großes Mitleid über Jerusalem. Er weinte über sie. – Davon sollen wir lernen: Wir wissen nur wenig über wahres Christsein, wenn wir keine tiefe Betroffenheit über unbekehrte Personen haben. Eine träge Gleichgültigkeit über den geistlichen Zustand anderer mag uns zwar manchen Ärger ersparen. Aber dann sind wir anders als Jesus. Wenn Jesus zart und Anteil nehmend über sündhafte Personen dachte, dann sollten wir als seine Jünger genauso fühlen, denken und reden.

Auch hinsichtlich Jerusalem sollten wir diese Haltung Jesu heute einnehmen. Können wir heute über Jerusalem weinen?

„Aber nun ist’s vor deinen Augen verborgen“ (V. 42). Was Jesus hier exakt voraussah und voraussagte, erfüllten die Römer im Jahr 70 n. Chr. in allen schrecklichen Einzelheiten.

Der eigentliche göttliche Grund für die Zerstörung Jerusalems war die geistliche Blindheit gegenüber Jesus. Sie wollten diese einzigartige und gnädige Heimsuchung Gottes in der Person seines Sohnes (Matth. 21, 37) nicht wahrhaben. Sie ließen eine 40-jährige Gnadenzeit nach der Kreuzigung ungenützt verstreichen. Das war ihre Schuld, die diese schlimmen Konsequenzen nach sich zog. „Irret euch nicht! Gott lässt sich nicht spotten. Denn was der Mensch sät, das wird er ernten“ (Gal. 6, 7).

Die Seelen sind übel daran,
in welchen sich Jesus nicht kann
nach seinem Begehren
vollkommen verklären,
obwohl sie auch schon
Gott kennen im Sohn.
Johann Michael Hahn

Wenn aber dieses anfängt zu geschehen, dann seht auf und erhebt eure Häupter, weil sich eure Erlösung naht. Lukas 21, 28

Die Dinge, die in den Versen 25.26 genannt sind, erfüllen die Herzen und Gedanken mit Angst. Die kosmischen Veränderungen und auch die in Jerusalem (V. 24) werden die Gläubigen zum starken Aufhorchen bringen. Doch für die Nachfolger Christi, die zu diesem Zeitpunkt auf der Erde leben, deuten sie eine ungeheure Befreiung an, denn die Tage ihrer Leiden werden bald vorbei sein. Sie wissen, dass die letzte Trübsal nur von kurzer Dauer sein wird (Matth. 24, 22; Offb. 11, 9–11; 20, 3). Bald und rechtzeitig folgt die herrliche Wiederkunft Jesu. Mit diesem Kommen Jesu wird die Erlösung der Christen verbunden sein. Das ist die Errettung, die ihnen schon durch den Tod Jesu geschenkt ist (Gal. 5, 1). Zusammen mit den schon verstorbenen Christen, sollen die zu diesem Zeitpunkt auf der Erde noch lebenden Christen vereinigt und zu Jesus hin entrückt werden (1. Thess. 4, 17). Dann werden sie alle im Besitz der ganzen Rettung sein, zur Ehre Gottes.

„Fürchtet euch nicht, steht fest und seht zu, was für ein Heil der HERR an euch tun wird" (2. Mose 14, 13) hatte schon Israel beim Zurücklassen seiner bisherigen Umgebung gehört. Nun sollen auch Jesu Jünger bei jedem Zeichen und Anhaltspunkt der Letztzeit (Matth. 24, 4–14) aufsehen. Wir können und sollen diese Worte Jesu auch heute auf uns anwenden, denn die Zeichen sind da. Andere mögen klagen und verzagt sein. Doch die Christen damals und heute sollen und brauchen es so nicht sein. Denn ihre letzte Erlösung kommt immer näher. Ihre Befreiung kommt, denn das Lösegeld ist bezahlt. Genauso kommt ihre Befreiung von allem Leiden, Drangsal und Ähnlichem (Röm. 8, 23; Eph. 1, 14). Sie sollen dasselbe fühlen wie ein Gefangener, wenn er feststellt, dass seine Zelle aufgeschlossen wird und er in die Freiheit geführt wird.

Jesu, unterrichte mich,
mich in Zeit und Welt zu schicken,
dass bei allem Vorfall ich
kann nach der Erlösung blicken;
führe mich durch diese Welt
unbefleckt durch, bis sie fällt.
Philipp Friedrich Hiller

Und er sagte ihnen ein Gleichnis: Seht den Feigenbaum und alle Bäume an: wenn sie jetzt ausschlagen und ihr seht es, so wisst ihr selber, dass jetzt der Sommer nahe ist. So auch ihr. Wenn ihr seht, dass dies alles geschieht, so wisst, dass das Reich Gottes nahe ist.

Lukas 21, 29–31

Der Feigenbaum ist immer wieder ein Bild für Israel (Hos. 9, 10; Joel 1, 7; Matth. 21, 18–22; Luk. 13, 6–9). So ist es auch hier. Wir sehen aus Hesekiel 36 und 37, dass Israel in zwei Stufen wiederhergestellt wird. Zuerst grünen die Berge, und dann erst die Herzen; zuerst erfolgt die äußere Sammlung und Wiederherstellung und dann erst die innere Erneuerung. Doch auch wenn der „Feigenbaum" Israel im Ganzen noch keine „rechtschaffene Frucht der Buße" (Matth. 3, 8) bringt, so sind doch bereits schon die „Blätter", von denen Matth. 24, 32 redet, das heißt die äußere Wiedersammlung und Wiederherstellung Israels, ein Zeichen des nahenden Ziels. Zur rechtschaffenen Frucht der Buße, zur Bekehrung ganz Israels kommt es erst, wenn unser Herr sichtbar, in göttlicher Herrlichkeit, erscheint (Sach. 12, 10; Röm. 11, 26). Jetzt werden Menschen aus Israel wie auch aus allen anderen Völkern (Matth. 24, 14; Offb. 7, 9) zu Jesus hin gesammelt. Dies geschieht durch das Wort, das sie hören (Röm. 10, 17).

Doch weshalb sprach der Herr Jesus auch von „allen Bäumen" (V. 29)? Die Segnungen der Erlösung (Eph. 1, 3) sollen nicht nur den Juden gegeben, sondern allen Völkern gewährt werden. Dieses erfüllt sich schon jetzt durch den weltweiten Missionsdienst. Auch das sollen wir neben dem Erwachen Israels sehen (Matth. 24, 14).

„Wenn die Zeit erfüllt ist, kann Gott nichts widerstehen", sagte Israels erster Ministerpräsident David Ben Gurion (1886–1973). Das gilt auch für den „Sommer". Diese Zeit ist sehr nahe! Die Wiederkunft des Messias Jesus steht bevor. Das sollen wir bestimmt wissen (V. 31), ohne Zweifel und ohne Distanz!

Verzage nicht, du kleine Herde,
er hat's verheißen und wird's tun.
Sind auch die Tage voll Beschwerden,
er kommt gewiss, der lang Begehrte,
bei dem wir ewig, ewig ruhn.

Wahrlich, ich sage euch: Dieses Geschlecht wird nicht vergehen, bis es alles geschieht. Himmel und Erde werden vergehen; aber meine Worte vergehen nicht. Lukas 21, 32.33

Dietrich Bonhoeffer (1906–1945) schrieb in seiner Ethik-Vorlesung: „Der geschichtliche Jesus Christus ist die Kontinuität unserer Geschichte. Weil aber Jesus Christus der verheißene Messias des israelitisch-jüdischen Volkes war, darum geht die Reihe unserer Väter hinter die Erscheinung Jesu Christi zurück in das Volk Israel. Die abendländische Geschichte ist nach Gottes Willen mit dem Volk Israel unlöslich verbunden, nicht nur genetisch, sondern in echter unaufhörlicher Begegnung … Eine Verstoßung der Juden aus dem Abendland muss die Verstoßung Christi nach sich ziehen; denn Jesus Christus war Jude."

Dieses Geschlecht, die Juden, wurden und werden niemals ausgelöscht. Viele haben es gewollt und dabei Schreckliches unternommen. Denn die Juden verdanken ihre Existenz der Treue Gottes (5. Mose 32, 5.20; Ps. 12, 7; 78, 8). Kein anderes Volk dieser Erde hat eine solche Bestandsgarantie! Viele apokalyptischen Ereignisse werden geschehen (V. 32). Das Böse wird in all seiner endzeitlichen Entfaltung ausreifen. Doch „Israels Fortbestand ist ein lebendiger Beweis für die Wahrheit der Weissagung, eine tatsächliche Bürgschaft für ihre einstige Erfüllung" (Carl August Auberlen, 1824–1864). Israel hat diese Zusage seines Bestandes, deshalb hat es auch Zukunft! (Jer. 31, 17: „Es ist Hoffnung für deine Zukunft.") „Was und wer bleibt?" Diese Frage kommt uns bedrängend nahe.

Doch Gottes Wort wird sich nie verändern. Es bleibt in Ewigkeit (Jes. 40, 8; Joh. 15, 7; Kol. 3, 16; 1. Petr. 1, 24.25)! Deshalb ist auch die Zukunft der Juden garantiert, gesichert von dem Gott, der nie lügt (4. Mose 23, 19)! Gottes Gaben und seine Berufung gereuen ihn nicht (Röm. 11, 29)!

Gott kennt keine Lügen.
Er kann uns nicht betrügen.
Er hat sich gebunden an sein Wort.
Er hat sein Wort gegeben
zu einem neuen Leben.
Gott lügt nicht!

E. Meinhard

Da sprachen sie alle: Bist du denn Gottes Sohn? Er sprach zu ihnen: Ihr sagt es, ich bin es. Lukas 22, 70

Immer wieder wurde im Leben und Handeln Jesu seine Gottessohnschaft hervorgehoben: bei seiner Geburt (Matth. 1, 18–25; Luk. 1, 26–38), seiner Taufe (Matth. 3, 17), durch Petrus (Matth. 16, 16) usw. Dieses ausgesprochene Bekenntnis zu Jesus als Sohn Gottes von Menschen (Matth. 27, 54), von Dämonen (Matth. 8, 29) und von ihm selber (Joh. 5, 25; Matth. 27, 43) musste ihn zwangsläufig in die Kontroverse mit den führenden Männern Israels führen. Denn sie selbst sahen das ganze Volk Israel als Kollektiv, als „Sohn Gottes", an (2. Mose 4, 22; Hos. 11, 1). Indem Jesus die alttestamentlichen Stellen, die vom Sohn Gottes sprachen (Jes. 7, 14; 11, 1; 53, 2; Ps. 2, 7; 2. Sam. 7, 14 u. a.) auf sich bezog, kam es zum unweigerlichen Konflikt. Dieser spitzte sich zu in dem entscheidenden Verhör vor dem Hohen Rat. Oft hatte Jesus im Verlauf seines Prozesses geschwiegen (Matth. 26, 63; 27, 12.14; Mark. 15, 5; Luk. 23, 9; Joh. 19, 9). Konnten nun seine Ankläger das Geheimnis seiner Einheit mit dem Vater verneinen, obwohl sie doch seine Zeugnisse und seine Werke (Joh. 10, 25.37) gehört und erlebt hatten? Weshalb war und ist denn die Behauptung, „Jesus ist der Sohn Gottes" so provozierend? Wer diese Wirklichkeit bejaht:

- relativiert menschliche Größe
- anerkennt Jesus als lebenden Gott (1. Joh. 4, 15)
- sieht nur ihn als den Vermittler ewigen Lebens an (1. Joh. 5, 20)
- weiß sich ihm schließlich unausweichlich verantwortlich (Dan. 7, 13)

Wir und auch die Juden damals und heute können und müssen im Blick auf die Gottessohnschaft Jesu nur mit einem klaren „Ja" oder „Nein" Stellung beziehen. Dabei werden wir, wenn wir ehrlich sind, uns als Sünder entdecken (Matth. 26, 75; vgl. Sach. 12, 10).

Gott ist im Fleische; wer kann dies Geheimnis verstehen?
Hier ist die Pforte des Lebens nun offen zu sehen.
Gehet hinein, eins mit dem Kinde zu sein,
die ihr zum Vater wollt gehen.

Gerhard Tersteegen

Und sie nötigten ihn und sprachen: Bleibe bei uns; denn es will Abend werden und der Tag hat sich geneigt. Und er ging hinein, bei ihnen zu bleiben. **Lukas 24, 29**

Wir brauchen die Nähe Jesu, wenn wir die Nacht des Tages, die Nacht des Todes (Luk. 12, 20) und die Nacht dieser heilsgeschichtlichen Epoche (Röm. 13, 12) nahen sehen.

Abraham wollte Gott bei sich haben (1. Mose 18, 3); auch Gideon wollte die göttliche Gegenwart nicht missen (Richt. 6, 18); ebenso Simsons Vater Manoach (Richt. 13, 15). Gott tritt gerne bei seinen Leuten ein und bleibt bei ihnen. Das „goldene Ausrufezeichen Jesu": „Siehe ich bin bei euch alle Tage bis an der Welt Ende" (Matth. 28, 20) wollen wir nicht aus den Augen lassen. Die Emmausjünger erhielten eine wichtige Einsicht von ihrem Begleiter: ihre zerbrochenen Hoffnungen, die zur Enttäuschung führten, wurden von dem Auferstandenen korrigiert. Hatten sie zu viel an Israel gedacht und zu wenig an Christus? Wichtig ist, dass der Herr Jesus mit ihnen die ganze Bibel (V. 27) christologisch auslegt. Auch wir wollen, gerade weil wir Israel lieben, die vollständige Heilige Schrift von Christus aus lesen und ernst nehmen. Jesus Christus allein, sein Kommen auf diese Erde, sein Leiden, Sterben, Auferstehen und Wiederkommen ist das eigentliche Zentrum der biblischen Botschaft (V. 26). Wer einseitig nur die Besonderheit Israels „herauspickt" und Jesus Christus als Zentrum an den Rand rückt, wird sich schmerzliche Erfahrungen nicht ersparen können. Nur die Heilsbotschaft von Jesus Christus rettet jeden daran Glaubenden, sei er Jude oder Nichtjude (Röm. 3, 28; Gal. 5, 6). Die Begegnung mit dem auferstandenen Jesus Christus und seine Schrifterklärung hatten die Herzen der Jünger „angezündet" (Ps. 39, 4; Jer. 20, 9) und froh gemacht.

Das Wort und Christus in dem Wort,
soll mein Leitstern bleiben.
Was davon führt, das gehe fort;
mich soll es nicht abtreiben.
So bleibt mein Herz in seiner Ruh;
das Wort führt mich dem Sohne zu,
der Sohn mich zu dem Vater.
Philipp Friedrich Hiller

Und sprach zu ihnen: So steht's geschrieben, dass Christus leiden wird und auferstehen von den Toten am dritten Tage; und dass gepredigt wird in seinem Namen Buße zur Vergebung der Sünden unter allen Völkern. Fangt an in Jerusalem. Lukas 24, 46.47

Wir meinen nicht, dass die Jünger zu jener Zeit nichts über das Alte Testament gewusst hätten. Jesus zeigt seinen Jüngern die ihnen noch verborgene vollständige Bedeutung mancher Abschnitte. Auch wir benötigen Anleitung zum rechten Verständnis (1. Kor. 2, 14). Deshalb will uns der Herr Jesus die Augen durch seinen Heiligen Geist öffnen. Keine Auslegung ist vergleichbar mit dieser Unterweisung durch Christus.

Lasst uns daher beachten, wie er seinen Jüngern gegenüber von seinem eigenem Tod am Kreuz sprach (Ps. 22; 69; Jes. 53 u. a.). Er sah es nicht als Unglück, als eine beklagenswerte Sache, sondern als eine Notwendigkeit an. Der Tod Jesu Christi war für unsere Rettung unerlässlich. Sein im Opfer am Kreuz dargebrachtes Fleisch und Blut sind „das Leben der Welt“ (Joh. 6, 51). Ohne den Tod Christi wäre dem Gesetz keine Genüge getan worden, die Sünden hätten niemals vergeben werden und Gott hätte keinem Menschen Gnade erweisen können. Nun kann Gott jeden an seinen Sohn Glaubenden gerecht machen (Röm. 3, 26). Lasst uns daher immer das Kreuz Christi rühmen. Es ist die Quelle all unserer Hoffnungen und die Grundlage all unseres Friedens. Auch seine Auferstehung bezeugte er aus der Schrift (Ps. 16; 118; Jes. 53 u. a.), ebenso, dass Christus für alle Nationen da sei (1. Mose 22, 18; 1. Kön. 8, 41–43; Ps. 72, 8–11; 87; Jes. 49, 6 u. a.). Gerade in Jerusalem sollte zuallererst der Buß- und Gnadenruf erschallen. Hier erkennen wir die Höhe, Tiefe und Weite der Gnade Christi.

Das Lämmlein ist der große Freund
und Heiland meiner Seelen;
den, den hat Gott zum Sündenfeind
und Sühner wollen wählen:
„Geh hin, mein Kind, und nimm dich an
der Kinder, die ich ausgetan
zur Straf und Zornesruten;
die Straf ist schwer, der Zorn ist groß,
du kannst und sollst sie machen los
durch Sterben und durch Bluten.“

Paul Gerhardt

Er führte sie aber hinaus bis nach Betanien und hob die Hände auf und segnete sie. Und es geschah, als er sie segnete, schied er von ihnen und fuhr auf gen Himmel. Lukas 24, 50.51

Beachten wir doch, dass der Herr Jesus von Betanien aus in den Himmel fuhr. Hier, am Ölberg, nur drei Kilometer von Jerusalem entfernt, hatte er wesentliche Dinge zur Ehre seines Vaters getan: Lazarus vom Tod erweckt (Joh. 11, 1–45); Simon den Aussätzigen aufgesucht (Matth. 26, 6). Mehrmals übernachtete er hier (Matth. 21, 17; 26, 6); nicht weit entfernt davon, auch am Ölberg, war der Garten, in dem Jesus seinen Gebetskampf austrug (Matth. 26, 36–46). Auch in unserem Leben gehören die Demütigungen und Erhöhungen zusammen. Die unter uns in den Himmel wollen, müssen zuerst durch Leiden (Röm. 8, 17). Zuerst kommen die Kämpfe, dann folgen ewige Freuden (1. Petr. 1, 6).

Als Diener in Menschengestalt war der ewige Gottessohn auf diese Erde gekommen (Matth. 20, 28). Nun ging er zum Dienst als Hohepriester in den Himmel (Hebr. 8, 1.2). Bei seinem Abschied segnete er die zurückbleibenden Jünger. Er ließ seinen Segen zurück und erhob seine Hände wie der Hohepriester im Alten Bund (3. Mose 9, 22). Christus segnete seine Nächsten wie einst Jakob seine Söhne (1. Mose 49) und Mose die Stämme Israels (5. Mose 33). Er segnete sie mit Vollmacht, mit dem Segen, den er selbst mit seinem Leiden und Sterben erkauft hatte (1. Petr. 1, 18). Er liebte die Seinen, die in der Welt waren bis ans Ende (Joh. 13, 1).

Beachten wir doch auch, dass er die Seinen verließ, während er sie segnete. Der Segen Jesu wurde dadurch nicht unterbrochen! Vielmehr segnet er die Seinen vom Himmel auch weiterhin (Hebr. 8, 2; Eph. 1, 3)! Was Jesus auf Erden begann, setzt er im Himmel fort!

Ihr aufgehobnen Segenshände
voll Heil, voll Wunderkraft des Herrn,
ihr wirkt und waltet bis ans Ende,
uns ungesehn, doch niemals fern.
Im Segnen seid ihr aufgefahren,
im Segnen kommt ihr einst zurück;
auch in des Glaubens Zwischenjahren
bleibt ihr des Glaubens Trost und Glück.

Carl Bernhard Garve

Ihr seid ein Brief Christi, durch unseren Dienst zubereitet.
2. Korinther 3, 3

Mit der Geburt der Gemeinde Jesu ist ein völlig neues „Produkt" auf dem Weltmarkt erschienen, einzigartig und konkurrenzlos. Jesus hat nichts Schriftliches hinterlassen. Die Gemeinde Jesu, die sich heute in aller Welt findet, trägt seine Schriftzüge: „Ihr seid ein Brief Christi!" Dazu war ein neuer Dienst, ein neues Produktionsverfahren nötig. Bisher war auf steinerne Tafeln, Papyrus oder Pergament geschrieben worden. Das Wort blieb draußen. Im Alten Bund ergriff Gott „die Hand", aber noch nicht „das Herz" (Jer. 31, 32.33). Nun aber werden die fleischernen Tafeln des menschlichen Herzens erreicht. Wie ist das möglich?

Der Alte Bund kam angesichts der Bosheit des menschlichen Herzens und seiner Verhärtung an seine Grenze. Es bedurfte eines neuen Dienstes mit messianischer Schöpferkraft, um das „steinerne Herz" im Menschen durch ein „fleischernes" zu ersetzen (Hes. 36, 26). Diese Operation schafft das Kreuz Christi. Vor dem Gekreuzigten zerschmelzen alle Verhärtung und Verbitterung, aller vordergründige Stolz. Aus Eis werden Tränen. Nun kann der Geist des lebendigen Gottes in unser Herz schreiben und sein Gesetz in unser Herz geben.

Die Folge ist umwerfend. Die Handschrift Jesu ist in uns zu lesen. Wir werden in sein Bild verwandelt (2. Kor. 3, 18) und finden zu unserer Ebenbildlichkeit mit Gott zurück, zu unserer Lebensbestimmung. „Einer soll des andern Christus sein" hat Martin Luther (1483–1546) für die Gemeinde gefordert. Und Dietrich Bonhoeffer (1906–1945) hat hinzugefügt: „Der Christus im Bruder ist stärker als der Christus in mir." Für den Dienst des Neuen Bundes muss Paulus auf Meißel und Tinte verzichten. Er hat nichts in der Hand. Er ist völlig vom Geist des lebendigen Gottes abhängig. „Unsere Tüchtigkeit stammt von Gott" (2. Kor. 3, 5).

Herr Jesus, schreibe heute weiter in mein Leben und lass mich ein offener, lesbarer Brief sein.

Der Dienst, der mit Buchstaben in Stein gehauen war, hatte Herrlichkeit. 2. Korinther. 3, 7

Die Gemeinde Jesu braucht ein neues Gesetzesverständnis. Das Gesetz Gottes, wie es in den Geboten verfasst ist, ist verbindlich. Es offenbart Gottes heiligen und unantastbaren Willen mit „Buchstaben in Stein gehauen“ für alle Zeiten. „Kein Jota wird vergehen“, bestätigt Jesus in Matth. 5,18. „Denn das Gesetz ist heilig, gerecht und gut“ (Röm. 7, 12). Um den Sinai flammte die Herrlichkeit Gottes. Weh uns Menschen, wenn wir seinen heiligen Willen in den Geboten antasten! „Ich sehe auf den, der erzittert vor meinem Wort“ (Jes. 66, 3).

Es ist bekannt, dass sich viele messianische Gemeinden mehr an ihrer jüdischen als an der christlichen Tradition orientieren. Sie lesen die Kommentare ihrer Väter in Talmud und Midrasch. Zu Recht, denn die Wurzeln Jesu und unseres Glaubens ruhen im Alten Bund. „Ich bin die Wurzel und das Geschlecht Davids“, bezeugt der Auferstandene (Offb. 22, 16). Wir Christen sind eingepfropfte Zweige im Ölbaum Israel. „Die Wurzel trägt uns“ (Röm. 11, 18). Die Gemeinde hat nicht Israels Stellung eingenommen. Wahre, befreiende Gottesfurcht können wir im Alten Bund lernen.

Freilich als Heilsweg hat das Gesetz seine Grenze. Die Heilsanweisung des Gesetzes aber bleibt bestehen. In einer Welt, die immer chaotischer wird und in der die moralische Beliebigkeit überhand nimmt, ist es verständlich, wenn Israel über die Gabe der Tora, der Weisung, jauchzt und die Rabbiner tanzen. Die Ordnungen Gottes sind gut und gerecht, seine Gebote weisen den Weg zum Leben, wie Ps. 119 rühmt. Uns bleibt zu beten:

HERR, es ist Zeit, dass du handelst, sie haben dein Gesetz zerbrochen. Ps. 119, 126

Wenn Israel sich zum Herrn bekehrt, wird die Decke abgetan.
2. Korinther 3, 16

Die Grenze des Gesetzes liegt auf der Hand: Wer es übertritt, kommt unter den Fluch (Gal. 3, 10). Das Gesetz ist gegen die Sünde machtlos. Es verrichtet einen „Dienst, der den Tod bringt" (2. Kor. 3, 7). Mehr noch: Es führt in die Verstockung, wenn es eigenmächtig gehandhabt wird. Eine Decke legt sich über den Forscher. Es ist die Decke des Gerichts über Hybris und Stolz, eine dämonische Überlagerung, die nur dem Aufschrei zu Jesus, dem Davidssohn, weicht (2. Kor. 3, 14).

Diese Decke des Gerichts verwehrt auch der historisch-kritischen Forschung den Zugang zur Schrift, wenn sie den Geist ablehnt. So kann bis heute eine Decke der Verhärtung vor dem Herzen eines christlichen wie jüdischen Gelehrten hängen (2. Kor. 3, 15), wenn er eigenmächtig und ohne geheiligte Werkzeuge forscht. Es ist eine dämonische Decke, mit der „der Gott dieser Welt" das Evangelium verdeckt und das Denken der Ungläubigen verblendet (2. Kor. 4, 3.4). In Gal. 4, 3 bekennt Paulus, dass auch er unter dieser Decke war, „den Mächten der Welt unterworfen", bis Gott ihm seinen Sohn offenbarte (Gal. 1, 16). Dieser hat uns erlöst vom Fluch der Verstockung, von der dämonischen Verblendung, indem er zum Fluch wurde für uns (Gal. 3, 13). Nur durch die Hinwendung zu Jesus werden wir von der Decke des Gerichts frei.

Paulus erwartet eine Erneuerung Israels zum Glauben. „Wenn Israel sich zu Jesus, seinem Messias, bekehrt, wird die Decke abgetan." Am Straßburger Münster stehen sich Synagoge und Ekklesia in zwei herrlichen Frauengestalten gegenüber. Während die Synagoge durch ihre Binde hindurchzuschauen scheint, lässt der herablassende Blick der Ekklesia die Frage erstehen: Wird sie bald die Binde vor Augen haben?

HERR, ich warte auf dein Heil! *1. Mose 49, 18*

Wo der Geist des Herrn ist, da ist Freiheit. 2. Korinther. 3, 17

Geist weicht nur dem Geist. Dämonischer Geist kann nur vom Heiligen Geist überwunden werden. Deswegen sagt Jesus: „Wenn ich die bösen Geister durch den Geist Gottes austreibe, so ist ja das Reich Gottes zu euch gekommen“ (Matth. 12, 28). So ist es auch der Geist des Herrn, der uns von der Decke befreit; die bösen Geister müssen im Namen Jesu weichen.

Wer nach langen Jahren der Ungewissheit und des Umherirrens es erfährt, dass Licht den Kerker seines Denkens erhellt und sich die Decke von seinen Augen löst, für den beginnt ein neues Leben. Er ist aus dem Tode zum Leben hindurchgedrungen und kann die Sonne sehen. Er fängt die Herrlichkeit des Herrn wie in einem Spiegel auf und er wird verändert, er wird verwandelt in das Bild Jesu, des Ebenbildes Gottes (2. Kor. 4, 4). Es wird eine Zunahme an Herrlichkeit geben, bis wir ihn „von Angesicht zu Angesicht“ sehen. Ich werde ihn erkennen, weil ich mich zu erkennen gab.

So stellt sich Paulus neben Mose und vergleicht seinen Dienst mit dem dieses geachteten Dieners des Alten Bundes – im jüdischen Kontext ein verwegener Vergleich! Ja, er stellt sich sogar über Mose, besser gesagt: auf die Schultern Moses, da die Herrlichkeit des Neuen Bundes die des Alten weit übertrifft. Sie rührt von der Person Jesu her „der größer ist als alles“ (vgl. Joh. 10, 27–30). Von welchem religiösen Hintergrund ich auch komme: von einem jüdischen oder heidnischen: die Decke kann nur von einem hinweg getan werden: „vom Herrn, der der Geist ist“(2. Kor. 3, 18).

Die Sonne, die mir lachet,
ist mein Herr Jesu Christ,
das, was mich singen machet,
ist, was im Himmel ist.
Paul Gerhardt

Und es wird gepredigt werden dies Evangelium vom Reich in der ganzen Welt zum Zeugnis für alle Völker, und dann wird das Ende kommen. Matthäus 24, 14

„Wann kommt das Ende der Welt?“ Diese Frage bewegt heute viele Menschen. Nachdem Jesus seinen Jüngern die Zerstörung des Tempels und seine Wiederkunft vorausgesagt hatte, erkundigten auch sie sich nach dem Zeitpunkt und den Vorzeichen des Endes (Matth. 23, 37–24, 2).

Die Antwort Jesu will nicht Neugier stillen, sondern zurüsten für den Weg zum Ziel. Antichristliche Verführungen, Kriege und Hungersnöte, Seuchen und Erdbeben, Verfolgung und Glaubensabfall, Überhandnehmen der Gesetzlosigkeit und Erkalten der Liebe sind noch nicht das Ende, sondern erst der Anfang der Geburtswehen Christi. Diese Vorzeichen zu beachten, genügt allein nicht. Das Ziel der Errettung erreicht nur, wer bis ans Ende im Glauben, in der Liebe und in der Hoffnung beharrt.

Wann wird das Ende dieser Zeit eintreten? Jesus Christus hebt in Vers 14 hervor: Wenn das Evangelium weltweit verkündigt worden ist. Allen Völkern muss bezeugt werden, dass Jesus Christus König ist und alle die in sein Reich einlädt, die ihn als Herrn und Heiland persönlich annehmen. Dabei liegt es nicht in der Verantwortung der Zeugen Jesu, ob ihr Zeugnis angenommen wird, wohl aber, dass sie ihren Auftrag erfüllen. Darum lasst uns Zeugen Jesu sein! Denn wenn wir ihm nicht dienen, dann wird der Herr sein Werk durch andre tun – zu unserm Schaden!

Noch werden sie geladen,
noch gehn die Boten aus,
um mit dem Ruf der Gnaden
zu füllen dir dein Haus.
Es ist kein Preis zu teuer,
es ist kein Weg zu schwer,
hinauszustreun dein Feuer
ins weite Völkermeer.

Christian Gottlob Barth

Und sie werden fallen durch die Schärfe des Schwertes und gefangen weggeführt unter alle Völker, und Jerusalem wird zertreten werden von den Heiden, bis die Zeiten der Heiden erfüllt sind.
Lukas 21, 24

Wie überwältigend ist es, an einem klaren Tag einen hohen Aussichtsturm zu besteigen und weit über das Land zu schauen! Die Endzeitprophetie Jesu gleicht einem solchen Aussichtsturm. Der Herr zeigt hier seinen Jüngern, wie sich Gottes Gericht und Gnade durch die Jahrhunderte hindurch an Israel und den Weltvölkern erweisen werden.

Zunächst fasste Jesus den jüdischen Krieg ins Auge, der 66 n. Chr. begann. Mit der Zerstörung Jerusalems durch die Römer und mit der Zerstreuung der Juden unter alle Nationen erfüllten sich die Gerichtsankündungen der Propheten (V. 22).

Seither wurde Jerusalem zertreten – von den Römern, den Moslems und den Kreuzfahrern. Aber die „Zeit der Nationen" haben eine zweifache Bedeutung. Sie waren einerseits Gerichtszeit für Israel, für die Völker andrerseits Gnadenzeit. Nun soll allen Völkern die Gelegenheit gegeben werden, das Evangelium von Jesus Christus zu hören (Matth. 24, 14).

Die „Zeiten der Nationen" werden einmal erfüllt sein. Wenn der wiederkommende Herr seine Füße auf den Ölberg setzt (Sach. 14, 4), wird Israel sich zu Jesus als seinem Messias bekehren (Röm. 11, 25). Ein Blick auf die Entwicklungen im Nahen Osten zeigen, dass der Zeiger an der Weltenuhr bereits sehr weit vorgerückt ist. Die Zeit drängt, das Evangelium allen Völkern zu bezeugen!

Ach, lass dein Wort recht schnelle laufen,
es sei kein Ort ohn dessen Glanz und Schein;
ach führe bald dadurch mit Haufen
der Heiden Füll zu allen Toren ein;
ja wecke doch auch Israel bald auf,
und also segne deines Wortes Lauf!
Karl Heinrich von Bogatzky

Denn es wird dann eine große Bedrängnis sein, wie sie nicht gewesen ist vom Anfang der Welt bis jetzt und auch nicht wieder sein wird. Und wenn diese Tage nicht verkürzt würden, so würde kein Mensch selig werden; aber um der Auserwählten willen werden diese Tage verkürzt. **Matthäus 24, 21.22**

Der Herr Jesus Christus prophezeit in seiner Endzeitrede nicht nur die Zerstörung Jerusalems 70 n. Chr. (Luk. 21, 20–24), sondern nach Matthäus auch eine letzte große Bedrängnis, bevor er wiederkommen wird. Wie schon Daniel weissagte (Dan. 9, 27; 11, 31; 12, 11), wird der Antichrist ein jüdisches Heiligtum in Jerusalem entweihen und dort für sich göttliche Verehrung fordern. Dann wird es zu der schwersten Glaubensverfolgung aller Zeiten kommen. Diese wird im heiligen Land ihr Zentrum haben, aber zugleich weltweit sein.

Wer die Endzeitrede aufmerksam liest, findet ermutigende Hinweise auf Gottes Treue. Diese gilt zunächst Israel. Wenn vor der Wiederkunft Jesu in Jerusalem wieder ein Tempel steht (V. 15) und die in Judäa verfolgten Jünger den Sabbat halten (V. 20), dann soll das Land, das Israel verheißen ist, am Ende durch Gottes Treue also wieder von den Juden besiedelt sein.

Gottes Treue gilt erst recht den Auserwählten, die Christus im Glauben angehören. Sie müssen nicht erschrecken. Zwar wollen ihre Feinde sie überwinden, aber der Herr verkürzt die Leidenszeit auf das erträgliche Maß. Er lässt nicht zu, dass die Widersacher triumphieren! Wie auf die Nacht der Sonnenaufgang folgt, so auf den „Ausverkauf des Bösen“ die Wiederkunft des Herrn Jesus Christus in Macht und Herrlichkeit. Drum bleibe treu – denn er ist treu!

Wie er mich durchbringt, weiß ich nicht;
doch dieses weiß ich wohl, dass er,
wie mir sein Wort verspricht,
mich durchbringt wundervoll.

Friedrich Traub

Und er wird seine Engel senden mit hellen Posaunen, und sie werden seine Auserwählten sammeln von den vier Winden, von einem Ende des Himmels bis zum andern. Matthäus 24, 31

Wie wird es sein, wenn Jesus erscheint? Auf alle Fälle wird dieses Ereignis unbestreitbar sein. Über vieles kann man verschiedener Meinung sein, aber dann hört alle Diskussion auf. Verführer werden in der Wüste oder in Häusern auftreten und sich ihrem Anhang als Christen ausgeben (V. 23–26), aber Jesu Wiederkunft wird für alle Menschen unübersehbar sein wie der Blitz (V. 27). Vor seiner Heiligkeit werden die Gestirne erblassen und der Kosmos erbeben (V. 29).

Wenn der „Menschensohn“ (Dan. 7, 13–27) als Richter am Himmel erscheint, dann wird es für die Menschen ohne Gott unerträglich werden: „Es werden wehklagen alle Geschlechter auf Erden“ (V. 30). Sie werden merken, dass sie die Weichen für die Ewigkeit falsch gestellt haben und ohne Versöhnung mit Gott verloren sind.

Unvorstellbar herrlich aber wird es sein, wenn himmlische Boten mit hellem Posaunenschall die Auserwählten des Herrn sammeln. Erstmalig wird die Gemeinde Jesu vollzählig beisammen sein, die Erlösten aller Jahrhunderte aus Nord und Süd, Ost und West. Sie werden Christus abholen und ihn begleiten bei seiner Ankunft. Die Zerstreuten der Zwölf Stämme Israels werden sich zu ihrem Messias bekehren und versammelt werden im Land der Verheißung (5. Mose 30, 4). Dann wird Christus König sein über die ganze Erde!

Wie wird es, lieber Leser, dann um dich stehen?

Wir warten dein; du kommst gewiss,
die Zeit ist bald vergangen;
wir freuen uns schon überdies
mit kindlichem Verlangen.
Was wird geschehn, wenn wir dich sehn,
wenn du uns heim wirst bringen,
wenn wir dir ewig singen!

Philipp Friedrich Hiller

An dem Feigenbaum lernt ein Gleichnis: wenn seine Zweige jetzt saftig werden, so wisst ihr, dass der Sommer nahe ist. Ebenso auch: wenn ihr das alles seht, so wisst, dass er nahe vor der Tür ist.

Matthäus 24, 32.33

Schon viele haben versucht, das Datum der Wiederkunft Jesu vorauszusagen. Johann Albrecht Bengel errechnete den 18. 6. 1836 – und irrte sich. Mit weißen Kleidern angetan, erwarteten die Anhänger von William Miller am 21. 10. 1844 den wiederkommenden Herrn. Sie warteten vergeblich. Dabei hat Jesus Christus deutlich gesagt, dass niemand Tag und Stunde seines Kommens weiß. Vielmehr hat er uns aufgetragen, die Vorzeichen des Endes zu beachten und allezeit bereit zu sein für die dann hereinbrechenden Ereignisse.

Das ist es auch, was der Herr durch das Gleichnis vom Feigenbaum sagen will. Wenn der Feigenbaum saftige Zweige bekommt und Blätter treibt, so ist der Sommer nahe. Zwar kann man kein genaues Datum nennen, weil niemand weiß, wie lang die kühle Jahreszeit tatsächlich dauert. Aber über kurz und lang tritt doch der Sommer ein. So ist es auch mit der Wiederkunft Jesu. Die Generation, die das alles erlebt, was in Matth. 24, 1–9 vorausgesagt ist, wird nicht vergehen, bis der Herr wiedergekommen ist (V. 33.34).

Zugleich ist der Feigenbaum ein Symbol Israels (Luk. 13, 6–9; vgl. Joel 1, 7). Israel soll nicht für immer einem verdorrten Feigenbaum gleichen, sondern einem Feigenbaum, der Blätter treibt. Darum blicken wir gespannt zum Nahen Osten, denn Israel ist der Zeiger an Gottes Weltenuhr.

Will der Tag im Osten grauen,
bricht die Morgenröte an?
Will der Herr sein Zion bauen,
ist der Fluch nun abgetan?
Zieht nicht eine stille Ahnung
durch die Herzen Israels,
geht nicht heut an uns die Mahnung
an die Worte Daniels?

Christian Gottlob Barth

Denn wie es in den Tagen Noahs war, so wird auch sein das Kommen des Menschensohns. **Matthäus 24, 37**

Wie war es denn in den Tagen Noahs? Das Erschütterndste von allem ist, dass es offenbar keine Untergangsstimmung gab. Allen war bekannt, dass Noah und seine Söhne eine Arche bauten. Alle hatten gehört, dass Gott eine vernichtende Flut über die gerichtsreife Menschheit bringen wolle. Aber das scheint niemand ernst genommen zu haben. Der Herr Jesus beschreibt das damalige Lebensgefühl so: „Sie aßen, sie tranken, sie heirateten und ließen sich heiraten." (V. 38). Damit drehte sich alles bis zuletzt nur um Essen, Trinken und Sex.

So wird es nach den Worten Jesu auch bei seinem Kommen sein. Nicht Weltuntergangsstimmung, sondern beständiges Trachten nach Steigerung des Lebensgenusses wird die Menschheit beherrschen. Darum wird das Kommen des Herrn für die meisten Menschen völlig überraschend sein. Mitten aus der Alltagsarbeit heraus wird der Herr die Seinen zu sich entrücken und die anderen dem Gericht preisgeben, das über die Erde kommen wird (V. 40.41). Die jetzt noch unsichtbare Scheidung zwischen denen, die Christus angehören, und denen, die ihm nicht angehören, wird dann plötzlich offenbar werden.

Damit stellen sich uns die Fragen: Auf welcher Seite stehen wir heute? Ist Jesus Christus der Mittelpunkt unseres Lebens? Gehen wir auf in den Sorgen des Alltags oder sind wir bereit, wenn der Herr seine Gemeinde zu sich holt? Bedenken wir: Ein Einbrecher kündigt sich nicht an, darum muss der Hausbesitzer allezeit auf der Hut sein. Vom Kommen des Herrn gilt ebenso: Bereitschaft ist alles! (V. 42.43)

Drauf wollen wirs denn wagen,
es ist wohl wagenswert
und gründlich dem absagen,
was aufhält und beschwert.
Welt, du bist uns zu klein,
wir gehn durch Jesu Leiten
hin in die Ewigkeiten:
es soll nur Jesus sein.

Gerhard Tersteegen

Dann wird das Himmelreich gleichen zehn Jungfrauen, die ihre Lampen nahmen und gingen hinaus, dem Bräutigam entgegen. Aber fünf von ihnen waren töricht, und fünf waren klug.

Matthäus 25, 1.2

Der Unterschied zwischen den klugen und törichten Brautjungfern, von denen Jesus erzählt, scheint geringfügig zu sein. Alle haben die ehrenvolle Aufgabe, dem Bräutigam des Nachts mit brennenden Fackeln entgegenzugehen und ihn zur Hochzeit abzuholen, wie es in Israel üblich war. Alle halten sich mit ihren Fackeln im Haus der Braut bereit, und alle werden schläfrig, als der Bräutigam sich lange nicht nähert.

Der entscheidende Unterschied liegt darin, dass nur die klugen Brautjungfern rechtzeitig für Öl sorgen. So können sie im rechten Augenblick ihre Fackeln anfachen und dem Bräutigam entgegengehen. Die Törichten kümmern sich zu spät um Öl und stehen schließlich vor dem verschlossenen Hochzeitssaal.

Jesus skizziert in diesem Gleichnis mit prophetischem Weitblick die bei seiner Wiederkunft eintretende Scheidung innerhalb der Christenheit. Alle bekennen sich äußerlich zu Jesus, aber einigen fehlt das Entscheidende, das Öl des lebendigen Glaubens. Allen wird das Warten lang, aber die rechtzeitig an das Entscheidende gedacht haben, sind dennoch allezeit bereit

Darum lasst uns wach sein! Wer sich mit einem frommen Anstrich begnügt (2. Tim. 3, 5) und geistlich erstorben ist (Offb. 3, 1), kommt zu spät! Wer echt und treu mit Jesus lebt, nimmt teil an der Hochzeitsfreude!

O lass uns wachen spät und früh,
lass unsre Lampen brennen.
Dein heil'ges Öl uns mangle nie;
lass nichts von Dir uns trennen,
damit, wenn dann der Ruf erschallt:
„Der Bräut'gam kommt!" – es widerhallt:
Ja, komme bald, Herr Jesu!

Dora Rappard

Da wird dann der König sagen zu denen zu seiner Rechten: Kommt her, ihr Gesegneten meines Vaters, ererbt das Reich, das euch bereitet ist von Anbeginn der Welt! Matthäus 25, 34

„Unser Wort gilt in Europa" war auf einem Wahlplakat zu lesen. Das ist der Traum vieler Machthaber. Sie wollen der Welt ihren Maßstab aufprägen. Aber wer von ihnen heute das Sagen hat, muss vielleicht schon morgen abtreten.

Ganz anders ist es mit dem Herrn Jesus Christus. Heute müssen seine Getreuen zwar noch mit ihm den Weg durch Leiden zur Herrlichkeit gehen. Wenn er aber einst als König erscheint, wird auf Erden nur noch sein Wort gelten. Er wird die Menschen aller Völker um sich sammeln und die einen zur Rechten und die anderen zur Linken aufstellen, wie ein Hirt am Abend Schafe und Ziegen trennt. Die einen ruft er in das Reich seines Vaters, von dem die Propheten des Alten Bundes geweissagt haben (Jes. 2, 1–4), die anderen gehen hin in das ewige Feuer (V. 46).

Welcher Maßstab wird gelten im Völkergericht? Der Herr sagt: „Was ihr getan habt einem von diesen meinen geringsten Brüdern, das habt ihr mir getan" (V. 40). Kann man durch gute Werke das ewige Leben erwerben? Nein, aber es soll kein Becher kalten Wassers unbelohnt bleiben (Matth. 10, 42). Wer in der antichristlichen Verfolgungszeit Jesu Jünger speist, tränkt, aufnimmt, kleidet und besucht, tritt auf Jesu Seite. Darum darf er eingehen in das Tausendjährige Friedensreich Christi auf Erden, in dem die Völker von Jerusalem aus Weisung empfangen und im Glauben an Christus das ewige Leben.

Kommt herbei, kommt herbei,
frohe Zeiten, säumet nicht,
dass der Herr sich offenbare
als der Völker Recht und Licht.
Kommt, dass alle Welt erfahre,
wie die Menschenherd' ihr großer Hirt
weiden wird.

Karl Bernhard Garve

So lasst uns nun nicht schlafen wie die andern, sondern lasst uns wachen und nüchtern sein. Wir aber, die wir Kinder des Tages sind, wollen nüchtern sein, angetan mit dem Panzer des Glaubens und der Liebe und mit dem Helm der Hoffnung auf das Heil.

1. Thessalonicher 5, 6.8

Vom Kirchenvater Augustinus (354–430) stammt der Ausspruch: „Den einen Tag hat uns Gott verborgen, damit wir Acht haben auf alle Tage." Wann Jesus Christus wiederkommt, können wir nicht berechnen. Darum müssen wir täglich bereit sein.

Bereit ist, wer nicht mehr im Dunkel der Gottesferne lebt, sondern ein „Kind des Tages" geworden ist. Er ist mit seinem ganzen Leben in das helle Licht Jesu Christi getreten und lebt nun im Licht seiner Gegenwart.

Bereit ist, wer sich nicht anstecken lässt von der einschläfernden Parole „Friede und Sicherheit". Er spitzt die Ohren für das Wort der Bibel, seine Augen sind hellwach für die darin angekündigten Zeichen der Zeit. Seine Füße gehen, wohin der Herr ihn sendet, und seine Hände tun, was der Herr ihm aufträgt.

Bereit ist, wer nüchtern genug ist, seinen Geist frei zu halten von der Umnebelung durch den Zeitgeist. Er weiß, dass wahres Glück und echte Kraft nicht in ihm selbst liegen, sondern in Gott.

Bereit ist, wer sich täglich wappnet mit Glaube, Liebe und Hoffnung. Wir erreichen das Ziel, wenn wir uns im Glauben allezeit dem treuen Herrn anvertrauen. Lasst uns täglich seine Liebe weiterschenken und unsere Hoffnung auf den wiederkommenden Herrn setzen, der unser Heil vollendet.

Bist du bereit, wenn Christus erscheint?
Dann freu dich mit, bleibe mit ihm vereint.
Denn wer Jesus hat, der lebt in Ewigkeit.
Christus kommt bald! Bleib bereit!

Peter Strauch

Lasst euch von niemandem verführen, in keinerlei Weise; denn zuvor muss der Abfall kommen und der Mensch der Bosheit offenbar werden, der Sohn des Verderbens. Er ist der Widersacher, der sich erhebt über alles, was Gott oder Gottesdienst heißt, so dass er sich in den Tempel Gottes setzt und vorgibt, er sei Gott.

2. Thessalonicher 2, 3.4

Die junge Gemeinde in Thessalonich war in heller Aufregung. „Der Tag des Herrn ist da", so meinten sie, „nun kommt der Herr und wir werden bei ihm versammelt" (V. 1.2). Der Apostel Paulus stellt sich diesem Endzeitfieber entgegen.

Er erklärt den Thessalonichern in seinem zweiten Brief, dass vor der Wiederkunft Jesu Christi die Gesetzlosigkeit ausreifen muss, die Loslösung von Gott und von seinem Wort. Zunächst wird diese endzeitliche Entwicklung gebremst und aufgehalten (V. 6.7). Vielleicht denkt der Apostel an Kämpfe in der unsichtbaren Welt (vgl. Dan. 10, 13.20.21). Zieht Gott die aufhaltende Macht zurück, dann wird der Abfall überhand nehmen. Der Antichrist wird mit lügenhaften Zeichen und Wundern auftreten (V. 9) und göttliche Verehrung fordern, vermutlich in einem neuen Tempel in Jerusalem (V. 3.4). Wer sich durch Satans Lüge zum Götzendienst verführen lässt, wird gerichtet (V. 10–12). Denn Jesus Christus wird sichtbar wiederkommen, seinen Nachäffer vernichten und sein Reich auf Erden errichten (V. 8)

Wo stehen wir heute? Die Dämme sind gebrochen; schon reißt der Sog des Abfalls viele weg von Gottes Wort und Gottes Gebot. Dennoch haben wir lebendige Hoffnung. Je dunkler die Zeit, desto näher der Herr! Er hilft uns heute zu überwinden!

Wer weise ist, wird merken
die Zeichen dieser Zeit,
wird sich im Glauben stärken
und gürten sich zum Streit,
damit er überwinde
den Teufel und die Welt,
die alte Lust der Sünde
und was dem Fleisch gefällt.
Unbekannt

Die Völker werden zu deinem Lichte ziehen und die Könige zum Glanz, der über dir aufgeht. Jesaja 60, 3

In der letzten Zeit wird der Zionsberg alle anderen Berge der Welt in den Schatten stellen. Jerusalem wird der Regierungssitz Jesu werden, wenn er als Messias von seinem Volk empfangen und ihm das „Gelobt sei, der da kommt im Namen des Herrn!“ (Matth. 23, 39) entgegenschallen wird. Er wird Israel aus seiner größten Bedrängnis seit Staatsgründung erretten, auf dem Ölberg erscheinen und die Völkerheere vernichten, sich zum Endkampf gegen Jerusalem versammelt haben (vgl. Sach. 14, 1–4).

Von Jerusalem aus wird Jesus sein messianisches, weltweites Friedensreich aufrichten, „Er wird richten mit Gerechtigkeit, den Armen und Elenden Recht verschaffen und mit dem Stabe seines Mundes den Gewalttätigen schlagen und den Gottlosen töten“ (Jes. 1, 3–4). Nun erst können „Schwerter zu Pflugscharen“ verwandelt werden, weil kein Volk mehr Waffen gegen ein anderes erhebt (Jes. 2, 4). Allein der Messias vermag Frieden zu schaffen ohne Waffen. Die Friedensbewegung hat es nicht wahrhaben wollen, dass es nur der messianische Frieden ist, der auf Waffen verzichten kann. Bis zur Wiederkunft Jesu brauchen wir das Schwert gegen das Böse (vgl. Röm. 13, 4).

Nachdem Jesus den Frieden weltweit durchgesetzt hat, geschieht etwas Erstaunliches: Die Völker strömen nach Jerusalem, ja eine Völkerwallfahrt setzt ein: „Kommt, lasst uns auf den Berg und zum Hause des Herrn gehen. Denn von Zion wird Weisung ausgehen und des Herrn Wort von Jerusalem“ (Jes. 2, 3). Jerusalem wir die Metropole der Welt sein, „die Stadt des großen Königs“ (Matth. 5, 35), und damit die Segenszentrale.

Gottes Stadt, du wirst auf Erden
die Mutter aller Völker werden,
die ewges Leben fanden hier.
Welch ein Jubel wie beim Reigen
wird einst von dir zum Himmel steigen!
Die Lebensbrunnen sind in dir.

Philipp Spitta

Ihr seid das Licht der Welt. Es kann die Stadt, die auf einem Berge liegt, nicht verborgen sein. Matthäus 5, 14

Jesus spricht seinen Jüngern Großes zu. Der messianische Glanz, der nach Jesaja 60, 1–3 über der Zionsstadt bei seiner Wiederkunft aufgehen wird, soll schon jetzt ihr Leben erfüllen und sie zum Licht der Welt machen. Licht zieht an. Pflanzen wenden sich dem Licht zu. Licht vertreibt das Dunkel. Licht kann nicht verborgen bleiben. Jünger Jesu sind wie eine Stadt auf dem Berge.

Die theologische Forschung hat erarbeitet, dass Jesus mit diesem Wort in einer Vorwegnahme auf die eschatologische Gottesstadt von Jesaja 2 hindeutet. Durch seine Gegenwart ist die Gemeinde, wo immer sie sich versammelt, die messianische Stadt auf dem Zionsberg, die Davidsstadt, in der „gewaltige Dinge gepredigt werden", in der Feinde zum Glauben und zueinander finden (Ps. 87), eine bergende Burg und gute Wehr und Waffen. „Gott erhält sie ewiglich" (Ps. 48, 9). „Aus Zion bricht an der schöne Glanz Gottes" (Ps. 50, 2) und erreicht alle Welt.

Diese Herrlichkeit macht die Gemeinde anziehend. Wie die Völker am Ende der Tage nach Jerusalem wallfahrten werden, um die Weisung des Messias zu hören, so werden schon jetzt in einer Vorerfüllung von Jesaja 2 Menschen aus allen Völkern die Gemeinde, die Stadt auf dem Berge, suchen. Man hat geradezu von einer zentripetalen Missionsbewegung gesprochen im Gegensatz zur zentrifugalen, in der Jesus die Jünger zu den Völkern sendete.

Wir bekennen mit Phillip Spitta:

In dir das Wasser quillt,
das alles Dürsten stillt.
Halleluja! Von Sünd und Tod,
von aller Not
erlöst nur einer: Zions Gott.

Das Land wird voll Erkenntnis des HERRN sein, wie Wasser das Meer bedeckt. Jesaja 11, 9

Viele erwarten eine weltweite Erweckung, und verweisen auf den obigen Vers. Es wird übersehen, dass diese Aussage im Zusammenhang mit der Wiederkunft Jesu gemacht ist, „dem Reis aus der Wurzel Isais, das als Zeichen für die Völker dasteht und nach dem die Nationen fragen werden“ (Jes. 11, 10). Sicher ist es recht, um Erweckung in großem Stil zu bitten. Sie wird aber zunächst noch nicht weltweit eintreten. Erweckung beinhaltet immer beides: Gericht und Gnade unter dem wieder zugewandten Angesicht Gottes.

Während Gottes gnädiger Heimsuchung Indonesiens wurden viele an Jesaja 24 erinnert, an den Lobpreis an den fernen Gestaden und auf den Inseln im Meer: „Wir hören Lobgesänge vom Ende der Erde: ‚Herrlichkeit dem Gerechten!‘“, dem Messias Gottes (V. 16). Gleichzeitig beklagt der Prophet: „Wie bin ich so elend!“ „Denn die Erde ist entweiht von ihren Bewohnern; sie übertreten das Gesetz und ändern die Gebote und brechen den ewigen Bund. Darum frisst der Fluch die Erde, und büßen müssen's, die darauf wohnen“ (V. 5.6). So scheint beides Hand in Hand zu gehen: Abfall hier und Erweckung dort. Immer aber wird Gericht und Gnade zusammen erfahren.

Während sich die dunklen Wolken einer drohenden Klimakatastrophe wegen der Verachtung der Schöpfung und Missachtung des Schöpfers über uns zusammenziehen, wird es nicht heißen müssen: „Christ or chaos“ sondern: „Christ in chaos“ (Patrick Johnstone). Denn Gott ruft auch inmitten seiner Gerichte.

Wir warten auf dich, HERR, auch auf dem Wege deiner Gerichte. Unser Herz begehrt nach deinem Namen und Lobpreis. Jes. 26, 8

Er wird auf diesem Berge die Hülle wegnehmen, mit der alle Völker verhüllt sind, und die Decke, mit der alle Heiden zugedeckt sind.

Jesaja 25, 7

Nach Gericht und Läuterung wird Jesus allen Völkern auf dem Zion ein Festmahl bereiten. Allen wird es wie Schuppen von den Augen fallen. Die Völker erkennen Jesus und den Heilsplan Gottes mit Israel. „Zu der Zeit wird Gott der HERR aufheben die Schmach seines Volkes in allen Landen" und Israel wird bekennen: „Siehe, das ist unser Gott, auf den wir hofften, dass er uns helfe. Das ist der HERR (der Messias), auf den wir hofften; lasst uns jubeln und fröhlich sein über sein Heil" (Jes. 25, 8.9).

Und die nichtisraelitischen Völker, die von den Enden der Erde auf den Zionsberg gekommen sind, werden bekennen: „Nur Lüge haben unsere Väter gehabt, nichtige Götter, die nicht helfen können. Wie kann ein Mensch Götter machen? Das sind doch keine Götter!" (Jer. 16, 19.20) – was für ein vernichtendes Urteil über die Weltreligionen!

Wenn die Decke fällt, geschieht Erweckung. Alle sagen: Das ist es! Ja, das ist er, Jesus, auf den wir hofften. „Und Gott wird die Tränen von allen Angesichtern abwischen" (Jes. 25, 8) und Festfreude wird die Menschen ergreifen, Heilsjubel, weil „die Hand des Herrn auf dem Zionsberg ruht" (V. 10). Nun ist allen offenbar, dass die Sünde weicht, wo Gott wohnt, denn „man wird nirgends Sünde tun noch freveln auf meinem ganzen heiligen Berg" (Jes. 11, 9).

Was für ein Festmahl! Der Zionsberg wird konkurrenzlos unter allen Bergen der Welt dastehen, weil Gott ihn erwählt hat über Abraham, David und Israel als Sitz und „Stadt des großen Königs" (Matth. 5, 37). Um Jesus, des Messias, willen ist Jerusalem „die geliebte Stadt" (Offb. 20, 9).

Dann wird es kein Leid mehr geben,
keine Träne mehr geweint.
Kein Verfolgen, Überheben
über den, der ärmer scheint.
Gott wird sein alles und in allen.

Elisabeth Schnitter

Den ganzen Tag habe ich meine Hände ausgestreckt nach dem Volk, das sich nichts sagen lässt und widerspricht.

Römer 10, 21

Welcher Schmerz Gottes durchzieht dieses Wort über sein Volk Israel. Es ist der Schmerz des Vaters über das ungehorsame Kind. Wie im natürlichen Leben: das Kind ist in gefährlicher Lage, es sitzt etwa auf einem zerbrechlichen Baumast, aber der Vater breitet die Arme aus: „Komm, ich helfe dir!“, doch das Kind will nicht: „Ich bin selber groß!“ – und stürzt.

Israel lässt sich nichts sagen. Das ist die große Schuld des Volkes. Welch ein Vorrecht: sie hören Gottes Stimme klar, deutlich und wegweisend. Die Propheten bringen dem Volk Gottes eindeutiges Wort, doch sie lassen sich nichts sagen, allzu oft, und gehen in ihr Unglück. Am eindringlichsten ruft sie Gott in Jesus. Er wirbt auf den Straßen und Plätzen des Israellandes drei Jahre lang um sein Volk. Sie lassen sich nichts sagen, ja, sie wollen nicht hören. Sie trauen Jesus nicht! Sie widersprechen sogar in steigender Ablehnung, bis hin zu dem, dass sie ihn töten lassen. Im Gleichnis von den „bösen Weingärtnern“ (Matth. 22, 15–22) geißelt Jesus ihren Ungehorsam. Am Kreuz hängt der Sohn mit ausgebreiteten Armen! Doch – das große Wunder: Gott streckt seine Hände weiter aus. Er lässt auch das halsstarrige, ungehorsame Israel nicht los. Seine Treue, auch durch Gerichte hindurch, bleibt unwandelbar!

Wegen Gottes Treue ist und bleibt Israel das große Thema der Heilsvollendung. Daran hängt unsre Heilsgewissheit. Hätte Gott Israel ein für alle Mal verstoßen, dann könnte kein Christ seiner Rettung gewiss sein. Denn wir sind nicht besser als Israel.

Du wirst dein herrlich Werk vollenden,
der du der Welten Heil und Richter bist.
Du wirst der Menschheit Jammer wenden;
so dunkel jetzt dein Weg, o Heil'ger, ist.
Drum hört der Glaub nie auf, zu dir zu flehn;
du tust doch über Bitten und Verstehn.

Karl Heinrich Bogatzky

So frage ich nun: Hat denn Gott sein Volk verstoßen? Das sei ferne! Denn ich bin auch ein Israelit, vom Geschlecht Abrahams, aus dem Stamm Benjamin. Römer 11, 1

So argumentieren heute viele Theologen: Israel ist nicht mehr Gottes Volk, die neutestamentliche Gemeinde ist an Israels Stelle getreten. Sie belegen das mit der jahrhundertelangen Verfolgungs- und Elendsgeschichte Israels.

Paulus entlarvt das als Irrlehre. Gott hat sein Volk nicht verstoßen, wörtlich: Er hat es nicht von sich weggestoßen, weggeschlagen. Die Geschichte, die unvorstellbar schweren Strecken, die der Herr sein Volk führte und führt, sind nicht Erweis seines vernichtenden Zorns, sondern sie sind und bleiben Heimsuchung.

Hier müssen wir ganz klar bleiben, sonst eröffnen wir einen verderblichen Irrweg. Es geht um Gott selber. Seine Treue ist unwandelbar. Seine Erwählung ist unumkehrbar. Allein in Gottes Treue liegt die Zukunft Israels bis heute und in alle Ewigkeit. Gott hat Israel nicht verstoßen, aber hineingenommen in einen Weg des Zerbrechens zur Heimholung.

Paulus selbst ist Zeugnis für die unwandelbare Treue Gottes. Ihn, der zum Volk Israel gehört; ihn, der unter der Verheißung Abrahams steht; ihn, der aus dem Stamm Benjamin kommt; ihn, den früheren Verfolger der Jesusleute, hat Gott zum Heidenapostel gemacht (1. Kor. 15, 9). „Das Heil kommt von den Juden" (Joh. 4, 22), durch Jesus, der Paulus zum Apostel berufen hat. Im Mosessegen wird über Benjamin der Ehrentitel „der Geliebte des HERRN" ausgerufen (5. Mose 33, 12). Das steht über Paulus und auch über ganz Israel. Es ist auch ein Messiasname. Gott hat sein Volk nicht verstoßen! Er wird es heimlieben.

Gott ist getreu.
Sein Herz, sein Vaterherz
ist voller Redlichkeit.
Gott ist getreu
bei Wohlsein und bei Schmerz,
in gut und böser Zeit.
Weicht, Berge, weicht, fallt hin, ihr Hügel,
mein Glaubensgrund hat dieses Siegel:
Gott ist getreu! Gott ist getreu!

Ehrenfried Liebich

Denn wenn ihre Verwerfung die Versöhnung der Welt ist, was wird ihre Annahme anderes sein als Leben aus den Toten.
Römer 11, 15

Die Verwerfung Israels ist die Folge ihres Ungehorsams. Sie wollten nicht auf Jesus hören, nun können sie – für eine lange Zeit – nicht mehr hören. Sie sind verstockt, wörtlich: erkaltet, weggeflossen vom Feuer. Dahinter steht das Bild eines Lavastroms, der immer mehr „versteinert", je weiter er vom Glutherd wegfließt. Das ist die Verwerfung Israels: sie lehnen Jesus Christus bewusst ab, liefern ihn aus und lassen ihn töten. Und Gott lässt sie ihren Eigenweg des Ungehorsams zunächst gehen. Sie sind „beiseite gestellt" für die Zeit der Sammlung der Gemeinde, sind so im Heilsplan Gottes, der in der Rettung der Heiden weitergeht, nicht aktiv beteiligt.

„Das Heil kommt von der Juden" (Joh. 4, 22) und führt zur Versöhnung der Welt. Jesus hat die verlorenen Schafe vom Haus Israel gesucht. Sie wollen sich nicht finden lassen. Nun geht das Evangelium durch die Völkerwelt. Die weltweite Gemeinde des Christus wird gesammelt durch die Christusboten.

Israel ist jetzt beiseite gestellt. Aber es gibt keine Heilsvollendung ohne Israel. Gott wird neu nach ihnen greifen und sie wieder annehmen. Das wird der Beginn der Neuschöpfung sein. Leben aus den Toten wird geschehen und geschieht heute, wo Israel in der Erfüllungszeit der Verheißungen, gesammelt im Land und wieder zum Volk geworden, selbst aufersteht. Leben aus den Toten wird sein, wenn ganz Israel bei der Wiederkunft Jesu ihn als Messias erkennen und anerkennen wird, wenn die Gemeinde Jesu Christi ihrem Herrn entgegengerückt und die Erstauferstehung der Gläubigen geschehen wird.

„Wachet auf", ruft uns die Stimme / der Wächter sehr hoch auf der Zinne, / „wach auf, du Stadt Jerusalem! / Mitternacht heißt diese Stunde"; / sie rufen uns mit hellem Munde: / „Wo seid ihr klugen Jungfrauen? / Wohlauf, der Bräut'gam kommt, / steht auf, die Lampen nehmt! / Halleluja! / Macht euch bereit / zu der Hochzeit, / ihr müsset ihm entgegengehn!" *Philipp Nicolai*

Dann wird ganz Israel gerettet werden, wie geschrieben steht: „Es wird kommen aus Zion der Erlöser, der abwenden wird alle Gottlosigkeit von Jakob.“ Römer 11, 26

Schon Jesaja sieht das Schlussbild, die Vollendung des göttlichen Heilsplans mit Israel (Jes. 59, 20). Noch sucht Israel Rettung aus eigener Kraft. Die orthodoxen Juden setzen ihre ganze Hoffnung auf die pünktlichste Erfüllung der Thora. Auch sie und gerade sie sehnen den Messias herbei. Welch eine Blindheit. Der Messias ist schon gekommen, Jesus von Nazareth, aber sie haben ihn nicht erkannt und wollten ihn nicht hören. Das ist die Gottlosigkeit Israels, bei allem eifrigsten Gottesdienst gottlos, weil sie Jesus, den Sohn Gottes, nicht anerkennen.

Doch er wird noch einmal kommen, vor und für Israel. „Seine Füße werden stehen auf dem Ölberg“ (Sach. 14, 4). Dann wird Israel endgültig seinen Erlöser, den Messias, anerkennen. Dann hat die Gottlosigkeit Israels ein Ende. Israels Gott, der gekreuzigte und auferstandene Jesus Christus, wird da sein.

Das ist die Rettung für Israel. Dann wird es auch durch Israel tönen: „Christ, der Retter, ist da!“ Israels Zukunft steht unter dem „Dann“ Gottes. Er wird endgültig in Jesus Christus handeln. Das Selbsttun Israels ist zu Ende.

Die Verheißung, „ganz Israel gerettet“ (ein Jubelruf, so Otto Michel, 1903–1993), muss ein Stück weit offen bleiben, bis Gott handeln wird. Es wird nicht nur ein „Rest“ Israels sein, der ist heute schon in der Jesus-Gemeinde eingegliedert. „Ganz Israel“, das wird wohl tatsächlich alle aus Israel beim Kommen Jesu Christi umfassen. Wir können gespannt abwarten, wie Gott handeln wird.

Der alte Name Jakob wird noch genannt, denn es ist das Israel in Sünden, das in der Begegnung mit dem Christus Gottes gerettet wird. Auch und gerade Israel kann sich nicht selbst retten.

Schmelz alles, was sich trennt, zusammen
und baue deinen Tempel aus;
lass leuchten deine heil'gen Flammen
durch deines Vaters ganzes Haus.

Georg Friedrich Fickert

Und dies ist mein Bund mit ihnen, wenn ich ihre Sünden wegnehmen werde. Römer 11, 27

Paulus hat seine Linien für Israels Zukunft nicht aus unbelegbaren Sphären, als Geheimwissen, sondern aus dem prophetischen Wort der Schrift, das ihm Gottes Geist aufschließt. Darum: „Wie geschrieben steht", und nicht wie Paulus denkt, hofft oder vermutet.

So sagt es schon der Prophet Jeremia (Jer. 31, 33), dass Gott mit seinem Volk einen neuen, endgültigen Bund schließen wird. Am Ende der Zeit, bei der Heilsvollendung, wird Israels ganz in den neuen Gottesbund hineingenommen. Er wird das steinerne, verstockte Herz wegnehmen und ihnen ein neues, Gott allein liebendes Herz geben. Gott wird das tun. Der wiederkommende König Gottes, Jesus Christus, wird Israel vollenden. Das war ja schon am Kreuz auf Golgatha sein Heilstun. Er hat die Sünden weggenommen. Petrus schreibt: „Er hat sie selbst hinaufgetragen an das Fluchholz" (1. Petr. 2, 24). Das wollte Israel nicht gelten lassen. Im Anblick des Durchbohrten (Sach. 12, 10) wird es auch für das klagende Israel Wirklichkeit. Der „Sündenträger" Jesus nimmt auch ihre Sünde hinweg. Das Kreuzeszeichen leuchtet nun auch über dem neuen Israel. Der Löwe aus Juda, das Lamm, das geschlachtet ist (Offb. 5, 1–14), tritt seine Herrschaft auch über Israel an.

Es gibt keinen Sonderweg Israels zur Rettung. Rettung gibt es auch für Israel nur durch Jesus (Apg. 4, 12). Wohl gibt es noch einmal eine besondere liebende Zuwendung Jesu Christi bei seinem Kommen mitten in Israel, in Jerusalem, auf dem Ölberg. Aber Rettung für Israel gibt es nur durch das Bekenntnis: Er, Christus, ist unser Heiland. Er allein kann Sünden wegnehmen. Das kann nicht Gesetzeserfüllung, das können nicht Opfer und Waschungen. Die Rettung liegt im Kreuz Jesu Christi, in seinem stellvertretenden Opfertod, auch für Israel.

Alles hat Christus für dich getan.
Er hat vollbracht, was sonst keiner kann.
Für deine Sünden gab er sein Blut.
er starb am Kreuze dir zugut.

Im Blick auf die Erwählung sind sie Geliebte um der Väter willen.
Römer 11, 28b

Israel ist Gottes erwähltes Volk, sein geliebtes Volk. Liebe ist biblisch kein Verb der Gefühlsbewegung, sondern ein Tunwort. Eigentlich ist zu übersetzen „jemand ganz nahe sein wollen". Hinter „geliebt" steht also Gottes Wille. Er will Israel ganz nahe sein. Und das hat er getan. Schon damals bei den Vätern. Gott sprach zu Abraham. Er kam sogar zu ihm. So nahte er sich Isaak, Jakob und Mose. „Er redete mit Mose wie mit einem Freund" (2. Mose 33, 11).

Ganz nahe sein wollen, das war und blieb Gottes Liebesbewegung zu Israel hin. Selbst dann, wenn und wo sich das Volk von ihm entfernte, trotzig und ungehorsam wegging. Gott ging seinem Volk nach, hat es immer wieder heimgesucht. Die Liebesgeschichte mit Israel ist und war eine Suchgeschichte.

Am überwältigendsten gipfelte diese Liebes-Such-Bewegung in seinem Sohn Jesus Christus. „Der Herr, der Gott Israels, hat besucht und erlöst sein Volk", so jubelt Zacharias (Luk. 1, 68). „Jesus selber ist gekommen, die Sünder zu suchen und selig zu machen" (Luk. 5, 32; 19, 10). Seine ganze Kraft gilt den verlorenen Schafen vom Hause Israel (Matth. 15, 24). Israel als Volk ließ sich nicht finden. Sie haben den liebenden Sucher verschmäht und weggetan. Wie klagt Jesus über Jerusalem: „Wie oft habe ich dich versammeln wollen, wie eine Henne ihre Küchlein; doch ihr habt nicht gewollt" (Matth. 23, 37). Israel hat nicht gewollt. Doch Gott hat gewollt. Er gibt seine Suche nicht auf. Der auferstandene Christus wird bei seiner Wiederkunft Israel noch einmal leibhaftig besuchen, heimsuchen und so Gottes Liebe zum Ziel bringen. „Um der Väter willen", weil Gott sein Wort gegeben hat. Seine Liebe ist unwandelbar. So rühmt Paulus die Gottesliebe, auch und gerade zu Israel: „Die Liebe hört nimmer auf!" (1. Kor. 13, 8).

Gott rufet noch. Sollt ich nicht endlich kommen?
Ich hab so lang die treue Stimme vernommen.
Ich wusst es wohl; ich war nicht, wie ich sollt.
Er winkte mir, ich habe nicht gewollt.
Gerhard Tersteegen

Gottes Gaben und Berufung können ihn nicht gereuen.
Römer 11, 29

Israel bleibt geliebt von Anfang seiner Geschichte her, von der Erwählung der Väter her. Die Treue Gottes hält durch. Seine Gnadengaben und Berufung Israels sind unbereubar. Was er in seiner freien Gnade Israel geschenkt hat, reut Gott nicht, und die Berufung Israels nimmt er nicht zurück. „Nicht gereuen" steht im wörtlichen Sinn von „nicht macht es nachher Sorgen" und kann mit „unwiderruflich" wiedergegeben werden.

Da Gott der in der Geschichte handelnde Gott ist, redet die Bibel schon früh von der Reue Gottes, z. B. vor der Sintflut: „Es reut ihn, dass er die Menschen gemacht hatte" (1. Mose 6, 6). Aber auch dort bleibt es unwiderrufen. Nicht alle Menschen werden vertilgt. Noah und die Seinen erfahren Gnade und bekräftigen die Unwiderruflichkeit des ersten Gotteswortes: „Lasset uns Menschen machen ..."

Wo von der Reue Gottes so die Rede ist, da ist sein Eingehen in die Geschichte im Blick. Gott ist nicht ein kaltes, blindes Schicksal, sondern er handelt voller Liebe und darum auch im Zorn bei Israel, bei uns Menschen. Doch führt er seinen Heilsplan zum Ziel, gegen allen Widerstand Israels. Es reut ihn nicht. Deshalb sagt er durch Jesaja zu Israel: „Mir hast du Arbeit gemacht mit deinen Sünden und hast mir Mühe gemacht mit deinen Missetaten. Ich, ich tilge deine Übertretungen um meinetwillen und gedenke deiner Sünden nicht" (Jes. 43, 24.25).

Wir sind heute Zeugen, dass Gott es nicht reut mit Israel. Er handelt ganz neu mit seinem Volk, obwohl Israels Blindheit noch andauert. Dass es Gott nicht reut, das ist für uns festigende Glaubensgewissheit. Das ist und bleibt Israels Fundament und Zukunft.

Gott ist getreu.
Er tut, was er verheißt;
er hält, was er verspricht.
Wenn mir sein Wort
den Weg zum Leben weist,
so irr und gleit ich nicht.
Gott ist kein Mensch, er kann nicht lügen,
das Wort der Wahrheit kann nicht trügen.
Gott ist getreu.

Ehrenfried Liebich

O welch eine Tiefe des Reichtums, beides, der Weisheit und der Erkenntnis Gottes! Wie unbegreiflich sind seine Gerichte und unerforschlich seine Wege! Römer 11, 33

Paulus hat die Heilswege Gottes mit Israel nach- und ausgesprochen. Das führt ihn zur demütigen Anbetung. Hier betet der Glaube an, der Einblick in Gottes Geheimnisse hat, der wissen soll (V. 25), der sich nicht einbildet zu „sein wie Gott“ (1. Mose 3, 5). Paulus denkt nicht einem System nach, sondern bezeugt eben den an Israel handelnden Gott.

Der Anbetungsruf „O Tiefe des Reichtums“ preist Gottes Gewichtigkeit und Unergründlichkeit, die in seinen unermesslich reichen Gaben für uns überfließend wird. Gerade Israel ist dafür herausragendes Beispiel. Es ist Gottes Weisheit, im ganz wörtlichen Sinn zunächst sein Können, seine Kunst, wie er dieses halsstarrige und unberechenbare Volk durch die Zeiten zum Ziel der Heilsvollendung führt. Es ist seine Erkenntnis, sein Denken und Planen, die Israel in der Spur halten und das Volk zum Gotteszeichen für alle Völker macht.

Allerdings ist es für Israel nicht bequem, Gottes erwähltes Volk zu sein. In seinen Eigenwegen erfährt es Gottes Gerichte, eigentlich seine richterlichen Entscheidungen. Das griechische Wort heißt in seiner Wurzel absondern, scheiden, wegschneiden. Israel ist nicht wie alle Völker. „Wen der Herr lieb hat, den züchtigt er“ (Hebr. 12, 6). zeigt sich an Israel. Es trägt die Würde der Gottesliebe. Sie wird dem Volk zum heimsuchenden Herrichten.

Unerforschlich sind Gottes Wege mit seinem Volk, eigentlich unaufspürbar. Oft geht Gott mit Israel verborgene Wege, deren Sinn und Strecke nur er weiß. So lassen sich der Holocaust, die geballte arabische Feindschaft und der leidenschaftliche Hass weltweit vieler gegen Israel letztlich nicht aufdecken. Aber Gott hat ein Ziel mit seinem Volk, ein Heilsziel. Das letzte Wort heißt Vollendung.

Großer Gott, wir loben dich.
Herr, wir preisen deine Stärke.
Vor dir neigt die Erde sich
und bewundert deine Werke.
Wie du warst vor aller Zeit,
so bleibst du in Ewigkeit.

Ignaz Franz

Denn von ihm und durch ihn und zu ihm sind alle Dinge. Ihm sei Ehre in Ewigkeit! Amen. Römer 11, 36

Gott ist der Allmächtige, der Schöpfer, der Erhalter, der Vollender! Paulus schließt seine Verkündigung der Heilsgeschichte Gottes mit Israel in demütiger Anbetung. Dieses Volk ist das Wahrzeichen des handelnden Gottes.

„Von ihm ist alles." Wo ist das deutlicher zu sehen als an Israel. Gott hat Israel erwählt, Abraham berufen und ihm und seinen Nachkommen die ewige Segensverheißung zugesprochen. Ohne einsehbaren Grund. Gott selbst sagt: „Nicht hat euch der HERR angenommen und euch erwählt, weil ihr größer wäret als alle Völker – denn du bist das kleinste unter allen Völkern –, sondern weil er euch geliebt hat" (5. Mose 7, 7.8). Das ist der einzige Grund. Israel lebt von der unergründlichen Liebe Gottes.

„Durch ihn ist alles." Israel. Gott hat dieses Volk durch die Zeiten geführt und erhalten. Damals am Schilfmeer war die Geschichte Israels eigentlich endgültig aus. Das Eliteheer des Pharao sollte Israel vernichten. Doch Gott teilte das Wasser. Israel zog hindurch und Pharao und sein Heer ertranken. Die Eroberer aus Assyrien, Babel und Rom wollten alle Israel auslöschen. Doch Gott erhielt sein Volk. Die von dämonischen Nazis geplante „Endlösung" sollte die Judenfrage endgültig „lösen". Doch Gott führte sein Volk durch dieses Grauen. Er gab ihm wieder sein Land und machte Israel zu einer Nation. Der geballte Hass der arabischen Völker konnte den Staat Israel nicht von der Landkarte tilgen. Gottes Treue erhält sein Volk.

„Zu ihm ist alles." Das ist die Zielrichtung Gottes mit Israel. Das wird diese letzte Zeit prägen und durchziehen. Gott lässt sein Volk nicht. Er, er selbst, wird es endgültig bekehren und erretten, zum Königsvolk der neuen Erde machen. Nicht letztlich um Israels willen, sondern um Gottes Ehre willen. Seine Gewichtigkeit wird an Israel allen Völkern, selbst dem Satan und seinen Heeren, offenbar werden. Amen, so ist es! Sieh Israel an. Da ist er!

Alles, was dich preisen kann,
Cherubim und Seraphinen,
stimmen dir ein Loblied an,
alle Engel, die dir dienen,
rufen dir stets ohne Ruh:
„Heilig, heilig, heilig!" zu.
Ignaz Franz

An dem Feigenbaum lernt ein Gleichnis: Wenn seine Zweige jetzt saftig werden und Blätter treiben, so wisst ihr, dass der Sommer nahe ist. Ebenso auch: Wenn ihr das alles seht, so wisst, dass er nahe vor der Tür ist. Matthäus 24, 32.33

Der Feigenbaum steht im Alten Testament öfter als Bild für das Volk Israel. Jesus meint das hier auch so. Israel ist das Zeichen für das Schlusshandeln Gottes in seiner Heilsgeschichte.

„Der Sommer ist nahe." Die Wiederkunft Jesu Christi ist angekündigt. Wenn es zum Gottesdienst läutet, werden nicht alle Glocken auf einmal angeschaltet, sondern eine nach der anderen. Ertönt dann das volle Geläut – es läutet zusammen – wird gleich der Gottesdienst beginnen. Glocke um Glocke hat Gott angeschaltet. Jesus sagt das voraus: Kriegsdrohungen, Nationalitätenkonflikte, Erdbeben, Hungersnöte, Verfolgungen der Gemeinde etc. (ab V. 5). Die letzte Glocke ist die Israelglocke.

„Die Zweige des Feigenbaums werden saftig." Israel ist wieder als Volk, als Nation, im Land. Religion, Wirtschaft, Wissenschaft und Kultur pulsieren im heutigen Staat Israel in ungeahnter Weise. Die Verheißungen für die Sammlung Israels sind erfüllt vor unsren Augen. Wir sind Zeugen der Vollendung. Gewiss, noch sind längst nicht alle Juden im Land Israel. Wir dürfen gespannt sein, wie Gott an Israel weiterhandelt.

„Die Zweige treiben Blätter." Die Sehnsucht nach dem Messias erfasst immer mehr Menschen in Israel. Die Gemeinde der messianischen Juden, der Christusgläubigen, ringt intensiv um die Angehörigen ihres Volkes. Das Wissen, sich nicht aus eigener Kraft gegen die feindliche Übermacht behaupten zu können, greift Platz. Ein Volk zwischen Angst und Hoffnung. Noch ist keine Blüte oder gar Frucht. Aber der Sommer ist nahe. Der wiederkommende Christus wird seinem Volk erscheinen und es bekehren. „Maranatha. Unser Herr kommt!" (1. Kor. 16, 22)

Ach dass die Hilf aus Zion käme! / O dass dein Geist, so wie dein Wort verspricht, / dein Volk aus dem Gefängnis nähme! / O würd es doch nun bald vor Abend licht! / Ach reiß, o Herr, den Himmel bald entzwei / und komm herab zur Hilf und mach uns frei.

Karl Heinrich Bogatzky

Und ich will das Haus Juda stärken und das Haus Josef erretten und will sie wieder einsetzen; denn ich erbarme mich ihrer. Und sie sollen sein, wie sie waren, als ich sie nicht verstoßen hatte; denn ich, der HERR, bin ihr Gott und will sie erhören. Sacharja 10, 6

Gut 500 Jahre vor Christi Geburt verkündigt der Prophet Sacharja nach der babylonischen Gefangenschaft deutlichst Gottes Vollendungshandeln mit seinem Volk Israel am Ende der Zeit. Wir sind heute Zeugen der beginnenden Erfüllung des prophetischen Worts des Sacharja. Gott hält sein Wort.

Gott sammelt sein Volk wieder im Land, und zwar ganz Israel. Das Haus Juda und das Haus Josef. Gottes Erbarmen, wörtlich „sein Niederbeugen“, gilt ganz Israel. Er hebt sein Volk aus dem Staub auf, in den es die anderen Völker getreten haben. Er wird sein Volk stärken. Das hebräische Wort meint einmal „wachsen lassen, groß werden lassen“. Das hat Gott getan. Israel ist wieder zur Nation im Land geworden. Weiter heißt stärken „die Oberhand behalten lassen“. Das hat Gott getan. In fünf Kriegsjahren, die die völlige Vernichtung des Judenstaates zum Ziel hatten, siegte doch das – menschlich gesehen – weit unterlegene Israel. Gott ist der Handelnde.

„Ich will sie wieder einsetzen.“ Der Wortsinn ist: „Ich lasse sie wieder heimkehren“. Hinter der Staatswerdung Israels steht Gottes dynamisches Verheißungswort. Er nur ist der Treibende. Wer die Geschichte Israels – gerade auch heute – wirklich verstehen will, der muss sich Gott selber öffnen, seinem prophetischen Wort glauben.

Israel wird wieder am Ende der Zeit in seine Erwählung als erstgeborener, geliebter Sohn eingesetzt. Gott ist und bleibt sein Gott, Israels in besonderer Weise zugewandt. Er hört, erhört sein leisestes Rufen. Das heutige Israel steht auch für die Wahrheit des biblischen Wortes. Willst du wissen, ob die Bibel wahr ist, dann schaue Israel heute an.

Wort des Lebens, stark und rein,
alle Völker harren dein;
walte fort, bis aus der Nacht
alle Welt zum Tag erwacht.
Jonathan Friedrich Bahnmaier

Und es soll geschehen: Wie ihr vom Hause Juda und vom Hause Israel ein Fluch gewesen seid unter den Heiden, so will ich euch erlösen, dass ihr ein Segen sein sollt. Fürchtet euch nur nicht und stärkt eure Hände. **Sacharja 8, 13**

Das war die bedrückende Wirklichkeit der vergangenen Jahrhunderte: Israel war ein Fluch unter den Völkern. Das hebräische Wort hat drei Grundbedeutungen: a) *leicht, gering, verachtet sein.* Das war das Los der Juden, in welchem Volk sie auch lebten, dass sie mehr oder weniger gering geschätzte, verachtete Leute waren. Die volle Integration in die Gastvölker wurde ihnen konsequent verwehrt, b) *verächtlich gemacht, verspottet.* Die noch milde Spielart des Antisemitismus. Die Juden als Witzfiguren, Beschimpfte und Beschuldigte. Gab es irgend ein Unglück im Land, in der Regel wurden die Juden als Sündenböcke herausgestellt und diffamiert, c) *schütteln, umwerfen.* Die grausamste Form des Antisemitismus. Etwa die schrecklichen Judenverfolgungen durch die Jahrhunderte in Russland und Polen. Die unsagbar grauenhafte Judenvernichtung in den Gaskammern der Nazis. Israel hat das wahrlich durchlitten, ein Fluch unter den Völkern zu sein.

Aber Gott wird sein Volk erlösen. Ganz wörtlich, er wird seinem Volk wieder Raum geben. Das hat er getan. Israel lebt wieder in seinem eigenen Land. Sie können wieder „atmen". Zum ersten Mal seit Salomo lebt Israel wieder als selbstständiges, nicht mehr unterjochtes Volk. Gottes Heilszeit strahlt leuchtend auf. Israel wird ein Segen für alle Völker im Tausendjährigen Reich sein. Israel ist das Machtzeichen des Gottes. Es wird die Völker der Erde zu dem lebendigen Gott und seinem Messias leiten.

In dieser Zeit gewinnt die Ermutigung immer mehr an Gewicht für Israel: „Fürchtet euch nicht", eigentlich: *flieht nicht weg* (von Gott), sondern „stärkt eure Hände", legt eure Hand ganz in Gottes Hand, schnürt euch fest an ihn. Da liegt Israels Heil.

Auf immer gilt dein Segensbund, / dein Wort ist Ja und Amen. / Nie weicht es uns aus Geist und Mund / und nie von unserem Samen. / Lass immerfort / dein helles Wort / in allen Lebenszeiten / uns trösten, warnen, leiten. *Karl Bernhard Garve*

So spricht der HERR Zebaoth: Es sollen hinfort wieder sitzen auf den Plätzen Jerusalems alte Männer und Frauen, jeder mit seinem Stock in der Hand vor hohem Alter, und die Plätze der Stadt sollen voll sein von Knaben und Mädchen, die dort spielen.

Sacharja 8, 4.5

Wir sind Zeugen! Die Verheißungen aus Sacharja erfüllen sich. Reise nach Israel und sieh es mit eigenen Augen! Dort sitzen die Alten auf den Plätzen Jerusalems und spielen die Kinder.

Jerusalem, von den Römern damals total und endgültig zerstört, aufgefüllt und zu einem Weizenacker gemacht (Micha 3, 12), ist heute wieder eine lebendige, blühende, pulsierende Stadt. Die alten Menschen sitzen auf den Plätzen des neuen jüdischen Viertels wohlig in der Sonne. Viele von ihnen haben das Land in den vergangenen 50 Jahren mit aufgebaut und genießen ihren Lebensabend. Israel besteht seit über 50 Jahren. Die Alten stehen dafür. Israel, Jerusalem hat eine Zukunft. Da spielen die Kinder, die Hoffnung des Staates Israel.

Freilich, das ist erst vorläufige Erfüllung. Noch ist jeder Platz Jerusalems von schwer bewaffneten Soldaten bewacht. Die Kinder werden von den Lehrern mit Maschinenpistolen geschützt, die Kindergärtnerin trägt die Pistole im Gürtel. Noch explodieren Bomben immer wieder auf den Plätzen Jerusalems, werden Israelis auf bestialische Weise auf offener Straße umgebracht. Der Friede, der äußere Friede, liegt noch in weiter Ferne!

Doch die Verheißung drängt auf weitere Erfüllung. Gottes Heilsplan kommt zur Verwirklichung im Tausendjährigen Reich. Dann wird die Stadt wirklich „Gründung des Friedens", so die Übersetzung des Namens, sein: „Siehe da, die Wohnung Gottes bei den Menschen" (Offb. 21, 3)! Jerusalem, Gottes geliebte Stadt. Hier ist seine Liebe schon heute sichtbar und wird für die ganze Völkerwelt überwältigend sichtbar werden.

Schau, wie große Not und Qual / trifft dein Volk jetzt überall; / täglich wird der Trübsal mehr. / Herr, ach hilf, schütz deine Lehr. / Wir verderben, wir vergehn; / nichts wir sonst vor Augen sehn, / wo du nicht wirst bei uns stehn. *Johann Heermann*

Siehe, ich will Jerusalem zum Taumelbecher zurichten für alle Völker ringsumher, und auch Juda wird's gelten, wenn Jerusalem belagert wird. Sacharja 12, 2

Da ziehen sie durch die Straßen der arabischen Hauptstädte, in taumelnder Ekstase, die von ihren Politikern und Mullahs aufgepeitschten Massen. „Jerusalem ist unser", schreien sie bis zur Besinnungslosigkeit, rufen auf zum großen heiligen Krieg. „Vertreibt die Juden aus unserer Stadt Jerusalem."

Es sind keine vernünftigen Gründe, die diesen ekstatischen Hass erklären oder rechtfertigen könnten. Jerusalem wird zur drittheiligsten Stadt des Islam erklärt. Mohammed sei vom Felsen Morija, vom Tempelberg, mit seinem Pferd in den Himmel geritten. Der Hufabdruck wird noch gezeigt in der Omar-Moschee, die dort steht, wo einst der Tempel Gottes war.

Jerusalem versetzt die Massen in unkontrollierbare Emotionen, die die politischen und religiösen Führer geschickt anheizen und ausnützen. Dahinter steht der Satan. Er will Gottes Heilsvollendung mit allen Kräften verhindern. In seiner „Nachäfferreligion", dem Islam, tritt er zum Kampf an. Der Satan raubt die Besinnung, peitscht auf, macht fanatisch. Der Geist Gottes peitscht nicht die Emotionen auf. Er verändert den Willen, macht besonnen und nüchtern und gibt Raum zu klarer Entscheidung. Ein wichtiges Merkmal für die Geisterunterscheidung heute!

Jerusalem wird zu dem Streitobjekt heutiger Politik. Zwischen Arabern, so genannten Palästinensern und Israel. Oft bis vor das höchste Gremium der Welt, die UNO, gehen die hasserfüllten Auseinandersetzungen. Kaum ein Land der Welt erkennt Jerusalem als rechtmäßige Hauptstadt des Staates Israel an. Ihre Botschaften liegen alle in Tel Aviv. Fast jeder Hausbau, gar eine neue Siedlung am Stadtrand, rufen wütende Proteste hervor, bringen das Land an den Rand des Krieges. Wahrlich: Jerusalem ist der Taumelbecher für die Völker.

Du bist der Held, der sie kann untertreten
und das kleine Häuflein retten.
Wir traun auf dich, wir schrein in Jesu Namen:
Hilf, Helfer! Amen.
Johann Heermann

Zur selben Zeit will ich Jerusalem machen zum Laststein für alle Völker. Alle, die ihn wegheben wollen, sollen sich daran wund reißen; denn es werden sich alle Völker auf Erden gegen Jerusalem versammeln. **Sacharja 12, 3**

Diese Zeit hat längst begonnen; die Letzt-Zeit, Gottes Vollendungszeit, Gerichtszeit für die Völker. Was Sacharja voraussah, mit den Augen vom Geist Gottes geöffnet, das sehen wir heute immer deutlicher. Und wir werden noch klarer sehen.

Jerusalem, der Laststein für alle Völker. Wie viele Resolutionen und Beschlüsse, Anklagen und Forderungen wurden allein in den letzten Jahren in der UNO und vielen Hauptstädten der Welt wegen Jerusalem gefasst und beschlossen.

Wie viele Politiker haben schon versucht, dieses „Problem" zu lösen und es ist ihnen nicht gelungen. „Der Friede der ganzen Welt ist in Gefahr"; „Israels Jerusalempolitik ist eine Lunte, die alle hochgehen lassen kann"; „Weg mit den religiösen Eiferern"; die Parolen in den Medien werden immer ausfallender und zugespitzter. Der arabische Hass konzentriert sich auf Jerusalem in der Hand Israels.

Der Antichrist wird wohl der große Problemlöser sein. Er wird den Weltfrieden garantieren, die sozialen, wirtschaftlichen und religiösen Probleme weithin lösen. Selbst mit Israel wird er einen Pakt der Zusammenarbeit schließen. Aber ein Problem wird bleiben: Jerusalem. Dann wird es zum Endkampf kommen. Er wird die Völker versammeln zum großen Krieg gegen Israel, um die Jerusalem-Frage ein für alle Mal zu lösen. Der wiederkommende Christus wird für Jerusalem streiten. Die Völker werden vor Jerusalem kläglich scheitern. Jerusalem, der Laststein für die Völker. Wohl und Wehe der Völker schon heute hängt von ihrer Haltung zu Jerusalem, zu Israel ab. „Es möge wohlgehen denen, die Jerusalem lieben" (Ps. 122, 6).

Herr, siehe an der Feinde Rotten, / sieh ihr Heer und große Macht, / höre, wie sie deiner spotten, / wie dein Name wird verlacht. / O zerreiß den Himmel gar; / deinem Volk herniederfahr, / ehe wir in Angst vergehen, / lass uns deine Ankunft sehen.

Wenn ihr aber sehen werdet, dass Jerusalem von einem Heer belagert wird, dann erkennt, dass seine Verwüstung nahe herbeigekommen ist. Lukas 21, 20

Jerusalem belagert und sogar erobert und verwüstet – das kann doch nicht sein! Jerusalem ist doch Gottes geliebte Stadt. Doch Jesus sagt das ganz deutlich voraus.

Jerusalem belagert und verwüstet. Das haben die Assyrer gemacht und auch die Babylonier. Nebukadnezar hat die Stadt eingenommen, den Tempel geplündert und den König und viele Edle in Gefangenschaft geführt.

Hat denn Gott seine Stadt schon aufgegeben? Nein und nochmals nein! Aber sein Volk Israel hat Gott aufgegeben, hat sich Götzen zugewandt, ist abtrünnig und ungehorsam geworden. Die Liebe Gottes ist nicht ohne seinen Zorn zu haben. Gerade weil Gott Israel so liebt, ist ihm sein Volk auch seinen Zorn wert. Seine Gerichte kommen aus seiner bedingungslosen Liebe.

Jerusalem belagert und verwüstet. Jesus sagt seinen Jüngern damals die Zerstörung Jerusalems im Jahr 70 n. Chr. voraus. Viele von denen, die seine Worte hörten, haben es tatsächlich gesehen. Jesu Wort trifft ein! Jesus weinte über Jerusalem. Aber nicht, weil Gott Jerusalem ablehnt. Aber Jerusalem lehnt seinen König, seinen Messias, Jesus, den Sohn Gottes, ab. Sie jubeln selbst ernannten Messiassen zu, die sie dann ins Verderben führen. Bei Jesus schreien sie: „Kreuzige ihn!“ (Joh. 19, 15). So geht Israel, so kommt Jerusalem in das Gericht, unter den Zorn Gottes, der die harte Seite seiner Liebe ist.

Jerusalem belagert und verwüstet. Doch Gott lässt seinen Heilswillen nicht. Jerusalem „lebt“ heute wieder. Aber noch ist Israel fanatisch blind für Jesus. Darum gilt immer noch, Jerusalem belagert und verwüstet. Das wird noch einmal sein durch den Antichristen. Dann aber wird der wiederkommende Christus, anerkannt von Israel, Jerusalem endgültig zur Stadt des Friedens machen.

Der Herr bricht ein um Mitternacht;
jetzt ist noch alles still.
Wohl dem, der sich nun fertig macht
und ihm begegnen will.
Johann Christoph Rube

Denn ich werde alle Heiden sammeln zum Kampf gegen Jerusalem. Und die Stadt wird erobert, die Häuser werden geplündert und die Frauen geschändet werden. Und die Hälfte der Stadt wird gefangen weggeführt werden, aber das übrige Volk wird nicht aus der Stadt ausgerottet werden. Sacharja 14, 2

Welch unvorstellbares Geschehen. Doch Gott selbst steht dahinter: „Ich werde alle Heiden sammeln zum Kampf gegen Jerusalem!" Das ist Tiefensicht! In der Außensicht wird es der Antichrist sein, die Marionette des Satans, der alle Völker zum Kampf gegen Gottes Stadt führen wird. Er will die „Endlösung" – welch schlimmes Wort, ersonnen von den Nazis – des Israel-, des Jerusalem„problems".

Das sind dann die Fronten. Der Satan mit seinen Vasallen will auf alle Fälle Gottes Heilsziel aushebeln. Es gibt biblisch keine Heilsvollendung ohne Israel. Deshalb tritt er da an. Doch Gott behält die Fäden in der Hand. Für Israel und Jerusalem ist auch das noch heimsuchendes Gericht.

Warum geschieht das alles? Erstaunliche Antwort: Gott gibt auch dem Bösen Zeit zum Ausreifen! Jesus macht das deutlich im Gleichnis vom Unkraut unter dem Weizen. Es wird nicht gleich ausgerissen, sondern erst bei der Ernte verbrannt. Der Satan und alle, die ihm anhängen, gehen mit ihrem Angriff auf Jerusalem und damit auf Gott selbst der „Ernte", der Vernichtung, entgegen.

Sie wollen Israel, Jerusalem vernichten. Es scheint auch zu gelingen, aber nur zur Hälfte. Beim Satan bleibt immer alles halb fertig. Er kann nicht zu seinem Ziel kommen, nichts Vollendetes, Ganzes wirken. Selbst sein Todesfluch bleibt nur halb. Er konnte den Sohn töten, doch „Der Herr ist auferstanden!" „Das übrige Volk wird nicht aus der Stadt ausgerottet werden." Statt „Endlösung" kommt Christus jetzt zur Erlösung.

Ja, Jesus siegt, sei's dass die Finsternis
im Trotzen wütend schnaubt;
sei's dass sie wähnt, mit ihrem giftgen Biss
hätt sie ihm viel geraubt.
Die Seinen lässt in Not und Grämen
sich unser Held doch niemals nehmen.
Ja, Jesus siegt!

Johann Christoph Blumhardt

Und der HERR wird ausziehen und kämpfen gegen diese Heiden, wie er zu kämpfen pflegt am Tag der Schlacht. Sacharja 14, 3

Der Schlussangriff des Satans, seines Antichristen mit dem Völkerheer gegen Israel und gegen Jerusalem, wird biblisch auch die Schlacht von Harmagedon genannt (Offb. 16, 16). Israel, Gottes geliebtes Volk, soll ausgelöscht werden und damit letztlich Gottes Heilsplan zunichte werden. Doch der Herr, der Christus Gottes, wird ausziehen und kämpfen gegen diese Heiden, kämpfen für sein Volk Israel. Gott selbst greift ein, sichtbar, schrecklich und für die Gottesfeinde vernichtend.

Schon einmal – ganz am Anfang seiner Geschichte – stand Israel vor der endgültigen Vernichtung. Vor sich das Meer und hinter sich das heranbrausende Eliteheer des „Gottes" Pharao. Ein Entkommen schien nicht mehr möglich. Auch der Pharao, Götze für sein Volk, trieb letztlich des Satans Pläne. Dort am Schilfmeer ging das Heer mit Mann und Maus unter. Israel war trockenen Fußes hindurchgezogen. So pflegt der Herr zu kämpfen. Mose rief es damals schon dem verängstigten Volk zu: „Fürchtet euch nicht! ... Der HERR wird für euch streiten, und ihr werdet stille sein" (2. Mose 14, 13.14).

Dort und nur dort liegt Israels Zukunft und Rettung. Nicht in seiner eigenen Stärke. Darauf vertraut das heutige Israel. Das Land mit den höchsten Ausgaben für das Militär auf dieser Erde, dem schlagkräftigsten Geheimdienst, der Atombombe wohl im Hintergrund als letztem Mittel. Nein, so überlebt Israel nicht, sondern „der Herr wird ausziehen". „Der Antichrist wird in den feurigen Pfuhl geworfen und die anderen alle erschlagen mit dem Schwert, das aus dem Mund dessen ging, der auf dem Pferd saß" (Offb. 19, 20. 21). Christus braucht keine andre Waffe, der „Hauch seines Mundes" (2. Thess. 2, 8) genügt.

Ja, Jesus siegt! Ob schon das Volk des Herrn
noch hart darniederliegt.
Wenn Satans Pfeil ihm auch von nah und fern
mit List entgegenfliegt,
löscht Jesu Arm die Feuerbrände;
das Feld behält der Herr am Ende.
Ja, Jesus siegt!

Johann Christoph Blumhardt

Und seine Füße werden stehen zu der Zeit auf dem Ölberg, der vor Jerusalem liegt, nach Osten hin. Und der Ölberg wird sich in der Mitte spalten, von Osten bis zum Westen, sehr weit auseinander, sodass die eine Hälfte des Berges nach Norden und die andere nach Süden weichen wird. **Sacharja 14, 4**

Christus selbst wird sichtbar erscheinen und sein Volk, seine Stadt Jerusalem, vor dem Sturmangriff des Satans und seines Antichristen retten. Dort am Schilfmeer war Gott gegenwärtig. Aber noch verhüllt, in der Gestalt der Wolken- und Feuersäule. Jetzt tritt Gott aus seiner Verhüllung hervor. Der Christus-König erscheint in seiner ganzen Herrlichkeit und Macht.

Er wird auf dem Ölberg stehen. Dort, wo er über Jerusalem geweint hat: „Jerusalem, Jerusalem ... Wie oft hab ich dich versammeln wollen .... und du hast nicht gewollt“ (Matth. 23, 37). Auf dem Ölberg, in dessen Garten Gethsemane er sich in Gottes Willen hineingebetet hat: „Dein Wille geschehe.“ Auf dem Ölberg, wo er sich gefangen nehmen ließ und gehorsam den Weg ans Kreuz antrat. Auf dem Ölberg, dort wo ihn alle seine Jünger verließen und flohen. Von dort, wo er gen Himmel fuhr, kommt Christus wieder, zum endgültigen Sieg über die Feinde Israels.

So wie am Schilfmeer. Da teilte sich das Meer. Jetzt teilt sich der Berg in der Mitte, sehr weit auseinander. Das ist der Rettungsweg für das Volk Israel vor den herandrängenden Feinden. Die Felsen werden wie Mauern der Bergung sein und Israel umschützen. Wie am Anfang der Heilsgeschichte Israels wird es auch am Ende sein: Gott selbst, sein Christus rettet Israel.

Die Gewalten und Elemente der Natur setzt Gott ein, um Israel zu erhalten. Seine ganze Schöpfung dient dem einen, den Menschen, insbesondere seinem Volk Israel, Lebens-, Rettungs- und Heilsmöglichkeit zu schaffen und zu eröffnen. Der Ölberg spaltet sich sehr weit auseinander. Ganz Israel findet Weg, Rettung und Heil.

O des Tags der Herrlichkeit!
Jesus Christus, du die Sonne,
und auf Erden weit und breit
Licht und Wahrheit, Fried und Wonne!
Mach dich auf, es werde licht!
Jesus hält, was er verspricht!

Friedrich Adolf Krummacher

Und ihr werdet fliehen, wie ihr vorzeiten geflohen seid vor dem Erdbeben zur Zeit Usijas, des Königs von Juda. Da wird dann kommen der HERR, mein Gott, und alle Heiligen mit ihm.

Sacharja 14, 5

Der Ölberg ist gespalten. Ein Fluchtweg ist für Israel geschaffen vor seinen Feinden. „Israel wird fliehen", jetzt aber nicht wegfliehen vom Herrn, sondern hinfliehen in seinen Schutz. Da wird schon das wachsende Vertrauen des Volkes deutlich. So wie am Schilfmeer größtes Gottesvertrauen dazugehört hat, den Weg zwischen den hochragenden Wassermauern zu betreten, so ist auch jetzt großer Glaubensmut nötig, den Rettungsweg Gottes zu betreten, diesen steilwandigen Hohlweg mitten durch den gespaltenen Ölberg.

Israel wird fliehen in die Arme Gottes, seines Christus. Sie sind mit ihrer Kraft und Macht am Ende. Kein „heldenhafter", aber verderbender Endkampf mehr wie auf Masada. Sie vertrauen sich Gott an. Das ist eine gute, heilsame Flucht. Eine Flucht hin zu Christus.

Sacharja erinnert an das große Erdbeben zur Zeit des Königs Usija, für den Sacharja Ratgeber und Lehrer war. Dieser König tat, was Gott wohlgefiel und lebte unter dem Segen Gottes. Dann aber wurde er hochmütig und griff in die Priesterrechte ein. Da trat der Herr ihm in den Weg. Das erwähnte Erdbeben – nur hier in der Bibel – war Gottes Gerichts- und Warnzeichen für den König und sein Volk.

„Und alle Heiligen mit ihm." Christus wird die Engelheere und die vollendete Gemeinde mit sich führen. Nicht als Kampfheer, denn die Schlacht ist geschlagen, der Feind vernichtet, der Satan für tausend Jahre gebunden. Es ist der Triumphzug des Siegers, der den Seinen endgültig Teil gibt an seinem Sieg und an seiner Herrschaft. Die Gemeinde des Christus und das bekehrte Israel begegnen sich. So zieht der Horizont der Heilsvollendung herauf.

Wir warten dein, o Gottessohn, / und lieben dein Erscheinen. / Wir wissen dich auf deinem Thron / und nennen uns die Deinen. / Wer an dich glaubt, / erhebt sein Haupt / und siehet dir entgegen; / du kommst uns ja zum Segen. *Philipp Friedrich Hiller*

Aber über das Haus David und über die Bürger Jerusalems will ich ausgießen den Geist der Gnade und des Gebets. Und sie werden mich ansehen, den sie durchbohrt haben, und sie werden um ihn klagen, wie man klagt um ein einziges Kind, und sie werden sich betrüben, wie man sich betrübt um den Erstgeborenen.

Sacharja 12, 10

Jetzt ist Heilszeit für Israel. Mit dem wiederkommenden Christus, dem König, beginnt die endgültige Bekehrung und Rettung Israels. Jetzt ergreift der Heilige Geist ganz Israel und verwandelt es. Das steinerne Herz wird verwandelt in ein fleischernes, die Decke fällt von ihren Augen (2. Kor. 3, 16).

Der Geist der Gnade, Gottes Geist, vergewissert Israel seiner Gnade, seiner vergebenden, versöhnenden Zuwendung. Nun ist auch für Israel der Weg des Gesetzes zu Ende. Sie wollten sich durch ihre Werke das Heil verdienen, jetzt nehmen sie es als Geschenk.

Der Geist des Gebets, wörtlich „des Flehens", gibt Israel jetzt den neuen, geistgewirkten Mut, seinem Versagen, seiner Schuld ins Angesicht zu schauen und in bitterster Reue zu dem gnädigen Gott zu flehen. Sie erkennen ihre Schuld im Anblick des wiederkommenden Herrn Jesus Christus. Er trägt die Wundmale des Kreuzes, er ist der Durchbohrte. Das „kreuzige ihn" (Joh. 19, 15), der damaligen Juden ist im Grund in Israel nie verstummt. Hinweg mit diesem Jesus!

Jetzt aber, beim Anblick des wiederkommenden Herrn wird Israel zur Buße, Klage und Reue geführt. Sie erkennen ihn als den Einzigartigen, Unvergleichlichen, den Erstgeborenen, den Weltheiland, Israels Erlöser und Retter. So wird ganz Israel gerettet werden.

Zion hört die Wächter singen,
das Herz tut ihr vor Freude springen,
sie wachet und steht eilend auf.
Ihr Freund kommt vom Himmel prächtig,
von Gnaden stark, von Wahrheit mächtig;
ihr Licht wird hell, ihr Stern geht auf.
Nun komm, du werte Kron,
Herr Jesu, Gottes Sohn!
Hosianna! Wir folgen all zum Freudensaal
und halten mit das Abendmahl.

Philipp Nicolai

Zu der Zeit werden das Haus David und die Bürger Jerusalems einen offenen Quell haben gegen Sünde und Befleckung.

Sacharja 13, 1

Christus ist da bei seinem Volk Israel. Die Heilszeit Israels hat begonnen. Die Sünden des Volkes können wieder abgewaschen werden. Wenn sich Israel Gott nahte, sollte es rein sein. Dazu diente das äußere Zeichen der kultischen Waschungen. Es musste frisches, fließendes Wasser sein. Die Juden machten daraus ein äußerst verfeinertes Netzwerk von Geboten und Verboten, das die Reinheit durch Waschungen garantieren sollte. Das Zeichen wurde zur Sache selbst. Fließendes, reines Wasser aus der Quelle, das war doch Sinnbild für die täglich neu erlebte Lebens- und Liebesgemeinschaft mit dem lebendigen Gott.

So tritt Jesus selbst damals vor dem Tempel auf: „Wen da dürstet, der komme zu mir und trinke!“ (Joh. 7, 37). Das ist das entscheidend Neue: Christus ist bei seinem Volk. Er ist die Quelle des Lebens. Er allein kann jede Sünde und Befleckung abwaschen, Israel rein und untadelig vor seinen Vater stellen. Sie erfahren jetzt, was die neutestamentliche Gemeinde schon lange jubelnd bekennt: „Das Blut Jesu Christi macht uns rein von aller Sünde“ (1. Joh. 1, 7). In Christus, bei Christus, durch Christus ist Vergebung und Versöhnung da. Nur in ihm.

Eine offene Quelle gegen Sünde und Befleckung für das Volk Gottes. Das wird Israel nach der langen Zeit der Verstockung erfahren. Jesus hat seinem Volk die Ohren für sein Wort, die Augen für seine Macht und Herrlichkeit, die Herzen für seine Gnade und Vergebung geöffnet. Israel und sein Messias wird zum Strom des Lebens, der von Jerusalem ausgehen wird, zum Heil und Segen für die ganze Erde, für alle Völker. Israel und sein Messias eins, das ist ewiges Heil.

Das Wasser des Lebens, das ist diese Flut;
durch Jesum ergießet sie sich.
Sein kostbares, teures und heiliges Blut,
o Sünder, vergoß er für dich!
O Seele, ich bitte dich: Komm!
Und such diesen herrlichen Strom!
Sein Wasser fließt frei und mächtiglich;
o glaub's, es fließt auch für dich.

R. Torrey jun., deutsch von Ernst Gebhardt

So spricht der HERR: Ich kehre wieder auf den Zion zurück und will zu Jerusalem wohnen, dass Jerusalem eine Stadt der Treue heißen soll und der Berg des HERRN Zebaoth ein heiliger Berg.
Sacharja 8, 3

Durch Israels Untreue, Ungehorsam und Götzendienst wurde Jerusalem zur verlassenen Stadt. Gott ist aus dem Tempel ausgezogen. Die Zerstörung der Stadt und des Tempels, endgültig durch die Römer, machten das auch äußerlich überdeutlich. Gott ist aus dem Tempel ausgezogen, aber mit seinem Geist ist er in die Herzen all derer eingezogen, die an Jesus Christus glauben. Doch Israel als Volk hat sein Herz bis heute nicht geöffnet. Deshalb beten, ja klagen die Juden noch heute an der Westmauer des Tempels und suchen dort verzweifelt, wenigstens einen Zipfel von Gottes Gegenwart festzuhalten. Welch ein Irrweg.

Aber das machtvolle „So spricht der HERR" kündigt für die letzte Zeit die heilsvolle Gegenwart Gottes wieder an. Er kehrt auf den Zion zurück. Der Christus Gottes wird im Tausendjährigen Reich da sein, wird in Jerusalem „wohnen". Wie? Das werden wir dann sehen. Ob ein neuer Tempel da sein wird? Wir warten gespannt auf Gottes Vollendungshandeln. Biblische Prophetie geht nicht in alle Einzelheiten, aber die großen Heilslinien werden deutlich gezogen. Hesekiel sieht einen neuen Tempel und den Wiedereinzug der Herrlichkeit Gottes (Hes. 43, 1-5).

Dann wird die endgültig neue Heilsgeschichte Israels beginnen, eine überfließende Segenszeit für die Völker. Jerusalem wird der Thronsitz Gottes, von dem aus sein Segen in die Welt hineinfließt. Der „neue" Name macht klar, dass es ein neues Jerusalem ist. „Stadt der Treue", denn der Treue ist da. „Heiliger Berg", denn der Heilige hat dort wieder Wohnung genommen. „Stadt der Treue", denn Israels Untreue ist zu Ende. „Heiliger Berg", denn Israel hat sich wieder geheiligt dem Herrn, betet den Christus an.

Hier ist die Stadt der Freuden,
Jerusalem, der Ort,
wo die Erlösten weiden,
hier ist die sichre Pfort,
hier sind die güldnen Gassen,
hier ist das Hochzeitsmahl,
hier soll sich niederlassen
die Braut im Freudensaal.
Lorenz Lorenzen

So werden viele Völker, Heiden in Scharen, kommen, den HERRN Zebaoth in Jerusalem zu suchen und den Herrn anzuflehen. **Sacharja 8, 22**

Die letzte Zeit, die Zeit des Tausendjährigen Reiches wohl, wird Heilszeit für Israel sein. Das gesammelte, bekehrte Volk ist im Land Israel und sein Christus als König bei dem Volk. Die Herrlichkeit des Herrn wohnt wieder im Tempel. Israel lebt in liebender Gemeinschaft mit seinem Gott.

Israel als Volk und Land wird dann ein leuchtendes Zeichen für seinen Gott und den Christus sein. Ein nie gekanntes Fragen und Suchen nach dem lebendigen Gott wird die ganze Völkerwelt erfassen. Jerusalem ist der Heilsort für die Völker dieser Erde. Sie werden kommen. Jetzt erfüllt sich Psalm 122, 3: „Jerusalem ist gebaut als eine Stadt, in der man zusammenkommen soll ..." Nicht nur für die Stämme Israels, sondern für alle Völker. Die große Suchbewegung hat schon in der Königin von Saba, die nach Jerusalem zu Salomo zog, begonnen; bei den Weisen aus dem Morgenland, die den Christus in Jerusalem suchten und auch bei dem Kämmerer aus Äthiopien. Jetzt hat diese Bewegung zu Gott hin alle Menschen erfasst.

Sie werden suchen. Noch ist die Völkerwelt nicht in voller Erkenntnis des Heils, aber sie machen sich auf den Weg zu Gott. Er ist in Jerusalem zu finden. Es gibt tatsächlich jetzt einen Ort auf dieser Erde, wo Christus, wo Gott zu finden ist. Das ist die unendliche Würde Jerusalems: Gottes Wohnort auf dieser Erde. Da ist Gott zu treffen, dort kann man ihm begegnen.

Und die Völker werden den Herrn in Jerusalem anflehen, wörtlich „um das Angesicht Gottes zu besänftigen". Die Völker werden in Reue und Buße vor Gott kommen und seine Gnade erflehen. Sicherlich in tiefer Reue auch darüber, wie sie gegen Israel und damit gegen Gott selbst gewütet haben. So wird echte Umkehr geschehen.

Begegnet ihr auf Erden,
ihr, die ihr Zion liebt,
mit freudigen Gebärden
und seid nicht mehr betrübt;
es sind die Freudenstunden
gekommen, und der Braut
wird, weil sie überwunden,
die Krone nun vertraut.

Lorenz Lorenzen

So spricht der HERR Zebaoth: Zu der Zeit werden zehn Männer aus allen Sprachen der Heiden einen jüdischen Mann beim Zipfel seines Gewandes ergreifen und sagen: Wir wollen mit euch gehen, denn wir hören, dass Gott mit euch ist. Sacharja 8, 23

Das ist der Heilsauftrag für Israel, wie ihn Gott schon Abraham zugesagt hat, ein Segen zu sein für alle Geschlechter auf Erden. Dazu hat Gott Israel erwählt. Erwählung ist immer Indienstnahme. Aber wie bald hat Israel seine Erwählung hochmütig als Vorrang verstanden und seinen Dienstauftrag nicht wahrgenommen.

Jetzt steht das neue, bekehrte Israel in seinem Dienst. Das ist eine ganz neue Form der Mission. In der Zeit der Gemeinde war Mission die große Geh-Bewegung. Jetzt in der Heilszeit des Tausendjährigen Reiches treibt Israel Mission unter der Komm-Bewegung. Die Völker kommen nach Jerusalem. So verlangend werden die Menschen sein, dass zehn einen jüdischen Mann regelrecht bestürmen werden, sie zu Gott zu führen. Sie werden den jüdischen Gläubigen beim Zipfel seine Gewandes ergreifen – gemeint sind wohl die Quasten des Gebetsmantels – und um Leitung und Weisung bitten. Das ist Mission in gefülltem Sinn. Nicht mehr mühsames Ackern auf hartgetretenem Boden, sondern mit vollen Händen den Samen des Glaubens ausstreuen auf bereiteten Boden.

„Wir wollen mit euch gehen." Israel auf dem Weg mit seinem Christus und hinter Christus her, so leiten sie die Völker zu Jesus Christus hin. „Gott ist mit euch." Jetzt lebt Israel überzeugend vor, dass wirkliches Leben nur mit Jesus Christus zu finden ist. Sie führen Heiden zu dem, der von sich gesagt hat: „Ich bin der Weg und die Wahrheit und das Leben" (Joh. 14, 6).

O Herr Jesu, Ehrenkönig,
die Ernt ist groß, der Schnitter wenig,
drum sende deine Zeugen aus.
Send auch uns hinaus in Gnaden,
viel frohe Gäste einzuladen
zum Mahl in deines Vaters Haus.
Wohl dem, den deine Wahl
beruft zum Abendmahl
im Reich Gottes! Da ruht der Streit,
da währt die Freud
heut, gestern und in Ewigkeit.

Albert Knapp

Und alle, die übrig gebliebenen sind von allen Heiden, die gegen Jerusalem zogen, werden jährlich heraufkommen, um anzubeten den König, den HERRN Zebaoth, und um das Laubhüttenfest zu halten. Sacharja 14, 16

Verführt durch Satan und seinen Antichristen sind die Völker gegen Jerusalem gezogen und durch den wiederkommenden Christus endgültig besiegt worden, der Satan gebunden und für tausend Jahre weggetan (Offb. 19, 17–20, 3). Jetzt ist Gottes Vollendungszeit. Die Übriggeblieben ziehen nach Jerusalem.

Aus Gottes- und Israelfeinden sind Gottsucher und -anbeter geworden. Die Völker der Erde leben in der Hinbewegung zu dem lebendigen Gott, zu Jesus Christus. Sie beten den König Gottes, seinen Christus, den Herrn der Heerscharen an, unterstellen ihr Leben ihm. Zebaoth, wörtlich *die Heerscharen*, das beschreibt die kosmische, allumfassende Macht Gottes. Er gebietet über die himmlischen Heere der Engel und über die irdischen Heere Israels. Er hat diese ganze Welt in seiner Hand, wie der auferstandene Christus sagt: „Mir ist gegeben alle Gewalt, im Himmel und auf Erden!"

Jedes Jahr kommen die Völker nach Jerusalem, um das siebentägige Laubhüttenfest mitzufeiern. Es ist das Fest, an dem die Menschen in Laubhütten wohnen, als Zeichen des völligen Schutzes durch Gott, die Erinnerung an Gottes wunderbares Geleit in der Wüste für Israel, wo Gott selber da war in der Wolken- und Feuersäule. Jetzt und hier in Jerusalem ist der Christus Gottes da. Er führt, leitet und schützt die Völker. Sein Segen erfasst sie alle.

Es ist Fest der Einsammlung, das Erntedankfest. Jetzt ist Erntezeit, die ganze Welt lässt sich sammeln und huldigt dem Christus Gottes. Das Fest wird mit der täglichen Wasserspende gefeiert. Jetzt ist er da, er, das lebendige Wasser. Es ist das Fest mit nächtlicher Festbeleuchtung. Jetzt ist er da, er, der sagt: „Ich bin das Licht der Welt" (Joh. 8, 12). Er wird jetzt allein angebetet.

O sammle deine Herden / dir aus der Völker Zahl, / dass viele selig werden / und ziehn zum Abendmahl. / Schließ auf die Pforten, / es strömt dein Volk heran; / wo noch nicht Tag geworden, / da zünd dein Feuer an! Christian Gottlob Barth

Und es werden alle Töpfe in Jerusalem und Juda dem HERRN Zebaoth heilig sein, sodass alle, die opfern wollen, kommen werden und sie nehmen und darin kochen werden. Und es wird keine Händler mehr geben im Hause des HERRN zu der Zeit.

Sacharja 14, 21

Jerusalem und Juda werden im Tausendjährigen Reich wirklich heiliges Land, heilige Stadt sein. Heilig nicht im Sinn von eigener Qualität, sondern heilig, weil jetzt der Heilige, der Christus Gottes, in Jerusalem regiert und alles heiligt in seiner Gegenwart. Heilig im wörtlichen Sinne von „ausgesondert". Die Menschen leben ganz dem Christus zugewandt und zugehörig, beten ihn an und dienen ihm. Das erfasst das ganze tägliche Leben und verändert und heiligt es.

Vorbei ist die Zeit akribisch genauer Unterscheidung zwischen heilig und weltlich, von rein und unrein, von erlaubt und verboten. Keine besonderen Vorschriften für die Heiligkeit und Reinheit von Opfergefäßen sind mehr nötig. Jeder Topf, jedes Gefäß ist geheiligt für den Herrn und darf freudig zum Überbringen der Gaben gebraucht werden. Was sonst nur auf dem Stirnband des Hohenpriesters stand: „Heilig dem HERRN" (2. Mose 28, 36), wird nun durch die Gegenwart Christi geheiligt und prägt alles.

„Es wird kein Händler mehr geben im Hause des HERRN." Was damals Jesus so erzürnte, das wird es nicht mehr geben. Die Menschen werden mit reinem Herzen und ohne eigennützige Motive dem Herrn dienen. Kein Betrug und kein Verdienen wird mehr sein. Die Fülle des Christus überströmt sie alle. Auch die Völker, die zum Hause des Herrn kommen. Es wird nicht mehr nötig sein, heidnisches Götzengeld in „heiliges" Geld, das zum Opfer geeignet ist, zu wechseln, Tiere und Gaben auf etwaige Fehler genau zu untersuchen. Im Tausendjährigen Reich ist die Zeit der Fülle, des Heils, der Heiligkeit und des Segens mit reicher Entfaltung für Mensch und Natur. Königszeit der Heiligen, des Heiligen Gottes.

Ich weiß, dass du der Brunn der Gnad
und ew'ge Quelle seist,
daraus uns allen früh und spat
viel Heil und Gutes fleußt.

Paul Gerhardt

Und sie stiegen herauf auf die Ebene der Erde und umringten das Heerlager der Heiligen und die geliebte Stadt. Und es fiel Feuer vom Himmel und verzehrte sie. Offenbarung 20, 9

Am Ende des Tausendjährigen Reiches wird der Satan noch einmal losgelassen werden aus seinem Gefängnis und wird versuchen, die Völker der Erde zum Angriff gegen Gottes Volk und Jerusalem zu verführen. Ein letzter, verzweifelter Versuch, die Heilsvollendung doch noch zu verhindern.

Die Völker, die tausend Jahre Segens- und Füllezeit unter der Königsherrschaft Jesu Christi erlebt haben, verfallen wieder der listigen Verführung Satans. Hier wird ein für alle Mal die Entschuldigung für das Böse widerlegt, die doch so geht: Der Mensch sei im Kern gut, aber die Umstände machen ihn schlecht, verführen zum Bösen. So hatte es schon Karl Marx und Lenin verkündet: schaffe gute Verhältnisse und der Mensch wird gut. Wie kläglich ist dieser kommunistische Wunschtraum gescheitert. Jetzt scheitert diese These endgültig. Niemand mehr kann diese Entschuldigung vorbringen.

Nun hat Gott tausend Jahre lang die denkbar besten Umstände geschaffen für Mensch und Natur. Eine Zeit völliger Fruchtbarkeit, Fülle und Entfaltung; eine Zeit ohne den Bösen, eine Zeit paradiesischen Segens. Und die Menschen folgen wieder dem Satan. Auch die besten Umstände können das Herz des Menschen nicht verändern. Dort sitzt das Böse, die Sünde, wie Gott selbst sagt: „Des Menschen Herz ist böse von Jugend auf!“ (1. Mose 8, 21). Darum gehen die Völker in das Gericht, weil sie sich im Herzen nicht verändern ließen. Nur so wird das Böse, die Sünde überwunden: „Schaffe in mir, Gott, ein reines Herz“ (Ps. 51, 12). Er gibt das neue, das reine, lebendige Herz. Auch das Tausendjährige Reich ist deshalb noch Entscheidungszeit für die Völker. Wer sich nicht ganz Jesus Christus ausliefert geht in das Gericht!

Wer täglich hier durch wahre Reu
mit Christus auferstehet,
ist dort vom andern Tode frei,
derselb ihn nicht angehet.
Genommen ist dem Tod die Macht,
Unschuld und Leben wiederbracht
und unvergänglich Wesen.

Georg Weissel

Und ich sah die heilige Stadt, das neue Jerusalem, von Gott aus dem Himmel herabkommen, bereitet wie eine geschmückte Braut für ihren Mann. Offenbarung 21, 2

Johannes sieht das Schlussbild des Heilshandelns Gottes. Die Zeit ist aus, Gottes Ewigkeit ist angebrochen, der neue Himmel und die neue Erde sind letzte, ewige Wirklichkeit.

Die heilige Stadt, das neue Jerusalem, steht vollendet da. Es ist keine Stadt mehr aus toten Steinen, sondern die Stadt, der Tempel gebaut aus den lebendigen Steinen, den Erretteten, den Vollendeten, den Geliebten, den Heiligen Gottes. Die Stadt, „das Haus der lebendigen Steine", gebaut in der Rettungsgeschichte der Gnadenzeit, in die jeder eingebaut ist, der Jesus Christus vertraut; die im Himmel vor Gottes Thron gesammelt und gebaut wurde.

Jetzt ist Jerusalem Bild für die vollendete, herrliche Gemeinde aus Juden und Heiden. Sie kommt vom Himmel herab, tritt prächtig hervor; die neue, ewige Heilswirklichkeit. Die „geschmückte Braut", das ist die Gemeinde der Glaubenden. „Christi Blut und Gerechtigkeit, das ist mein Schmuck und Ehrenkleid ..."

Die Hochzeit des Lammes in Ewigkeit ist gekommen, die Endvollendung, die ewige Neuschöpfung. Die „geschmückte Braut", sie hat die Herrlichkeit Gottes selbst (V. 11). Das was Johannes vorausgesagt hat, ist jetzt so: „Wir werden den Herrn sehen, wie er ist, und wir werden ihm gleich sein" (1. Joh. 3, 2).

Gottes Heilsplan mit Israel und den Völkern dieser Welt zielt in die ewige Vollendung und Herrlichkeit. Was der Satan so zerstörend dem Menschen eingeflüstert hat: „Ihr werdet sein wie Gott" (1. Mose 3, 5), wenn ihr es nur selbst in die Hand nehmt, das ist tatsächlich das Ziel Gottes. Das erreicht er, durch den Gottestrotz hindurch, durch Jesus Christus. Er ist der Heilsmittler und Heilsvollender.

Jerusalem, du hochgebaute Stadt,
wollt Gott, ich wär in dir!
Mein sehnlich Herz so groß Verlangen hat
und ist nicht mehr bei mir.
Weit über Berg und Tale,
weit über blaches Feld
schwingt es sich über alle
und eilt aus dieser Welt.

Johann Matthäus Meyfart

Und die Stadt bedarf keiner Sonne noch des Mondes, dass sie ihr scheinen; denn die Herrlichkeit Gottes erleuchtet sie, und ihre Leuchte ist das Lamm. Offenbarung 21, 23

Das wird die völlige ewige Gemeinschaft der vollendeten Gemeinde in der Neuschöpfung Gottes sein. Der neue Himmel und die neue Erde, Gottes Endziel, sind geworden. Die Stadt, das neue Jerusalem, die Gemeinde der Heiligen lebt in Seligkeit bei ihrem Herrn.

Es bedarf keiner Geschöpfe – keiner Sonne und keines Mondes – mehr. Gott hatte sie geschaffen, dass sie Zeiten, Tage und Jahre anzeigten. Jetzt ist Ewigkeit. Jetzt ist ewiges Leben, ewige Ruhe und Anbetung Gottes. Sonne und Mond waren Garanten des Wachstums und der Entfaltung. Jetzt ist Vollendung. Es ist da, was Gott wollte für seine Menschen: Vollendung, Herrlichkeit und Fülle.

Die Herrlichkeit durchwaltet die ewige Schöpfung. Nichts mehr hat daneben Platz und Raum. Er durchstrahlt und erleuchtet alles. Sein Thron und der des Lammes sind Mittelpunkt der Herrlichkeit und Ewigkeit. Das Lamm ist die Leuchte, eigentlich der Glanz, das schimmernde Leuchten. Das alles ist durch den Christus geworden. Christus wird als der gekennzeichnet, der sich als das einmalige, unwiederholbare Opfer für uns dahingegeben hat. An seinem Kreuz hat er für uns Sünde, Tod und Hölle überwunden und Versöhnung geschaffen. Dieser Lichtglanz der Heilstat Jesu überstrahlt auch in Ewigkeit alles. Er ist der Erste der neuen Schöpfung und der Letzte, der Gottes Ziel vollendet hat.

Sein Glanz lässt die vollendete Gemeinde erstrahlen. Sie ist durchleuchtet von seinem Heilstun. Die Herrlichkeit der ewigen Gemeinde ist die Christusherrlichkeit, den sie in Ewigkeiten überwältigt lobt und anbetet.

Gloria sei dir gesungen
mit Menschen- und mit Engelzungen,
mit Harfen und mit Zimbeln schön.
Von zwölf Perlen sind die Tore
an deiner Stadt; wir stehn im Chore
der Engel hoch um deinen Thron.
Kein Aug hat je gespürt,
kein Ohr hat je gehört,
solche Freude. Des jauchzen wir
und singen dir / das Halleluja für und für.
Philipp Nicolai

Bibelstellenverzeichnis

Autorenverzeichnis

Betz, Otto, geboren 1917, Dr., Professor für Neues Testament und Judentum i.R., Tübingen

Bräumer, Hansjörg, geboren 1941, Dr., Pastor, Vorsteher der Lobetalarbeit in Celle

Brendle, Paul, geboren 1931, Fachschulrat i.R., Nürtingen

Cochlovius, Gero, geboren 1970, Vikar, Hannover-Burg

Cochlovius, Joachim, geboren 1943, Dr., Pastor, Leiter des Gemeindehilfsbundes, Walsrode

Egelkraut, Helmuth, geboren 1938, Dr., Pfarrer, Dekan und Dozent CIU Korntal i.R.

Hauser, Werner, geboren 1922, Pfarrer, langjähriger Vorstand des Evangelischen Vereins für innere Mission Augsburgischen Bekenntnisses, Schriesheim

Holland, Martin, geboren 1934, Dekan i.R., Tübingen

Kessel, Manfred, geboren 1939, Prediger, Hausvater im Bibelheim Bethanien in Karlsbad-Langensteinbach

Kloft, Manfred, geboren 1949, Prediger im Liebenzeller Gemeinschaftsverband, Kraichtal-Unteröwisheim

Krimmer, Heiko, geboren 1943, Dr., Pfarrer in Dettingen u.T.

Meissner, Wilfried, geboren 1952, Dozent am Theologischen Seminar der Liebenzeller Mission, Bad Liebenzell

Schaal, Walter, geboren 1928, Pfarrer, langjähriger Vorsitzender des Altpietistischen Gemeinschaftsverbandes Stuttgart

Schaude, Otto, geboren 1944, Lehrer, Vorsitzender des Altpietistischen Gemeinschaftsverbandes Stuttgart

Scheunemann, Volkhard, geboren 1934, Pfarrer, Leiter von Haus Frieden, Steinen-Hägelberg

Scheurer, Erich, geboren 1946, Dr., Pfarrer und Dozent am Theologischen Seminar der Liebenzeller Mission, Bad Liebenzell

Schmid, Hartmut, geboren 1956, Pfarrer und Studienleiter am Albrecht-Bengel-Haus, Tübingen

Schrupp, Ernst, geboren 1915, langjähriger Leiter des Missionshauses Bibelschule Wiedenest

Sigle, Helmut, geboren 1927, Grafikdesigner, Schömberg

Sturm, Wilfried, geboren 1958, Pfarrer, Dozent am Theologischen Seminar der Liebenzeller Mission, Bad Liebenzell